中国科学院重点部署项目：
中国区域发展差距：评估与调控 （项目编号：KZZD-EW-06）

中国资源型城市可持续发展研究

Study on Sustaina
Development of Res ed
Cities in China

张文忠 余建辉
王 岱 谌 丽 等◎著

科学出版社
北 京

图书在版编目(CIP)数据

中国资源型城市可持续发展研究/张文忠等著．—北京：科学出版社，2014.6

ISBN 978-7-03-040469-5

Ⅰ．①中…　Ⅱ．①张…　Ⅲ．①城市经济-可持续发展-研究-中国　Ⅳ．①F299.2

中国版本图书馆 CIP 数据核字（2014）第 080168 号

责任编辑：牛　玲 /责任校对：张凤琴

责任印制：徐晓晨 / 封面设计：铭轩堂

编辑部电话：010-64035853

E-mail：houjinlin@mail. sciencep. com

科学出版社出版

北京东黄城根北街 16 号

邮政编码：100717

http://www.sciencep.com

北京建宏印刷有限公司印刷

科学出版社发行　各地新华书店经销

*

2014 年 6 月第　一　版　开本：720×1000 1/16

2025 年 2 月第五次印刷　印张：19 1/2

字数：385 000

定价：89.00 元

（如有印装质量问题，我社负责调换）

序　言
Preface

资源型城市是以本地区矿产、森林等自然资源开采、加工为主导产业的城市类型。资源型城市作为我国能源和资源战略保障基地，为国民经济实现长期平稳较快发展起到了重要的支撑作用。促进资源型城市可持续发展，是转变经济发展方式、全面建设小康社会的必然要求，也是实现区域协调发展、维护社会和谐稳定、保障生态环境安全的重要任务。

一、中国资源型城市的地位和作用

（一）资源型城市是中国工业革命的摇篮

改革开放 30 多年来，资源型城市肩负着国家工业化和城镇化发展所需能源和原材料供给的重大使命，为改革开放有序推进和现代化建设做出来了不可磨灭的历史性贡献。在今后相当长的一段时期内，资源型城市仍将是全国战略性能源和资源供应的坚强后盾，为我国促进经济长期平稳较快发展，全面建设小康社会发挥着重要作用。

（二）资源型城市是全国转变经济发展方式的重要践行地

加快经济发展方式转变是我国经济领域的一场深刻变革，关系改革开放和社会主义现代化建设全局。党中央、国务院高度重视资源型城市转型，在国家大力支持下，资源型城市积极践行科学发展观，探索转型发展方式，主动实施创新发展模式，先行实验低碳经济、绿色发展，总结出一套具有全国推广价值的产业转型、生态转型和社会转型的可持续发展模式，走出了一条具有自身特色的转型发展之路，为全国转变经济发展方式提供了有益的经验借鉴。

（三）资源型城市是我国经济社会发展的资源和能源战略保障基地

资源和能源的保障程度直接影响国家基础工业的稳步发展和国民经济的健康运行。资源型城市作为我国资源与能源供应和保障的主体，新中国成立以来，累计生产原煤 529 亿吨、原油 55 亿吨，铁矿石 58 亿吨，木材 20 亿立方米，为国家经济社会发展做出了巨大贡献，极大地推动了我国现代化建设事业的进程。目前我国已成为全球能源资源消费增长的主体，石油、铁、铜、铝等大宗矿产对外依存度超过 50%，木材对外依存度超过 40%，随着世界政治经济格局深刻变化和全球资源竞争日趋激烈，利用国外资源的不稳定性和不确定性增加，风险与难度加大。未来 10 年是我国全面建设小康社会的关键时期，资源型城市仍然是建设我国新型城镇化和工业化发展道路的核心保障基地，对建设国家资源和能源战略安全体系具有不可或缺的作用。

（四）资源型城市是我国加快新型工业化和城镇化建设的主战场

资源型城市作为国家重要的原材料生产基地和能源供给地，集聚了全国一大批工业资产存量，其中，“一五”时期 156 个国家重点建设项目中有 53 项布局在资源型城市，占总投资额的 45.8%，为建立健全我国工业体系、推进国民经济发展做出了巨大贡献。资源型城市拥有众多关系国民经济命脉的基础原材料产业和大型骨干企业，在我国现代产业体系中占据不可忽视的重要地位。资源型城市计划经济特色明显，产业和企业的竞争力不强，也是我国全面推进新型工业化道路的瓶颈。未来如何改造提升资源型产业、推动产业结构升级将是资源型城市转型和可持续发展的重点。资源型城市历史遗留问题较多、基础设施陈旧落后、城市功能不完善、失业矿工和失地农民集中、民生保障水平较低，是我国城市内部二元结构问题集中凸显地区，提高资源型城市城镇化水平，优化和提升城市功能，增强城市集聚和辐射能力，事关扩大内需和人民福祉。

（五）资源型城市是我国构建社会主义和谐社会的关键区域

资源型城市历史积累问题较多，是我国下岗失业人员与棚户区集中分布、社会保障缺口严重的区域。城市内社会矛盾复杂，资源开采带来的利益冲突错综复杂，新问题不断涌现，是维护社会和谐稳定的重点难点地区。彻底解决资源型城市发展过程中存在的各种矛盾和问题，建立有利于资源型城市可持续发展的体制机制，切实保障和改善民生，促成社会和谐，成为贯彻落实我国构建社会主义和谐社会、全面建设小康社会战略目标的关键步骤。

（六）资源型城市是我国资源节约和环境友好型社会建设的实验区

我国所处的发展阶段和基本国情，决定了资源大量消耗的态势在短期内难以逆转，资源型城市是国家资源和能源生产、消耗最为集中的地区，也是生态环境问题最为突出的地区。资源枯竭城市率先推进转型试点工作，在资源综合利用、节能减排、生态建设、环境治理等方面取得显著成效，发挥了建设两型社会“试验田”的作用。未来资源型城市面临的资源约束和环境压力将更加显现，迫切要求资源型城市更加积极地建设资源节约型和环境友好型社会。

二、中国资源型城市存在的主要问题

（一）资源保障不足，利用效率低下

我国资源型城市普遍存在资源开发利用粗放、综合利用率较低、矿山布局和结构不尽合理、矿产开发散乱等问题。大部分工矿企业对矿区外围勘探力度不足，石油、煤炭、铁、铝等主要矿产资源总体查明程度为30%左右。长期高强度的开采导致大量主力矿山关闭，相当一部分资源型城市的已探明资源趋于枯竭。目前我国石油、铁、铜等资源的对外依存度已经达到50%以上，供需矛盾日益突出。

（二）产业结构单一，经济发展脆弱

资源型城市凭借自身特有的比较优势，将生产要素和社会资本向工矿业高度集中，在特定的时期出现了经济发展的辉煌，采掘业和原材料加工业在产业结构中也占据主导地位。随着资源产业快速扩张，生产要素、社会资本等被大量吸纳，一定程度影响了其他产业的健康发展。即使某些城市形成一些接续替代产业，也大多是资源产业相关的配套产业、生产性服务业。单一化和刚性化的产业结构特征造成资源型城市应对市场变化能力较弱，尤其是产业发展受到资源制约较大，资源产品价格波动直接影响产业发展状态，进而导致资源型城市经济发展相对脆弱。

（三）民生问题突出，社会矛盾显现

在由计划经济向社会主义市场经济体制转变的过程中，资源型城市内部存在的矛盾逐渐显现化。长期以来，我国的资源开采企业大部分为国有大中型企业，厂办大集体、企业办社会等历史遗留问题严重，同时也存在大量改制企业历史债务和职工欠保问题。另外，基本公共服务的非均等化问题表现最集中，在矿区教育、医疗卫生、公共基础设施等方面的差距，导致居民生活机会、发展机会的不平等。由于计划经济年代“重生产、轻生活”的建设导向，资源型城市尚存在大量集中连片棚户区，居民人居环境差。另外，伴随一些大型矿山枯竭破产、林区天保工程的实施，数以万计的职工面临集中失业，而再就业渠道和吸纳就业能力相对不足，再就业水平普遍偏低，贫困人口明显高于一般城市，且呈现出贫困集中和代际传递的特征。加之，社会保障不到位，部分居民生活难以为继，群体性上访事件时有发生，不稳定因素增多，社会矛盾不断显现。

（四）环境破坏严重，生态功能退化

长期以来，许多资源型企业在进行资源开发过程中并没有把环境保护与生态修复放在应有的位置，在这种模式下，资源开发所导致的环境污染和生态破坏问题日益突出。主要问题包括崩塌、滑坡、岩溶塌陷、采空塌陷、水土流失等地质灾害、大气污染、水体污染、固体废弃物堆积等环境污染以及土地重金属污染、盐碱化等问题。这些灾害和污染带来严重的安全隐患，干扰居民的正常生活。

（五）机制体制滞后，发展活力不足

反映市场供求关系、资源稀缺程度和环境损害成本等的资源性产品价格形成机制尚未形成，资源开发企业在资源补偿、生态建设和环境整治、安全生产等方面的主体责任仍未落实到位，资源收益分配改革涉及深层次的利益格局调整也错综复杂。资源型城市在管理、生产、经营等方面长期处于计划经济体制之下，存在政企不分、矿地矛盾、矿企自成体系、大企业小政府等不适应市场经济的管理体制。一些城市难以在属地上履行行政管理职能。部分工矿企业存在依靠资源、传统产业的思维惯性，缺乏主动承受市场风险、投资风险的能力，变革现有经济体制的动力不足，在市场经济环境下暴露出管理僵化、效率低下、市场适应能力差的弱点。

三、资源型城市可持续发展已成为学术界和政府关注的热点

资源型城市的可持续发展是地理学、资源科学和经济学长期关注的研究课题。近年来，地理学界在理论上主要关注资源型城市尤其是资源枯竭城市的界定，资源型城市发展的生命周期理论，资源的可持续利用与开发，产业结构、社会结构和城市功能转型理论等内容的研究；在实践应用层面，主要围绕资源型城市的可持续发展和资源枯竭城市转型等问题开展了一系列研究。其中，学界对资源型城市的界定主要是根据采矿业从业人员的从业人员数比例、采掘业产值占地区工业总产值比例和资源产品全国市场占有率等定量指标，结合定性分析对全国资源型城市和资源枯竭城市进行科学界定。对资源型城市的评估主要采用发展基础、经济发展水平、社会状况、生态环境等指标，对国家认定的资源枯竭型城市（区）的转型效果进行评估。同时，也有学者采用人地系统脆弱性指标对矿业城市进行了评估，分析了矿业城市脆弱性和类型差异，揭示了矿业城市脆弱性的发生机制和调控对策。对资源型城市的发展路径研究主要是运用数据分析手段，针对中国资源型城市的特征和问题进行数量分析，按照城市的不同发展阶段提出不同的转型路径选择。

近年来，国家和地方政府不断加大对资源型城市，尤其是资源枯竭城市的支持力度，陆续出台了一系列政策和指导意见。2001年12月，阜新被国务院确定为全国第一个资源枯竭型城市经济转型试点市，拉开了全国资源型城市转型的序幕。2005年出台的《东北地区振兴规划》中，进一步扩大试点范围，把大庆、伊春、白山、辽源和盘锦等6个资源型城市纳入转型试点工作。根据这些试点城市的转型经验，2007年12月24日，国务院出台了《关于促进资源型城市可持续发展的若干意见》（国发〔2007〕38号），成为新中国成立以来第一次专门针对资源型城市可持续发展问题制定出台的综合性政策文件。2008年、2009年和2011年，国家发展和改革委员会、财政部和国土资源部分两批确定了69个资源枯竭城市（地区）进行试点，给予这些城市一定的财力转移支付。在国家发改委内部设立了资源型城市吸纳就业、资源综合利用和发展接续替代产业专项。2012年9月25日，国务院召开了全国资源型城市与独立工矿区可持续发展及棚户区改造工作座谈会，会上进一步强调加快资源型城市可持续发展，推动独立工矿区转型，加大棚户区改造力度的重要性，强调了资源型城市可持续发展是带动内需扩大和就业增加，走以人为本的新型城镇化道路的主要选择。

截至2013年9月底，国家已累计下达资源枯竭城市财政转移支付资金631亿元，矿山环境治理专项资金100亿元，吸纳就业及接续替代产业发展中央预算内投资资金21亿元，支持政策惠及6000多万人口。69个试点城市产业发展困难的问题有所缓解，生态环境恶化的趋势基本遏制，民众生活困苦的状况明显改善，经济社会指标与全国平均水平的差距趋于缩小。但是，我国资源型城市数量众多、差异较大，要彻底解决不同类型、不同特点的资源型城市可持续发展问题，仍需要长期坚持并不懈努力。推动资源型城市的战略性转变，增强资源型城市可持续发展能力，对保障国家资源和能源的需求，支撑全国经济社会长期平稳较快发展，缓解资源型地区的生态环境恶化趋势，助推创新型国家的建设，全面建设小康社会具有重大的战略意义。

四、资源型城市可持续发展的主要科学问题

我国资源型城市数量众多，分布广泛，城市规模差异大，城市的资源类型不同、社会经济发展阶段差异大，不可能采取同样的发展模式，需要建立差异化的政策体系，引导不同类型资源型城市转型发展。

（一）资源型城市的界定

本书资源型城市的界定遵循定量方法为主，定性判断为辅的原则。在定量界定中，对全国所有地级行政区（市、地区、自治州、盟等）和县级行政区（县级市、县、自治县、旗、区等）进行了量化筛选。一是设定产业结构指标

（资源型产业增加值占城市工业增加值比例）、就业结构指标（资源型产业从业人员占城市全部工业从业人员比例）、资源市场占有率指标（某种资源在全国资源市场占有率）三个基本指标，满足三个指标中任意一项的城市作为矿业城市纳入规划范围。二是设定森林资源潜力指标（森林覆盖率）和资源开发能力指标（辖区内至少有一家省属以上森工企业）两个指标，同时满足两个指标的城市原则上界定为森工城市。在定量界定基础上，同时进行了定性判别，主要是考虑了资源开发历史悠久的城市，以及拥有国家重点资源型企业的城市，作为资源型城市界定的补充条件。

为避免行政区的重叠，在上述界定过程基础上进行了进一步优化调整，对于地级行政单位和其下辖的县级行政单位同时通过上述方法界定的，只保留其地级行政单位，其下辖的县级行政单位不再单独出现在资源型城市界定中（但国务院批准确定的资源枯竭试点城市除外）。最终界定了资源型城市（地区）262 个，其中地级市（地区、自治州、盟等）128 个、县级市 62 个、县（自治县、旗等）58 个、市辖区 14 个。

（二）资源型城市的类型划分

资源型城市数量众多，资源开发处于不同阶段，经济社会发展水平差异较大，面临的矛盾和问题不尽相同。结合各城市实际特点，以加强分类指导为基本出发点，本书提出了资源型城市综合分类方法和体系。综合分类划分方法主要是从两个维度对 262 个资源型城市进行分类，一个维度是强调了城市的资源保障能力，另一个维度则主要是城市的可持续发展能力。本书依据静态资源保障年限和资源潜力指标将全国资源型城市资源保障能力分为高、中、低三类；依据经济、社会、环境、科技等指标将全国资源型城市可持续发展能力划分为强、中、弱三类；资源保障能力的三种类型和城市可持续发展能力的三种类型可结合为九种组合，最终，根据城市发展的实际情况和发展趋势，将 262 个资源型城市划分为四种城市类型：成长型城市 31 个，成熟型城市 141 个，衰退型城市 67 个，再生型城市 23 个。

（三）资源型城市资源保障和可持续发展能力评价

我国是一个资源大国，资源种类丰富，一些重要资源拥有量位居世界前列。但从人均资源占有量看，我国又是一个“资源小国”，低于世界平均水平。改革开放 30 多年来，快速的工业化和城镇化，促进我国能源和资源的消费量快速增长，国内主要能源和资源产量已经无法满足消费需要，必须依靠大量进口。2012 年全国 60%以上铁矿石和原油依赖进口资源。我国能源和资源安全必须要立足本地，资源型城市是确保我国能源和资源安全保障的基石，因此有必要摸清全国资源型城市家底。本书试图从不同空间尺度分析我国资源的供给能力和区域配置水平，把握我国资源型城市拥有或开采出的矿产品供应的稳定性和可持续性，为进一步挖掘资源潜力、保障国家资源与能源安全提供依据。为了全面客观地评价资源型城市的可持续发展状况，本书将资源型城市可持续发展能力测度指数和资源型城市可持续发展能力趋势度结合起来，综合考虑资源型城市可持续发展能力的初始状态和时间变化水平，将资源型城市可持续发展测度指标和趋势度分类结果两两结合，判断资源型城市可持续发展能力综合水平。

（四）资源型城市分类引导与政策导向

根据各城市资源保障能力和可持续发展能力的差异，结合各城市实际特点，科学分类，寻求各具特色的转型模式。不同类型的资源型城市在国家经济社会发展中都发挥着重要的作用，面临的矛盾和实际问题不同，因此，发展方向和重点任务也有所区别。成长型城市是我国资源开发的供给和后备基地，重点是要推进其有序发展，规范资源开发秩序，建设一批重要矿产资源的战略接续基地，形成上下游产业配套体系，积极发展新兴产业，合理处理资源开发与城市发展的关系。成熟型城市是现阶段我国能源资源安全保障的核心区，要支持其延伸产业链条，培育资源深加工龙头企业和产业集群，优化和调整产业结构，扶持若干支柱型接续替代产业，加大矿山地质环境、森林生态系统的恢复和治理，积极发展各项社会事业，提升基本公共服务水平，实现跨越发展，避免进入枯竭城市发展的怪圈。衰退型是我国转变经济发展方式的重点难点地区，重点是化解城市内部二元结构，解决历史遗留问题，促进失业矿工再就业，推进棚户区改造，加强地质灾害隐患综合治理，大力扶持接续替代产业发展。再生型城市是资源型城市转变经济发展方式的先行区，要支持其创新发展，提高经济发展的质量和效益，同时要加大民生投入，推进基本公共服务均等化，完善城市功能，提高城市品位。

（五）资源型城市转型路径

资源型城市的形成建立在一定的资源基础之上，其发展轨迹也与资源产量的变化、相关资源类产业的兴衰息息相关。资源型城市的发展演化既有符合城市发展的一般规律，又有不同于一般城市的特殊规律。促使资源型城市一系列问题形成的主要原因之一就是资源型经济现象。因此，把握资源型经济现象的一般特征，解析资源型经济的形成机制是揭示资源型城市发展演化规律最有效的手段。

资源型城市可持续发展一是要转变经济增长方式，建立经济、社会和环境相协调的发展模式，从资源依赖、投资驱动向投资和创新双驱动转变；由“外延式”增长向“内涵式”增长转变，由资源型产业“一业独大”向产业多元化方向转变；产业结构由依赖第二产业为主向二、三次产业协调发展转变，产品由以低端的初级产品为主向精深加工转变。二是资源型城市转型需要增强创新能力，打破原有的资源自循环模式和路径依赖方式，把创新能力培育作为城市内生动力增长的源泉，引进技术、人才等新的生产要素，依靠科技进步和人力资本带动城市转型发展。三是促进资源型城市功能转变，要由计划经济条件下为资源企业服务为主转变为对城市全方位提供行政、经济、生活和休闲娱乐等服务，完善城市的区域行政管理、经济运行、科技和文化教育、生活配套等综合功能。

（六）资源型城市发展机制

从根本上破解资源型城市经济社会发展中存在的体制性、机制性矛盾，是实现可持续发展目标的重要保障。一是要规范资源型城市的资源开发秩序，避免资源的无序开发，建立资源开采规模标准，规范矿产资源和森林资源开发时序和强度，促进资源开发有序发展；二是要科学制订资源性产品成本的财务核算办法，把矿业权取得、资源开采、环境治理、生态修复、安全设施投入、基础设施建设、企业退出和转产等费用列入资源性产品的成本构成，建立健全能够灵活反映市场供求关系、资源稀缺程度和环境损害成本的资源性产品价格形成机制；三是要按照“谁开发、谁保护，谁受益、谁补偿，谁污染、谁治理，谁破坏、谁修复”的原则，监督资源开发主体承担资源补偿、生态环境保护与修复等方面的责任和义务；四是合理调整矿产资源有偿使用收入中各种利益主体的分配比例关系，促进资源开发收益向资源型城市倾斜，支持矿产地居民改善生产生活条件，共享资源开发成果，形成利益分配的共享机制；五是支持资源型城市发展接续替代产业，引导资源型城市因地制宜探索各具特色的产业发展模式。

五、资源型城市可持续发展的重点内容

本书从资源、经济、社会和环境等可持续发展角度，重点研究了资源有序开发和合理利用、接续替代产业培育和壮大、社会民生的改善、生态环境综合整治、城市可持续发展支撑能力建设等内容。

（一）有序开发和利用资源

随着世界政治经济格局深刻变化和全球资源竞争日趋激烈，利用国外资源的不稳定性和不确定性增加，风险与难度加大，资源型城市在保障我国能源资源安全方面的地位和作用越来越重要。按照有序开发、高效利用、科学调控、优化布局的原则，以资源有序开发与综合利用为主线，充分发挥市场配置资源的基础性作用，协调当前与长远、局部与整体、资源开发与环境保护的关系，

统筹安排矿产资源勘查、开发、利用与保护的任务，加大矿产资源勘查力度，合理调控资源开采总量，提高矿产资源综合利用水平，巩固矿产资源持续供应能力，确保国家经济社会发展对矿产资源的需求。

（二）构建多元化产业体系

资源型城市是我国工业的摇篮，为建立健全我国工业体系、推进国民经济发展做出了巨大贡献。新形势下推动资源型城市产业结构优化升级，加快转变经济发展方式，事关我国新型工业化的成败。坚持把经济结构转型升级作为加快资源型城市可持续发展的主攻方向，发挥资源型城市的产业基础和比较优势，适应市场需求变化，加大技术改造力度，提升资源型产业的竞争力，培育和壮大接续替代产业，依托产业园区，积极承接发达地区的产业转移，全力推进资源型城市产业结构优化升级。

（三）促进社会福祉改善

资源型城市历史遗留问题较多、基础设施陈旧落后、失业矿工和失地农民集中、民生保障水平较低，是我国城市内部二元结构问题的集中凸显地区。保障和改善民生既是促进社会和谐有序的根本保障，也是扩内需、促发展、加快新型城镇化建设的重要任务。坚持经济转型和民生改善的内在统一，把解决好人民群众最关心、最直接、最现实的利益问题放在更加重要的位置，从完善制度和增加投入两方面强化保障措施，努力实现资源型城市劳有所得、病有所医、老有所养、住有所居，社会和谐稳定，使资源开发和经济发展成果惠及广大人民群众。

（四）生态和环境可持续发展

我国资源型城市普遍存在着产业能耗高、环境污染重、地质灾害隐患多等问题，这些问题的解决不仅关系到资源型城市自身发展，对于缓解我国资源环境约束、维护生态安全、应对气候变化、增强可持续发展能力意义重大，影响深远。把生态文明建设融入资源型城市可持续发展工作的全过程，大力推进资源型城市矿山地质环境恢复治理和矿区土地复垦工作，加强大气和水污染综合整治，推动矿产资源领域循环经济发展，解决损害群众健康和影响地区健康发展的突出环境问题，多措并举、多管齐下，不断改善资源型城市人居环境，推动资源型城市可持续发展。

本书核心内容是在国家发改委东北司和地方发改委资助的“全国资源型城市可持续发展规划研究框架”、“我国矿业型资源型城市（地区）资源保障能力研究”、“全国资源型城市可持续发展能力评估研究”、“资源型城市（地区）类型划分和发展路径研究”等研究课题基础上完成的。本书的章节安排、内容框架设计等工作由张文忠负责完成，具体各章的撰写分工为：前言，张文忠；第一章，余建辉、张文忠；第二章，党云晓；第三章，谌丽、张文忠、王岱；第四章，党云晓；第五章，谌丽；第六章，王岱；第七章，王岱、张文忠、余建辉；第八章，谌丽；第九章，余建辉；第十章，谌丽、曹靖；第十一章，李倩、王岱；第十二章，余建辉，王岱；第十三章，余建辉、张文忠；第十四章，余建辉。张文忠和余建辉负责全书的统稿工作。本书的完成得到了国家发改委东北司各位领导的大力支持和帮助，所涉及的研究内容能够顺利完成也得到许多资源型城市的协助，中国科学院地理资源所人文-经济地理部的各位同仁长期对本研究给予了支持，在此一并感谢。本书能够顺利出版得到了科学出版社人文分社侯俊琳社长、牛玲编辑的大力帮助，在此表示感谢。

张文忠

2014年1月

目 录
Contents

序 言 …… i

第一章 资源型城市可持续发展的理论基础 …… 001

第一节 资源型城市的演化规律 …… 001
第二节 资源型城市生命周期理论 …… 004
第三节 “资源诅咒”假说 …… 007
第四节 路径依赖理论 …… 012
第五节 可持续发展理论 …… 018

第二章 资源型城市的形成和发展 …… 021

第一节 历史上矿业城镇的发展 …… 021
第二节 近现代资源型城市的发展 …… 024
第三节 新中国成立后资源型城市的快速发展 …… 029

第三章 资源型城市的科学界定 …… 039

第一节 技术路线与界定原则 …… 039
第二节 界定方法与指标 …… 041
第三节 界定结果 …… 047

第四章 资源型城市的特征与问题 …… 050

第一节 资源型城市的基本特征 …… 050
第二节 资源型城市所面临的问题 …… 055
第三节 资源枯竭城市的特殊问题 …… 067
第四节 资源型城市发展深层次问题 …… 070

第五章 资源型城市资源保障能力评价 …………………… 074

第一节 我国主要矿产资源供需形势分析 …………… 074
第二节 资源保障能力的概念及评价方法 …………… 085
第三节 资源供应与区域发展的空间协调性分析 …………… 087

第六章 资源型城市可持续发展能力评价 …………… 102

第一节 资源型城市可持续发展能力的内涵 …………… 102
第二节 可持续发展能力评价指标体系构建 …………… 110
第三节 可持续发展能力评价分析 …………… 115
第四节 基于可持续发展能力评价的资源型城市发展思路 ……… 132

第七章 资源型城市类型划分和发展导向 …………… 137

第一节 资源型城市类型划分的传统方法 …………… 137
第二节 资源型城市综合类别划分及其特征 …………… 142
第三节 分类引导资源型城市可持续发展的战略导向 ………… 154

第八章 资源的合理开发和综合利用 …………… 162

第一节 资源开发利用的地位与作用 …………… 162
第二节 资源合理开发利用的方式 …………… 164
第三节 典型案例 …………… 168

第九章 产业的转型与升级 …………… 177

第一节 资源型城市经济发展的特征 …………… 177
第二节 资源型城市产业转型的目标取向 …………… 181
第三节 资源型城市接续替代产业选择的主要方法 ………… 182
第四节 资源型城市接续替代产业发展的主要方向 ………… 186
第五节 资源型城市产业转型的典型案例 …………… 194

第十章 城市功能的转换与提升 …………… 207

第一节 资源型城市功能的空间体现 …………… 207
第二节 城市功能转换和提升的途径 …………… 213

第三节 典型案例 ………………………………………………………… 218

第十一章 生态环境的治理与保护 ……………………………… 228

第一节 生态保护与环境治理的意义 ……………………………… 228
第二节 生态环境保护和治理的主要途径 ………………………… 230
第三节 生态环境修复的典型案例 ………………………………… 236

第十二章 社会转型与民生保障 ………………………………… 244

第一节 社会转型与民生保障的着力点 …………………………… 244
第二节 社会转型与民生保障的发展战略 ………………………… 245
第三节 社会转型与民生保障的主要方式 ………………………… 250
第四节 社会转型与民生保障的典型案例 ………………………… 252

第十三章 资源枯竭城市转型分析 ……………………………… 260

第一节 资源枯竭城市转型绩效研究的背景 ……………………… 260
第二节 资源枯竭城市转型绩效评估测度方法 …………………… 261
第三节 资源枯竭城市转型绩效评估测度结果 …………………… 266
第四节 资源枯竭城市转型驱动因素的整体分析 ………………… 271
第五节 资源枯竭城市转型驱动因素的微观解释 ………………… 273

第十四章 可持续发展的政策措施 ……………………………… 282

第一节 资源型城市的政策发展历程 ……………………………… 282
第二节 资源型城市可持续发展的主要政策建议 ………………… 285

主要参考文献 ……………………………………………………………… 288

第一章　资源型城市可持续发展的理论基础

资源型城市的发展既显现出城市发展的普遍性规律，又有其特殊表现，受生命周期的影响，大部分资源型城市最终会因为产业结构不平衡和经济自组织行为，发展路径被“锁定”而导致城市发展困境重重，城市化动力严重不足，陷入“资源诅咒”所设定的怪圈。资源型城市通过科学转型而步入可持续发展的道路，是一个漫长而艰巨的过程，在此过程中我们需要首先明晰资源型城市发展的科学规律和基础理论，才能更好地为转型发展设定合理的轨迹。本章从城市的演化一般性规律开始，逐次介绍了资源型城市的演化规律、资源型城市生命周期理论、“资源诅咒”假说及路径依赖理论，意图从理论上明晰资源型城市发展的规律和特征，并通过可持续发展理论探讨资源型城市转型发展的理论道路。

第一节　资源型城市的演化规律

一、城市发展的普遍性规律

对城市发展的研究最早属于城市学和城市经济学的范畴。自20世纪80年代以来，我国学者主要在科学地总结中国和世界城市经济发展经验的基础之上，阐明了城市经济中的生产关系和城市经济关系，揭示城市的发展规律及其历史趋势。例如，饶会林（1999）在其所著《城市经济学》中系统探讨了城市的形成、发展及城市经济的发展过程，总结出城市发展的普遍性规律。

1. 在城市化的中前期阶段，大城市化是不可避免的现象

由于大城市、中等城市、小城镇及农村的经济发达程度、社会生活水平的巨大差异，农村人口及小城镇人口在流动过程中必然向大城市集中或者向综合条件比较优越的中等城市集中，致使大城市逐步发展为特大城市，中等城市发

展成为大城市，大城市的数量不断增加，这就是城市化进程中的大城市化。

2. 工业化、农业产业化、区域经济的综合发展是城市化及城市经济发展的动力

工业化是城市经济发展的最重要的原动力之一，并形成了城市对农村人口巨大的吸引力。农业产业化是城市化的外部动力，农业产业化的过程就是用现代化生产技术改造传统农业，促使农业生产率不断提高，农业剩余劳动力不断转移成为工业人口和城市人口的历史过程。区域经济的综合发展是城市化和城市经济发展的综合动力。

3. 城市区位、社会历史背景、市场发育、政策与政府行为是城市和城市经济发展的条件

城市区位、社会历史背景是城市形成的客观条件，也是城市和城市经济发展的空间条件、自然条件、历史条件和社会条件，影响着城市产业的选择和开发，决定着城市的定位和发展方向。市场发育是城市和城市经济发展的保障条件，市场发育是否健全、迅速直接影响着生产要素是否合理、通畅地流动，影响着城市的兴衰和区域经济的发展。政策与政府行为是调动城市经济发展的多种因素能否发挥最大作用的重要条件。

4. 城市经济的“自组织”现象对城市发展具有影响力

“既竞争又合作是现代经济的本质特征，也是现代经济‘自组织’的两个方面，是经济发展的内在动力”。“自组织”现象是市场经济规律在城市经济领域发挥调节作用的结果，也在价格规律的作用下通过城市经济的聚集和集中形成对城市发展的影响力。由于聚集效应和规模效应的存在，一般情况下大城市的生产、生活条件比中等城市更好，中等城市比小城镇更好。因此，大城市以其优越的条件，不断地吸引着其他城市和农村的人口。

5. 城市经济的新陈代谢是城市发展过程中的重要规律

城市是一个有机体，在其形成和发展的过程中必然会有一些新的、充满活力的经济细胞在滋生、增长，同时也会有一些陈旧、缺乏生机的经济细胞在衰败、死亡。城市要发展就必须不断地培养新的经济细胞，淘汰落后、即将死亡的经济细胞，实现城市的新陈代谢。培养新的经济细胞，就是培养新的城市经济增长点。具体地说，就是要在充分发挥现实优势的基础上，挖掘城市的潜力优势，创造和开拓城市新的优势。

二、资源型城市演化过程中的特殊表现

从根本上说，资源型城市也是城市，其形成和发展的轨迹符合城市发展的一般规律，但是由于资源型城市的经济基础是以矿产资源开发为动力，以能源、

矿产等资源部门为主导的经济体系，即“资源型经济”，所以城市发展的一般规律在资源型城市的演化中呈现如下一些特殊的表现形式。

1. 城市经济发展和城市化动力不足导致资源枯竭城市的大城市化进程日渐缓慢

在城市化的中前期阶段，大城市化的现象在资源型城市同样存在，但是许多资源趋于枯竭的资源型城市，大城市化的进程却日渐缓慢。这种现象不是资源枯竭城市的规模已经发展到极限，也不是城市带动周边地区发展的功能已经发挥到了极致，相反，这些城市的城乡二元结构和城乡差别还相当严重。导致这种现象的主要原因是城市经济发展和城市化动力不足。

2. 实现资源型城市的可持续发展必须进行经济转型和再工业化

城市发展的一般规律中，工业化、农业产业化、区域经济的综合发展是城市发展的动力。随着工业化、农业产业化、区域经济综合发展程度的不断升级，城市发展可以获得可持续的动力。资源型城市的中前期城市化原动力是以资源采掘业及相关产业为基础的工业化，由于这种工业化的升级以资源的存在为前提，当资源枯竭时，城市的发展就彻底失去了动力，只有再工业化才能使资源型城市获得持续发展的动力。因此，与一般城市不同，谋求资源型城市的可持续发展必须通过经济转型、再工业化，培养新的经济增长点作为城市发展新的动力源。

3. 区位、社会历史背景、市场发育等客观条件的优势不明显

城市和城市经济发展的条件中，政策与政府行为属于主观方面，取决于城市领导层的素质、水平和能力。在客观条件方面，资源型城市与一般城市相比，城市区位、社会历史背景、市场发育等相对较差。资源型城市的区位，只能“因资源设市”，其交通条件只能靠投入来改善，其气候、水源、地形、土壤、植被等也只能顺其自然；在社会历史背景方面，资源型城市一般都是靠建矿兴市，靠大量移民完成人口的聚集，因此城市的历史文化积淀不深；由于资源型城市受计划经济影响较深，其市场发育比较缓慢。

4. 城市经济的“自组织”现象对资源型城市的负面影响严重

城市经济的“自组织”现象对资源型城市来说既有正面影响，也有负面影响。资源型城市由于矿业资源产业链较短，对周边地区的经济辐射能力较弱，“自组织”的聚集与集中作用不强，而在一个更大的城市群系统中，受大城市经济“自组织”作用的影响，资源型城市经济要素在“自组织”中的流出大于流入。生产要素的聚集和集中，使资源型城市与同规模的一般城市相比处于不利地位。近年来，许多资源型城市人才外流严重，剩余劳动力也纷纷到外地务工，而资本的进入则非常缓慢，这是城市经济“自组织”的结果。

5. 功能定位和产业结构导致城市经济新陈代谢缓慢

在长期的历史发展中，资源型城市已经形成了比较稳定的功能定位和产业

结构，即国家或者大区域能源或基础原材料重要的供应地，以及以能源、矿产等资源部门为主导的经济体系，即“资源型经济”。因此，资源型城市的发展理念、人才、技术等多方面比较单一。即使在资源趋于枯竭的过程中，一些陈旧、缺乏生机的经济细胞随之衰败和死亡，但是社会很难接受适应一些新的、充满活力的经济细胞在滋生、增长，导致新的城市经济增长点的形成和成熟相对缓慢。

第二节　资源型城市生命周期理论

资源开发与区域发展阶段的相关理论于20世纪60年代开始发展并逐步完善，一般认为，根据资源需求和消费特点，资源开发会呈现出初始—增长—成熟—衰落轨迹，构成了倒“U”形的生命历程，由此资源型城市经济发展也会相应地出现兴起期—发展期—繁荣期—衰退期（或新生期）的发展轨迹。一般来说，资源型城市的生命周期理论与以下理论密切相关。

一、城市发展“S”形曲线

1975年，诺瑟姆（Ray M. Northam）提出了城市发展“S”形曲线理论，即城镇化水平较低、发展较慢的初期阶段，人口向城镇迅速集聚的中期加速阶段和进入高度城镇化以后城镇人口比重的增长又趋缓慢甚至停滞的后期阶段。该曲线反映，城镇化过程的阶段性是与导致城镇化发展的社会经济结构变化的阶段性以及人口转换的阶段性密切联系的。“S”形曲线理论有助于理解现实的资源型城市的城镇化地域差异和预测未来的发展趋势（图1-1）。

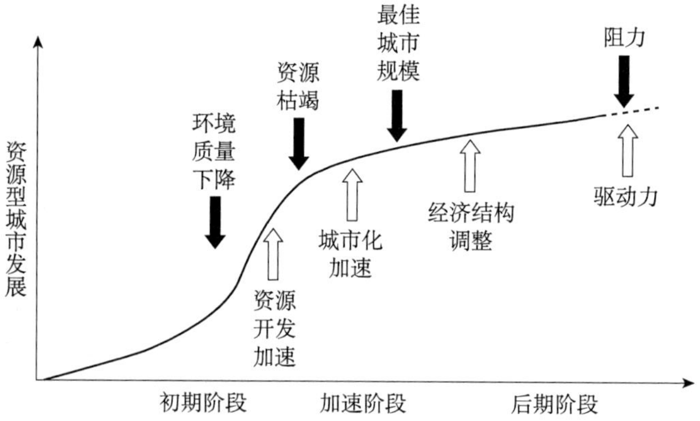

图1-1　资源型城市发展轨迹及其动力学机制

资料来源：贾敬敦等（2004）

资源型城市是以专门化职能为主的城市，其形成和发展强烈地依赖于资源。这就决定了这些城市的主要特点是职能较单一，综合发展程度较低；对外联系范围广，但联系内容较单一；发展历史一般较短，发展速度较快，并可能有较大的起伏性。总而言之，资源型城市的发展基本符合诺瑟姆的“S”形曲线理论。在资源型城市的发展过程中，始终受阻力和驱动力的合力作用。阻力来自环境质量下降、资源耗竭、最佳城市规模限制等，驱动力来自资源开发加速、城市化加速、经济结构调整等。合力在不同的城市发展阶段，表现出不同的外力形式。前期阶段，驱动力占优势，城市发展迅速；中期阶段，阻力逐渐加大，城市发展速度减缓；后期阶段，阻力与驱动力平衡，城市在某一水平层次上几乎停滞，甚至可能阻力大于驱动力，城市呈现衰退趋势。

二、矿区生命周期理论

国外关于矿区生命周期的研究始于 1929 年，赫瓦特（Howatt）提出了五阶段周期理论，他根据区域资源加工利用程度的不同，将矿区发展划分成五个阶段。在此基础上，卢卡斯（Lucas）于 1971 年提出了单一工业城镇或社区发展的四阶段模式。

第一阶段，建设期。

第二阶段，人员雇佣期。同前一阶段一样，人员的变动大，青年人和年轻家庭占主导，不同种族和民族的居民混杂，性别比例失调，人口出生率高。

第三阶段，过渡期。集居地从依附一家公司变成独立的社区，管理集居区的责任从公司转移到社区，社区稳定感和参与意识增强。

第四阶段，成熟期。成年劳动力的流动性下降，退休人员比例上升，年轻人被迫从社区外迁。

布莱德伯里（J. H. Bradbury）在考察了加拿大魁北克拉布拉多铁矿区的矿业城镇谢费维尔（Schefferville）后，对卢卡斯单一工业城镇周期理论进行了补充，增加了两个阶段。

第五阶段，衰退期。社区外迁率上升，社区稳定性下降。这一时期有可能导致矿山或工厂的关闭，也可能导致一个城镇的衰退甚至消亡。

第六阶段，城市的完全废弃消亡。

三、资源型经济生命周期

资源型城市的生命周期和资源型经济发展的周期性息息相关（图 1-2）。由于矿物能源和矿产资源是不可再生资源，决定了资源型经济的发展必然经历一个由勘探，到开采、高产稳产（鼎盛）、衰退直至枯竭的过程。伴随资源型经济的演变轨迹，单纯以资源性产业为支柱的城市经济也会有相似的发展轨迹，以至于矿衰城竭。

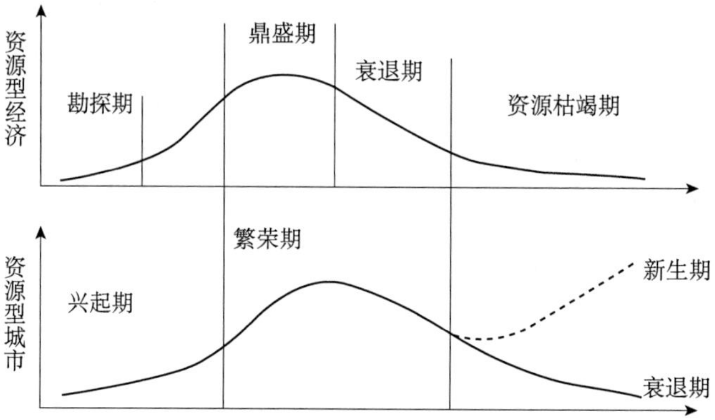

图 1-2　资源型经济和资源型城市的生命周期
资料来源：贾敬敦等（2004）

但是，如果城市在兴起期或资源高产稳产的鼎盛期或更早，利用资源开发积累下来的资金、技术、人才等，滚动式带动其他行业或第三产业的发展，逐步把重点转移到培育非资源型支柱产业上，减少对资源的依赖度，就能顺利实现城市经济的资源接续和产业接替。这样，在资源走向衰竭之前，城市经济有新的经济生长点和支撑点，仍能够保持旺盛的生命力和经济活力，顺利地跳出矿竭城衰的轨迹，在较高的起点上，对城市的自然资源、经济资源、社会资源、人力资源进行优化与重组，开始另一种意义上的新生，从而获得资源型城市的转型和全面发展（表 1-1）。

表 1-1　不同生命周期资源型城市特征及其转型

城市类型	资源	保证年限	资源产业地位	基本特征	转型思路
新建城市（幼年期）	以资源为基础形成城镇	很高	资源产业逐步形成	资源产地与中心未完全分离	高起点、深加工、延伸资源产业链
新兴城市（青年期）	资源开发活动已形成	较高	支柱产业	城市中心地与资源产地紧密相连；产业结构单一、次序低	开源节流并重，走区域性城市道路
中期城市（壮年期）	资源开发活动处于鼎盛期	趋于下降	逐步降低	市中心与资源产地已经或正在分离；多个支柱产业多元化发展	产业结构调整，加强城市建设，完善城市功能
后期城市（老年期）	逐渐消耗	低	支柱不明显	产业结构多样化；两个发展方向：综合性或其他职能城市，或者彻底衰落	挖掘、再造优势
新生综合性城市（转型期）	替代资源或非矿资源	高	明显或不明显	新兴产业替代传统的资源产业；城市功能完善	

资料来源：刘随臣等（1996）

第三节 “资源诅咒”假说

一、“资源诅咒”理论的基本概念

20 世纪 80 年代以来，越来越多的资源丰裕的国家陷入了增长陷阱。经验数据显示，从一个较长的时间范围来看，资源丰裕国家的经济增长速度缓慢，甚至停滞。哈佛大学国际发展中心的萨克斯（J. D. Sachs）和沃纳（A. M. Warner）将这一现象归结为“自然资源的诅咒”（curse of natural resource），即自然资源丰富的国家或地区，经济增长速度往往慢于那些资源稀缺的国家或地区（王云，2008）。

“资源诅咒”的定义更多地强调点状自然资源与经济增长的负相关关系，即自然资源富集的地区更趋向于以较慢的速度发展，反映资源富集区经济不可持续发展的状态（鲁金萍，2009）。回顾过去的两个世纪，依靠自然资源富集而快速发展的国家如尼日利亚、墨西哥、委内瑞拉并没有得到长期而持续的增长，却成为发展失败的典型，而拥有较少自然资源的国家如日本、韩国、新加坡和瑞士，却一直保持着较高的经济增长率。很多学者运用数学方法对相关数据进行了分析，Sachs 和 Warner（1995）对自然资源丰度与经济增长的关系做了回归分析，结果显示：自 1970 年以来，没有一个自然资源极其丰富的国家在接下来的 20 年中以较快的速度增长，无论以什么方法计量资源丰度，此结论均成立。另外，大多数在这时发展速度较快的国家往往是资源匮乏而不是富集的国家。

二、“资源诅咒”的传导机制

西方学者对“资源诅咒”现象产生原因的分析，主要是从传导机制上进行解释的。这些解释概括起来主要有荷兰病、人力资本投资不足、不良制度造成的路径锁定等三个方面。

（一）荷兰病

荷兰病（Dutch disease）指 20 世纪 50～70 年代，荷兰由于石油、天然气开采工业急剧膨胀造成传统的制造业部门萎缩、经济增长出现“去工业化”而落入“陷阱”的现象。最早的荷兰病模型由 Corden 和 Neary 在 1982 年构建，Corden 于 1984 年完善。该模型揭示了初级产品生产部门繁荣产生的支出效应和资源转移效应将导致“去工业化”（Corden，1984）。1992 年，Matsuyama 构建了两部门内生增长模型，再次论证了荷兰病对经济增长的负效应。“资源诅咒”概念出现后，Sachs 和 Warner 在 Matsuyama 的基础上引入自然资源、制造业、非贸易品等三个部门和人力资本、物质资本两类生产要素，通过构建内生增长模型，得到了类似于 Matsuyama 的结论。这说明，荷兰病是“资源诅咒”现象产生的最主要的作用机制。2006 年，Larsen 在前人研究的基础上将这一作用机制具体分解为挤出效应、溢出效应和支出效应（Larsen，2006）。挤出效应是指资源类部门较高的投资回报率和工资率将劳动力、资本和技术从机械制造业中挤出；溢出效应是指资源类部门远低于制造业贸易品部门的技术溢出所导致的低产出和低增长；支出效应是指通过资源类部门出口增加带来外汇收入增长引起本币升值，在削弱机械制造业部门产品的国际竞争力的同时，本部门对制造业产品的需求不是通过购买国内制造业部门的产品而是通过进口国外同类价格相对便宜的制成品来完成的。这三种效应共同作用的结果最终使得制造业衰落，从而抑制了工业化的进程，国家失去了长足发展的动力。

（二）人力资本投资不足

在经济学中，内生经济增长理论认为，人力资本是推动经济增长的重要因素，但这一重要因素却在资源丰裕国家被普遍忽视，从而给长期经济增长产生负面影响。原因在于，资源丰裕部门大多为初级产品的生产，并不需要特别高技能的劳动力，政府和家庭也相信丰裕的自然资源可以给自己提供足够的安全保障，因此无论是政府还是家庭都对增加教育支出或人力资本投资缺乏积极性（Gylfason，2001）。这一点在我国的煤炭资源型城市中得到了验证，如 2000 年我国 25 个地级煤炭资源型城市用于研发的投入占 GDP 的比重普遍低于全国平均水平（李贤功和李新春，2007）。

（三）不良制度造成的路径锁定

制度经济学认为，制度变迁存在着报酬递增和自我强化机制，一旦走上了某条路径，就会沿着既定的路径走下去，形成路径依赖，即制度变迁既可能沿着既定的路径走上良性轨道，也可能会被锁定在某种无效率的状态中。Engerman 和 Sokoloff（1994）在分析拉丁美洲殖民地国家时指出，资源禀赋对制度的发展路径和制度质量起着重要影响，虽然这些国家初始时收入水平相差不大，但是资源禀赋引起的制度差异最终使得长期的经济绩效完全不同。同时，丰裕的自然资源蕴涵了大量的经济租，为了寻求这些经济租，围绕这些资源产业就会形成相关的寻租利益集团。寻租集团通过对执政机构提供资金支持或直接对公职人员行贿的方式来占有这些自然资源，从而使国家滋生腐败、官僚、市场残缺甚至内乱等现象，走上通向不良制度的路径。而不良制度又更容易滋生大量的寻租活动。这样，在不良制度条件下，当权者的主要目的是在资源租金博弈过程中实现租金最大化，而不是整个社会收益最大化。由于这种寻租博弈是非生产性的，是对社会经济资源的浪费，寻租活动越多，生产性的投资就会越少，最终将使长期的经济增长受阻甚至导致经济崩溃（Torvik，2002）。

二、“资源诅咒”理论的基本模型及其扩展[①]

（一）基本模型——Matsuyama 模型

Matsuyama（1992）基于制造业干中学特征的两部门内生经济增长模型，对特殊的资源部门（农业部门）与经济增长的负相关关系进行了讨论。在模型中，Matsuyama 假设一国经济中包括两个部门——制造业部门（M）和农业部门（A），两个部门都只使用劳动力一种生产要素，假定全国的人口规模是固定的 L，则劳动力的供给数量也是固定的，赋值为 1。如此，两部门的生产函数分别为

$$Q_t^M = M_t F(n_t) F(0) = 0\ (F' > 0,\ F'' < 0) \tag{1-1}$$

$$Q_t^A = AG(1 - n_t) G(0) = 0 (G' > 0,\ G'' < 0) \tag{1-2}$$

其中，n_t表示制造业在时间 t 雇佣的劳动力份额；A 表示农业部门的生产率，在模型中被看作是固定的外生变量；M_t表示制造业部门的生产率。由于假定制造业部门具有干中学的特征，所以 M_t是一个随时间变化而变化的内生变量；又由于制造业的技术积累是生产过程的副产品，所以假定 $M_t = \delta Q_t^M$ 。

制造业部门和农业部门在劳动力市场展开竞争，因此劳动力市场的均衡条件为 $AG'(1-n_t) = P_t M_t F'(n_t)$。其中，$P_t$是制造业产品的价格。在消费市场上，消费者的效用函数为

$$U = \int_0^\infty [\beta \log(C_t^A - \gamma) + \log (C_t^M)] e^{-\rho t} dt\ (\beta,\ \gamma,\ \rho > 0) \tag{1-3}$$

其中，C_t^A 和 C_t^M 是消费者在时间 t 消费的食品和制造品；C 代表食品消费的生存水平，需要满足 $AG\ (1) > \gamma L > 0$，即一国农业部门的总产出必须要满足该国全部消费者的最低生存食品需求。从消费者效用函数中可以推出消费者的总需求函数 $C_t^A = \gamma L + \beta P_t C_t^M$ 。而对于一国经济的均衡条件，需要分如下两种情况进行讨论。

1. 封闭经济情形

当该国经济是封闭经济时，必须满足：$C_t^M = Q_t^M = M_t F(n_t)$，$C_t^A = Q_t^A =$

---

① 本段内容摘自胡健和焦兵（2010）。

$AG(1-n_t)$ 。将其与劳动力市场均衡条件和消费者总需求函数联立可以推出：$\varphi(n_t)=\gamma L/A$ 。其中，$\varphi(n)=G(1-n)-\beta G'(1-n)F(n)/F'(n)$，因此 $\varphi(0)=G(1)$，$\varphi'<0$。$\varphi(n_t)$ 随着 A 的增加而减少，加之 $\varphi(n_t)$ 是个减函数，因此 n_t 随着 A 的增加而增加。我们令 $n_t=v(A)$，且 $v'(A)>0$，由此可以看出制造业部门的劳动力比例与农业部门的生产率水平 A 正相关。而由制造业部门的产出函数 $Q_t^M=M_t F(n_t)$ 推出 $Q_t^M=M_f F(v(A))$ ，可以发现制造业部门的产量水平也与农业部门的生产率水平 A 正相关。同样，由制造业部门的生产率公式 $M>\delta Q_t^M$ ，我们还可以推出制造业部门的生产率 M_t 与农业部门的生产率 A 正相关。

因此，在封闭经济中，Matsuyama 模型推导出，一国农业部门生产率水平与该国经济增长呈正相关关系，即当农业部门生产率提高时，会释放出更多的劳动力进入制造业部门，从而增加制造业部门的产出水平和生产率水平，因此会对经济增长产生正向推动作用。

2. 开放经济情形

当一国经济是开放经济时，我们假定世界其他国家为一个整体，与封闭经济假设不同，世界农业部门生产率为 A^* ，制造业部门生产率为 M_t^* ，劳动力在两个经济体之间是不流动的，制造业劳动力份额为 n_t^* 。

按照上述封闭经济的推演逻辑，世界劳动力市场均衡为 $A^*G'(1-n^*)=P_tM_t^*F'(n^*)$，且可以推出 $n_t^*=v(A^*)$，世界制造业部门增长率为 $\delta Fv(A^*)$。将世界劳动力市场均衡条件和该国劳动力市场均衡条件联立可得 $F'(n_t)/G'(1-n_t)=(AM_t^*/A^*M_t)\times[F'(n^*)/G'(1-n^*)]$。

当 $A^*/M_0^*>A/M_0$ 时，$n_t>n^*$，因此 $F(n_t)>F(n^*)$。因为 $[G''(1-n_t)/G'(1-n_t)]+[F''(n_t)/F'(n_t)]<0$，所以当 $n_t>n^*$ 时，$n_t\gg 0$。即在初始条件下，当该国在制造业部门具有比较优势时，那么相对于世界制造业部门来说，该国制造业部门的生产率水平发展会更快，且发展呈加速状态。

因而当该国农业部门生产率 A 出现较快增长时，A^*/M_0^* 和 A/M_0 之间的差距会减小甚至逆转，这会导致该国和世界制造业部门的劳动力份额 n_t 和 n^* 的关系发生改变，从而致使该国制造业的生产率增长速度减缓甚至为负增长，从而降低该国经济与世界经济发展速度的差距，极端情况下甚至导致该国经济发展速度会低于世界经济发展速度，从而出现“资源诅咒”现象。因此，在开放经济条件下，Matsuyama 模型推导出一国农业部门生产率水平与该国经济增长呈负相关关系。

（二）扩展模型——S-W 模型

在 Matsuyama 模型中，农业生产与经济增长的负相关关系主要通过劳动力在两部门之间的流动来实现，因此这一理论模型在研究劳动密集型资源生产部门（如农业）与经济增长之间的悖论关系时非常有效，但是在研究劳动力比例很小的资源生产部门（如矿产资源生产）与经济增长的悖论关系时，有效性存在很大问题。

正是由于 Matsuyama 模型存在上述缺陷，Sachs 和 Warner 借鉴荷兰病模型框架对 Matsuyama 模型进行了扩展，将其从两部门扩展到三部门，即可贸易资源部门（R）、可贸易制造业部门（M）和不可贸易部门（N），从而建立了 Sachs-Warner 模型（简称 S-W 模型），并成为"资源诅咒"理论研究的主流模型（Sachs and Warner，1995）。

S-W 模型假定，在国民经济的生产三部门中，自然资源生产部门的生产不需要投入劳动力和资本，其产出的资源量是固定的，价值等于 R。可贸易制造业部门的生产函数为 $Q^m=G(\theta H, K^m)$，不可贸易部门的生产函数为 $Q^n=F((1-\theta)\ H,\ K^n)$。其中 H 表示人力资本，其暗含着生产中的技术存量，假定市场上劳动力供给为 1，制造业部门的劳动力份额为 θ，那么不可贸易部门的劳动力份额为 $1-\theta$。我们可以将两个部门的生产函数化简为

$$q^m=g\ (k^m),\ q^n=f\ (k^n) \tag{1-4}$$

其中，$k^m=K^m/\theta H$，$k^n=K^n/\ ((1-\theta)\ H)$。当供给市场处于均衡时，两个部门的边际产品价值是相等的，即 $p_t f'\ (k^n)\ =g'\ (k^m)$。

在分析消费问题时，必须要考虑代际替代，即当消费者年轻时通过工作获得工资收入，当年老时进行消费。由于国民经济中资源生产部门会产出固定的资源性收入，这部分收入经政府转移支付分配到消费者手中，因此消费者消费的约束条件为

$$C_t^m+P_t c_t^n+\frac{1}{1+r}(c_{t+1}^m+p_t c_{t+1}^n)=\omega_t+R_t \tag{1-5}$$

而消费者的效用函数为

$$U=[\ln(c_t^m)+\beta\ln(c_t^n)]+[\delta\ln(c_{t+1}^m)+\beta\ln(c_{t+1}^n)] \tag{1-6}$$

由式（1-4）、(1-5）可以得到不可贸易部门产品的需求为

$$c_t^n=\frac{\beta}{p_t(1+\beta)(1+\delta)}(\omega_t+R_t) \tag{1-7}$$

因为对非贸易部门产品的消费需求是无法从国际市场上满足的，所以一国经济的均衡条件是本国非贸易部门的生产等于非贸易部门产品的需求，即 $c_t^n=q_t^n=f(k^n)(1-\theta_t)$。

我们通过要素收入构成法可以把一国 GDP 划分为：$\mathrm{GDP}=R+\omega H+r\ (K^n+K^m)$，将 $k^m=K^m/\theta H$ 与 $k^n=K^n/\ [\ (1-\theta)\ H]$ 代入可得：$GDP=R+H\ (\omega+r)\ [k^n+\theta\ (k^m-k^n)]$。

综合上述各式，Sachs 和 Warner 得出：当一国资源性收入在 t 时期出现突发性增长时，该国的 GDP 在这一时期会增加，同时增加的资源性收入通过政府转移到年轻一代身上，从而导致其在 t 时期的需求也会增加，其中一部分增加的

需求会落到非贸易部门，这会导致非贸易部门的生产必须要增加，因此会从制造业部门转移部分劳动力，从而造成θ下降。由上述 GDP 的要素收入构成分解式可以看出，θ下降会导致 GDP 下降。同时，由于制造业部门具有干中学特征，所以制造业部门劳动力份额θ的下降会导致社会人力资本积累的下降，整个社会的技术存量会下降，也会导致 GDP 降低。而且财富增加的年轻一代在$t+1$时期会进入老年时期，因此对非贸易品的需求并不会回落到资源性收入大幅增加之前的水平，而是继续保持在较高水平，从而导致非贸易部门生产的继续扩张，制造业部门的继续萎缩，θ继续下降，社会的人力资本积累和 GDP 水平也会继续下降，直到随着时间的推移，资源收入突然增加的影响逐步衰退时，GDP 才会逐步恢复到初始增长路径（图 1-3）。

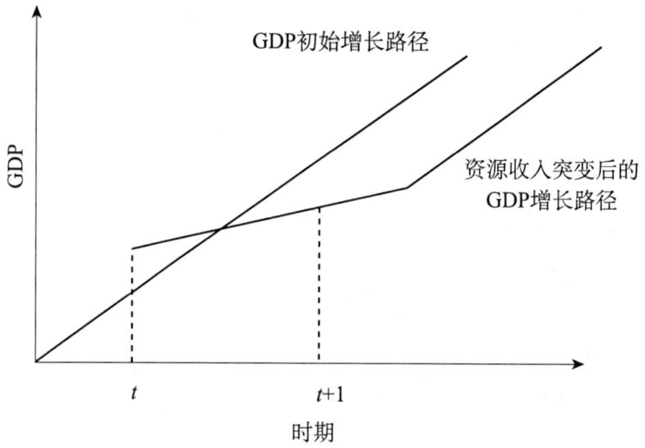

图 1-3　资源禀赋与经济增长的关系

资料来源：胡健和焦兵（2010）

第四节　路径依赖理论

一、路径依赖的内涵

路径依赖理论最早由生物学家在研究物种进化时提出。生物学家古尔德（1999）在研究生物演化路径的运行机制时，指出了路径可能具有非最优的性质，明确提出了路径依赖的概念。路径依赖意指现在的经济结果是对以前结果的进化路径的依存，通俗一点说，人们现在所处的位置是历史选择的结果。不过，在经济学界，研究视角不同，对路径依赖的具体理解也是不一样的。路径依赖理论的奠基人之一 Arthur（1989）将路径依赖作为动态经济过程的非遍历性（non-ergodicity）来加以定义：如果在一个动态的经济系统中，不同的历史事件及其发展次序无法以 100%的概率实现同一种市场结果，那么这个经济系统就是路径依赖的。

路径依赖是指，人类社会、经济或各种技术等系统一旦进入某种路径，无论该路径是好是坏，在惯性的作用下，后续的发展可能对前面的方法产生严重的依赖性，并被锁定在这一路径上，很难再另辟蹊径。从经济学的角度来看路径依赖是指现在的经济结果依赖于以前经济结果的演进路径，也就是说历史的选择决定了人们现在所处的位置。不同学者在不同的研究视角下，对于路径依赖的理解也是不尽相同的（表 1-2）。

表 1-2　代表性学者的观点

代表性学者	主要观点
Paul A. David	路径依赖的经济变革顺序为：对最终结果有重要影响的可以是历史上微不足道的小事件，包括偶然因素引发的偶然事件；路径依赖的随机过程的渐进分布是该过程自身的历史函数
W. Brain Arthur	一个动态的经济系统中，若不同的历史事件及其发展次序不能以百分之百的概率实现同样的结果，那么该经济系统就是路径依赖的
Licbowit，Margolis	路径依赖是一个微小或不起眼的优势，或者是一项看似对一些技术、产品或标准无足轻重的事务，但这优势或事务对最终的资源分配市场将会产生重要的不可逆转的影响，即使在具有自主决定权、个人利益最大化行为的个体构成的现实世界中，此种情况也经常会出现
Sewell	路径依赖是先前发生的事情会影响随后发生的事件的可能结果
Douglass C. North	最先将路径依赖的思想引进制度经济学领域，认为路径依赖是指现存的制度框架定型了未来各种制度的选择，并约束可能被锁定的制度路径的情况
青木昌彦	基于 North 的研究结果，提出制度变迁中的路径依赖，认为受参与者的认知能力的影响，参与者会继续认同旧的基本制度，导致旧制度在新政权中以新的形式得以延续

资料来源：郑秀兰（2012）

尽管不同的学者由于站的角度不同，对路径依赖的理解有差异，但也形成了一些共识，主要表现在以下三方面（刘汉民，2010）。

（1）路径依赖既是一种状态，也是一种过程。就过程来说，路径依赖是一个非遍历性的随机动态过程，它严格地取决于历史小事件（small historical matters）；就状态来说，路径依赖是一种“锁定”（lock-in），这种锁定既有可能是有效率的，也有可能是低效率或无效率的。

（2）路径依赖强调了系统变迁中的时间因素，强调历史的“滞后”作用。这种“滞后”作用既有可能是历史事件的结果造成的，也有可能是历史本身内在的性质（内在的规则和秩序）造成的。

（3）路径依赖和独立性（independence）就像是一枚硬币的两个方面，是相辅相成、同时并存的。不能因为强调路径依赖而否定历史独立性，也不能因为强调独立性而否定历史的路径依赖。

路径依赖意味着潜在的多重均衡结果，而何种均衡状态将成为最终的均衡结果则是由特殊的历史事件所决定的。路径依赖理论在社会学、经济地理学、政治学及组织管理学等诸多学科领域中得到研究者的广泛关注，并形成了许多与路径依赖相关的理论（表 1-3）。例如，通过解释组织的动态变化过程，形成了演化理论；通过分析自组织的适应性生存，形成了组织生态理论；通过分析知识本身的路径依赖性、实验学习、后向式学习，形成了组织学习理论。除此之外，路径依赖理论还被应用于分析战略选择、组织变革、企业家精神、技术演进及创新理论等（元晶晶，2010）。

表 1-3 与路径依赖有关的理论

理论	用以解释的现象	相关概念
新制度经济学	制度变迁、经济发展、社会转型	转换成本、沉没成本
演化理论	组织的动态变化过程	组织惯例
组织生态理论	组织的适应性生存	结构惯例
组织学习理论	知识本身的路径依赖性、实验学习、后向式学习	局部搜索、本地学习
技术经济	技术演进、创新	技术轨道
经济地理学	区域产业集群的形成与发展、老工业基地的发展	锁定
认知理论	社会心理、认同、选择性注意	认知凝滞

资料来源：曹瑄玮等（2008）

二、路径依赖的运行机制

路径依赖是一种客观经济规律，其运行机制可以概括为给定条件、启动机制、形成状态、退出闭锁四个环节。

（1）给定条件，指随机偶然事件的发生，即启动并决定路径选择的外部偶然性事件发生，如偶然性战争的爆发、气候变化、瘟疫等。

（2）启动机制，是指制度变迁过程中的收益递增机制，它随给定条件的成立而启动，通常有四种表现，即规模效应、学习效应、协调效应和适应性预期。

（3）形成状态，它是指收益递增机制的运行使系统出现某种状态或结果，而通常出现的结果是：①多种均衡，即系统演进的结果不是单一的；②闭锁，即一旦偶然性因素使某一方案被系统采纳，收益递增机制便会阻止它受到外部因素的干扰或被其他方案替代；③可能的非效率，即由于其他方案的开发利用和动态认识被阻止，使陷入闭锁的方案并非最优；④路径连贯，即系统演进的路径敏感地决定着系统的初始状态，系统一旦采纳某方案，该系统的演进路径便会呈现前后连贯、相互依赖的特点。

（4）退出闭锁（卢现祥，2004）。新制度经济学家认为，在社会系统中，要退出次优的路径依赖的变迁路径，其条件取决于形成自我强化机制的各种因素的性质，即该路径产生的递增收益是否具有可逆性和可转移性。如果收益递增的强化机制来源于规模效应和学习效应，那么要发生路径替代退出闭锁状态的难度就很大。如果收益递增的强化机制来自系统的各种网络效应如协作效应、适应性预期，则路径替代就可能发生。

三、路径创造

路径创造是路径依赖理论研究中将人的主观能动性纳入路径发展过程中的一种研究探索，是近期学界关注的焦点。传统的路径依赖观认为，行为主体被锁定在由自我强化机制作用的路径中，路径变迁是由偶发事件决定的。路径一旦进入锁定状态，除非有外部震动发生，否则行为主体将无法“解锁”。这种观点忽视了行为主体的主观能动性在路径发展过程中的积极作用。近年来，不少学者将人的因素纳入路径发展过程，探索更有实际价值的路径创造和突破。

（一）路径创造思想的产生

Kemp 等（2001）总结了三种不同的“构造理想路径”的方式：①通过蛮横的力量来构造路径，也就是通过设计新的系统和克服实现理想路径的障碍来构造理想路径；②通过使用经济奖励和惩罚来影响路径发展过程，以使一些路径更有吸引力和更可行；③通过共同演化的过程和调整来构造理想路径。在他们看来，最终会采取哪种方式来构造理想路径，取决于环境及处于领导地位的行为主体的状况。为了更好地阐明如何通过共同演化的过程来构造理想路径，他们提出了一种构造理想路径的新方法：战略利基管理。战略利基管理是一种通过为理想技术营造保护空间来创造新路径的工具。尽管构造中的路径并不一定能成为理想路径，但战略利基管理对于路径转型的发生是重要的。在他们看来，战略利基管理是建立新的技术体制和有意识地向理想技术体制变迁的工具。从 Kemp 等人的观点可以看出，他们已开始将人的因素纳入技术路径的转型中，暗含了路径创造的思想。

Garud 和 Karnoe（2001）则明确提出了路径创造的概念。他们把 3M 公司“post-it notes”的发展看作是路径创造的经典例子，认为路径创造是一个有意识的偏离过程。他们还强调企业家在路径创造过程中的重要作用，将 Schumpeter“创造性毁灭”的思想引入到路径创造的研究中，提出：尽管企业家认识到有意识地偏离现有结构可能会带来当前无效率的结果，但是为了发展新路径，企业家仍会这样做，因为他们明白这些有意识的偏离过程对于创造新的未来是重要的。在他们看来，企业家是知识渊博并能够思考和行动的行为主体，具备对时间、关联结构及目标进行判断和选择的能力，企业家嵌入于现有结构中，必须通过有意识的偏离过程来创造新的路径。从他们的观点可以看出，行为主体有意识的偏离过程是路径创造思想的核心，意味着行为主体必须脱离他们所嵌入的结构来创造新的路径。路径创造思想将行为主体的主观能动性纳入路径发展过程中，弥补了传统路径依赖理论的不足。

（二）路径创造思想的发展

与此前强调单独的企业家通过有意识地偏离现有结构来实现路径创造相比，随后的研究提出了技术企业家精神的概念，并通过丹麦和美国风力涡轮机发展模式的比较对这一概念进行了说明。技术企业家精神是分布在不同行为主体中的将新的因素引入现有结构的能力，由许多行为主体共同努力塑造而成的。在他们看来，企业家将新的因素引入现有结构的能力分布在多个行为主体中，行为主体参与到技术的发展过程中，对技术路径投入的积累会产生限制和促使他们后期活动的动力。丹麦和美国风力涡轮机发展采取了两种不同的模式，分别是“拼装”（bricolage）和“突破”（breakthrough）。“拼装”模式是由偶然出现的技术路径与行为主体的行为共同塑造而成的，而“突破”模式则是行为主体企图产生突破性进展所采取的方式。“突破”模式的缺点在于：企图产生突破性的进展会抑制对于新路径产生所需要的微观层面的学习过程。“拼装”模式通过不同行为主体的投入和他们之间的互动产生了一种学习环路，这种学习环路能够逐步地将技术路径发展到更高的层次。

在 Garud 和 Karnoe 之后，一些学者发展了他们提出的路径创造思想。Schienstock（2011，2004）区分了路径创造过程中相互作用的五大要素，分别是：①存在与新的技术组织范例相联系的获得新机会的“窗户”。这是刺激新路径创造的关键因素。②新的商业前景与市场前景。新的技术或组织机会并不会自动地引发主要的转变过程，新的商业前景和市场前景是经济行为主体从事新知识的创造、扩散和利用的重要诱因。③来自外部社会经济因素的压力。由于路径创造过程需要较高的技术并面临着市场的不确定性，因而外部的社会经济压力对路径创造过程的开始具有重要作用。④关键的变迁事件。日益增长的创新竞争往往使根本的创新与传统的发展路径难以相容，因而常常需要重要变迁事件（如经济危机或政治混乱）所引发的额外压力来促使创新的发生。⑤人们有意愿做出改变。新路径的创造不仅需要一些客观因素，而且还需要人的主观意愿。从 Schienstock 的分析可以看出，路径创造过程是由客观因素和主观因素共同作用而成的。事实上，路径创造是一个有意识的偏离过程，行为主体与路径创造过程是密不可分的。

Pham（2006）进一步发展了路径创造思想，提出了路径创造过程的五个原则：①技术决定原则。创造新路径的能力是基于已经存在的技术。②有意偏离原则。尽管团体具备创造新路径的技术能力，但是仍然需要企业家们积极地投入到路径创造过程中。③实时影响原则。路径创造过程中行为主体的所有活动都有实时的结果，而企业家们必须保持对路径的控制。④相互依赖原则。企业家们不能单独地创造路径，需要获得其他行为主体的支持。⑤最小混乱原则。企业家们应该以外部行为主体能够理解的方式有选择地向他们解释与路径有关的信息。在 Pham 看来，尽管不同的环境和目标会使企业家们创造出不同的路径，但以上五大原则是所有路径创造过程普遍存在的特征。

Beyer（2010）认为，在历史路径依赖的背景下，行为主体对路径的发展实施干预不再是无望的和强烈受限的。在任何不同机制作用的路径依赖中，路径的终止都是有可能的，行为主体可以对路径依赖的发展进行成功的干预。例如，在具有互补性的路径依赖中，行为主体可以集中资源来改变一个元素，从而带动更大范围的变化来改变路径。而在以权力机制为基础的路径依赖中，行为主体可以通过建立与现有主导权力相对抗的权力及补充制度对路径施加影响。

（三）路径依赖与路径创造的关系

对于路径依赖与路径创造的关系，不同学者的认识存在分歧。Meyer 和 Schubert（2007）认为，路径创造概念通过强调行为主体蓄意的方面弥补了传统路径依赖理论由于忽视行为主体的主观能动作用所带来的问题。Sydowet 等（2009）指出，路径依赖和路径创造是一种互补的关系，任何过程都是被两者共同驱动的。Garudet 等（2010）则认为，路径依赖和路径创造是理解偶发现象的两种不同视角：路径依赖的解释力在于，管理者可能没有充足的时间或动力积极地在路径发展过程中发挥作用；而路径创造的解释力在于，它包括了那些试图实时地塑造不断演变的路径发展过程的行为主体。

也有一些学者试图整合传统的路径依赖理论和路径创造思想。Sydowet 等（2005）提出了路径构造的概念。他们将路径发展过程划分为路径产生、路径继续和路径终止三个阶段。在这些阶段中，行为主体的贡献介于有意识地创造与偶然发生这两个二级连续体之间。他们还区分了构造技术路径的六种模式：路径出现、路径创造、路径持续、路径扩展、路径消亡和路径背离。在这六种模式中，与路径出现、路径持续和路径消亡相比，路径创造、路径扩展和路径背离在路径构造过程中受行为主体有意识的影响更大。在他们看来，路径依赖是路径发展过程中必不可少的特性，行为主体可以有意识地创造路径依赖(图 1-4)。

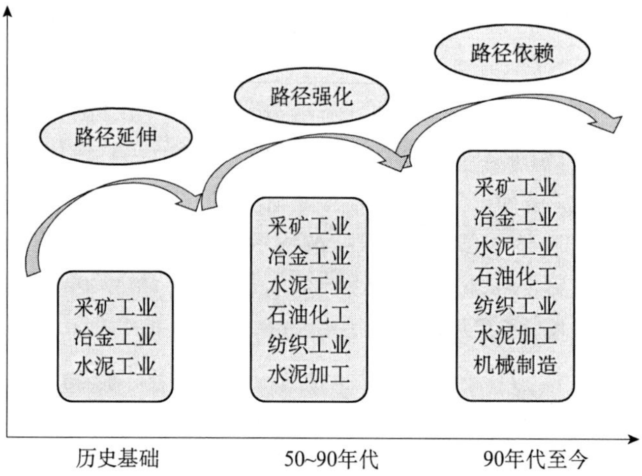

图 1-4 资源型城市重型化产业结构的路径依赖

第五节 可持续发展理论

可持续发展理论是指既满足当代人的需要，又不对后代人满足其需要的能力构成危害的发展。可持续发展理论的形成经历了相当长的历史过程。20 世纪 50～60 年代，人们在经济增长、城市化、人口、资源等所形成的环境压力下，对“增长＝发展”的模式产生怀疑并展开讲座。1962 年，美国女生物学家蕾切尔・卡逊（Rachel Carson）发表了一部引起很大轰动的环境科普著作《寂静的春天》（*Silent Spring*），作者描绘了一幅农药污染所导致的可怕景象，惊呼人们将会失去“春光明媚的春天”，这在世界范围内引发了人类关于发展观念上的争论。10 年后，两位著名美国学者巴巴拉・沃德（Barbara Ward）和雷内・杜博斯（Rene Dubos）的享誉世界的著作《只有一个地球》（*Only One Earth*）问世，把人类生存与环境的认识引向一个新境界。同年，一个非正式国际著名学术团体罗马俱乐部发表了有名的研究报告《增长的极限》（*Limits to Growth*），明确提出“持续增长”和“合理的持久的均衡发展”的概念。该报告根据数学模型预言：在未来一个世纪中，人口和经济需求的增长将导致地球资源耗竭、生态破坏和环境污染。除非人类自觉限制人口增长和工业发展，否则这一悲剧将无法避免。这项报告发出的警告启发了后来者。1987 年，以挪威首相布伦特兰为主席的联合国世界环境与发展委员会发表了一份报告《我们共同的未来》（*Our Common Future*，*From One Earth to One Earth*），正式提出可持续发展的概念，并以此为主题对人类共同关心的环境与发展问题进行了全面论述，受到世界各国政府组织和舆论的极大重视，在 1992 年联合国环境与发展大会上可持续发展要领得到与会者共识与承认。

一、可持续发展的主要内容

在具体内容方面，可持续发展涉及可持续经济、可持续生态和可持续社会三方面的协调统一，要求人类在发展中讲究经济效率、关注生态和谐和追求社会公平，最终达到人的全面发展。这表明，可持续发展虽然起源于环境保护问题，但作为一个指导人类走向21世纪的发展理论，它已经超越了单纯的环境保护。它将环境问题与发展问题有机地结合起来，已经成为一个有关社会经济发展的全面性战略。具体地说，有以下几方面内容。

（1）在经济可持续发展方面。可持续发展鼓励经济增长而不是以环境保护为名取消经济增长，因为经济发展是国家实力和社会财富的基础。但可持续发展不仅重视经济增长的数量，更追求经济发展的质量。可持续发展要求改变传统的以“高投入、高消耗、高污染”为特征的生产模式和消费模式，实施清洁生产和文明消费，以提高经济活动中的效益、节约资源和减少废物。从某种角度上，可以说集约型的经济增长方式就是可持续发展在经济方面的体现。

（2）在生态可持续发展方面。可持续发展要求经济建设和社会发展要与自然承载能力相协调。发展的同时必须保护和改善地球生态环境，保证以可持续的方式使用自然资源和环境成本，使人类的发展控制在地球承载能力之内。因此，可持续发展强调了发展是有限制的，没有限制就没有发展的持续。生态可持续发展同样强调环境保护，但不同于以往将环境保护与社会发展对立的做法，可持续发展要求通过转变发展模式，从人类发展的源头、从根本上解决环境问题。

（3）在社会可持续发展方面。可持续发展强调社会公平是环境保护得以实现的机制和目标。可持续发展指出，世界各国的发展阶段可以不同，发展的具体目标也可以各不相同，但发展的本质应包括改善人类生活质量，提高人类健康水平，创造一个保障人们平等、自由、教育、人权和免受暴力的社会环境。这就是说，在人类可持续发展系统中，经济可持续是基础，生态可持续是条件，社会可持续才是目的。下一世纪人类共同追求的应该是以人为本位的自然-经济-社会复合系统的持续、稳定、健康发展。

作为一个具有强大综合性和交叉性的研究领域，可持续发展涉及众多的学科，可以有不同重点的展开。例如，生态学家着重从自然方面把握可持续发展，理解可持续发展是不超越环境系统更新能力的人类社会的发展；经济学家着重从经济方面把握可持续发展，理解可持续发展是在保持自然资源质量和其持久供应能力的前提下，使经济增长的净利益增加到最大限度；社会学家从社会角度把握可持续发展，理解可持续发展是在不超出维持生态系统涵容能力的情况下，尽可能地改善人类的生活品质；科技工作者则更多地从技术角度把握可持续发展，把可持续发展理解为是建立极少产生废料和污染物的绿色工艺或技术系统。

二、可持续发展理论的基本特征

（一）可持续发展鼓励经济增长

可持续发展强调经济增长的必要条件是，必须通过经济增长提高当代人福利水平，增强国家实力和社会财富。但可持续发展不仅要重视经济增长的数量，更要追求经济增长的质量。这就是说，经济发展包括数量增长和质量提高两部分。数量增长是有限的，而依靠科学技术进步，提高经济活动中的效益和质量，采取科学的经济增长方式才是可持续的。

（二）可持续发展的标志是资源的永续利用和良好的生态环境

经济和社会发展不能超越资源和环境的承载能力。可持续发展以自然资源为基础，同生态环境相协调。它要求在保护环境和资源永续利用的条件下，进行经济建设，保证以可持续的方式使用自然资源和环境成本，使人类的发展控制在地球的承载力之内。要实现可持续发展，必须使可再生资源的消耗速率低于资源的再生速率，使不可再生资源的利用能够得到替代资源的补充。

（三）可持续发展的目标是谋求社会的全面进步

发展不仅仅是经济问题，单纯追求产值的经济增长不能体现发展的内涵。可持续发展的观念认为，世界各国的发展阶段和发展目标可以不同，但发展的本质应当包括改善人类生活质量，提高人类健康水平，创造一个保障人们平等、自由、教育、人权和免受暴力的社会环境。这就是说，在人类可持续发展系统中，经济发展是基础，自然生态（环境）保护是条件，社会进步才是目的。而这三者又是一个相互影响的综合体，只要社会在每一个时间段内都能保持与经济、资源和环境的协调，这个社会就符合可持续发展的要求。显然，在21世纪里，人类共同追求的目标，是以人为本的自然-经济-社会复合系统的持续、稳定、健康的发展。

第二章 资源型城市的形成和发展

我国资源开采历史悠久，经过长期的资源开采和发展，在资源富集的开采地形成了规模不一、资源类型不同的资源型城市。在不同的发展阶段和生产力水平条件下，资源型城市的数量、规模、地位和作用有所不同，但都为人类的发展做出了重要贡献。

第一节 历史上矿业城镇的发展

资源型城市的形成经历了漫长的演化历史。从猿人首次加工并利用石器所标志的人类诞生开始，资源就成为人类生存必不可少的物质材料。随着人类的演化、发展、壮大，在资源丰富的地方人口慢慢聚拢，最终形成早期的城市，可以说早期的城市都建立在资源极为丰富的地带。

奴隶社会私有制的形成促进了社会分工，加快了矿业的发展。河南省偃师市二里头遗址发现的铜器说明，在夏朝时人类已经认识到金属的性能，为之后的金属时代开辟了道路。夏朝末期进入铜锡合金的青铜时代，由于铜、锡矿山分布较为分散，人们利用交通工具将铜、锡运往冶铸场地进行青铜器的冶炼与制作，河南省濮阳市是我国最早的青铜器制造地。商朝时达到青铜器冶炼的兴盛时期，青铜业成为最重要的手工业。在河南省郑州市发现了大量的青铜武器、工具、礼器及日常用具，在河南省辉县还发现了少量的金块。西周时代是青铜器的鼎盛时期，不仅在数量上青铜器远远超越了商朝，其种类和铭文的质量都远在商朝之上。这个时期陶器的生产也成为一种独立的手工业部门，彩陶的制作工艺差不多达到了原始瓷器的水平。进入春秋时代，古人在积累了丰富的铜开采和冶铸技术之后，开始由铜器时代向铁器时代过渡，在湖南长沙和江苏等地出土了少量产于春秋时代的铁器（夏湘蓉等，1980）。

奴隶社会时期金属的冶炼主要是在各诸侯国的冶铸作坊完成的，金属的采集与冶炼分布在不同地区，虽然这个时期的金属采掘业与加工业并没有形成真正意义上的矿业城镇，然而大奴隶主的手工作坊为日后矿业城镇的形成奠定了基础。

战国时期进入铁器时代，铁农具的使用已经相当普遍，到战国末期铁开始用于铸造武器。其他金属的开采在战国时期也颇盛，如冶炼黄金制成钱币，铸造青铜制成乐器及生活用具。井盐的开凿也是在同一时期开始的，四川华阳县是当时主要的井盐开采地。秦始皇统一中原后，在产铁处设置铁官（秦汉时期管理铁的冶铸事业的机构），其中南阳就是历史上著名的冶铁基地。进入西汉，冶铁业得到长足发展，主要的铁器制造地分布在河南、陕西、山东、江苏等地。这一时期冶铁采用的主要燃料有木柴、原煤、煤饼，煤炭在冶炼工业得到了广泛应用。汉代时发现了第一个石油产地，位于现在的陕西延安附近（夏湘蓉等，1980）。

隋唐之前，由于农耕需要，冶铁业得到发展，而同时期的其他矿业发展则较为缓慢。进入隋唐时期矿业开始全面发展。隋朝矿政的特点是全力发展铜矿，并将铜矿开采权全部收归国有。据《新唐书》记载，元和初年唐朝全国采铜 62 处，年产量 266 千斤[①]，今山西新绛县为最大产铜地区。采铁 104 处，以今四川、山西最多，年产量 2070 千斤；银矿多分布在南方，以江西德兴县产量居多；金矿多分布在湖南境内，盐池分布在山西、陕西、甘肃、宁夏四省（自治区）境内，盐井主要分布在四川境内（夏湘蓉等，1980）。

宋代采掘业的特点是允许民营矿业自由发展，使得矿业发展兴盛。据《宋史》记载，宋代金属矿分布与唐代有显著变化，主要分布在江西、广东、福建三省境内。《宋会要辑稿·食货》记载元丰年间，河北邢台、磁县的铁矿产量占全国的 74%；广东韶关的铜矿产量占全国的 88%；广西贺州的锡矿占全国的 38%；广东连州、河南虢州（今灵宝境内）、浙江衢州等地的铅矿约占全国的 50%；山东登州、莱州的金矿相当于全国的 89%；福建南剑州（今南平市）盛产银矿（夏湘蓉等，1980）。北宋时山西的部分劳动人民已经开始以采煤为生。元朝的矿业发展速度减慢，铁、金、银、煤等得到一定发展。铁矿主要产于河南，在吉林、辽宁、新疆、云南等地开始开采金矿，煤炭开采主要在山西大同，在陕西省延川县、宜君县等地发现新的石油产地。

元代官矿开采加重百姓的课税，大批百姓被迫困于矿山中，在极为恶劣的条件下进行开采活动，一时造成民怨沸腾，多处矿民起义。至明初年，朱元璋吸取元代教训废除官矿，矿业由百姓自由采冶，然而至明成祖时又变更为官矿。明代铁矿的冶炼主要在河北遵化和广东佛山，其他金属矿主要分布在南方地区，其中云南的金属矿种类居多。清代时为铸造大量铜钱，铜、锡、铅三种金属都有相当数量的进口。清代前期铜、锡、铅、锌、银等金属矿的大矿区多分布在云南，新疆、甘肃的金矿开采颇盛。至 1840 年鸦片战争之前，清代 8 种金属矿产产地已达 417 处，开发矿种已达 84 种以上（胡魁，2001）。

---

① 1 斤=0.5 千克。

我国古代矿业处于世界领先地位，形成了大规模的矿产资源开采与冶炼，带来矿业人口的集聚，形成规模不等的矿工村、矿山镇、矿业城。然而古代社会由于生产力水平低，单靠矿业开发不可能形成大的矿业城市，而是星罗棋布的小型矿业城镇，其人口规模一般为数千人。我国大多数的古代矿业城镇，如安徽铜陵、河南鹤壁、山东莱芜、江苏徐州、辽宁辽阳、黑龙江阿城等，都是在这一时期形成的，其中有许多一直延续到现代。

专栏 2-1　古代矿业城镇发展案例

案例一：安徽省铜陵市

铜陵市的铜矿生产春秋时期就已开始，西汉时铜官山的铜矿开采已经闻名天下。东汉时设铜官镇，铜官镇的构成较为单一，城镇的特征并不明显，加上生产以手工业为主，铜矿资源的开采量很小，这个时期的铜官镇只是较发达的资源开发中心而已。隋唐时期是封建社会的鼎盛时期，铜官山的采铜业得到长足发展，南唐时建立铜陵县，铜陵城市之名由此得来，沿用至今。北宋时期，官府严格控制资源开采和手工业生产，铜陵地区的矿冶业几乎处于停滞状态。元朝时期，战乱频繁，铜陵矿业生产基本上停滞下来。自明代中叶以后，云南铜矿生产占据越来越重要的地位，铜陵的采铜业逐渐被取而代之，最终铜官山完全荒废了。至清末时期，出于世界资本主义发展的需求和中国工业化的启动，加之云南铜业的衰落，铜陵重新为人注目，开始大规模的开采时期（刘吕红和阙敏等，2009）。

案例二：江西省景德镇市

景德镇素有“瓷都”之称，瓷土和瓷石的开发、瓷器的生产伴随着景德镇的产生和发展，这里的瓷器开发始于汉代，东汉以后，仍处于低度资源开发区（刘吕红和阙敏等，2009）。至唐朝，陶瓷烧制的生产技术和生产资料不断聚集到景德镇，这里逐渐发展成为资源开发中心。经历五代发展之后，至宋代始建景德镇。元朝时期，政府在景德镇专门设置“浮梁瓷局”，掌管瓷器生产有关事物。明朝设置御器厂，专烧宫廷用瓷，到明代后期，景德镇发展成为“天下窑器所聚”的全国制瓷中心。至此，景德镇已由资源开发中心转向资源型城市。至清朝以后，景德镇得到长足发展，尤其是康熙、雍正、乾隆三朝时期，统治者均喜瓷器，于是不惜工本，大力发展瓷器业，景德镇发展至鼎盛时期。

第二节 近现代资源型城市的发展

从1840年鸦片战争到1949年新中国成立，我国进入近代半殖民地半封建社会。古代的自然经济在这个时期逐步瓦解，近代工业依次产生，复杂的经济结构导致中国经济发展极为缓慢，资源型城市就是在这个时期逐渐形成的。

从世界范围来看，可以说资源型城市是近代工业革命的产物，其主要功能是为工业化的大生产活动提供资源型产品及初加工产品。有些资源型城市是因资源开发而兴起的，形成于原来没有城市的荒原地带；还有些资源型城市是在原有城市的基础上形成的，因城市附近地区资源开发而具有了资源型城市的功能。我国近代时期资源型城市的形成得益于工业化的发展，按照近代工业运动的发起组织不同，资源型城市的形成可以分为以下三个类别。

一、洋务运动时期产生的资源型城市

19世纪60～90年代清朝封建集团中的官僚资本兴起，为挽救清政府的统治，洋务派创办近代企业，发起洋务运动。其中一项很重要的内容是进口大量矿产品，兴办近代工矿企业，在全国范围内开始对矿产资源的全面开采利用，为军用工业提供金属原料和煤炭燃料。随着洋务运动的展开与深入，一批地主阶级的开明派开始在煤炭、金属矿产的开采方面引进西方先进生产方式，并着手创办中国首批近代化矿业企业，根据不完全统计，这时期全国各地兴起的矿业基地不下数十个（表2-1）。因此，这一时期被学术界称为我国近代矿业的兴起与初步发展阶段。但由于外敌吞并、资金缺乏和没有经验等原因，大多数矿业企业难以为继。

表2-1 19世纪末期我国主要的工矿区

地区	主要工矿区
华北	北京：西山煤矿（1884年） 直隶：磁州煤矿（1875年）、开平煤矿（1876年）、临城煤矿（1883年）、顺德铜矿（1882年） 热河：平泉铜矿（1881年）、承德三山银矿（1882年）、土槽子、遍山线银铅矿（1887年）、建平金矿（1892年）
东北	奉天：金骆马山煤矿（1882年） 吉林：天宝山银矿（1890年）、三姓金矿（1880年） 黑龙江漠河金矿（1889年）
华东	江苏：徐州利国驿煤矿（1882年） 山东：峄县煤矿（1879年）、淄川煤矿（1888年）、登州铅矿（1883年）、平度金矿（1885年）、淄川铅矿（1887年）、宁海金矿（1890年）、招远金矿（1891年） 安徽：池州煤矿（1877年）、贵池煤矿（1883年）、池州铜矿（1883年）； 福建：石竹山铅矿（1883年） 台湾：基隆煤矿（1876年）、后垅石油矿（1877年）

续表

地区	主要工矿区
华中	湖北：广济、兴国煤矿（1876 年）、荆门煤矿（1879 年）、大治王三石煤矿（1891 年）、江夏马鞍山煤矿（1891 年）、鹤峰铜矿（1882 年）、施宜铜矿（1882 年）、长乐铜矿（1883 年）、大冶铁矿（1890 年）
华南 西南	广西：富川县、贺县煤矿（1880 年）、贵县天平寨银矿（1889 年） 广东：海南岛琼州大艳山铜矿（1887 年）、香山天华银矿（1880 年） 贵州：清铬铁矿（1886 年） 云南：云南铜矿（1887 年）

洋务运动时期，北方的煤炭开采及南方的金属冶炼得到一定发展，造就了一批现代意义的资源型城市，如大冶、萍乡、唐山等（李裕伟，2006）。其中影响力较大的湖北武汉汉阳铁厂是洋务派建立的规模最大的近代民用工业，兼营采矿和冶炼，建立于河北唐山的开平矿务局是我国首次采用机器采煤的大型近代化煤矿。开平等地煤矿于 1912 年与滦州矿务局合并组成开滦矿务局，至今仍是资源型城市唐山市的主力矿山。清政府还在磁州、荆门、马鞍山、北京西山（门头沟区）建立了 13 个近代煤矿。

专栏 2-2　洋务运动时期的资源型城市案例——江西省萍乡市

19 世纪末，湖北汉阳铁厂缺乏燃料来源，清政府指派盛宣怀沿长江上下游勘探煤矿，于 1898 年年初发现萍乡煤矿蕴藏丰富，煤质“磺轻灰少，炼焦最佳”。之后，盛宣怀协同张之洞上奏清廷开办萍乡煤矿。同年三月初一，正式成立“萍乡等处煤矿总局”，属官督商办。1908 年，隶属于汉冶萍公司，改为商办。到 1928 年由江西省政府接管，逐渐与汉冶萍公司脱离联系。萍乡煤矿是中国最早采用西方先进生产方式使用机器生产的官商办煤矿，成为中国近代化早期的最大矿，被称为“中国近代十大矿之一”，是汉冶萍公司的重要组成部分。

萍矿创立以后，萍乡开始成为中国南方特别是赣湘两省的工业中心。从此萍乡的经济结构发生了根本变化，过去以农业为主的萍乡经济，开始有了近代工矿业和现代交通（株萍铁路），同时带动了当地相关工业的发展。萍矿奠定了萍乡以煤矿工业为主的经济格局和今日发展的坚实基础，造就了几十年的辉煌。此外，萍乡的商业也有了很大的发展。由于煤矿井下需要大量竹木搭设棚架，萍乡的竹木种植及贸易非常发达。此外众多的产业工人云集萍乡，带动了服务和消费，提供了巨大的商机，萍乡曾被誉为“小上海”。

二、帝国主义国家建立的资源型城市

19世纪末，帝国主义国家为支持国内的工业化进程，开始大量掠夺殖民地国家的矿产资源，其结果是在殖民地国家形成了一大批矿业城市，如巴西的贝罗奥里藏特、智利的安托法加斯塔、赞比亚的基特韦、南非的比勒托尼亚等（李裕伟，2006）。甲午中日战争之后，帝国主义国家开始瓜分中国的采矿权，到1902年外国资本家在中国取得的矿区范围涉及十几个省、30多个州县（朱荫贵，2007）。例如，1905年日俄战争后，日本在东北地区建立南满洲铁路株式会社，开始对辽宁鞍山、本溪一带铁矿资源大肆掠夺。"九·一八事变"以后，日本通过控制下的33家主要的矿山企业在本溪、阜新、大同、淮南、龙烟、井陉、阳泉、焦作、开滦等地掠夺煤、铁资源，同时还开发了金矿、石油、铝矾土和镁矿等资源。这个时期，帝国主义国家建立的矿业城市有辽宁的抚顺、鞍山、弓长岭，河南的焦作，山西的大同、泽州，山东的枣庄等。

专栏 **2-3** 帝国主义国家建立的资源型城市案例

案例一：辽宁省抚顺市

抚顺煤炭的储量丰富，有着悠久的采掘历史。鸦片战争后，日本侵略军霸占抚顺煤矿。1905年，日军在抚顺设立"采炭所"。两年后，改由日本"南满洲铁道株式会社"经营。日本侵略者霸占抚顺煤田之后，为推行其"产业扩张计划"，除开采原有矿井外，又在千金寨、杨柏堡开采了"东乡坑"和"大山坑"两大竖井，至1912年日产煤已达5000吨。之后日军强征土地，扩大采区，利用中国廉价的劳动力，疯狂掠夺抚顺的煤炭资源。据统计，至1930年煤矿职工总数已达3万多人，是1907年的29倍，煤产量是1907年的34倍。日本帝国主义把抚顺煤矿视为"（满铁）会社的财源""帝国的一大宝库"。

煤矿的大规模开采，使抚顺发生了巨大变化，由以农业为主体的封建城镇，变为以工业为主体的殖民地城市。城市规模急剧扩大，城市中心由浑河北岸的抚顺城向浑河南岸的千金寨转移。1908年，兴仁县移到抚顺城，同年改兴仁县为抚顺县。这是以抚顺县名义设治的开始。20世纪30年代末，抚顺人口猛增至20多万，城市范围由清末的4平方公里，增至91平方公里。千金寨也由原来几十户人家的村庄变为繁华的街市，并且有了邮电、交通、供水、供电等城市基础设施。1915年，抚顺县治由抚顺城迁至千金寨，大量的工商店铺也向这里集中，千金寨成了抚顺的政治、经济、文化的中心。

随着煤炭工业和商业的发展，以及城市中心的南移，千金寨成为20世纪上半叶抚顺地区的经济中心和东北地区的重要市镇。1915年抚顺县公署由抚顺城移至千金寨之后，这里又成为抚顺地区的政治、经济和文化的中心。九一八事变后，日本侵略者为了扩大侵略战争，决定对抚顺煤矿进一步扩大开采，1936年强令千金寨居民搬迁至新抚顺，抚顺城市的中心开始转移。按照当时日伪的“部邑计划”，抚顺南站一带开辟为重点商业区，望花、新抚顺成为一般居民区和中等商业区，南北台、东公园和新屯、望花部分地区为日本人专用区，城市的基础设施畸形发展。1937年，日伪统治者决定划抚顺县部分地区设抚顺市，成立伪抚顺市公署，成为抚顺设市的开始。

案例二：河南省焦作市

1897年，英商福公司攫取了在焦作兴建煤矿的权力，经过勘察钻探，于1902年在下白作开凿一、二、三号井，建立哲美森采煤厂，之后建立哲美森镇，即焦作近代煤炭工业城市的起源。1903年，英商福公司绘制一张以哲美森厂为中心的矿区图，其中的新矿界范围大致相当于现在焦作市的主要区域。面对英商福公司对焦作煤炭资源的掠夺，焦作民族资本主义企业中原煤矿公司迅速崛起，使这座煤炭工业城市粗具规模（王敬平，2000）。

煤炭开采极大促进了煤炭工业城市的形成：城市人口集聚上升，截至1915年，焦作煤矿工人已愈万名，市区工商业人口的增多，为焦作市的形成奠定了基础；工业产值迅速增长，到1924年共产煤炭162万吨，成为仅次于抚顺、开滦的第三大煤矿；道清铁路建成通车，客观上促进了焦作与外界的联系；商业随矿业迅速发展，市区规模不断扩大；兴办教育，设立焦作路矿学堂，即后来的焦作工学院。

三、民族资本主义兴起后建立的资源型城市

20世纪初，随着国内民族资本主义的兴起，民族资本家纷纷向矿产投资，掀起了从洋人手中收回矿权的运动，发展了一批资源型城市。形成于这个时期的煤炭城市主要有山西省的阳泉、大同、寿阳、晋城等。第一次世界大战期间，民族资本家又开办了长兴、北票、柳江、淮南等地的煤矿，抗日战争时期在晋

察冀边区先后开办了 473 个小煤矿。这个时期的铁矿开发逐步开始使用近代机器，开采规模扩大，主要产地有鞍山、大冶、马鞍山等。有色金属方面，1908 年和 1918 年分别发现于江西省大余县西华山和全南县大吉山的钨矿，在两次世界大战期间产量达到 14 000 吨。云南个旧的锡矿在这个时期得到发展，1889～1949 年累计产锡量达 31 万吨。湖南益阳、安化、新化等地的锑矿开采及炼制规模庞大，1917 年仅湖南省的锑出口量就达到 320 万石（约 19 万吨）。黄金开采方面，黑龙江漠河县 1887 年产金量达到十几万两。其他资源，如甘肃玉门的石油，四川自流井等地的天然气，北京房山地区的大理石，湖北应城的石膏，辽宁海城的滑石，江苏海州及云南昆阳的磷矿，广东英德的硫铁矿，浙江平阳的明矾石等在这个时期均得到开发利用（胡魁，2001）。

专栏 **2-4** 民族资本主义兴起后建立的资源型城市案例——山西省大同市

1840 年鸦片战争后，在煤炭市场日益扩大和高额利润的刺激下，一些官僚、地主、商人投资矿业，兴办煤窑。1907 年，为保全山西矿权，山西商办全省保晋矿务有限总公司（简称保晋公司）在太原创立。1909 年，保晋公司在大同成立大同分公司。继保晋公司之后，大同兴起办矿热潮，规模大的有保晋、同宝、宝恒 3 家。1918 年，同宝公司成立，为私人煤矿，在白洞村、长流水村、青羊湾、刁窝嘴、胡家窑设厂采煤。1920 年建立私人煤矿宝恒公司，在白土窑设厂开采。1922 年同宝公司停产。1924 年山西省政府在大同开办军人煤厂。1925 年保晋大同分公司忻州窑半机械化矿井投产。1928 年同宝公司恢复生产。1929 年，阎锡山为了开辟财源，着手在军人煤厂的基础上开办晋北矿务局，总部设在大同城内帅府街，下辖煤峪口和永定庄两个矿。1932 年，晋北矿务局联合其他公司，成立煤炭分产合销机构——大同煤业公司（后改称大同矿业公司）。随后，该公司控制了运输煤炭的铁路干线，垄断了大同地区的煤炭销售业务。20 世纪 20 年代前后，在大同煤田生产的小煤窑有近千个，规模比较大的有 80 余个。

四、国民党政府和民主政府建立的资源型城市

抗日战争爆发后，国民政府在统治区采取一系列措施，鼓励办矿。在四川、云南、贵州、湖南、两广、江西、河南、陕西、甘肃、新疆等地先后办起了 59 座日产四五十吨的煤矿，其中主要有四川天府煤矿、云南明良煤矿公司、贵州

南桐煤矿、广西西凉山煤矿等。在此期间还开发了四川綦江、云南的几处铁矿，还在江西、湖南、陕西等地建成了10座钨矿，4座铅锌矿，2座金矿，2座油田。除煤铁外，资源委员会还开发了一批非金属矿，如湖北应城等地的石膏矿、江苏海州的磷矿，安徽向山、广东英德等地的硫铁矿，黑龙江柳毛、山东南墅等地的石墨矿，浙江、内蒙古等地的萤石矿。抗日战争结束后至新中国成立，国民党政府接收沦陷区内多数矿山，大同、抚顺、本溪、烟台、开滦、门头沟、基隆等矿区开始恢复生产。解放区民主政府先后接管辽宁杨家杖子钼矿、青城铅锌矿、山东掖县和辽宁海城的滑石矿、黑龙江柳毛石墨矿等矿区，一些油田、金矿、铜矿、铁矿生产也开始恢复（朱训，2009）。

至民国时期，在官僚资本、外国资本、民族资本和政府的共同作用下，资源型城市得到了进一步的发展。形成于近代时期的资源型城市主要有唐山、萍乡、徐州、东川、个旧、阜新、抚顺、铜陵、黄石、鞍山、玉门等。与古代矿业城镇相比，近代资源型城市的城市功能与矿业特色都较为明显，但与现代资源型城市相比，近代资源型城市仅仅是粗具规模。近代时期连年的战乱导致旧中国的矿业基础十分薄弱，1949年全国产煤3243万吨、石油12万吨、生铁25万吨、铁矿石59万吨、十种有色金属13 000吨、金4073公斤（胡魁，2001），总体水平十分落后，形成于这个时期的资源型城市发展极为缓慢。

第三节　新中国成立后资源型城市的快速发展

一、计划经济时期资源型城市的发展

从1949年到1979年的30年，是我国资源型城市形成发展的主要时期。新中国成立后全国开始大规模的工业化建设，出于工业化的需要，建立了一大批资源型城市。由于矿业基地的建设被列入计划，这类资源型城市的发展更迅速，规模更庞大，各种生产、服务、管理机构更完善。我国的阜新、大同、克拉玛依、大庆、铜陵、攀枝花、金昌、平顶山、乌海、六盘水等都是在计划经济时期发展起来的资源型城市。

（一）国民经济恢复时期的资源型城市

新中国成立之前，由于列强的掠夺和多年的战争，在近代兴建的一些矿山均遭严重破坏，设备陈旧残损，井巷年久失修，采掘失调，后备可采资源情况不明，矿工生活处于饥寒交迫状态，至新中国成立时，矿业生产几乎处于瘫痪状态。为了医治长年战争遗留下来的“创伤”，在百废待举、百业待兴的形势下，国家确定

把恢复国民经济作为新中国成立初期的头等大事，从而开始了为期3年的国民经济恢复时期。为了恢复与发展国民经济、稳定与改善人民生活，恢复与发展矿业城市来提供经济社会所需矿产资源，就成为整个国家的一项重要任务。

国民经济恢复时期矿业城市生产主要有两方面任务：一是抓紧恢复因长年战争损坏的矿山生产；二是组织地质队伍对现有矿山的资源情况进行勘查，摸清资源家底，以便为恢复生产和扩大建设新矿山创造条件。为了加强地质勘探工作，中央人民政府政务院设立重工业部和燃料工业部，负责组织管理与领导全国矿业开发工作。1950年成立了以李四光为主任委员、以谢家荣和尹赞勋为副主任委员的地质工作计划指导委员会（1952年改建为地质部），1953年成立全国矿产储量委员会，之后在全国范围内开展了大规模的地质资源普查勘探工作（胡魁，2001）。新中国成立初期，一些官僚资本企业被收归国有，有些私营企业被改造为公私合营，还有一些民营和个体的企业继续以原有状态存在。这种多种所有制经济成分并存是国民经济恢复时期的一个重要特点。同时，维持生产、寻找新的可开发资源是这一时期矿业活动的主要任务。在此期间，我国对煤、铁、石油、有色金属等资源的找矿取得一系列突破，许多大型、超大型矿床的发现为建立矿产开发基地奠定了资源条件，每一个大型矿产开发基地的建设蓝图就是一座资源型城市（表2-2）。

表2-2 国民经济恢复时期主要工矿区生产恢复情况

工矿区类型	恢复情况
煤炭矿区	83%的国有煤矿矿山恢复生产。对阜新、抚顺、本溪、北票、通化、鸡西、鹤岗、京西、开滦、峰峰、大同、阳泉、石拐子、淄博、洪山、淮南、贾汪、萍乡、焦作、铜川、阿干镇等28个老矿区的98处矿井进行了改造与扩建
铁矿区	河北龙烟铁矿、樱桃园铁矿、南芬铁矿、四川綦江铁矿、山东金岭铁矿、江苏利国铁矿、安徽桃冲铁矿等一批重点矿山恢复生产
石油区	甘肃玉门油田、陕西延长油田和新疆独山子油田恢复生产，陕西、甘肃、四川等沉积盆地地区发现几十个可能的储油构造
有色金属矿区	赣南钨矿，云南个旧锡矿，安徽铜官山、山西中条山和甘肃白银等地铜矿区，湖南水口山和广西的铅锌矿等30多个有色金属矿山和冶炼厂恢复生产
稀有金属矿区	黑龙江漠河金矿、吉林夹皮沟金矿、辽宁玉龙金矿、山东玲珑金矿、河北马兰峪金矿、湖南平江金矿、广西东南金矿等23处金矿均已恢复生产
建材非金属矿区	辽宁本溪、河北秦皇岛鸡冠山、内蒙古甘旗卡、江苏苏州清明山等地玻璃硅质原料矿，哈尔滨、大连、本溪、鞍山、抚顺、锦西、等地石灰石矿，均恢复生产
化工矿区	江苏海州磷矿，四川乐山峨嵋磷矿，安徽向山、广东英德、山西阳泉、辽宁草河口等地硫铁矿，以及浙江萤石矿恢复生产。新发现磷矿3处、硫铁矿3处

资料来源：根据朱训的《新中国成立初期的矿业》整理

这一时期形成的资源型城市有些是为满足国家工业化的需求完全新建的，如平顶山（1957年）、石嘴山（1960年）、乌海（1955年）、玉门（1955年）、克拉玛依（1957年）、包头（1950年）、白银（1958年）、铜川（1958年）、大庆（1960年）等；还有一些城市是在原来资源型城市的基础上扩大发展的，如阜新、抚顺、黄石、铜陵等。

专栏 2-5　国民经济恢复时期的资源型城市案例

案例一：新疆克拉玛依市

克拉玛依是新中国成立后勘探开发的第一个大油田。1955 年 6 月，独山子矿务局钻井处 1219 青年钻井队进入克拉玛依，在距黑油山东南方向 5.5 千米处的 1 号井现场布置打井。7 月 6 日开钻，10 月 29 日完井出油，标志着新中国成立后第一个大油田——克拉玛依油田的发现，揭开了新疆石油工业大发展的序幕。1956 年，克拉玛依油田进入大规模开发和建设时期，石油工业的不断发展和油田人口的不断增加，使一个新型的石油工业城市初具雏形。1958 年 5 月，国务院批准设立克拉玛依市（县级市）。1958 年 7 月，克拉玛依市召开第一届人民代表大会第一次会议，宣告克拉玛依市正式成立。1982 年 2 月，自治区批准克拉玛依市由县级市升格为设区的地州级市。市下设 4 个区：独山子区、克拉玛依区、白碱滩区、乌尔禾区。

克拉玛依油田经过 20 世纪 50 年代开发、70 年代发展、80 年代腾飞、90 年代创新，取得了累累硕果，2002 年，原油产量突破 1000 万吨，成为中国西部第一个原油产量上千万吨的大油田。2008 年，新疆油田在准噶尔盆地全面完成"数字油田"建设，成为国内第一个数字化油气田。

案例二：河南省平顶山市

新中国成立后，平顶山地区分属洛阳专区、许昌专区。1953 年国家大规模开发平顶山煤田；1954 年成立平顶山煤矿筹备处。1955 年，平顶山矿务局（现中平能化集团的一部分）二矿开工建设，由此拉开平顶山矿区建设的序幕，同年平顶山煤业（集团）有限责任公司成立，是新中国自行勘探设计建设的第一个特大型煤炭基地，也是中南地区最大的炼焦煤基地；1956 年 1 月，成立中共平顶山矿区委员会；1957 年 3 月 26 日，经国务院批准，设立平顶山市。随后几年间，一矿、四矿、五矿、七矿、十矿等 7 对矿井相继建成投产。煤炭工业初步形成，工业经济蹒跚起步。现在，平顶山已成为以能源、原材料工业为主体，煤炭、电力、钢铁、纺织、化工等工业综合发展的新兴工业城市，并逐步进入全国大城市行列。

（二）三线建设时期的资源型城市

1958年，中苏关系破裂后，严峻的战略形势与东南沿海脆弱的防务系统让中共领导层开始考虑在西部建设后方的战略问题。1964～1980年，中央政府在中西部地区的13个省（自治区）进行了一场以战备为指导思想的大规模国防、科技、工业和交通基本设施的建设。三线建设是中国经济史上又一次大规模的工业迁移过程，其规模可与抗日战争时期的沿海工业内迁相提并论。

这个时期出于备战和国防考虑，国家将沿海工业化重心迁往中西部地区，兴建了大批工业化城市，其中很大一部分属于资源型城市。攀枝花、六盘水、金昌是这一时期形成的具有代表性的资源型城市。1964年，攀枝花开始大规模的矿业开发建设，次年成立攀枝花区域，是攀枝花市的前身。1964年对“黔西煤田”进行开发，1970年将“黔西煤田”涉及的六枝、盘县、水城县合并为六盘水地区，之后改为省辖市。1958年甘肃省发现永昌镍矿，解决了我国镍矿资源短缺的困扰，之后成立金川有色金属公司，1981年建立金昌市，被誉为中国的“镍都”。1959年，大庆油田喷出第一口石油，经过20年的发展，油田演变为城市，1979年成立大庆市，中国实现石油基本自给。

专栏2-6　三线建设时期的资源型城市案例

案例一：四川省攀枝花市

攀枝花，西南地区最大的钢铁基地，三线建设的重要项目。1954年，508地质队普查踏勘，指出攀枝花矿区储量可达亿吨。1958年，攀枝花铁矿勘探队探明钒钛磁铁矿储量超过50亿吨。之后，探明攀枝花—西昌地区共有大中型矿区86处，富含铁、钛、钒、铜、锌、钼、镍金、铂族、稀有金属和非金属矿49种以上。攀枝花铁矿的发现在铁矿资源较少、品位普遍低下的中国引起极大轰动。自1964年至1980年，攀枝花建设经历了起步、初创到综合开发时期（刘吕红和阙敏，2010）。

1964～1965年为建设起步阶段。1964年5月，攀枝花被列为三线建设重点，由周恩来负责攀枝花开发建设。同时，冶金工业部从全国各地抽调108名冶金科研人员，成立“攀枝花铁矿冶炼试验组”。之后，鞍山钢铁研究院整体搬迁至四川，改名为西南钢铁研究院，主攻攀枝花钒钛磁铁矿应用研究，解决攀枝花资源利用的技术难题。同年，攀枝花基地调查小组确定在攀枝花建设工矿区，并编制了《攀枝花矿区总体规划草案》，基本确定了攀枝花工业区的基本格局。规划范围300平方公里，人口规模12万人，职工5.1万人。

1965～1974 年为初创时期。初创时期围绕工业基地建设而展开，并没有城市的概念，当时贯彻执行“先生产、后生活”的建设方针，全力以赴地投入工业建设，生活设施一律从简，职工居住条件极差，除了必要的、直接为大工业服务的交通、供电、邮电外，城市基础设施根本无暇顾及。随着基地建设，攀枝花工业从无到有、由小到大、由少及多，依靠多种渠道发展起来。1966 年 1 月国家批准了攀枝花一期工程总体设计。1970 年开始，攀钢主体工程陆续建成投产。

1974～1980 年为综合开发时期。工业生产建设的全面发展，迫切需要加速城市建设，发挥城市综合功能。为此，1973 年 1 月，编制《渡口市总体规划》，对城市总体规划的内容和深度做了进一步的考虑，对城市建设标准和用地控制指标做了切实的调整，对市政工程特别是道路、给排水规划予以加深加细。在城市规模上，以攀钢二期工程发展规模及其配套工业和地方工业的发展为依据，对工业用地等作了安排，对城市人口规模也做了规划。1978 年后，市政公用设施、公建设施、生活设施，以前所未有的速度发展。1978～1985 年全市投资总额为 182 732 万元，其中非生产性投资 75 357 万元，为投资总额的 41.24%。

案例二：贵州省六盘水市

六盘水市是中国长江以南 14 个省（自治区、直辖市）中最大的煤田资源基地，被称为西南“煤都”。六盘水矿区煤田地质工作最早始于 1939 年。三线建设时期，出于对钢铁产业和其他工业发展的需求，中央政府加快对全国能源矿产的勘探工作。1964 年 6 月，煤炭部对西南三省进行调查研究，走遍十几个矿区，最后一致认为黔西的六枝、盘县、水城蕴藏着丰富的炼焦煤和动力煤，因而确定了六盘水为三线建设的重点配套项目。1965 年年初，煤炭部成立“西南煤矿建设指挥部”，下设六枝、水城、盘县三个煤矿建设指挥部，负责各矿区的新井建设。最初，六盘水矿区主要是对口供应攀枝花钢铁厂。建设初期，煤炭部集全国之力，从不同老矿区抽调地质队、掘井队、汽车队、工程队支援六盘水建设。1978 年国务院批准成立六盘水市。至 1982 年年末，矿区共建成投产 18 个矿 21 对井，基本上形成了我国南方第一个大型的炼焦煤基地。

国家在 20 多年的时间内完成投资 40 多亿元，调动 10 多万产业大军在六盘水建成六枝、盘县、水城三个矿务局和水城钢铁公司、水城水泥厂、水城发电厂等一批大中型骨干企业，从而使六盘水这块边远封闭的穷乡僻壤一跃而起成为在中国经济战略布局中占据一席之地、以能源原材料为主的现代工业城市。可以说，没有三线建设，就没有六盘水市在中国版图上的出现。

计划经济时期形成的资源型城市是为保证国家工业化发展的需求，城市建设速度较快，短时间内一座资源型城市就拔地而起。这些资源型城市通常具有矿地一体化的城市管理体制，对当时各种社会问题的处理机制比较完善，诸如就业、生活服务、社会治安、城乡关系等问题均纳入政府的计划体系。然而，在计划经济条件下发展起来的资源型城市相比其他城市更加依赖计划经济体制，旧体制、旧模式、旧观念的惯性更大，为城市后来的改革和转型增加了难度。

二、改革开放时期资源型城市的发展

1978 年 12 月十一届三中全会以后，我国进入改革开放的新阶段，原来政府主导的计划经济体制开始转变为社会主义市场经济体制，基本经济制度的改革对资源型城市的发展产生重大影响。我国矿产资源开发管理工作逐渐正规化、法制化。地质工作以地质部为主、地方为辅的双重领导体制重新确立。1982 年在国务院机构改革中明确地质部“对矿产资源合理开发利用和保护进行监督管理的职能”，并将地质部改为地质矿产部。1983 年地质矿产部矿产开发管理局的成立标志着矿产资源的开发管理及保护工作有了专门的机构。至 2001 年资源型城市转型之前，我国矿产品产量大幅度增长。与 1978 年改革开放之前相比，我国原煤产量由 4.41 亿吨标准煤增长到 8.23 亿吨标准煤，原油由 1.49 亿吨标准煤增长到 2.44 亿吨标准煤，天然气由 0.17 亿吨标准煤增长到 0.41 亿吨标准煤。这个时期形成的新的资源型城市相比计划经济时期较少，除个别城市（东营、盘锦、库尔勒等）以外，我国基本上已不再形成新的矿业城市。

这个时期兴起的资源型城市有两种类型，一种是由国家计划兴建的以大型油气或煤炭开发和加工基地为依托的城市。例如，东营市是在中国第二大石油基地——胜利油田的基础上建立起来的资源型城市，如今东营市是全国石油装备制造业最为集中的地区，全市的石油机械制造企业发展到 150 多家，主营业务收入占到全国该行业的 1/3。盘锦市是在中国第四大油田——辽河油田工业化阶段成立的新兴石油化工城市，盘锦市蕴藏着丰富的石油、天然气、井盐矿产资源，目前是全国最大的稠油生产基地。库尔勒市毗邻中国陆上第二大油田——塔里木油田，地下蕴藏着丰富的石油和天然气资源，随着塔里木石油资源的开发利用，库尔勒逐渐形成以石油石化为主导的新一代支柱产业。新兴的能源基地朔州市是现代化大型煤矿安太堡露天煤矿、安家岭露天煤矿及华北最大的坑口火力发电厂——神头电厂所在地。格尔木市是以石化、盐化为支柱产业的新兴工业城市，是青海省的资源开发基地。另一种是由于地方发展经济积极性和市场导向形成的资源型城市。例如，福建省福鼎市，原来以产茶叶、柚子、水产品著名，后因发展玄武岩加工业而崛起。福鼎市大鄣山的玄武岩储存量达 5000 万立方米，矿石裸露地表，是全国罕见的高级建筑板材。1995 年，福鼎撤县设市，现在玄武岩板材在国内黑色类石材市场所占份额达75%以上，玄武岩加工业已经成为福鼎市主要的经济支柱。广西岑溪市原来是著名的水稻和三黄鸡产地，近年来由于发展花岗岩石材产业闻名全国，被誉为“花岗岩之都”，岑溪市花岗岩加工产业成为支柱产业，所以成为一座年轻的资源型城市。广西河池市因种类丰富的有色金属被誉为全国著名的“有色金属之乡”，其中锡金属储量占全国的1/3，居全国之首，铟金属储量名列世界前茅，锑和铅金属储量居全国第二位。河池市大力发展有色金属的采选冶，成为广西重要的资源型城市。

专栏 2-7　改革开放时期的资源型城市案例

案例一：山东省东营市

东营市是为适应石油工业发展而建立的城市，与胜利油田的开发紧密相连。“东营”原先只是广饶县辛店公社的一个村名。1961年4月，华北石油勘探处在原广饶县辛店公社东营村附近打成第一口勘探井——华八井，获日产8.1吨工业油流。从此，拉开华北石油会战的序幕。1962年9月23日，在东营构造上打的营2井获日产555吨油流，为当时全国日产量最高的油井。随着石油勘探开发会战的深入发展，东营村一带逐步形成了由会战指挥部和一些二级单位机关及后勤单位组成的矿区城镇，人们称之为“基地”。1965年1月25日，在东营胜利村钻探的坨11井发现85米的巨厚油层。1月31日，坨11井获日产1134吨高产油流，全国第一口千吨井诞生。同年，为支援和配合石油开发会战，中共山东省委和惠民地委决定在此设立县级工作机构——中共惠民地区东营工作委员会和东营办事处，东营始以行政区域名称出现，但无行政辖区，只组建和统辖部分为油田服务的商贸、服务、金融、邮电等行业。1967年2月，东营工委和东营办事处机构并入垦利县。1971年12月，重新恢复东营工委和办事处机构。随着石油工业的开发和地方经济建设发展，东营地区渐具城市规模。为适应胜利油田发展和开发建设黄河三角洲的需要，1982年8月山东省政府向国务院请示成立省辖地级市——东营市，同年11月10日国务院以〔82〕国函字249号文件批复了省政府请示，划原惠民地区的垦利、利津2县，广饶县的4个公社，沾化县的4个公社，博兴县的1个公社和3个大队，成立省辖地级东营市。1983年8月30日，国务院又以〔83〕国函字175号文批准将惠民地区的广饶县划归东营市管辖。1983年10月15日，东营市举行成立大会，市人民政府正式挂牌办公。

案例二：辽宁省盘锦市

盘锦地势平坦，多水无山，四季分明，气候宜人，有着丰富的自然资源。地下蕴藏大量石油和天然气，现已累计探明石油地质储量19.5亿吨，天然气储量1612亿立方米。作为辽宁省沿海地区新兴的石油化工城市，盘锦的兴起和发展与辽河油田的开发密切相关。

盘锦的前身是新中国成立初期的盘山县，工业基础十分薄弱。19世纪70年代之前，盘锦只有几十家围绕以耕作为主的自然型经济办起的各类小厂、小作坊，流传的“轻工业豆腐坊，重工业钉马掌”即是当时盘锦的真实写照。1970年，石油工业部正式决定在辽河盆地进行石油勘探会战。由于辽河油田的成功开发，盘锦才进入工业开发阶段，相继建设了化肥厂、沥青厂、热电厂等一批企业。之后，盘锦工业取得飞速发展，实现历史性跨越。1984年盘锦建市后，石化工业步入了腾飞的发展阶段。围绕油、气资源的综合开发利用，盘锦市确立了“油气头、化工身、轻纺尾”的经济发展战略，明确地提出了把盘锦建设成为“新型的石油化工城”的宏伟目标。

现在，盘锦以发展油气资源的综合加工利用为重点，多层次、多门类地加速了工业的发展步伐，积极培育开发主导产品，壮大优势产业。进行了以大中型企业为重点的技术改造和以石油、天然气综合加工为重点企业，开发了新产品70多项，有效填补了国内空白或达到国际水平，使得盘锦市进入全面建设新型石油化工城市的全新时期。

改革开放时期兴起的资源型城市由于发展历史较短，大多处于资源开发利用的初期或中期阶段，资源开发潜力大，保障能力强，经济社会发展速度快，生态环境承载能力较强，是我国资源开发的后备基地。

三、转型期资源型城市的发展

进入21世纪以后，基本上没有新的资源型城市产生，前期形成的资源型城市由于长期不合理发展积累了大量诸如生态破坏、资源枯竭及产业单一等问题，城市发展陷入困境，产生大量资源枯竭城市。据统计，近年来，我国有60%以上的矿山进入中老年期，约25%的资源型城市陷入资源枯竭的困境。可以说，关乎国家能源安全、区域经济协调发展和我国经济社会发展全局的资源型城市已经面临或将面临严重危机，资源型城市进入全面转型时期。为解决资源型城市发展面临的诸多问题，国家开始采取措施大力扶持资源型城市，尤其是帮助资源枯竭城市解决转型发展困难的问题。这个时期资源型城市的发展可以分为两种类型：一是财政支持下的枯竭城市转型发展；二是全国资源型城市可持续发展长效机制的建立。

2001 年 12 月，阜新市被国务院确定为资源枯竭城市经济转型试点市，拉开了全国资源型城市可持续发展工作的序幕。2003 年 10 月，国务院发布《关于实施东北地区等老工业基地振兴战略的若干意见》，其中明确提出“积极推进资源型城市转型，促进可持续发展”。2005 年，国家又选取大庆、伊春、白山、辽源和盘锦等 6 个资源类型和开采程度不同的城市进行转型试点工作。根据这些试点城市的转型经验，2007 年 12 月 24 日，国务院制定出台《国务院关于促进资源型城市可持续发展的若干意见》（国发〔2007〕38 号），成为新中国成立以来第一次专门针对资源型城市可持续发展问题制定出台的综合性政策文件。2008 年成立了东北振兴司，设立资源型城市发展处，以专门推动全国的资源型城市可持续发展工作。2008～2009 年，国家发展和改革委员会（简称国家发改委）分两批确定了 44 个资源枯竭城市和地区，给予这些城市和地区一定的财力性转移支付，并在国家发改委设立了资源型城市吸纳就业、资源综合利用和发展接续替代产业专项，在国家开发银行设立了资源型城市可持续发展专项贷款。2009 年 7 月 23 日，国家发改委在吉林省辽源市召开全国资源型城市可持续发展工作会议，这是第一次全国层面上举行的资源型城市会议。2010 年 8 月，东北振兴司启动编制并组织实施《全国资源型城市可持续发展规划》，明确指出要进一步完善资源型城市后续支持政策。2011 年，国务院又批准了第三批共 25 座资源枯竭城市。2012 年 9 月，国务院召开了全国资源型城市与独立工矿区可持续发展及棚户区改造工作座谈会。

表 2-3 我国资源枯竭试点城市（地区）名单（共 69 个）

国家援助批次	试点名单
第一批 （共 12 个）	地级市（地区）10 个：焦作市（河南）、萍乡市（江西）、阜新市（辽宁）、伊春市（黑龙江）、辽源市（吉林）、白山市（吉林）、盘锦市（辽宁）、石嘴山市（宁夏）、白银市（甘肃）、大兴安岭地区（黑龙江） 县级市 2 个：个旧市（云南）、大冶市（湖北）
第二批 （共 32 个）	地级市（区）9 个：枣庄市（山东）、黄石市（湖北）、淮北市（安徽）、铜陵市（安徽）、七台河市（黑龙江）、抚顺市（辽宁）、铜川市（陕西）、景德镇市（江西）、万盛区（重庆） 县级市 17 个：铜仁地区万山特区（贵州）、玉门市（甘肃）、灵宝市（河南）、合山市（广西）、钟祥市（湖北）、潜江市（湖北）、耒阳市（湖南）、资兴市（湖南）、冷水江市（湖南）、北票市（辽宁）、九台市（吉林）、舒兰市（吉林）、敦化市（吉林）、华蓥市（四川）、孝义市（山西）、五大连池市（黑龙江）、阿尔山市（内蒙古） 市辖区 6 个：杨家杖子开发区（辽宁葫芦岛市）、鹰手营子矿区（河北承德市）、南票区（辽宁葫芦岛市）、东川区（云南昆明市）、弓长岭区（辽宁辽阳市）、下花园区（河北张家口市）

续表

国家援助批次	试点名单
第三批（共 25 个）	地级市 7 个：乌海市（内蒙古）、鹤岗市（黑龙江）、双鸭山市（黑龙江）、新余市（江西）、濮阳市（河南）、韶关市（广东）、泸州市（四川） 县级市 5 个：霍州市（山西）、新泰市（山东）、松滋市（湖北）、涟源市（湖南）、常宁市（湖南） 县 5 个：汪清县（吉林延边朝鲜族自治州）、大余县（江西赣州市）、昌江县（海南）、易门县（云南玉溪市）、潼关县（陕西渭南市） 市辖区 8 个：井陉矿区（河北石家庄市）、石拐区（内蒙古包头市）、二道江区（吉林通化市）、贾汪区（江苏徐州市）、淄川区（山东淄博市）、平桂管理区（广西贺州市）、南川区（重庆市）、红古区（甘肃兰州市）

在转型政策支持下，资源型城市尤其是资源枯竭城市，在产业培育、生态治理、民生改善等方面开始有了较为统一的转型举措，各地不断投入资金施行接续替代产业园区的建设、塌陷区和矿山废弃地土地治理、失业人员再就业培训等转型措施，使得这些资源枯竭城市的发展状况有了改善，呈现出新的发展局面。例如，焦作市煤炭资源枯竭以后，发展多种接续替代产业，其中以云台山为主的旅游业已经发展到成熟阶段。盘锦市转型后大力发展石油装备制造等接替产业，其经济增长速度位列全省第一，发展势态良好。石嘴山市培育的重型矿山机械、稀有金属、能源化工、汽车装备制造等优势特色产业集群和蔬菜、枸杞、水产和清真牛羊肉等优势特色现代农业已经粗具规模，其接续替代产业已经能够支撑该市的经济活动，并在宁夏回族自治区的经济实力排行上占据前列。

转型时期是资源型城市发展的关键时期。成功实现转型，摆脱资源枯竭带来的一系列问题，是资源型城市规避衰竭的唯一途径。在这个时期，资源型城市只有在国家的支持下，通过自身努力，实现经济结构和社会转型，彻底解决产业结构、生态环境、城市发展及民生等问题，才能保持发展的活力，实现城市长期可持续发展。

第三章 资源型城市的科学界定

资源型城市的科学界定是分析资源型城市特征、问题、模式的基础。尽管资源型城市的概念被广泛使用，但是政府和学者对于中国资源型城市的范围并没有统一的认识，所采取的界定方法也各不相同。本章对国内外相关研究结果进行了梳理，在此基础上采用定量与定性相结合的方法进行界定，最后简要分析了资源型城市在空间上的分布特征。

第一节 技术路线与界定原则

一、技术路线

在总结文献、经验的基础上，本书利用多种数据进行定量分析，结合专家意见，力求资源型城市界定科学、可靠（图 3-1）。

1. 文献综述

国内外的一些专家学者已对城市职能分类和资源型城市界定标准研究做了大量工作，本书在全面掌握国内外成果的基础上，根据需求结合实际确立界定标准。

2. 经验总结

资源型城市的研究是一个不断探索的过程，在理论研究和实践发展之间存在交叉融合的趋势，时间发展不断对理论更新提出新要求，理论更新也进一步指导资源型城市的发展。资源型城市的界定要求在总结已有理论和现实条件基础上进行。

3. 信息检索

利用现有网络信息检索技术，获取和掌握各部门的研究成果，积极利用各种统计资料，如《中国城市统计年鉴》、《中国矿业年鉴》、《中国国土资源统计年鉴》、中国矿业城市基础数据库等资料，对我国资源型城市的相关信息和数据进行搜集整理。

4. 统计分析

在掌握我国资源型城市相关数据的基础上，采用综合统计分析方法对我国资源型城市进行界定。

5. 专家咨询

发挥国家发改委、中国科学院地理科学与资源研究所的资源型城市研究优势，并组织相关人员成立专家咨询小组，在本书研究过程中对资源型城市界定等方面向有研究经验和实践经验的专家进行咨询，以保证本书研究的专业性。

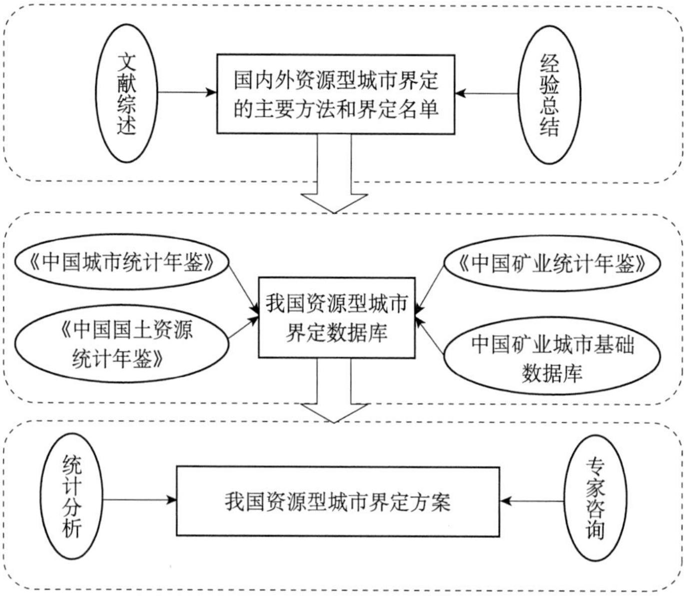

图 3-1 我国资源型城市界定的技术路线

二、界定原则

本书首先将国家确定的 44 个资源枯竭城市划入《可持续发展规划》的规划范围，在此基础上遵循以下基本原则对全国所有地级行政区（地区、自治州、盟）和县级行政区（县、自治县、旗、自治旗、区、特区、林区）进行筛选。

1. 定量界定为主，定性判断为辅

定量分析有助于摒除主观臆断，做到客观、公正，防止过多的主观因素干扰最终结果。但是，一部分处于发展初期或末期的城市（地区），辖区内有国家重点资源型企业分布或历史上公认的资源型城市也列入界定范围。

2. 重视结构特征，保持动态调整

资源型城市是以自然资源开发产生或发展，并以此为主要职能的城市类型，因此本书对资源型城市的界定重视三个标准，即产业结构标准——资源型产业增加值占地区工业增加值比重较大的城市（地区）、就业结构标准——资源型产业从业人员占地区从业人员数比例较大的城市（地区）、资源市场占有率指标——某重要资源产量在全国占有一定地位的城市（地区）。此外，这些特征随时间推移不断变化，因此在界定资源型城市时设定的指标不能一成不变，需要跟踪最新数据，动态调整。

3. 区分行政级别，防止重复覆盖

界定对象包括地级行政区和县级行政区，地级行政区和下属的县级行政区同时通过定量、定性界定的情况下，与地级行政区主导资源类型相同的县级行政区不列入规划范围。由于省会城市具备全省政治中心、经济中心的职能，原则上不在本次规划的资源型城市范围内，优先选择通过定量指标筛选的其下属地区。

第二节　界定方法与指标

一、国内外资源型城市界定方法

（一）以就业指标为代表的界定方法

资源型城市界定方法经历了从简单到复杂、从定性到定量、从单指标到多指标的发展过程。作为国外的代表方案，在 Harris（1943）的统计描述分类体系中，他以采掘业职工占全部从业职工人数的 15%作为下限标准对矿业城市进行了划分，以制造业职工占全部从业职工人数的 30%以上，并且制造业职工占制造业、零售业和批发业总职工数的 60%以上作为标准对制造业城市进行了定义。小笠原義勝（1954）界定矿业城市（采掘业城市），选择的指标和 Harris 相同，也是“城市矿业职工占城市全部从业人员的比例”，但其界定的标准是 10%以上。Nelson（1995）的统计分析方法，则根据城市就业比例的算术平均值（*M*）和标准差（*S*）对城市职能进行了相对划分。在借鉴上述方法的基础上，周一星等在1997年首次对中国的综合城市职能分类进行了系统探讨，他以沃德误差法的聚类分析为基础，结合纳尔逊的分类原理，采用了比较系统的城市分行业就业结构资料，使用了多因素分析与统计分析相结合的方法对中国城市的职能进行划分（周一星和孙则昕，1997）。马清裕（1986）、沈镭和程静（1999）后来以“矿业从业职工占全部从业职工的比例15%以上”作为界定指标。王元（2000）、武春友和叶瑛（2000）则在此基础上，考虑到关联产业，以资源开发、初加工劳动力就业人口比例超过40%作为界定标准。

（二）以行业产出为代表的界定方法

另一些学者倾向于通过行业产值占经济生产总值或工业总产值的比例来界定资源型城市。樊杰（1993）、周长庆（1994）、张以诚（1999）界定矿业城市，选择的指标是“矿业（采掘业）产值占工业总产值的比例”，其界定的标准是10%以上。赵宇空（1995）选择的指标与之相同，其标准则是20%以上。

（三）复合型多指标界定方法

在单一指标基础上，一些文献开始采取了综合多项指标的界定方法。例如，李文彦（1978）对煤矿城市的界定选择了四个指标：①“煤矿职工占全市工业职工的比重”，标准是大于25%；②“全市工业总产值构成中煤炭工业的比重”，标准是不小于15%；③“煤矿生产规模”，其标准是“一般应是大型（1000万吨/年以上）或中型（500万～1000万吨/年），最小不低于200万吨/年”；④“煤炭开发应是该城市兴起的主要原因”。其中第④个指标则是考虑到了城市发生学分类的原理。王青云（2003）、余际从和刘粤湘（2009）等学者也将采掘业从业人口规模及占比、采掘业产值规模及占比等指标相结合来界定资源型城市，胡魁（2001）、中国矿业联合矿业城市工作委员会（2005）在这些指标基础上又增加了定性指标，将一些传统矿业职能仍发挥重要作用的老矿业城市、新开发的矿业城市也纳入其中。张建华和王高尚（2003）提出了“矿业依存度”的概念，用矿业人口占比和矿业产值占比加权的结果来界定资源型城市。张文驹（2007）则根据文献总结，将不同学者列出的资源型城市共识区作为选择矿业城市的基础，通过极少的补充和删减得到新的资源型城市名单。

总体而言，许多学者都认为“采掘从业人员比例”和“采掘业产值比例”两个指标能够较为有效地反映城市经济对资源型产业的依赖程度，但指标取值不一，许多文献没有明确指标取值的理由和依据（表3-1）。

表 3-1　国内外资源型城市界定标准综述

指标类型	分类指标	指标取值	研究者
就业比例	矿业从业人员比例	＞15%	Harris（1943）
	矿业从业人员比例	＞10%	小笠原義勝（1954）
	从业人员比例	算术平均值加上 1 个标准差	Nelson（1955）
	从业人员比例	算术平均值加上 0.5 个标准差	田文祝和周一星（1991）
	矿业从业人员比例	＞15%	马清裕（1986），沈镭和程静（1999）
	资源开发、初加工劳动力就业人口比例	＞40%	王元（2000）
	直接或间接从事同中资源开发、生产、经营的劳动力比例	＞40%	武春友和叶瑛（2000）
产值比例	采掘业工业产品/工业总产值	＞10%	周长庆（1994）
	煤炭采选业占工业总产值比例	＞10%	樊杰（1993），张以诚(1999)
	矿业产值占工业总产值比例	＞20%	赵宇空（1995）
	采掘业及初加工产值占工业总产值比例	＞50%	俞滨洋和赵景海（1999）
复合型指标	煤矿职工占全市工业职工的比重	＞25%	李文彦（1978）
	全市工业总产值构成中煤炭工业的比重	＞15%	
	煤矿生产规模	大型（＞1000 万吨/年）或中型（500 万～1000 万吨/年），最小＞200 万吨/年	
	煤炭开发应是该城市兴起的主要原因		
	矿业产值	地级市大于 1 亿元，县级市大于 4500 万元	胡魁（2001）
	矿业产值占 GDP 比例	＞5%	
	矿业从业人数	＞6000 人	
	著名老矿业城市、新矿业城市、漏列矿业城市		
	采掘业产值占工业总产值比例	＞10%	王青云（2003）
	采掘业产值	地级市大于 2 亿元，县级市大于 1 亿元	
	采掘业从业人员比例	＞5%	
	采掘业从业人数	地级市大于 2 万人，县级市大于 1 万人	
	矿业产业依存度（矿业从业人员比例×0.6＋矿业产值占 GDP 比例×0.4）	＞10	张建华和王高尚(2003)
	德尔菲决策（根据文献总结将共识区作为选择矿业城市的基础，通过极少的补充和删减）		张文驹（2007）

二、本书采用的界定方法与指标

在已有研究的基础上，本书运用城市职能分类理论与方法，选取资源类指标作为评价指标，全国城市均值作为指标标准基础，结合定量方法与定性方法，界定资源型城市。并且根据资源属性不同，对矿业城市和森工城市分别采取不同的界定指标。

（一）针对矿业城市定量筛选

以《中国城市统计年鉴》和国土资源部信息中心矿业城市数据库为基础，确定三个定量的结构指标：①资源型产业增加值占城市工业增加值比例为10%以上；②资源型产业从业人员占城市全部工业从业人员比例为5%以上；③某种资源在全国资源市场占有率为3%以上。上述条件若能满足其中之一，即划入矿业城市范畴。

1. 资源型产业产值比例指标取值依据

同样，以我国地级城市采掘业产值占工业总产值百分比为样本，其分布为$X \sim N(\bar{\mu}_1, \sigma_1^2)$，$\bar{\mu}_1$为样本均值，$\sigma_1$为样本的标准差，$\sigma_1^2$为样本方差。采掘业产值也呈偏正态分布，产值百分比集中分布于均值附近，并有少数城市显著高于全国平均水平。

同理，当$\phi(\frac{x-\bar{\mu}_1}{\sigma}) \leqslant 0.5$时，表示采掘业产值能对该城市提供部分或全部非基本职能；当$0.5 < \phi\left(\frac{x-\bar{\mu}_1}{\sigma}\right) \leqslant 1$时，表示该城市采掘业产值除对该城市提供全部非基本活动职能外，还能为外区域提供基本活动职能。越接近0.5，表示该城市越仅有非基本活动职能；越接近1，表示该城市对外基本活动越强。

以我国城市采掘业产值比例为研究对象，当$\phi\left(\frac{x-\bar{\mu}_1}{\sigma}\right) > 0.7$时，表示该城市具有矿业城市的显著特征，即资源产业的对外基本职能显著；当$\phi\left(\frac{x-\bar{\mu}_1}{\sigma}\right) = 0.7$时，$x \approx 10$，即采掘业产值占工业总产值百分比大于10%时，具有明显的矿业城市特征。

2. 资源型产业从业人口比例指标取值依据

采掘业从业人员比例是国际上界定矿业城市较为通用的指标。Harris（1943）认为采掘业城市（矿业城市）是采掘业从业人员在全部从业人员中的百分比占15%以上的城镇。小笠原义胜（1954）给出矿业城市标准是矿业从业人员占全部从业人员10%以上的城镇。Nelson（1955）统计计算美国所有城镇每种活动的从业人员百分比的算术平均值和标准差，以高于平均值加1个标准差作为城镇主导职能的标准，以高于平均值以上几个标准差来表示该职能的强度。以纳尔逊（Nelson）为代表的城市职能分类和以前几种方法相比有三点进步：①分类建立在较为客观、严密的统计推导的方法论基础上；②一个城市可以有几个主导职能，属于几个城市类别，更接近于实际情况；③可以反映主导职能的专业化程度。

我国地理学家周一星（1993）指出，纳尔逊分析方法用从业人口比例的平均值加标准差来反映城市职能强度效果很好，缺点是用平均值加 1 个标准差作为确定城市主导职能的指标，标准偏高。因为中国城市的工业经济结构总体上专业化程度较低，多部门综合发展的城市较多。

城市职能由两部分组成，一部分是为本地居民正常的生产和生活服务（即非基本活动部分），另一部分具有超越本地以外的区域意义，为外地服务（即基本活动部分）。城市职能概念的着眼点就是城市的基本活动部分。以我国城市采掘业从业人口百分比为样本，其分布为 $X\sim N(\bar{\mu}_1,\ \sigma_1^2)$，$\bar{\mu}_1$ 为样本均值，σ_1 为样本的标准差，σ_1^2 为样本方差。

经过 $F(x)=\phi(\frac{x-\bar{\mu}_1}{\sigma})$ 将偏正态变为标准正态 $Y\sim N(0,\ 1)$ 分布。当某城市采掘业从业人员百分比为均值 $\bar{x}$，即 $\phi(\frac{x-\bar{\mu}_1}{\sigma})=0.5$ 时，表示采掘业从业人口在全国的平均水平，该城市采掘业刚好满足本地居民正常的生产和生活服务（非基本活动部分）。

当某城市采掘业从业人员百分比大于均值 $\bar{x}$，即 $\phi(\frac{x-\bar{\mu}_1}{\sigma})>0.5$ 时，表示该城市采掘业从业人员除能满足本地居民正常的生产和生活服务外，还具有本地意外的区域意义，为外地服务，及基本活动部分。

以 $0.5<\phi\left(\frac{x-\bar{\mu}_1}{\sigma}\right)\leqslant 1$，表明该城市对外界区域基本活动职能强度。越接近 0.5，表示该城市对外基本活动职能越弱；越接近 1，表示该城市对外基本活动越强。通过对我国地级城市采掘业从业人员研究，本书以 $\phi\left(\frac{x-\bar{\mu}_1}{\sigma}\right)>0.7$ 表示该城市具有矿业城市的显著特征，即具有显著的资源产业对外基本职能。

以我国 264 个城市采掘业从业人口为研究对象，当 $\phi\left(\frac{x-\bar{\mu}_1}{\sigma}\right)=0.7$ 时，$x\approx 5$，即当某城市采掘业从业人口比大于 5%时，该城市具有显著的资源产业对外基本职能，因此我们选择采掘业从业人口比大于 5%（全国平均水平加上 0.5 个标准差以上）作为矿业城市的主要评价指标之一。

（二）针对森工城市定量筛选

森工城市是以森林资源开发、利用为主导产业的城市类型，应同时具备森林资源可开发潜力和资源开发能力两方面。从界定数据最大可获取性的角度，确定森林覆盖率和辖区内森工企业数量作为森工城市界定的基本指标。

（1）森林覆盖率为60%以上。以全国县级行政区平均森林覆盖率及其一倍的标准误，作为森工城市的最低森林覆盖率指标。其中，平均森林覆盖率为55.6%，标准误为0.3%，因此将辖区森林覆盖率为60%以上作为森工城市的界定标准之一。

（2）辖区内至少有一个省属以上森工企业。森工企业是在国有林区从事木材生产、营林、林产加工等经营活动的工业企业，省属以上森工企业的布局体现了当地林木资源的区际影响，同时也是林业产业化的重要标志，因此将辖区内至少有一个省属以上森工企业作为森工城市的界定标准之一。同时满足以上两个指标的城市作为森工城市纳入规划范围。

（三）定性调整

除上述条件外，满足以下定性条件之一，也归入矿业城市范畴。

（1）一些城市虽然结构指标没有达到，但考虑其中有大中型资源型企业分布，也归入矿业城市范畴，包括包头、鞍山、滁州、南平、茂名、嘉峪关、金昌、新余、娄底、铜陵、景德镇、赣州、云浮、自贡、张家口等。

（2）从城市发生学角度考虑，尽管目前采掘业产值比例不高，但是因资源开采而兴起、历史上公认的矿业城市也应列入矿业城市范畴。根据周一星（1988）、顾朝林（1999，1992）、刘云刚（2006）的文献整理，得出我国历史上著名的矿业城市有29个（表3-2）。

表3-2 我国历史上著名矿业城市

城市	主力矿（开发年份）	城市	主力矿（开发年份）	城市	主力矿（开发年份）
鹤岗	鹤岗煤矿（1917）	大同	大同煤矿（1907）	合山*	合山煤矿（1919）
鸡西	鸡西煤矿（1925）	唐山	开滦煤矿（1881）	韩城*	韩城煤矿（1931）
辽源	西安煤矿（1912）	鹤壁	鹤壁煤矿（1912）	石嘴山	石嘴山煤矿（1949）
鞍山	齐大山铁矿（1918）	焦作	焦作煤矿（1898）	玉门*	玉门油田（1939）
本溪	本溪湖铁矿（1904）	义马*	义马煤矿（1919）	个旧*	个旧锡矿（1886）
抚顺	抚顺煤矿（1901）	枣庄	枣庄煤矿（1818）	冷水江*	锡矿山锑煤矿（1860）
阜新	阜新煤矿（1936）	淮南	淮南煤矿（1911）	铜陵	铜关山铜矿（商）
北票*	北票煤矿（1921）	萍乡	萍乡煤矿（1898）	景德镇	冶陶1800多年历史
瑞昌	铜铃铜矿（商）	自贡	采盐业（明）	大冶	大冶铁矿（1890）

*为县级市，其余为地级市

（3）列入国务院公布的69个资源枯竭型城市名录的矿业城市，自动划入矿业城市。

（4）矿业县的确定。由于县级数据资料难以获取，根据胡魁（2001）研究整理出我国重要的县级矿业城市名单。

（四）行政原则筛选

根据行政原则，地级市和下属县级市/县/市辖区同时通过指标界定的，若资源类型相同，则取地级市，县级市/县/市辖区不再列入资源型城市；若资源类型不同，则地级市和下属地区同时列入资源型城市；若省会城市及其下属县级市/县/市辖区同时被界定为资源型城市，取下属县级市/县/市辖区，省会城市由于其综合属性，均不列入资源型城市。

第三节　界定结果

根据以上指标的界定结果加以综合，得到由此最终界定出资源型城市（地区）262 个，其中地级市（地区、自治州、盟等）126 个、县级市 62 个、县（自治县、旗等）58 个、市辖区 16 个（表 3-3）。

表 3-3　2013 年资源型城市界定

所在省（自治区、直辖市）	地级行政区	县级市	县（自治县、林区）	市辖区（开发区、管理区）
河北（14）	张家口市、承德市、唐山市、邢台市、邯郸市	鹿泉市、任丘市	青龙满族自治县、易县、涞源县、曲阳县	井陉矿区、下花园区、鹰手营子矿区
山西（13）	大同市、朔州市、阳泉市、长治市、晋城市、忻州市、晋中市、临汾市、运城市、吕梁市	古交市、霍州市、孝义市		
内蒙古（9）	包头市、乌海市、赤峰市、呼伦贝尔市、鄂尔多斯市	霍林郭勒市、阿尔山市*、锡林浩特市		石拐区
辽宁（15）	阜新市、抚顺市、本溪市、鞍山市、盘锦市、葫芦岛市	北票市、调兵山市、凤城市、大石桥市	宽甸满族自治县、义县	弓长岭区、南票区、杨家杖子开发区
吉林（11）	松原市、吉林市*、辽源市、通化市、白山市*、延边朝鲜族自治州	九台市、舒兰市、敦化市*	汪清县*	二道江区
黑龙江（11）	黑河市*、大庆市、伊春市*、鹤岗市、双鸭山市、七台河市、鸡西市、牡丹江市*、大兴安岭地区*	尚志市*、五大连池市*		
江苏（3）	徐州市、宿迁市			贾汪区
浙江（3）	湖州市		武义县、青田县	
安徽（11）	宿州市、淮北市、亳州市、淮南市、滁州市、马鞍山市、铜陵市、池州市、宣城市	巢湖市	颍上县	

续表

所在省（自治区、直辖市）	地级行政区	县级市	县（自治县、林区）	市辖区（开发区、管理区）
福建（6）	南平市、三明市、龙岩市	龙海市	平潭县、东山县	
江西（11）	景德镇市、新余市、萍乡市、赣州市、宜春市	瑞昌市、贵溪市、德兴市	星子县、大余县、万年县	
山东（14）	东营市、淄博市、临沂市、枣庄市、济宁市、泰安市、莱芜市	龙口市、莱州市、招远市、平度市、新泰市	昌乐县	淄川区
河南（15）	三门峡市、洛阳市、焦作市、鹤壁市、濮阳市、平顶山市、南阳市	登封市、新密市、巩义市、荥阳市、灵宝市、永城市、禹州市	安阳县	
湖北（10）	鄂州市、黄石市	钟祥市、应城市、大冶市、松滋市、宜都市、潜江市	保康县、神农架林区*	
湖南（14）	衡阳市、郴州市、邵阳市、娄底市	浏阳市、临湘市、常宁市、耒阳市、资兴市、冷水江市、涟源市	宁乡县、桃江县、花垣县	
广东（4）	韶关市、云浮市	高要市	连平县	
广西（10）	百色市、河池市、贺州市	岑溪市、合山市	隆安县、龙胜各族自治县、藤县、象州县	平桂管理区
海南（5）		东方市	昌江黎族自治县、琼中黎族苗族自治县*、陵水黎族自治县*、乐东黎族自治县*	
重庆（9）			铜梁县、荣昌县、垫江县、城口县、奉节县、云阳县、秀山土家族苗族自治县	南川区、万盛经济开发区
四川（13）	广元市、南充市、广安市、自贡市、泸州市、攀枝花市、达州市、雅安市、阿坝藏族羌族自治州、凉山彝族自治州	绵竹市、华蓥市	兴文县	
贵州（11）	六盘水市、安顺市、毕节市、黔南布依族苗族自治州、黔西南布依族苗族自治州	清镇市	开阳县、修文县、遵义县、松桃苗族自治县	万山区
云南（17）	曲靖市、保山市、昭通市、丽江市*、普洱市、临沧市、楚雄彝族自治州	安宁市、个旧市、开远市	晋宁县、易门县、新平彝族傣族自治县*、兰坪白族普米族自治县、香格里拉县*、马关县	东川区

续表

所在省（自治区、直辖市）	地级行政区	县级市	县（自治县、林区）	市辖区（开发区、管理区）
西藏（1）			曲松县	
陕西（9）	延安市、铜川市、渭南市、咸阳市、宝鸡市、榆林市		潼关县、略阳县、洛南县	
甘肃（10）	金昌市、白银市、武威市、张掖市、庆阳市、平凉市、陇南市	玉门市	玛曲县	红古区
青海（2）	海西蒙古族藏族自治州		大通回族土族自治县	
宁夏（3）	石嘴山市	灵武市	中宁县	
新疆（8）	克拉玛依市、巴音郭楞蒙古自治州、阿勒泰地区	和田市、哈密市、阜康市	拜城县、鄯善县	

* 表示森工城市

第四章 资源型城市的特征与问题

资源型城市是在资源开发利用的基础上形成的，有别于因政治因素、交通条件、商业发展等作用形成的城市，其存在更大程度上是为经济建设和社会发展服务，特殊的发展模式使其呈现出与一般城市不同的特征。在过去的20多年中，资源型城市由于长期不合理的开发，积累了大量问题，难以维系可持续发展。了解并把握资源型城市的发展特征与问题对资源型城市摆脱发展问题、实现可持续发展具有重要的现实意义。

第一节 资源型城市的基本特征

一、资源型城市的经济发展现状

据2010年的统计数据，从一般经济情况来看：全国资源型城市GDP共计12.5亿元，为全国总量的37%；人均国民生产总值28 347元，为全国平均水平的1.1倍；城镇居民人均可支配收入16 033元，为全国平均水平的73.5%；农村居民人均纯收入6039元，为全国平均水平的86.6%。从产业结构和就业结构来看：全国资源型城市三次产业比重分为11.9%、56.2%和31.9%；三次产业增加值分别为1.5万亿元、7.0万亿元和4.0万亿元，分别占全国的31%、32%和20%；工业和采掘业增加值分别为6.3万亿元和1.6万亿元，分别为全国水平的33%和80%；工业和采矿业从业人员分别为4700万人和500万人，分别是全国的23%和82%。

可以看出，资源型城市的一般经济发展特征：主导产业以资源开采和加工业为主，资源开发利用规模较大，采选活动在城市经济中占据重要地位；受资源开发利用的专业化生产模式影响，通常表现出产业结构单一的特征，第二产业比重显著高于第一产业和第三产业比重；第二产业从业人数，特别是采矿业人员从业人数占城市从业人员的比例明显高于全国平均水平。

二、资源型城市的社会发展现状

从社会发展情况来看：全国资源型城市共涉及土地总面积 380 万平方公里，占全国总面积的 40%；总人口 4.4 亿人，为全国总人口的 33%；城市低保人数超过 180 万，占全国的 8%；城镇登记失业率 3.5%；失业矿工人数达 60 万，需要改造的棚户区近 7000 万平方米，需要治理的塌陷区约 14 万公顷；每万人公路里程与等级公路里程分别为 39.85 公里和 32.69 公里；每万人民用汽车拥有数和私人汽车拥有数分别为 582 辆和 419 辆。其中，128 个地级市资源型城市地方财政一般预算支出中的教育支出比重占 17%，略低于全国水平，社会保障和就业支出比重

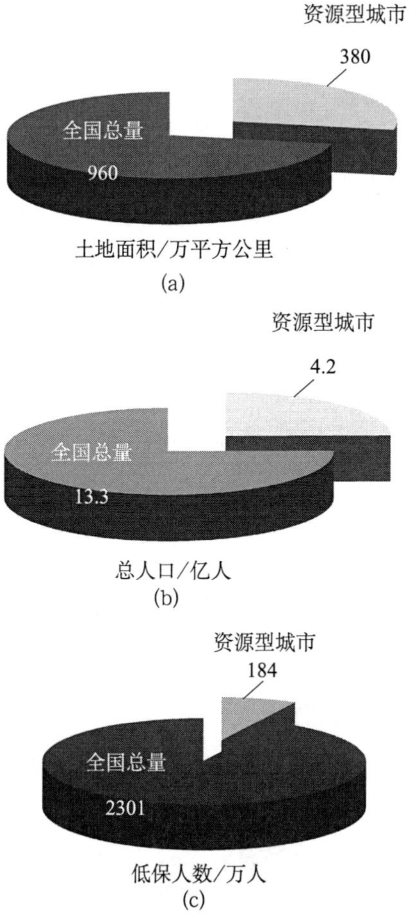

图 4-1　资源型城市社会发展指标（2010 年）

占13%，医疗卫生支出比重占8%；社会消费品零售总额平均为257亿元，占全国地级市平均水平的48%；每万人拥有幼儿园、小学、普通中学的数量分别为1所、2所和0.5所，每万人拥有普通小学和普通中学专任教师数分别为45人和39人；每万人拥有医疗机构数和医院数分别为4个和0.5个（图4-1）。

可以看出，资源型城市的一般社会发展特征：长期的资源产业偏向发展，导致基础设施落后于城市发展的需要，居民生活受困于不平衡的发展模式，失业人口众多，职工生活条件差。

三、不同资源类型城市的现状特征

按照资源类型可以将资源型城市划分为五大类：煤炭类、油气类、金属非金属类、森工类、综合类（有两种及以上主导资源的城市）。据2010年的统计数据，不同资源类型的城市现状特征主要表现为：①土地面积以森工类城市居高，人口以综合类城市最多；②油气类城市和综合类城市的经济发展水平显著高于其他三类城市，森工类城市经济发展水平最低；③油气类城市第二产业比重最高，达60%以上，相应地，其矿业从业人员数占全部工业从业人员数的比重最大；④地方财政支出都远远大于收入，其中森工类城市的财政收支差额最大，而且森工类城市财政支出的教育投入比重最小、社会保障和就业投入比重最大；⑤城乡居民收入差异较大，以综合类城市的差异最为显著；⑥森工类城市的城镇登记失业率最高而社会消费品零售总额最低；⑦森工类城市每万人拥有公路里程数最高，油气类城市每万人拥有民用汽车数最多；⑧不同资源类型城市的学校、医疗卫生等公共设施的差异并不显著（表4-1）。

表4-1 不同资源类型城市的现状分析（2010年统计均值）

分项指标	城市类型				
	煤炭类	油气类	金属非金属类	森工类	综合类
个数	46	11	34	7	30
土地面积/平方公里	17 256	16 027	28 841	40 815	38 574
人口/万人	319	321	308	175	435
GDP/亿元	706	1 089	725	510	1 202
人均GDP/元	25 640	51 284	29 451	23 396	33 249
工业增加值/亿元	332	703	334	205	602
重工业总产值/亿元	785	1 436	825	394	1 481
第二产业比重/%	52	63	53	42	52
就业结构/%	21.4	28	6.4	17.9	11
地方财政一般预算收入/亿元	47	55	49	26	69
地方财政一般预算支出/亿元	112	138	111	116	158
财政支出教育占比/%	18	17	17	11	18
财政支出社保占比/%	12	11	13	14	13
财政支出医疗占比/%	8	7	8	7	8

续表

分项指标	城市类型				
	煤炭类	油气类	金属非金属类	森工类	综合类
城镇居民人均可支配收入/元	15 809	16 255	16 150	14 394	16 385
农村居民人均纯收入/元	5 784	6 275	5 742	6 192	5 865
城镇登记失业率/%	3.5	3.4	3.3	3.7	3.5
社会消费品零售总额/亿元	227	252	228	180	358
每万人公路里程数/公里	32	36	45	63	39
每万人民用汽车数/辆	615	728	460	509	668
每万人幼儿园数/所	0.9	1	1.3	1.1	1.1
每万人普通小学数/所	2.4	1.7	2.2	2.1	2
每万人普通中学数/所	0.6	0.6	0.6	0.6	0.5
每万人卫生机构数/个	3.4	6.5	3.1	6.9	3.9

四、资源枯竭城市的现状特征

资源枯竭城市的整体情况。据 2010 年统计数据，我国地级资源枯竭城市平均总人口 80 万人，是全国平均城市人口规模的 60%；平均 GDP 263 亿元，仅为全国平均水平的 36%，人均 GDP 33 749 元，仅为全国平均水平的 88%；平均第二产业比重超过 60%，比全国平均水平高出 11.6%，相应地，平均采矿业就业人数占全部就业人数比重高达 17.1%，远高于全国 2.3%的平均水平；城市建设用地面积占市区总面积比重超过 8%，接近全国平均水平的两倍；平均登记失业人员数为 13 793 人，占就业总人数的 5.9%，高出全国平均水平 3%；职工平均工资 28 202 元，为全国平均水平的 79%；医疗卫生、教育、交通、道路等设施的相关指标均不同程度地低于全国平均水平，其中，平均医生数、普通高等学校数量、实有城市道路面积、公共汽车运营辆数等指标均只有全国平均水平的一半；工业三废排放量均高于全国平均水平一个数量级（表 4-2，表 4-3）。

表 4-2　资源枯竭城市公共服务设施现状（2010 年统计均值）

项目	医院、卫生院数	医院、卫生院床位数	医生数	普通高等学校
资源枯竭城市	82	4 232	2 090	2
全国城市	74	7 548	4 036	7
项目	普通中学	小学	年末实有城市道路面积/万平方米	年末实有公共汽(电)车营运车辆数/辆
资源枯竭城市	45	96	613	484
全国城市	69	177	1 280	1 191
项目	全年公共汽（电）车客运总量/万人次	年末实有出租汽车数/辆	每万人拥有公共汽车/辆	人均城市道路面积/平方米
资源枯竭城市	6 832	1 645	6.48	8.11
全国城市	20 656	2 951	8.96	9.63

表 4-3 资源枯竭城市环境污染现状（2010 年统计均值）

项目	工业废水排放量/万吨	工业二氧化硫排放量/吨	工业烟尘排放量/吨
资源枯竭城市	114 781	887 583	287 406
全国城市	7 650	58 274	18 930

不同资源类别枯竭城市的基本情况。2010 年，地级资源枯竭城市中油气类城市经济发展水平最好，人均 GDP 最高，森工类城市最低，仅相当于油气类城市的 53.2%；从就业人员类别来看，油气类城市的农林牧渔业就业人数最多，煤炭类城市的资源采掘业就业人员最多，森工类城市最低，金属非金属类城市的制造业就业人数最高；从财政收支情况来看，油气类城市的财政收支状态最好，煤炭类城市的一般预算内支出最高，森工类城市的收支比最小；以公共服务设施来看，森工类城市的公共服务设施条件最差，其次是油气类城市，煤炭类城市条件最好；从工业排放三废排放量来看，森工类城市的三废排放最低，主要是工业烟尘排放，而煤炭类城市的排放最高；从工业排放达标率/去除率来看，森工类城市的达标率/去除率最低，金属非金属类城市最高（表 4-4）。

表 4-4 不同资源类型的地级资源枯竭城市的现状分析（2010 年统计均值）

分项指标	城市类型			
	森工类	煤炭类	金属非金属类	油气类
个数	3	15	5	2
人均 GDP/元	23 034	31 341	41 656	43 290
农林牧渔业就业人数/万人	35.5	2.2	3.2	40.3
采矿业就业人数/万人	7.8	25.4	11.1	24.7
制造业就业人数/万人	13.9	20.5	35.3	7.7
生活性服务业就业人数/万人	3.0	3.8	4.7	2.2
公共事业就业人数/万人	25.9	31.4	26.3	10.5
地方财政一般预算收入/万元	91 172	2 731 912	924 755	704 967
地方财政一般预算支出/万元	730 252	6 238 139	1 867 656	1 274 987
收支比/%	12.50	43.80	49.50	55.30
科学支出/万元	4 495	52 825	18 409	14 542
教育支出/万元	92 252	806 036	207 668	207 125
人均城市道路面积/平方米	14	94	60	26
每万人公共汽车/辆	8	94	36	17
工业废水排放量/万吨	1 369	4 318	4 556	6 334
工业废水排放达标量/万吨	1 094	3 949	4 291	5 833
工业废水达标排放比重/%	79.90	91.50	94.20	92.10
工业二氧化硫去除量/吨	6 667	49 887	370 833	13 419
工业二氧化硫排放量/吨	20 315	55 632	66 285	40 639
工业二氧化硫去除率/%	24.70	47.30	84.80	24.80
工业烟尘去除量/吨	397 012	1 117 562	815 024	518 506
工业烟尘排放量/吨	34 912	20 069	9 573	8 902
工业烟尘去除率/%	91.90	98.20	98.80	98.30

第二节　资源型城市所面临的问题

一、资源可持续利用问题

（一）资源开采难度大

资源开采难度增大，接续开发矛盾突出。一方面，由于前期的无序和粗放式开采，资源开采难度增大，成本提高，发展后劲缺乏；另一方面，资源勘探工作严重滞后，普遍存在缺少普探、详探、精探、深探等问题，致使许多资源情况数据不准确。目前，我国重要矿产资源储量增长相对缓慢，找矿难度不断增大，隐伏区、深部区等找矿方法尚未有效突破，一大批老矿山可采储量急剧下降，矿产资源勘查开发接续基地严重不足，一些重要矿产储量消耗快于储量增长。大部分工矿企业对矿区外围勘探力度不足，石油、煤炭、铁、铝等主要矿产资源总体查明程度为30%左右。长期高强度的开采导致大量主力矿山关闭，相当一部分资源型城市已探明的资源趋于枯竭。以黑龙江省大兴安岭地区为例，经过近50年的开发，大兴安岭地区的森林资源遭到严重破坏，加之森林大火、病虫害等因素，可采森林资源濒临枯竭。截至2008年年底，全区可采森林资源为2115万立方米，根据择伐强度40%的要求，按2008年木材采伐量计算，可采期仅为4年。

开采规模逐渐缩小。大部分资源型城市经过百多年的大规模开采，资源产量已进入下滑阶段，资源储量日益减少，资源性企业生产形势每况愈下。以江西省萍乡市为例，全市煤矿数量从90年代中期的1116座急剧衰退到2007年的132座，其中萍乡矿业集团7对矿井中有3对已实施政策性破产，现存的132座煤矿企业中，列入待关闭名单且属危机矿山的煤矿就有15座，且其余的绝大部分煤矿的剩余服务年限不足10年。全市原煤开采量由历史最高点1994年的1600万吨下降到了2007年的995万吨。全市采掘业产值与从业人员数占全市工业产值和全部工业从业人员数的比重都呈明显下降趋势。

（二）资源利用率低

我国矿业生产效益低主要是因为矿产资源开发中采选回收率低，矿产资源综合利用水平低，资源浪费严重。据有关部门统计，目前我国采矿回收率铁矿为60%，有色金属为50%～60%，非金属矿为20%～60%，煤矿仅为30%。全国矿产资源平均开发利用总回收率只有30%～50%，比发达国家水平低20%左右，能源矿产资源总利用率仅为20%～30%，一半以上的资源没有得到有效利用。此外，小型矿山开采规模小、布局分散，开发技术条件落后，开发方式粗放，在资源生产加工中，受企业技术和管理水平的限制，矿产资源开采回采率、选矿回收率低，资源的综合利用水平低，深加工能力弱。据统计，2007年，全国拥有各类煤矿28万家，小煤矿占90%以上，煤炭产量约占全国总产量的1/3，由于开采方法、工艺落后，我国煤炭生产平均采收率只有30%，小型煤矿的煤炭资源回收率只有10%～15%（徐君和王育红，2009）。由于我国长期形成的粗放型增长方式和结构性矛盾尚未根本改变，矿产资源开发利用粗放浪费，综合利用率较低，矿山布局和结构不尽合理，矿产开发小、散、乱和矿山环境破坏等问题突出，加剧了资源供求紧张状况。

资源深加工程度较低。我国矿产资源加工业和冶炼业普遍落后于采掘业，许多矿产资源在深加工方面都做得不够，尤其是煤炭采选业、石油、天然气开采业及黑色金属矿采选业。矿产品加工多以初级产品为主，忽视精深加工，高附加值、高科技含量的产品少，优势矿产如菱镁、硼、滑石等初级产品长期过剩，效益外流。此外，开采及加工技术落后，利用方式粗放。例如，一次能源中，仍以原煤为主，洁净煤技术，煤炭地下气、液化技术应用缓慢。受高度集中的计划经济束缚，矿业产品的深加工和技术含量都很低。在劳动力充足和资金供给相对短缺的情况下，生产工艺在较长时期内保留了手工劳动和半机械化生产。地方集体、个体矿业兴起后，其产品技术含量与生产工艺更为落后。

二、资源型城市的经济发展问题

（一）第二产业比重过大

在资源型城市建立初期，追求资源产品数量扩张导致绝大部分资源型城市主导产业单一，产业结构以第二产为主，第一、三产业发展滞后。例如，克拉玛依市2010年第二产业增加值为638.7亿元，占到当年GDP的89.9%，第三产业的增加值仅有68亿元，占GDP比重不足10%，克拉玛依市与乌鲁木齐市的工业总产值差距不大，而克拉玛依第三产业的发展规模还不足乌鲁木齐第三产业规模的1/10。抚顺市2009年规模以上工业总产值结构中重工业比重达89.7%，轻工业发展明显不足；生产性服务业占GDP的比重只有12.4%，工业配套服务能力薄弱，限制了工业的进一步发展。黑龙江省的七台河，煤炭工业占工业总产值的比重达到80%以上；石油城市大庆和东营，石油总产值占工业总产值的比重分别达到73%和78%，采油和石油加工两者合计分别占两个城市工业总产值的93%和86%；森工城市伊春，木材采伐与加工业占该市工业总产值的50%。资源型城市经济发展对资源具有高度的依赖性，产业集中度过高，职能较为单一，极易产生“牵一发而动全身”的效果。单一性的产业结构难以对资源性的产业衰退产生缓冲作用，经济转型基础薄弱（表 4-5）。

表 4-5 部分资源型城市产业集中度比较

省份	省会产业集中度	资源型城市	产业集中度
山东	1.16	枣庄市	2.08
宁夏	1.39	石嘴山市	3.86
辽宁	2.3	盘锦市	2.3
		阜新市	2.1
		抚顺市	2.73
江西	1.76	萍乡市	1.48
		景德镇市	6.87
吉林	2.95	辽源市	3.09
湖北	2.96	黄石市	6.46
黑龙江	3.3	伊春市	2.07
		七台河市	9.24
河南	1.94	焦作市	1.89
甘肃	1.56	白银市	1.57
安徽	2.94	铜陵市	3.54
		淮北市	6.18
全国平均值			2.57

资料来源：根据《中国城市统计年鉴 2010》整理

（二）第三产业发展滞后

资源型城市长期以工业发展为主，忽视了第三产业，尤其是服务业的发展，导致金融、物流、住宿和餐饮等行业的发展水平远远赶不上城市发展的需要。例如，湖北省黄石市 2009 年第三产业增加值 217.62 亿元，占全市 GDP 的 39.1%，仅占全省第三产业总产值的 4.74%。社会消费品零售总额 215.56 亿元，居于全省第 7 位，增速仅在全省第 15 位，这与黄石市建立“武汉都市圈”副中心城市的区域地位和城市化水平极不相称。全市批发、零售、住宿、餐饮业和交通、邮电、流通领域的传统行业对服务业的贡献超过 65%以上，而新兴服务业发展滞后，金融保险业和房地产业在服务业中所占比重分别只有 2.34% 和 8.15%，现代物流、计算机服务和软件业、电子商务、咨询和中介服务等行业发展严重不足。

（三）就业结构单一

与产业结构单一相伴随的，资源型城市就业结构也呈现出单一的特征。在矿业开采初期，以矿产资源开采加工为主的采掘业、制造业的从业人员比重都很高，职工就业集中于某一两个行业。例如，新疆克拉玛依市和浙江省湖州市的第二产业就业人口约占全部就业人口的 50%。黑龙江省大兴安岭地区和七台河市的采矿业从业人员数占工业从业人员数的比重分别高达81%和69%。四川攀枝花采掘及资源加工业从业人员占城镇职工的比重高达45%，鹤岗和东营两个城市石油采掘业职工所占比例分别为71%和55%。这种单一的就业结构导致一旦资源型产业出现衰退，大批职工下岗便不可避免。例如，抚顺矿区各集体企业与原单位脱钩后，335个独立法人企业已有310个关闭，下岗职工总数高达6万人之多。由原单位关闭和破产等造成的下岗人员，加上新增下岗人员，全市累计下岗职工总数达到28万人，占城区人口的20%。

（四）所有制结构单一

从所有制结构来看，中国资源型城市产权结构以国有经济为主，所有制结构单一。例如，中国14个典型的煤炭城市的国有及国有控股工业的工业总产值比重平均为71%，5个典型冶金城市为83%。大庆、六盘水、东营和伊春的国有及国有控股工业总产值比重分别达到92%、91%、85%和70%（王国栋和申守勤，2008）。

由于长期发展资源采掘加工业，资源型城市的资源型企业相比其他城市较多，甚至有些城市50%以上的企业都为资源企业，如克拉玛依、盘锦、东营的石油石化企业，抚顺、淮南、六盘水的龙头煤炭企业，鞍山、包头、攀枝花的钢铁企业，南平、赣州、白银的有色金属企业，以及景德镇的陶瓷企业等。资源型城市国有大型企业占绝对主导地位。例如，甘肃省金昌市有色金属公司的支柱企业金川有色金属公司的工业总产值、固定资产值、利税、职工人数分别占全市的91%、89%、98%和77%。黑龙江省鹤岗矿业集团（原矿务局）年工业产值和税收均占全市的60%以上（王国栋和申守勤，2008）。20世纪90年代以来，我国国有企业就业人数持续下降，新增就业岗位主要由民营、三资等多种所有制企业提供，资源型城市由于企业所有制结构单一，中小企业发展滞后，难以消化大量的转型就业人口，增加了经济转型的难度。

三、资源型城市空间结构问题

（一）结构分散

矿产资源一般分布在几十、几百甚至几千平方公里的区域上，呈“大集中、小分散”的格局，加上早期交通不发达，职工大都缘矿居住，导致资源型城市空间结构一般比较分散，呈现出“点多、线长、面广”的状态（宋飚和王士君，2011）。在后期的城镇化过程中，由于过分强调城镇数量与规模的扩大，建成区低密度大规模向外蔓延，很容易造成城市结构过于松散，城市生活和工作场所缺乏有机联系，城市公共交通难以发展，城市运行效率低等方面的问题。另外，为了避免地表建筑物压矿，城区建设要避开地下矿产资源区，这进一步强化了资源型城市分散性布局的特点。据统计，2009 年，全国地级以上城区人口密度平均为 971 人/平方公里，相当多的资源型城市人口密度远低于这个数。例如，新疆克拉玛依地区城区人口密度仅为 40 人/平方公里（图 4-2），由于资源分布

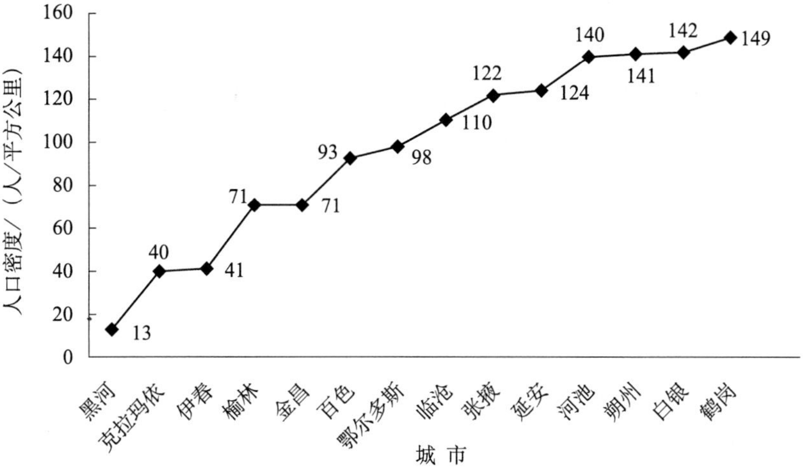

图 4-2　部分资源型城市城区人口密度（2010 年统计）

注：全国地级市人口密度均值 971 人/平方公里

和产业格局的影响、制约，空间结构存在先天不足，城市结构呈串珠状的组团结构，组团之间过度分散和扁平化的空间结构降低了城市活动的效率。克拉玛依组团和乌独奎组团相距 140 公里以上，运输成本高，交通可达性受限，大大削弱了都市区内城市的空间联系，使克拉玛依成为绿洲城镇带中较为孤立的城市。

以湖北省黄石市为例，解构资源型城市的城市空间结构分散问题。黄石市，现辖黄石港、西塞山、下陆、铁山四区和大冶市及阳新县，现有的主城区为黄石港区和西塞山区。黄石港区位于黄石市最北部，距离其他区县的距离都较远，对于其他城区发挥的服务功能和辐射带动作用较弱。四个城区再加上大冶、阳新之间缺乏快速交通体系的高效连接，彼此之间相对独立发展，没有形成一个区域中心城市的强大内核。各区之间交通路程远，联系不便，其中铁山区与黄石港区两市区交通距离近 20 公里，居住中心偏离城市合理的几何中心，造成市区间联系不通畅，现有交通流扭曲。市区人口集中分布在黄石港区、西塞山区和大冶市等地，居于城市几何中心的团成山区人口较少，呈现出“中间空，四周挤”的畸形人口布局。

由于历史的原因，黄石港区同时承担着居住和工业品运输两个功能，位于市中心的黄石港每天有大量的工业货物从港口装卸，并运往大冶市、西塞山区、

铁山区等目的地。工业品运输过程中破坏了城市道路，严重干扰了城市的正常活动，造成城市生活和生产功能混乱。此外，各城区之间的功能雷同，未形成分工合作的互动机制，城市整体上呈现出高度的功能扁平化趋势。城区之间及城区与周边城市的功能联系不足，没有形成现代化的网络状交通联系。作为区域性中心城市，黄石市缺少一个功能强大的交通枢纽（余建辉，2011）。

（二）城市功能不完善

由于资源型城市形成的突发性和城市布局的分散性，大多数资源型城市的城市建设处在被动、临时和易于变化的状态，城市建设服务于资源开采加工产业的发展，缺乏长远规划，城市功能分区和生产力布局不合适，城市功能极不完善，城市集聚力不强。在城市化的进程中，资源型城市由于矿业职工的大量存在，城镇化水平偏高，然而由于经济实力薄弱，城市基础设施、城镇工作岗位、城镇住房等方面发展滞后，城市很难支持过快的城镇化发展。以韶关市为例，按照广东省的定位，韶关市将建设成为粤北区域中心城市，但城市经济发展缓慢，人口规模偏小，功能尚不完善，基础设施建设欠账较多，城市发展空间受到自然条件和城市总体规划的约束，老城区建设密度高，建成区内生产区和生活区用地相互交叉，以及商贸、物流和金融保险等现代城市功能不健全，导致韶关对周边区域的辐射和带动能力微弱，这样的城市发展水平难以支撑韶关建立粤北区域中心城市的目标。

四、资源型城市的生态环境问题

（一）地质灾害和生态环境

由于粗放式的开发，我国资源型城市采矿活动带来一系列地质灾害，主要有崩塌、滑坡、岩溶塌陷、采空塌陷、瓦斯爆炸、矿坑突水、水土流失等。多数矿区由于开采历史长，矿井顶板承载能力下降，各矿区内都出现了不同程度的地面塌陷和地面裂缝，造成大量的农田基本设施毁坏和建筑物墙体开裂，居民区地陷事件屡见不鲜，严重影响居民生产生活。近年来，因矿山采空区塌陷、环境和安全问题，引发当地群众与企业的冲突不断增多，矛盾激化。由于许多工矿企业长期积淀的遗留问题无法解决，群众群体性上访、连续上访、越级上访的事件频频发生。例如，湖北省大冶市全市共有塌陷区 80 多处，滑坡、泥石流 30 多处，地质灾害重点防治区约 180 平方公里，次重点防治区约 120 平方公里。水土流失严重，流失面积占全市面积的 33%。河道淤塞、河床抬高、地表水下降、重金属污染等，致使大量农田无法耕种，受灾面积达 8 万亩①以上。安徽省淮北市辖区内截止到 2010 年年底形成现状塌陷总面积为 7109.7 公顷，市辖区内塌陷地占辖区总面积的 6.5%。淮北地表水浅，塌陷地区积水率高达 40%，为此共搬迁村庄 250 个，失地农民 25 万多人，导致社会问题严重。此外，资源开发也会诱发多种多样的地震（表 4-6）。

表 4-6 部分城市塌陷区面积及占比

城市	土地沉陷区总面积/平方公里	占市区面积/%
抚顺	53.47	7.5
淮北	71.09	2.6
阜新	101.3	2.5
焦作	67.2	1.8
萍乡	51.7	1.0
白山	28.7	0.5
大冶	6.5	0.4
辽源	18.8	0.1
白银	23.1	0.1

资料来源：根据各城市发展和改革委员会调查数据整理

（二）废气废渣污染加剧

资源型城市以资源开采及加工产业为主，经过长期的粗放型资源开采和初级加工，资源型城市在快速、大规模利用其特有的资源的同时，产生了较严重的环境污染，加上污染治理欠账较多，造成环境污染和生态破坏趋势加剧。

污染气体排放严重污染大气环境。大气污染是比较普遍的现象，主要是由矿产资源开采与利用过程中排放的废气、粉尘和废渣中有害元素成分挥发造成的。据统计，资源型城市的人均工业二氧化硫排放量和人均工业烟尘排放量均为全国平均水平的 2 倍之多。仅煤炭采矿行业废气排放量就占全国工业废气排放量的 5.7%，其中，有害物排放量每年超过 73 万吨，主要为烟尘、二氧化硫、氮氧化物和一氧化碳等，造成资源型城市大气环境遭受不同程度污染。在云、贵、川、鄂等地区硫铁矿山的土磺生产，其排放的废气已成为严重的社会公害。炼磺矿区周围寸草不生，鱼虾绝迹，使矿区周围上百平方公里范围内的农作物大幅度减产，并在矿山一带形成酸雨，造成森林及农作物大面积死亡。辽宁省抚顺市全市共有三个露天矿开采剥离物堆积形成的排土场，在露天堆积条件下，每立方米空气中悬浮颗粒高达 0.339 毫克，弃渣中产生大量的有害气体。另外，舍场堆放的煤矸石因自燃产生的废气对大气环境造成严重污染。2008 年，抚顺市工业废气、二氧化硫、烟尘、粉尘的排放量分别占辽宁省总排放量的

① 1 亩=1/15 公顷≈666.7 平方米。

23.86%、13.47%、12.28%、19.78%（表 4-7）。

表 4-7 资源型城市污染物排放情况（2010 年）

项目	人均工业二氧化硫排放量/千克	人均工业烟尘排放量/千克
资源型城市平均值	33.91	11.46
全国城市平均值	14.81	5.05

固体废弃物排放侵占大量土地。据工业污染调查，全国固体矿产采、选业年产生的各种固体废物约 3.3 亿吨，年排放量 2.04 亿吨，累计积存量已达 29.1 亿吨以上，侵占了大量的土地。据统计，露天矿开采和各种废渣、废石和尾矿的堆放与储存等，直接破坏与侵占的土地已达 1.4 万～2.0 万平方公里，以每年约 200 平方公里的速度增加。例如，江西省萍乡市伴随煤炭开采产生的大量的煤矸石堆积如山，目前全市累计堆存量上亿吨，占用土地面积达 8000 余亩。

此外，资源型城市的工业废弃物综合利用能力尚有待提高，2009 年平均三废综合利用产品产值远低于全国城市平均水平，其中尤其以开采石油和非金属的资源型城市最为严重（图 4-3）。

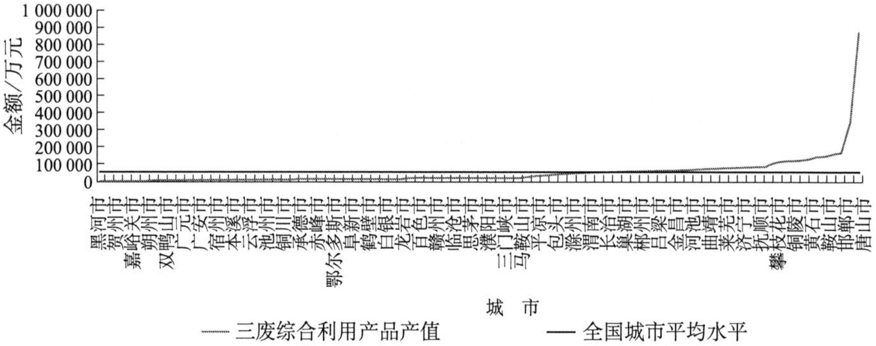

图 4-3 资源型城市废弃物处理利用率（2010 年）

（三）地下水源污染严重

水源污染主要是由矿山建设和生产过程中的各种废水造成的，据统计，资源型城市因采矿产生的废水、废液排放总量占全国工业废水排放总量的 10%以上。矿山附近的地表水体，常常作为废水、废渣的排放场所，也遭受严重污染。例如，江西省萍乡市矿井废水的悬浮物浓度平均值达 280 毫克/升，化学耗氧量浓度平均值达 530 毫克/升，硫酸根离子浓度高达 2500 毫克/升，这类矿井废水不经处理、大量地外排，造成水源污染，淤塞河道和农田渠道，土壤板结。

水源重金属污染是资源型城市普遍的现象，其严重后果是直接危害居民生命健康。例如，广东省韶关市从 20 世纪 70 年代开始金属矿产的开采，矿山开发以剥采方式为主，导致水土流失严重，重金属元素随泥石流冲入河流，造成严重的重金属污染。北江支流马坝河、浈江、滃江受韶关冶炼厂镉、铊污染最为严重。大宝山矿区周边村落受镉、铅污染，因村民癌症死亡率高，素有广东“癌症村”之称。仁化县董塘镇因冶炼厂的废水、废气排放引发的儿童血铅超标已成为媒体关注的热点问题。湖北省大冶市12条主要港渠中有10条受到不同程度的污染，主要矿区粉尘污染严重，大气环境质量下降，170家大小尾砂库中有25家存在重大危险隐患。1994年，“712”水灾，由于有色新冶铜矿尾砂库坍塌，致使金湖街办李德贤湾受灾，20多人死亡。这些问题直接威胁到人民群众的生产生活和生命财产安全，也给社会稳定带来了严重影响。

此外，资源型城市长期的采矿活动严重破坏地下水均衡，导致地下水位下降，出现大面积地下漏斗。例如，山西省平均每挖1吨煤就损耗2.5吨水，地下水资源破坏面积达2万平方公里。

（四）城市景观有待改善

资源型城市是在资源开发利用的基础上形成的，有别于其他因素作用形成的城市，其城市景观更多是矿业开采和加工活动的真实写照，呈现出一般城市所没有的矿城景象。资源型城市城区在建筑形态上是烟囱林立、厂房遍地、凌空管道，以及分割交叉的铁路和公路道口等，色调上是“黑糊糊，灰蒙蒙”的，整个城市一片黑灰色，如煤城多呈黑色，而水泥城则呈现出灰色。城市缺乏以绿色为基调、城市建筑物与自然环境融为一体的人文景观。在城市郊区，开山采矿破坏了原有的地形地貌，形成与原来自然环境十分不协调的景观。此外，由于城市缺乏系统的景观设计和规划，在一些历史积淀沉厚的资源型城市，例如，江西省景德镇市，致使城市文化难以和城市建设取得相得益彰的效果，不能形成统一鲜明的城市形象。而在一些山水资源丰富，生态景观自然本底较好的城市，如湖北省黄石市，没有将城市的“山、江、湖、堤、岛、城”景观元素有机地整合起来，致使生态景观特色难以和城市建设相互融合。

五、资源型城市的社会民生问题

（一）基础设施落后

由于资源型城市大多因采矿而设立，因矿企而发展，城市的生产和生活长期围绕厂矿进行，各大厂矿的生活区是城市功能的主要载体。相对来说，资源型城市功能发育不完全，社会事业发展水平较低，公共基础设施建设均落后于全国城市平均水平，尤其是交通基础设施建设明显不足。由于许多资源型城市位于内陆边远荒漠地区，地理环境偏僻闭塞，受地形条件约束较大，基础设施建设成本高，交通运输发展严重受阻。例如，云南省东川区的主城区和四方地工业园区没有完备的污水处理系统、垃圾处理系统等基础设施，区内医疗、交通等基础设施建设明显不足。交通运输发展严重受区位交通等自然条件制约，处于公路、铁路网建设的死角。全区公路总里程达 1792.5 公里，其中，省道 252 公里、县道 345.6 公里、乡道 794.1 公里、村道 400.8 公里。按技术等级划分：一级路 9.9 公里，二级路 86.6 公里，三级路 2.8 公里、四级路 1519.8 公里，对外路 173.4 公里。公路技术等级低，运力非常紧张，区内与区外联系和沟通的难度较大（图 4-4）。

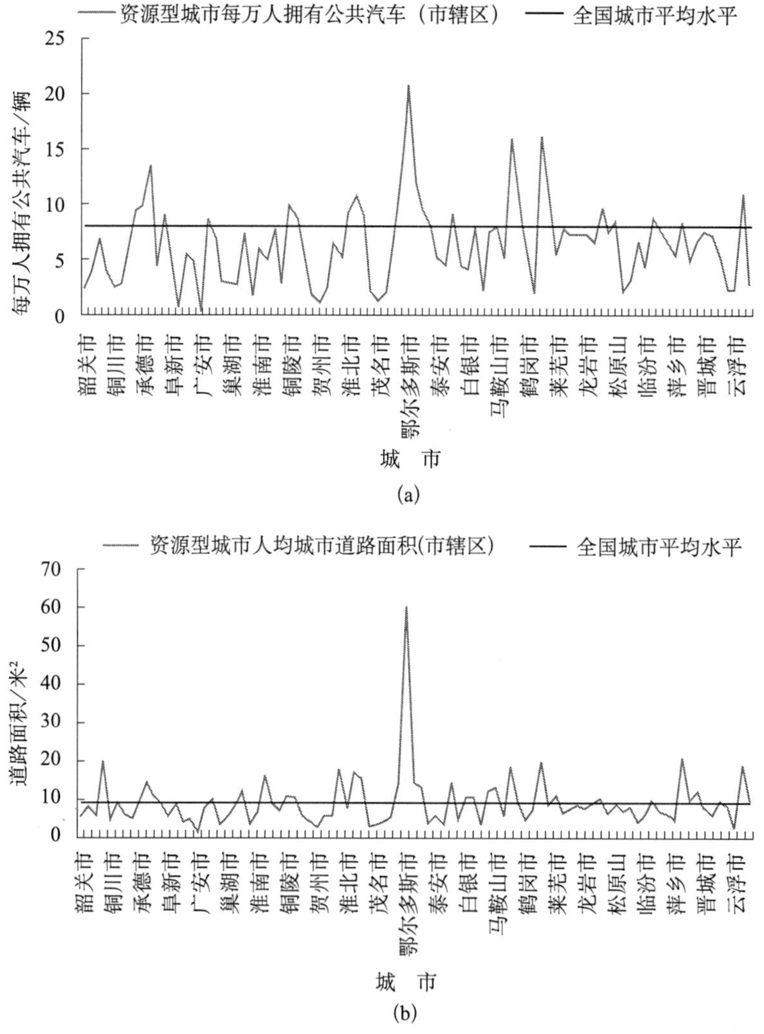

图 4-4　地级资源型城市每万人拥有公共汽车数、人均城市道路面积与全国平均水平比较

（二）失业人口多，就业压力大

国企改制以来，随着资源型城市的国有矿企的关闭、破产，企业大量裁员使得城市失业人口激增，民众再就业形势严峻。失业人员的基本生活需要大量的资金来保障，但对于经济实力不足的资源型城市，安置就业、维护社会稳定的压力很大。此外，矿业职工的专业技术单一，就业渠道狭窄，下岗失业后很难再就业，从而导致家庭经济来源急剧下降，生活陷入困境。例如，广东省韶关市 2002 年以来先后关闭了曲仁、煤田、坪石三个矿务局及多家企业，2005 年关闭全部煤矿企业，由此而导致近 5 万煤矿工人失业，失业职工生活艰难，基本生活难以保障。宁夏石嘴山市自 1998 年以来，下岗失业人员累计达 8.8 万余人，其中城市下岗失业人员 1.86 万人，每年还有城镇新成长劳动力 6000 多人需要就业，农村剩余劳动力 6.37 万人需要转移。煤矿及相关企业停产、半停产和

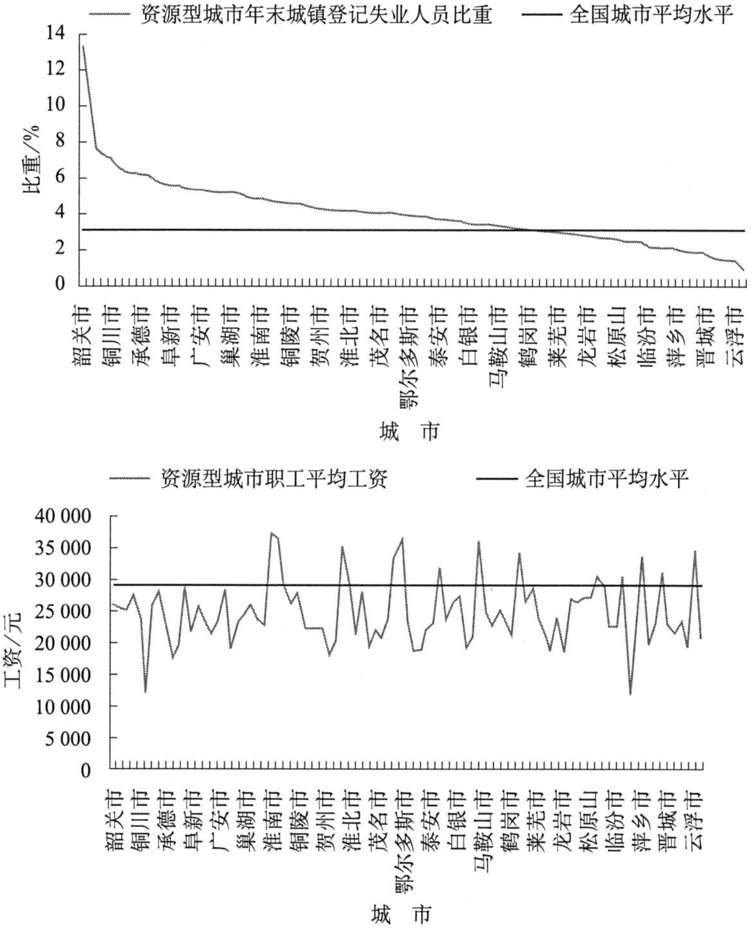

图 4-5　地级资源型城市失业率、职工平均工资与全国平均水平比较

倒闭破产导致有3万多煤炭职工下岗或转岗，涉及煤炭职工及家属10.7万人。大量下岗失业人员和新增就业人员不能就业，滞留社会，成为影响石嘴山地区社会治安的巨大“隐患”，给石嘴山经济和社会发展带来极为严重的影响。群访群聚事件呈明显上升态势，对全市的社会稳定构成巨大的威胁。此外，由于资源型城市过度依赖资源性产业，而资源型企业受到国际形势波动的影响较大，大多数矿业城市的职工工资收入相比全国平均水平较低（图4-5）。

（三）职工居住条件亟待改善

目前，有相当比例的矿企职工居住于矿业繁荣时期所建设的房屋里，这些居住区使用年限久、质量差、人均面积小、基础设施配套不齐全、交通不便利、治安和消防隐患大、环境卫生脏、乱、差，由于城市经济衰退，政府财力不足，企业经济危困，职工收入低下且不能按时发放，各资源型城市棚户区的住房条件始终得不到改善，而且随着时间的推移房屋状况愈差。例如，山东省枣庄市棚户区改造面积545万平方米，占全省棚户区改造总面积的50%以上，社保水平低，低保人数居全省第2位。江西省萍乡市矿区职工的“饭碗”问题长期存在，矿区在岗职工月收入在1000元左右，家庭月人均生活消费支出不足300元，下岗职工生活则更为艰难。宁夏石嘴山全市农村特困家庭达5600余户近10 000人，分别占全市农村总户数和总人口的7.1%和3.3%；城市享受低保户1.72万户近4.88万人，占全市城市人口的11.6%；其中，生活极度贫困、温饱问题都难以解决的特困户达6500余户1.5万人，占全市城市人口的3.6%。

此外，有些资源型城市的社会保障覆盖率低，相当部分的职工权益得不到有效保证。部分城市土地塌陷导致的失地农民大量存在，但对其社会救助机制缺失，使这部分民众生活极其困难。这些严重的民生问题，给面临转型的资源型城市带来极大的压力。

（四）政府财力不足，城市负担重

财力不足。资源型城市普遍面临“资源丰富、经济贫困”的尴尬局面，如安徽省亳州市、湖南省邵阳市、甘肃省武威市2010年人均财政收入不足400元。造成财力不足的原因主要有：一是主导产业为上游基础性产业，产品附加值远远低于下游加工业，这是造成资源型城市财力薄弱的根本原因；二是资源性产品价格变动波及面较大，国家为了稳定整个价格体系，往往会对资源性产品价格进行行政干预和管制，这就使得资源性产品价格长期难以反映其价值和市场供给变化，导致资源型城市利益外流；三是国有大中型企业是资源型城市经济的主体，但这些企业所得税上缴中央或省财政，对地方财政的贡献较小。

城市负担过重。国有大中型资源型企业是资源型城市的主体，资源型城市的社会负担主要由资源型企业来承担。市场化改革以来，资源型企业承担企业办社会、税费、债务、离退休人员等多个方面的社会负担，尤其是1994年以后实行的税制改革，大大增加了资源型企业的税费负担。我国资源型企业的税赋一般占销售收入的10%左右。例如，江西省萍乡市全市国有资源型企业累计拖欠养老保险费、失业保险费、工伤保险费达11.79亿元。对国有资源型困难企业进行破产改制，经测算要支付经济补偿、失业保险、养老保险、伤残补助等改制成本达30亿元，按照国有资源型企业经营现状和地方财政能力根本无法承担这一巨额改制成本。辽宁省抚顺市2010年年底，全市企业退休人员约29万人，预计支出养老保险基金42.5亿元，当年缺口10亿元，加上历史上缺口的18亿元，累计缺口达到28亿元。

第三节　资源枯竭城市的特殊问题

一、主导资源枯竭，城市发展陷入困境

主导资源枯竭。大部分资源枯竭城市经过几十年甚至上百年的开采，境内主要矿产资源保有储量大幅下降，趋于枯竭。绝大多数资源枯竭城市的矿产资源保有储量仅够开采10年以下，部分城市的矿产资源已经完全枯竭。例如，大兴安岭地区经过近50年的开发，在为国家提供1.26亿立方米商品木材、有效发挥木材生产基地作用的同时，森林资源遭到严重破坏，加之森林大火、病虫害等因素，可采森林资源濒临枯竭。截止到2008年年底，全区可采森林资源为2115万立方米，根据择伐强度40%的要求，按2008年木材采伐量计算，可采期仅为4年。宁夏石嘴山市经过50年的开采，累计为国家经济建设输出原煤近5亿吨，已建成矿区煤炭资源日益枯竭，现在煤矿已全面停产。全市煤炭生产能力由高峰时期的近1500万吨下降至2002年的不足600万吨。

传统产业萎缩。受主导资源枯竭和政策因素的影响，城市传统的支柱产业大幅衰退。例如，湖北省大冶市在资源枯竭以后，原来的主导产业采掘业及资源加工业的地位逐步削弱，2007年全市规模以上企业（不含中央、省属驻冶企业）铁矿石开采量为251万吨，比鼎盛时期2001年的464万吨下降45.9%，铜矿石下降趋势基本与此相似。黄石市由于资源贮藏有限，铁矿石和铜矿石分别存在55%和60%的缺口。缺口部分主要依赖进口原材料，受国际市场波动的制约较大。随着资源的枯竭，矿业生产后劲严重不足。

新兴产业发展不足。资源枯竭一方面导致城市传统的支柱产业大幅衰退，另一方面长期单一的经济结构，导致城市的资金、技术、人才主要围绕

资源产业分配，城市缺乏新的支柱产业，整个城市经济运行陷入困境，城市发展的动力大幅减弱。例如，广东省韶关市先进制造业和现代服务业对经济增长的贡献率仅为9.4%和17.4%。多数新兴产业的企业规模偏小，缺乏龙头企业，综合竞争力薄弱。由于缺乏资金、技术和高素质人才，新兴产业后续发展动力不足。

二、经济规模总量小，发展水平低

受主导资源濒临枯竭或已枯竭的影响，加之资源枯竭城市没有及时培育新的非资源型主导产业接替传统的资源型主导产业，城市发展缺乏后续之力，导致经济发展基础落后、财政收入萎缩、经济发展速度长期落后于其他非资源型城市，不仅经济总量规模在城市所处的省份和地区处于劣势，而且这种劣势会随着城市长久累积的发展问题愈演愈烈，形成恶性循环。以广东省韶关市为例，韶关市是广东省的经济欠发达地区，广东省强大的经济实力掩盖了韶关市经济发展水平的落后。2010年，韶关市地区生产总值683.1亿元，仅为广东省地级市平均水平的30%，珠三角地区平均水平的16%。人均GDP为24 052元，为广东省平均水平的54%，珠三角地区平均水平的35%。全市公共财政预算收入47.8亿元，仅占全省的1.05%。与外省相邻地区相比，经济发展总量低于邻近的郴州和赣州。在全国也属于相对落后地区，人均GDP仅为全国平均水平的80%，是东部地区平均水平的52%，甚至低于我国西部地区平均水平。与湖南郴州、江西赣州等周边相邻市相比，韶关的生产总值、固定资产投资、财政一般预算收入等主要经济指标都远远落后。

三、民生问题更突出

基础设施落后城市发展需要、失业人口多、职工收入水平低、居住条件差、政府财力不足等社会民生问题在资源枯竭城市表现得更为突出。例如，内蒙古乌海市和辽宁省抚顺市城镇登记失业率达10%以上，比全国地级市平均水平高出67%以上；黑龙江省大兴安岭地区、伊春市及甘肃省白银市的财政收支比不足20%，远低于全国75%的平均水平；湖南省娄底市、广西壮族自治区百色市、云南省临沧市农村居民人均纯收入不足3500元，比全国地级市平均水平低将近2000元；甘肃白银市、武威市、平凉市城镇居民可支配收入不足12 000元，比全国地级市平均水平低5000元以上；四川省泸州每万人医疗卫生机构床位数不足30张；大兴安岭地区、吉林省辽源市、辽宁省阜新市棚户区面积高达300万平方米以上（表4-8）。

表 4-8　部分资源型城市棚户区面积　　（单位：万平方米）

城市	棚户区总面积	城市	棚户区总面积
大兴安岭	387.5	盘锦	231.3
辽源	352.0	萍乡	225.0
阜新	303.0	白银	176.0
伊春	272.7	白山	97.8
石嘴山	245.0	大冶	30.8
焦作	241.6	个旧	13.6

资料来源：根据国家发改委调查数据整理

此外，资源枯竭城市的主要企业均为资源开采企业，基本上都是国有大中型企业，经营年限长，多数企业历史负担沉重。国企改革远没到位，仍以初级产品生产为主，经济效益不高。厂办大集体、企业办社会等历史遗留问题尚未完全解决，债务负担沉重，离退休人员众多。例如，辽宁省抚顺市除抚顺铝厂、抚钢集团国家近日批准政策性破产外，还有 280 家国有企业问题急需解决，其中已进入改制程序但资产尚未变现企业 60 家，空壳企业 105 家，改制遗留问题企业 115 家。

四、生态环境治理难度更大

资源枯竭城市的资源开发利用历史更长，生态环境恶化问题更严重，相应的治理难度更大。表 4-9 是对资源枯竭城市 2005～2009 年 5 年间工业废物排放量变动比例的统计。从环境污染排放方面来看，5 年间资源枯竭城市工业废水、二氧化硫的排放量均有不同程度地增加，其中以石油类和煤炭类城市工业废物排放量的增加速度最快，年均增速超过 4%。从治理的角度看，2009 年资源枯竭城市废水排放达标率、二氧化硫去除率和烟尘去除率三项污染治理指标均达到全国城市平均水平。但资源枯竭城市的工业废弃物综合利用能力尚有待提高，2009 年平均三废综合利用产品产值远低于相关省区和全国城市平均水平，其中石油类、森工类和非金属类城市最差。

表 4-9　2005～2009 年地级资源枯竭城市工业废物排放量变动比例　　（单位：%）

城市	工业废水排放量	工业废水排放达标量	工业二氧化硫去除量	工业二氧化硫排放量	工业烟尘去除量	工业烟尘排放量
石油类城市	8.61	6.49	5.17	13.14	7.73	−13.11
煤炭类城市	4.61	6.06	29.00	6.28	5.10	−3.47
冶金类城市	−3.74	−1.61	14.11	−1.41	4.58	0.90
森工类城市	0.92	4.73	10.56	0.00	−3.91	2.70
非金属类城市	−6.18	−6.55	−1.77	6.08	71.35	−5.16
资源枯竭城市	1.88	3.28	15.69	3.82	5.54	−2.30
省平均	2.90	4.11	16.59	3.82	13.08	−3.92
全国平均	2.12	3.17	−3.28	1.02	13.03	−6.86

资料来源：根据《中国城市统计年鉴 2006》、《中国城市统计年鉴 2010》整理

第四节 资源型城市发展深层次问题

一、地理位置和区位条件差，增加对外开放与区域合作难度

据统计，我国将近40%的资源型城市位于西部地区，其中位于西部地区的地级和县资源型城市比重分别为39%和53%。大多数资源型城市位于西部边远荒漠地区，导致地理环境闭塞，远离交通干线和工商业发达地区，同时远离国内与国际市场。受地理位置差和区位条件偏的制约，经济发展速度缓慢。此外，资源型城市的交通基础设施严重落后于经济发展的需求。有学者统计，西部资源地区铁路营业里程只有26公里/万平方公里，为东部的22%；公路只有680公里，为东部的25.4%。导致这一结果的原因：一是资源型城市大多是在穷乡僻壤或是戈壁荒滩上建立起来的，城市基础建设成本比一般城市要高，二是在企业办社会的体制中，基础设施同社会福利一样，被纳入经营范围，这就使原有的基础设施分散管理，难以社会化，使基础设施由于部门分割而更为薄弱。交通基础设施落后，导致信息不畅，投资环境较差，区位劣势恶化。远离工商业发达地区与国内市场导致资源型城市难以与区域经济相融合，因而城市经济体系处于一个封闭状态（徐君和王育红，2009）。

以四川省泸州市为例，泸州作为内陆城市，社会经济发展相对独立，其对外开放程度在成渝经济区诸多城市中相对滞后，与成都、重庆、习水、仁怀、昭通等周边省市的区域合作也相对较少。港口作为泸州参与区域合作的优势战略资源和平台的作用发挥不足，2011年，泸州港集装箱吞吐量为10万标准箱，不足重庆市的1/7。泸州市的发展也没有充分利用“中国白酒金三角”的战略机遇，而且现有的旅游资源未能与周边省市整合发展。坐拥成渝经济区、南贵昆经济区、长江经济带三大经济区机遇的泸州其对外开放的发展潜力尚未完全激活。

二、体制机制僵化，束缚城市发展

我国资源型城市大都形成或兴起于特殊的工业化背景之下，新中国城市初期工业化建设急需大量的能源与矿产资源，导致大量的人力、物力、财力向矿产资源地集聚，城市迅速崛起。这样形成的城市是计划配置资源的产物，集中体现了计划经济体制的特征。然而，自市场经济体制改革以来，资源型城市在转轨的过程中，旧有计划经济体制必然与市场经济发生深层次矛盾，主要表现

在：①矿企与政府合一。由于大多数资源型城市都是依托1～2个大型资源性企业形成的，在城市发展的初期，无论是石油、煤炭、冶金还是森工城市，基本上都是采用政企合一的管理体制，即大型企业的领导兼任城市的党政领导，城市的基础设施一般都由企业负责建设与管理，企业与城市之间同是一个利益主体。政企不分导致企业和城市发展缺乏活力。企业的生产经营权由中央部门包办代替，权力上的集中统一，带来了经济上的不分，企业吃国家“大锅饭”。②行政管理的条块分割。计划经济体制下形成的条块分割，导致资源型城市的主体——大中型矿业企业隶属于中央各部门，城市政府作为管理主体，却难以参与这些产业和企业的生产要素配置，由此形成资源赋存主体与资源开发主体在发展目标、发展利益上的错位。而且，由于传统体制确立的矿产资源开发目标是满足全国工业化对资源产品的需求，因而企业并不直接为各地经济发展服务，这就大大削弱了企业对城市经济的辐射、带动功能（徐君和王育红，2009）。

以新疆克拉玛依市为例，受历史因素影响，在克拉玛依地区的区域经济发展过程中，形成了以中石油集团、兵团和地方多种行政主体，以及克拉玛依、奎屯、乌苏不同行政单元共存的形态。不同行政界限及不同主体之间的利益纷争约束和限制了该地区的优化发展。在不同行政单元之间，兵团与地方、央企与地方之间，均受到多种利益关系牵扯的驱动和掣肘。主要表现在产业不能按照全局利益最大化的要求进行布局，生产要素的合理配置很大程度上让位于行政区域的利益，产业集中度不高，产业集群没有有效形成；中央直属企业基本游离于自治区经济体系之外，地方与兵团各成体系，不同利益主体之间争资源、争项目、争政策；地区、行业、部门从自身利益出发，各自为政或者设置市场准入障碍，或者人为制造不平等竞争环境，使生产要素难以跨区、跨行业、跨部门地自由流动和合理配置。为克服这种不利局面，体制机制方面亟待改革。

三、资源型产业的“挤出效应”及路径依赖效应造成其他产业严重萎缩

资源产业对其他产业和就业的“挤出效应”。在资源型城市形成的初期，一方面，资源产业容易获得外部资本的青睐，政府对资源产业进行高额投资，因此更受地方政府的欢迎，加上处于城市发展初期资源产业的收益率比较高，对区内外资金、技术、人才的吸引力非常大，高利润推动大量企业和社会资本向资源产业转移，特别是在国际资源产品价格不断增长的情况下，资源产业的发展给地方政府带来了大量利税收入。另一方面，由于国家计划生产的引导，资源型城市将产业发展的重点放在资源产业之上。这导致从中央到地方，各级政府不断完善资源产业发展的政策和制度，并不断增加资源产业的基础设施投资，这样一来，必然减少其他产业的资本投入，导致国民经济的其他重要产业得到

不充分发展，形成资源产业对其他产业的“挤出效应”，尤其是对现代服务业和高新技术产业的挤出。同样的，由于资源开发及加工都属于资本密集型产业，对劳动就业的拉动作用有限，重点发展资源产业的发展战略形成了就业的“挤出效应”。

路径依赖增加产业优化升级的困难。资源型城市建立初期，丰富的资源、政府的重工业优先发展战略及较低的生产力发展水平，致使资源型城市形成了一种粗放式的产业发展模式。由于资源型城市产业结构主要以资源开采及加工工业所组成的产业为主，其建设周期长、占用资金多、形成规模大，在经济形式急剧变化和新技术革命挑战面前，应变性、适应性及可调性均较差，相反却具有较大的发展惯性和超稳态性。这种产业发展的惯性阻碍了企业在技术、制度等方面的创新，导致资源型城市的产业演进轨迹陷入路径依赖，难以优化升级。

在资源型城市发展成熟以后，“挤出效应”和路径依赖效应相互强化，城市发展越来越依赖资源产业，而资源产业也愈加排挤其他产业的发展壮大，最终导致整个城市陷入困境，发展停滞不前。

四、城市创新动力不足，新型人才流失严重

我国资源型城市的创新能力低下，多年来单一发展资源产业的模式造成了创新行为主体数量较少，功能缺失，创新能力、动力和活力不强，创新资源匮乏，配置不合理等问题。长期以来，资源型城市的经济发展实行条块分割及自上而下的刚性管理，层级节制的权力结构使得城市经济发展规划大多以政府为绝对主导，这就形成了由政府控制创新行为主体间联系和创新资源配置的、高度集权的等级组织结构。资源型城市创新体系的这种组织结构在计划经济体制下具有效率优势，有助于充分发挥政府在创新资源配置中的权威作用，统筹整个创新体系的发展（田红娜，2009）。但随着市场经济的发展，这种组织结构的深层问题逐渐显现：一是限制了创新行为主体的发展。资源型城市多处于内陆及中西部地区，加上长期以来运用以资源开采为主的指导思想，导致这类城市内的高校、科研机构与科技中介机构不仅数量较少，而且发展缓慢、功能缺失。资源型城市组织结构的等级化、机构职能的专门化、行为的程式化和权力的集中化，使得这些城市政府决策的效率低、积极性差、创新激励不足，影响了创新行为主体的积极性和灵活性。二是阻碍了创新行为主体间的联系。政府凭经验办事，缺乏与企业的有效沟通，不能及时了解它们的需要。企业各自为战，行业内企业间缺乏信任与合作，交易费用高；行业间缺乏交流，各产业领域难以融合。高等院校和科研机构间缺乏沟通与合作，科研成果的转化水平较低。三是减弱了创新体系的开放性。由于长期受计划经济体制和等级组织结构的影

响，资源型城市的发展大多较为封闭，而且受地理位置和自然环境因素的影响，缺乏对外界创新资源的吸引力，进一步加剧了现存创新体系的封闭性。四是削弱创新动力。一个地区或城市的多样性是创新的原动力，各种资源汇聚而产生的创新才推动了经济增长核心。长期发展资源产业，导致经济结构单一，企业规模单一，就业结构单一，扁平化的发展特征阻碍了资源型城市创新原动力的凝聚。

五、资源型产品定价不合理

在计划经济体制下，我国资源型城市的主产品能源、原材料等初级产品价格偏低，价格体系严重扭曲，形成了加工产品对初级产品严重的剪刀差。长期以来，我国对区域经济发展的资源配置完全采取中央计划的方式。在矿产资源赋存较好的中西部的资源型城市，其资源加工能力往往较差，为了利用其优势，国家注入了大量的资金，将其建成以原材料生产为单一主导产业的基地，而把原材料基础加工品输送到交通便利、资源相对贫乏的、以加工制造业为主的东部地区。由于国民经济的发展需要有强大的加工制造业作后盾，为促进整个工业主要是加工制造业的发展，一方面政府迫使资源型城市按照指令性计划廉价地向加工地区调出能源、原材料和初级加工品，因价格不合理而转移了大量价值；另一方面将加工品价格定在较高价位上，加工型地区高价向资源型城市返销制成品，又把城市的部分价值带到加工地区，从而加剧了区域利益的扭曲状态，扩大了区域经济发展的不平衡。在区域产业结构存在差异和区域分工的情况下，造成资源型城市双重利益的损失（徐君和王育红，2009）。

第五章　资源型城市资源保障能力评价

资源型城市作为矿产和林木资源的载体，对国民经济和社会发展具有重要的支撑作用，也是资源管理的关键抓手，因此对资源型城市的资源保障能力进行研究具有重要的战略意义。本章首先从宏观基础上把握我国主要矿产资源的供应和需求形势，在此基础上对我国资源型城市的资源保障能力进行评价，最后从区域层面分析资源型城市对区域发展的支撑能力。通过不同尺度的分析，不仅可以从全局上把握资源的供给能力和区域配置水平，为挖掘资源潜力、保障国家资源与能源安全提供基础资料，而且能够摸清资源型城市的家底，为全国资源型城市类型识别提供依据。

第一节　我国主要矿产资源供需形势分析

一、资源储量

从资源总量看，我国是一个资源大国，品种丰富，一些重要资源拥有量位居世界前列。我国已发现171种矿产资源，查明资源储量的有158种，已查明的矿产资源总量约占世界的12%，仅次于美国和俄罗斯，居世界第三位（表5-1）。

表5-1　2009年我国主要矿产资源基础储量

矿种	基础储量
石油/万吨	294 919.8
天然气/亿立方米	37 074.2
煤炭/亿吨	3 189.6
铁矿（矿石）/亿吨	213
锰矿（矿石）/万吨	18 576.6
铬矿（矿石）/万吨	522.5

续表

矿种	基础储量
钒矿/万吨	1 258.9
原生钛铁矿/万吨	23 291.4
铜矿（铜）万吨	2 951
铅矿（铅）/万吨	1 340.1
锌矿（锌）/万吨	3 838.5
铝土矿（矿石）/万吨	83 923.9
菱镁矿（矿石）万吨	207 981.8
硫铁矿（矿石）万吨	162 133.4
磷矿（矿石）亿吨	31.7
高岭土（矿石）/万吨	63 593.1

资料来源：根据《中国能源统计年鉴 2010》《中国国土资源统计年鉴 2010》整理

但从人均资源占有量看，我国又是一个“资源小国”，低于世界平均水平，仅为世界平均水平的 58%，居世界第 53 位。我国化石能源资源探明储量中，90%以上是煤炭，人均储量仅为世界平均水平的 1/2（图 5-1）。

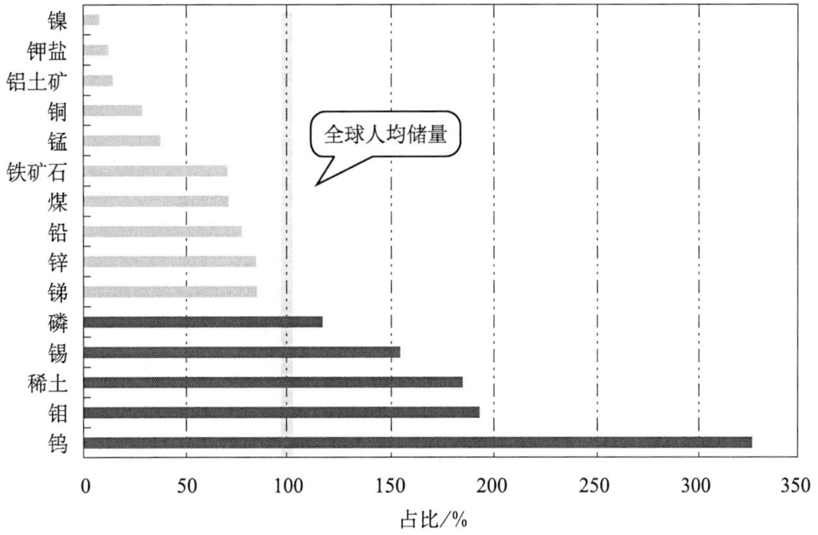

图 5-1　我国资源储量与全球人均储量比较

资料来源：中国地质科学院矿产资源研究所 .2011. 重安矿产资源保障能力综合评价

（一）油气资源

2008 年，国土资源部全国油气资源评价显示，中国石油远景资源量 1086 亿吨，地质资源量 765 亿吨，可采资源量 212 亿吨，勘探进入中期。截止到 2008 年年底，累计探明石油地质储量 289.29 亿吨，石油资源探明率 32.32%；累计探明可采储量 79.11 亿吨，累计采储量 50.20 亿吨，剩余技术可采储量 28.90 亿吨。2008年，石油产量1.81亿吨，位列世界第5位；天然气可采资源量22万亿立方米；煤层气埋深1000米以浅可采资源量11万亿立方米；油砂可采资源量23亿吨；油页岩折合成可回收页岩油为120亿吨。

（二）煤炭资源

2009年，全球煤炭探明储量为8260亿吨，采储比为119。中国位居全球第3，煤炭探明储量为1145亿吨，占全球煤炭探明总储量的13.9%，采储比为38。煤炭是我国最主要的能源资源，无论从储量还是煤质上都具有相当的优势。据地质部门的普查和勘探，全国含煤土地面积达55万平方公里，煤炭地质总储量2600亿吨。截止到2009年年底，全国煤炭基础储量为3189.6亿吨。

（三）黑色金属

截至2009年年底，我国铁矿资源探明储量624亿吨，未探明资源量超过2000亿吨，勘查潜力巨大。我国铁矿石主要有磁铁矿、赤铁矿、菱铁矿、钒钛磁铁矿、镜铁矿、混合矿石型和褐铁矿等。虽然我国资源量较大，但是铁矿石品质欠佳，贫矿多、富矿少。2009年，我国铬矿、锰矿的基础储量分别为522.5万吨和1.86亿吨。

（四）有色金属

我国铅、锌、钨、锡、钼、锑等有色金属资源非常丰富。2008年全国查明铅资源储量中基础储量1340.1万吨，占世界储量的15%，居世界第2位；中国还是全球最大的精锌生产国和消费国，2004年精锌产量和消费量占全球的24.7%；钨矿基础储量为235.12万吨，占世界的39.63%；锡矿储量约占世界的27.9%，居世界首位；钼矿保有储量833.81万吨，居世界第2位；锑矿基础储量为74.31万吨，居世界首位。同时，中国也是世界上稀土资源最丰富的国家，而且我国的稀土矿床多为伴生矿床，综合利用价值大。

2008年，全国查明铜矿资源储量7157万吨，其中基础储量2891万吨，占世界储量的6%，居世界第6位，但铜矿后备储量严重不足。黄金已查明资源储量为5951.79吨，其中资源量4083.39吨，基础储量1868.40吨，保有储量1038.89吨，居世界第7位，但产量已经连续3年位列世界首位。

相较而言，我国铝土矿资源总量贫乏，截止到2008年年底，我国已探明铝土矿5.39亿吨，占世界储量的2.3%。而且我国铝土矿资源主要为一水硬铝石型铝土矿，属于高铝高硅低铁难溶矿石，铝硅比偏低，冶炼成本相对较高。

（五）非金属

我国是菱镁矿资源大国，总保有储量矿石30亿吨，居世界第1位。世界菱镁矿储量的2/3集中在中国，产量的1/2由我国提供，在世界菱镁矿市场上，中国具有举足轻重的地位。此外，我国硫铁矿、磷矿、高岭土等资源也相当丰富，硫铁矿基础储量16.21亿吨，磷矿31.7亿吨，高岭土6.36亿吨，均居于世界前列。但是，我国可溶性钾资源相对贫乏。

二、空间分布

（一）油气资源

我国油气资源在地区上存在明显的不均衡性，原油主要集中分布在渤海湾、松辽、塔里木、鄂尔多斯、准噶尔、珠江口、柴达木和东海陆架等八大地区，其可采资源量占全国的81.13%；天然气资源集中分布在塔里木、四川、鄂尔多斯、东海陆架、柴达木、松辽、莺歌海、琼东南和渤海湾等九大地区，其可采资源量占全国的83.64%。

自20世纪50年代初期以来，我国先后在82个主要的大中型沉积盆地开展了油气勘探，发现油田500多个（表5-2）。

表5-2 2009年中国十大油田（区）

油田	大庆	胜利	长庆	渤海	延长	新疆	辽河	塔河	吉林	塔里木
产量/万吨	4000.03	2791	1572	1350	1121	1089	1019	660	605	554
增速/%	−0.5	0.6	14.1	22.7	2.8	−10.8	−9.3	10	−7.6	−14.1

（二）煤炭资源

全国煤炭资源分布呈现出北多南少的特点，主要分布在山西、陕西、内蒙古、河北、东北、贵州、新疆等地（表5-3），其中山西是我国最大的产煤省，探明储量、原煤产量和净调出量分别占到全国的26%、26%和75%以上，煤炭资源供应全国除新、甘、宁、青、云、贵、藏以外的绝大部分省（自治区、直辖市）。

表5-3 中国主要省份煤炭基础储量统计

省份	基础储量/亿吨	占全国的/%
山西	1055.5	33.09
内蒙古	772.7	24.23
陕西	268.7	8.42
贵州	128.1	4.02
新疆	148	4.64

资料来源：根据《中国能源统计年鉴2010》整理

（三）黑色金属

我国铁矿石分布范围较广，除上海及香港、澳门特别行政区外，铁矿石在全国各地均有分布，其中辽宁、河北、四川三省铁矿石储量占全国的63.29%。铬矿资源主要分布在西藏、内蒙古和甘肃三省（自治区），这三省（自治区）合计占总储量的88.21%。锰矿石主要分布在湖南、广西、贵州、重庆、辽宁五省（自治区），基础储量占全国的82.8%。

（四）有色金属

我国铜矿分布相对分散，内陆除天津以外的30个省（自治区、直辖市）都有分布。其中，江西、山西、内蒙古、西藏和云南等地是我国铜矿主要分布区，占全国总储量的40%以上。

我国铅矿、锌矿地理分布相对集中，内蒙古、云南、湖南、广东、甘肃、青海和四川等地是我国铅矿主要分布区，约占全国总储量的80%。而锌矿储量在200万吨以上的有13个省（自治区、直辖市），合计储量占全国的90%，最为集中的是云南、内蒙古、甘肃、广西、广东。

我国铝土矿分布高度集中在山西、贵州、河南和广西四省（自治区），储量合计占全国总储量的90.9%，其中山西省就占全国储量的41%；钨矿资源主要集中湖南、江西和河南三省，钨矿资源储量合计占全国总量的66.67%。

锡矿分布于15个省（自治区、直辖市），其中云南、广西两省（自治区）储量占全国的64.3%，云南个旧和广西南丹大厂两个特大型锡矿区是中国最重要的锡矿资源集中地。

我国探明储量的钼矿矿区有222处，分布于28个省（自治区、直辖市）。我国河南省钼矿资源最为丰富，储量占全国的30.1%，陕西、吉林次之，以上3省钼储量占全国56.5%以上。

锑矿分布较为分散，储量占全国前列的省份依次为：广西115.57万吨、湖南56.21万吨、云南28.46万吨、贵州23.93万吨、甘肃15.29万吨，5省（自治区）合计储量239.46万吨，占全国锑矿总储量的86.1%。

黄金资源在地区分布上也是不平衡的，已探明储量的矿区有1265处。以山东独立金矿床最多，金矿储量占总储量14.37%；江西伴生金矿最多，占总储量12.6%；黑龙江、河南、湖北、陕西、四川等省金矿资源也较丰富。

我国稀土矿床的分布具有“北轻南重”的特点，内蒙古的白云鄂博矿是一个含稀土、铁、铌和萤石的综合大型矿床，是世界第一大稀土矿，储量占全国稀土总储量的95%，是我国轻稀土主要生产基地。南岭地区分布可观的离子吸附型中稀土矿、重稀土矿，易采、易提取，已成为我国重要的中、重稀土生产基地。广东的稀土储量大，价格高，占我国稀土资源的重要位置。

（五）非金属

我国菱镁矿高度集中于辽宁和山东两省。2009 年，辽宁省储量为 179 669 万吨，占全国比重的 86.39%；山东省储量为 27 196.4 万吨，占全国比重的 13.08%。在辽宁省内，菱镁矿资源主要分布在鞍山市的海城市、岫岩县和营口市的大石桥市，具有品位高、埋藏浅、易开采的特点。山东省的菱镁矿则主要分布在莱州市。

硫铁矿保有储量相对集中于四川、广东、内蒙古、江西、安徽、云南、贵州、山西、河南和湖南等省（自治区）。其中，四川省硫铁矿的基础储量为 40 605.6万吨，占全国储量的 1/4。从质量来看，含硫超过 35%的硫铁矿富矿仅占总量 3.3%，绝大多数集中在广东省和安徽省。

磷矿相对集中在云南、湖北、贵州、四川和湖南 5 省。这几个省合计基础储量 24.7 亿吨，占全国总保有磷矿储量的 77.92%，且五氧化二磷大于 30%的富矿几乎全部集中于这 5 个省。

我国高岭土分布广泛，遍布全国 21 个省（自治区、直辖市），但又相对集中，广东省是探明高岭土储量最多的省份，2009 年年底基础储量为 27 981.4 万吨，占全国总量 44%。其次为广西、福建、江西和湖南等省（自治区），基础储量分别占总储量的 28.60%、8.85%、5.20%和 3.31%。

中国可溶性钾资源相当贫乏，且分布不均，96.6%的储量分布在青海柴达木盆地的几个现代盐湖中，少数在云南江城一带。另外，还在山东、甘肃、新疆和四川有零星分布。

中国是世界上金刚石矿产资源贫乏的国家之一，迄今虽在 16 个省（自治区）发现了金刚石，但只在辽宁、山东、湖南和江苏 4 省有探明储量，并主要集中在辽宁和山东两省。

三、供需形势

由于我国基本进入工业化中后期发展阶段，最近 10 年矿产资源消费量快速增长，供需矛盾十分突出。中国已成为全球矿产资源消费增长的主体，使得我国经济受国际市场波动的影响较大（表 5-4）。

表 5-4　2009 年我国能源和重要矿产资源供需状况

矿种	消费	矿山产量	净进口量	对外依存度
石油/万吨	38 128.6	18 949	19 858	53.4%
天然气/亿立方米	895.2	852.7	44.2	8.5%
煤炭/亿吨	30.2	30.5	1.03	3.4%

续表

矿种	消费	矿山产量	净进口量	对外依存度
铁矿/亿吨	10.3	4	6.3	57%
锰/百万吨	15.4	8	7.4	48%
铝/万吨	1 452	3 968	658	45.3%
铜/万吨	714	96.2	510	76%
铅/万吨	386	167	169	44%
锌/万吨	473	309.2	147	31%
镍/万吨	44	8.1	35.9	81.6%
钨/吨（以 WO_3 计）	29 000	70 000	—	出口
锡/万吨	14.3	12.8	1.5	49.7%
钼/万吨	5.4	9.35	—	出口
锑/万吨	5.74	16.6	—	出口
稀土/万吨	7.3	12.9	—	出口
钾盐/万吨（以 KCl 计）	1 200	418	782	65%
磷/万吨	2 954	7 144	—	出口

（一）油气资源

中国经济增长强劲，能源消耗巨大，原油消费量持续上升，目前已成为仅次于美国的全球第二大石油消费国。2009 年，原油消费量达到 38 126.6 万吨，比 2000 年增加了 80.2%，年均增长 11.3%。另外，我国原油产量增长缓慢，同期年均增长仅为 1.7%，2009 年原油缺口高达 19 177.6 万吨。我国东部的老油田地区多已进入了开发的递减阶段，调整余地越来越小；新油田后备储量不足，新增储量品味降低，已开发储量状况较差，剩余开采储量中劣质储量多导致开采成本较高等。石油产量增长与高速发展的国民经济建设不相符合，战略石油储备不足（表 5-5）。

表 5-5　1990～2009 年我国原油生产、消费情况　（单位：万吨）

年份	1990	1995	2000	2005	2006	2007	2008	2009
生产量	13 830.6	15 004.4	16 300.0	18 135.3	18 476.6	18 631.8	19 044.0	18 949.0
消费量	11 762.2	14 886.4	21 232.0	30 086.2	32 245.2	34 031.6	35 498.2	38 128.6

为了解决国内原油不足问题，1990 年，我国开始从国外石油市场进口原油。1990 年原油进口量为 292.3 万吨，2009 年达到 20 365.3 万吨，增长了近 69 倍，原油进口量仅次于美国、日本；而原油出口量则逐年下降，1990 年为 2399 万吨，2009 年降为 507.3 万吨，仅为原来的 21.15%。原油对外依存度也逐年增加，1990 年为 2.5%，2009 年则达到了 53.4%，可以说国际原油市场已成为影响国内原油供应的主要因素。按照国际惯例，我国石油对外依存度已经超过 50%这一安全警戒线，我国现有石油储量不足以支撑国民经济的长期发展。当一国的石油进口量超过 5000 万吨时，国际石油市场的变化就会影响到该国的国民经济运行；当一国的石油进口量超过 1 亿吨，就要考虑采取外交、经济、军事措施保证石油安全（表 5-6）。

表 5-6 1990～2009 年我国原油进出口情况

年份	1990	1995	2000	2005	2006	2007	2008	2009
进口量/万吨	292.3	1 709.0	7 026.5	12 681.7	14 517.5	16 316.0	17 888.5	20 365.3
出口量/万吨	2 399.0	1 822.7	1 030.6	806.7	633.7	388.4	423.8	507.3
对外依存度/%	2.5	11.5	33.1	42.2	45.0	47.9	50.4	53.4

天然气方面，我国天然气的开发历史较短，总体累计探明地质储量的开发程度较低（21.5%），已开发的采收率为 75%，已开发地质储量的采出程度为 28.9%，储采比为 57∶1。我国天然气资源基本上处于自给自足的状态，能够实现基本的供需平衡，但天然气资源分布过于集中且商品率较低，开发利用的前期资金投入和运输成本都比较高，并且用气量很大程度上受到季节的影响，使得天然气资源难以扩张市场份额。而且，经济发展速度快的东部地区和东南地区天然气资源储量少，资源和市场分布矛盾突出。自 2006 年开始，天然气对外依存度有所上升，目前达到 8.5%（表 5-7，表 5-8）。

表 5-7 1990～2009 年我国天然气生产、消费情况 （单位：亿立方米）

年份	1990	1995	2000	2005	2006	2007	2008	2009
生产量	153.0	179.5	272.0	493.2	585.5	692.4	803.0	852.7
消费量	152.5	177.4	245.0	467.6	561.4	705.2	812.9	895.2

表 5-8 1990～2009 年我国天然气进出口情况

年份	1990	1995	2000	2005	2006	2007	2008	2009
进口量/亿立方米					9.5	40.2	46.0	76.3
出口量/亿立方米			31.4	29.7	29.0	26.0	32.5	32.1
对外依存度/%					1.7	5.7	5.7	8.5

根据 2007 年国际能源机构（IEA）对 2015～2030 年我国能源需求的预测，预计 2020 年我国石油需求量为 6.8 亿吨，占能源需求总量的 21.7%，但天然气的比例仅为 4.9%。2030 年我国需求约 8 亿吨石油和 1800 亿立方米天然气，分别占能源需求总量的 22.5%和 5.5%。

总体而言，我国油气资源面临石油资源稀缺，天然气资源空间分布不均的问题。油气资源的开发与利用现状难以满足我国快速增长的油气资源需求，需要我国加大对油气资源的勘探力度，增加探明储量，提高资源保证程度，确保我国经济社会发展的需求。

（二）煤炭资源

我国的煤炭一直处于自给自足的状态。1957～2007 年，煤炭产量从 1.3 亿吨上升到 25.4 亿吨，增长了近 19 倍，50 年来累计生产煤炭 430 亿吨。

2001 年以前我国进口煤炭数量不多，但到 2002 年进口煤炭猛增至 1081 万吨，其中炼焦煤 263 万吨。2008 年我国煤炭进口量达到 4080 万吨。煤炭出口从 20 世纪 90 年代初开始迅速增长，并在 2001 年达到超亿吨的最高值。之后，随着国内需求的快速增长和出口政策的调整，煤炭出口量迅速减少。2007年，煤炭净出口量约1500亿吨，其中出口约4500亿吨，进口约3000亿吨。我国出口煤的主要国家是日本，在我国的出口煤中，约80%为动力煤，20%是炼焦煤。

根据2007年国际能源机构对2015～2030年我国能源需求的预测，预计2020年我国煤炭需求量为42亿吨，占能源需求总量的68.9%。2030年，我国煤炭需求量约46亿吨，占能源需求总量的66.7%。

今后很长一段时间内，煤炭工业在我国国民经济和社会发展中的重要地位不会改变，煤炭仍是我国最安全、最经济、最可靠的能源。在今后的发展中，需要加强对煤炭类资源型城市资源的合理开发利用，提高煤炭生产技术和装备水平，确保煤炭市场的公平竞争。

（三）黑色金属

我国钢铁生产主要利用钢铁矿石高炉冶炼—转炉冶炼模式进行。2001年以来，随着钢铁工业快速增长对铁矿资源消耗的大幅度增加，国内铁矿石产量增长迅速（表5-9）。

表5-9 2001～2008年我国铁矿石原矿产量 （单位：万吨）

年份	2001	2003	2003	2004	2005	2006	2007	2008
产量	21 702	23 143	26 108	31 011	42 049	58 817	67 395	82 401

我国正处在经济快速发展阶段，铁矿石资源需求总量及需求增速都高居世界第一位。2005～2008年，我国铁矿石供求状况如表5-10所示。

表5-10 2005～2008年我国铁矿石供求状况 （单位：亿吨）

年份	2005	2006	2007	2008
原矿供应量	4.21	5.88	7.07	8.24
成品矿消费量	5.24	6.49	7.27	7.54
成品矿供应量	—	—	7.58	8.21

2010年，我国铁矿石供需缺口1.71亿吨，对外依存度达58%。我国经济正处在高速发展阶段，铁矿石资源需求总量及需求增速都高居世界第一位，而地质勘查新增储量低于消耗储量，大批国有大中型矿山进入晚期开采阶段，使我国铁矿资源供给形势日益严峻，供给缺口日益增大，进口数量快速增长（表5-11）。

表5-11 2001～2009年我国铁矿石进口情况

年份	2001	2002	2003	2004	2005	2006	2007	2008	2009
我国进口量/亿吨	0.92	1.12	1.48	2.08	2.75	3.26	3.83	4.44	6.28
世界贸易量/亿吨	4.54	4.75	5.19	5.78	6.39	7.22	7.93	8.54	9.62
我国占比/%	20	24	29	36	43	45	48	52	65

铬矿石主要用于冶炼铬铁，进而生产不锈钢、耐热钢及其他合金钢。我国

不锈钢材供需矛盾很大，不锈钢材产量占钢产量的比重只有0.2%～0.3%，远低于世界不锈钢占钢总产量的比值（1.93%），和发达国家相比更低。随着我国国民经济持续快速发展，不锈钢的需求量将有较大的增长，对铬矿石的需求将不断增加。

矿资源是我国最为稀缺的资源之一，生产能力有限，国产矿石量远不能满足国内需求。加上矿床规模小、开发条件差、成矿类型单一，因此国内需求铬矿的80%都依靠进口。2010年我国铬矿石供需缺口270万吨，对外依存度高达93%。

作为最大的锰系合金生产国，我国锰矿资源远远不能满足国内需求，长期依赖进口供给，每年进口数百万吨的锰矿石与国内的贫锰矿搭配使用。随着我国高品位锰矿日渐枯竭，锰矿进口量连年大幅度增长，几乎占到总消耗量的65%。2002年我国锰矿进口量为207.95万吨，2008年增长到757.19万吨，增幅达260%。

（四）有色金属

表5-12为我国部分有色金属类矿产资源供需情况表。

表5-12 部分有色金属类矿产资源供需情况表

矿产名称	2001年		2010年	
	查明资源储量/万吨	储量/万吨	供需缺口/万吨	对外依存度/%
铜（金属）	6 916.84	1 941.86	225	67
铝（金属）	247 099（矿石）	50 591（矿石）	546	68
铅（金属）	3 739.71	712.14	自给自足	
锌（金属）	9 761.89	2 381.81	11	6

（1）铜。2010年我国铜矿供需缺口225万吨，对外依存度为67%。从2001年开始我国成为世界第一铜消费大国，精炼铜产量与消费量之间存在巨大差额，且有逐渐扩大的趋势，加速了精炼铜产量的供不应求。

（2）铝。2010年我国铝矿供需缺口546万吨，对外依存度为68%。按照铝工业发展速度静态计算，现有铝土矿资源储备只能再用10年，目前我国铝产量占世界总产量的比例超过30%，且仍处于高速增长中。

（3）铅、锌。2010年我国矿山铅、锌的需求量分别为45万吨和150万吨，现有储量难以满足需求，但如果加强勘查、开发工作，可完全保证需求。

（4）钨、锡、钼、锑。钨、锡、钼、锑矿是我国传统优势金属矿产，但是目前存在开发过度的问题，可供进一步开发的后备储量不足，资源优势正在逐步丧失。

（5）黄金。2010年我国矿山黄金产量从2001年占到全球的7%上升至13%，然而同时制造业和投资业对黄金的需求比例从2001年的6%翻了三番以上，达到 19%，因此仍需要从国外进口。

（6）稀土。我国是稀土资源大国，产量不仅满足了国内需求，而且大量出口，成为我国出口创汇的主要矿产品及加工产品之一。目前我国稀土产量已经占到了世界的 95%。

总体而言，我国有色金属类资源型城市发展存在多种问题，现有资源不足以保障国家长期发展需求，尤其是铜、铝等稀缺资源。加大资源地质勘探力度，提高资源利用效率与技术装备水平是当前有色金属类资源型城市发展的重点。

（五）非金属

（1）菱镁矿。菱镁矿是我国的优势矿产资源，也是重要的出口矿产品之一。现已探明的储量不仅可以保证我国国内消费需要，而且可以大量出口，供应国际市场。但是目前我国高纯度、高体积密度和大晶体的烧结镁石产量有限，尚不能满足国内需要，在国际市场也不具备竞争力。出口的只是普通级别的镁砂，尽管出口数量很大，但创汇值却很低。今后对于菱镁矿来说，充分利用我国资源优势，引进先进技术和设备，提高产品质量，发展高档镁砂，增加产品品种，是必然的方向。

（2）磷矿。中国是一个磷矿生产大国，又是一个磷矿消费大国。消费量和生产量在世界上仅次于美国，位居第二。中国在世界磷矿贸易总量中所占份额很小。进口磷矿较少，主要进口磷铵和磷酸（国内高浓度磷复合肥料不能满足农业的需求，每年需进口折纯五氧化二磷 190 万吨左右），总体能够自给自足。

（3）钾盐。我国钾肥的供需形势十分严峻。目前产量远远不能满足需求，每年需进口钾肥 300 余万吨。近几年来，受钾盐价格暴涨的影响，中国氯化钾进口总量呈现萎缩态势。受资源条件限制等原因，我国未来钾肥供需形势仍不容乐观，依赖进口钾肥弥补国内不足的局面长期内不易改变。

根据《中国主要矿产资源可供性论证总报告》，预计到 2020 年可供能力为 100%的非金属矿产有：菱镁矿、萤石、耐火黏土、磷、重晶石、水泥、灰岩、玻璃耐质原料、石膏、高岭土、石材、硅藻土、盐矿、芒硝、膨润土、石墨、石棉、滑石、硅灰石（国土资源部，2003）。硫矿的可供能力为 70%～100%，基本保障 2020 年经济社会发展需求。硼、金刚石可供能力小于 40%，可供储量严重短缺。

总体而言，我国非金属类资源中除钾盐、硼和金刚石属于严重稀缺资源外，其余资源基本可满足经济社会发展需求。但是非金属类资源型城市开发利用中存在多方面的问题，导致资源利用效率低，大量资源浪费现象严重。加强资源管理力度、提高资源利用水平是解决资源浪费现象的有效途径。

第二节　资源保障能力的概念及评价方法

一、资源保障能力的概念与含义

资源保障能力是一个与社会经济发展水平，以及人类对自然、环境等客观世界的认识及利用水平相关的概念范畴。由于自然资源的储量有限，资源勘探开发速度也受到科技发展水平、勘探和开采成本等条件的限制，在一定的时空范围内，就形成了有限的资源供给能力与人类社会不断增长的需求之间的矛盾。

与资源保障能力内涵相似，或者具有交叉或从属关系的相关概念有能源安全、资源安全等。能源安全的定义在世界各国有不同的认识，国内普遍认为能源安全应该包括可获得性、油价的波动、国际能源运输线的安全和环境安全四重含义，可获得性主要指供给的安全，能源产地的局势、贸易限制等都会对国际市场上的能源供给产生冲击（白紫熙和宋阳，2009）。能源安全分为短期安全问题和长期安全问题，前者是指由于技术分体、极端天气、政治动荡等造成的现有供给中断风险，后者是指新的供给无法按时投产以满足增长的需求（Bielecki，2002）。我国国家能源保障目标主要由两部分组成：第一，能源供应的稳定性，是指满足国家人口发展正常需求的能源供应保障的稳定程度；第二，能源使用的安全性，是指能源消费及使用不应对人类自身的生存与发展环境构成任何威胁（蔡国田和张雷，2006）。

资源安全的概念与能源安全类似，只是涵盖的范围不同。资源安全既要保障资源的稳定供给又要足量地满足资源需求。矿产资源安全的定义包含矿产资源供应安全和使用安全两个方面，供应安全是指资源供应的稳定性、经济性和可持续性，使用安全则是指资源的使用和消费不应对人类自身及其生态环境构成威胁（牛建英和王子甫，2006）。

可见，资源保障能力在不同尺度上有不同的理解，有学者认为资源保障能力是指单个或一类矿山其拥有或开采出的矿产品，对国民经济发展的保证程度（贾文龙和范继涛，2009），这是立足于资源系统自身的资源基础保障能力，侧重于资源数量和质量性状的保持和改良；其他学者从宏观的角度出发，立足于资源对社会经济发展的支撑能力，认为资源保障能力是一国能够在指定的时间、指定的地点，以合理（可以接受的）的价格和方式，持续、稳定、足量地获得国家经济建设和人民生活所需要的矿产资源的状态（邓光君，2006），即矿产资源对我国经济社会发展的供给能力（魏铁军，2005）。

本书首先关注不同资源型城市的资源基础保障能力，分析资源型城市拥有或开采出的矿产品供应的稳定性和可持续性。然后根据不同资源类型、不同区域分析资源型城市对社会经济的支撑能力。

二、资源保障能力评价方法

评价资源型城市的资源保障能力的核心问题是资源可供开采的持续性。这和矿产资源的数量、质量和结构有关，受到储量、地质条件、技术水平等诸多因素的影响。起主导影响作用并且能够反映保有储量及可能转化为经济可采储量的资源量的本质属性与显著特征的因子有两个，包括静态保证年限（Y）和资源潜力（P）。其中，静态保证年限是指在目前的开采强度下，剩余可采储量可供开采的年限，计算方法如式（5-1）所示；资源潜力是根据资源型城市地质条件分析、相似类比法则和成矿预测方法所评估的资源潜力，本书用主导资源的基础储量表示。

$$Y_i = C_i / Q_i \tag{5-1}$$

式（5-1）中，Y_i 表示第 i 个城市的主导资源的静态保证年限，C_i 表示第 i 个城市的剩余可采资源储量水平数据，Q_i 表示第 i 个城市的工业化开采强度数据，对应为 2006～2010 年资源平均年产量。C_i 和 Q_i 均经过无量纲化处理。

之后，根据式（5-2）计算资源型城市的资源保障能力分值

$$B_i = Y_i + P_i \tag{5-2}$$

式（5-2）中，B_i 表示第 i 个城市的主导资源的保障能力得分，Y_i 表示第 i 个城市的资源静态保证年限，P_i 表示第 i 个城市的资源潜力。

最后根据城市的资源保障能力得分，运用聚类分析方法，将资源型城市分为高、中、低三级。

三、我国资源型城市的保障能力评价结果

经过上述分析，将 262 个资源型城市划分为 44 个高资源保障能力城市，128 个中资源保障能力城市和 90 个低资源保障能力城市，分别占全部资源型城市的 16.8％、48.9％和 34.4％。其中，绝大多数（31 个）的高资源保障能力城市都位于西部地区，所占比重达到了 70.5％。而相同比例的中资源保障能力城市位于西部与中部地区（各占 35％左右），即中西部，尤其是西部地区资源型城市储量相对丰富。值得注意的是，东北地区的 37 个资源型城市中，有 24 个城市资源保障能力较低，比例占到 64.9％，也就是说这一区域的很多城市面临资源枯竭的问题（表 5-13）。

表 5-13 不同资源保障能力城市的区域分布

城市类型	计数与百分比	东北地区	东部地区	中部地区	西部地区	小计
高资源保障能力城市	计数	1	8	4	31	44
	资源保障能力中的/%	2.3	18.2	9.1	70.5	100.0
	所属区域中的/%	2.7	16.3	5.4	30.4	16.8
中资源保障能力城市	计数	12	25	45	46	128
	资源保障能力中的%	9.4	19.5	35.2	35.9	100.0
	所属区域中的%	32.4	51.0	60.8	45.1	48.9
低资源保障能力城市	计数	24	16	25	25	90
	资源保障能力中的%	26.7	17.8	27.8	27.8	100.0
	所属区域中的%	64.9	32.7	33.8	24.5	34.4
合计	计数	37	49	74	102	262
	资源保障能力中的/%	14.1	18.7	28.2	38.9	100.0
	所属区域中的%	100.0	100.0	100.0	100.0	100.0

第三节 资源供应与区域发展的空间协调性分析

如上文所述，矿产资源保障能力是一种供需均衡状态，除了分析国内资源型城市资源的可持续供应能力之外，还应该充分考虑国外矿产资源的获取，以及区域的社会经济发展状态。国外矿产资源的获取和矿产资源运输、国家的综合国力及资源地国家的政治关系等因素有关。矿产资源需求影响因素主要有两个方面：一是矿产资源需求的增长，二是矿产资源需求结构的变化趋势。矿产资源需求的增长主要与地区经济增长速度有关，经济增长速度越快，对矿产资源的需求量就越大。矿产资源需求结构的变化趋势主要受三个因素的影响：经济结构（产业结构）、国家宏观政策导向、矿产资源消费观念。产业结构对矿产资源需求结构及需求量的影响是非常直接的，资源消耗产业在国民经济中所占的比例，直接影响到矿产资源需求的需求强度和需求种类。因此，保障矿产资源安全，必须在产业结构（经济结构）的调整上下工夫。国家宏观政策导向与矿产资源消费观念也影响矿产资源的需求结构，国家通过制定政策、广泛宣传，引导矿产资源消费结构的调整、转变矿产资源的消费观念。目前，西方发达国家循环经济、替代资源、可再生资源产业的蓬勃兴起是与国家的宏观政策的引导分不开的（图 5-2）。

本节重点考察不同区域的矿产资源供应和体现需求水平的经济社会发展的协调状态，并采取四大区域的划分方法，东部地区包括河北、北京、天津、山东、江苏、上海、浙江、福建、广东、海南等省（直辖市），东北地区包括辽宁、吉林、黑龙江三省，西部地区包括重庆、四川、贵州、云南、广西、陕西、甘肃、青海、宁夏、西藏、新疆、内蒙古等省（自治区、直辖市），中部地区包括河南、湖南、湖北、安徽、江西、山西六省。

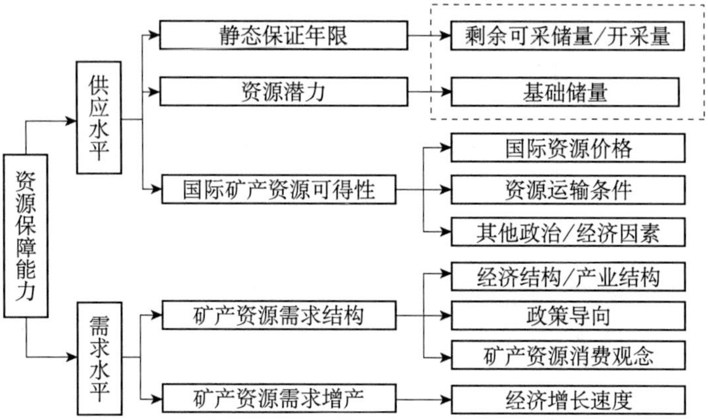

图 5-2 资源保障能力的内涵

一、东部地区

（一）资源基础

东部地区拥有资源型城市 49 个，尽管数量不少，但资源储量十分有限，大部分矿种占全国比重均在 20%以下，尤其是煤炭、天然气等能源储量非常缺乏。东部地区储量相对丰富的资源包括高岭土、铁矿、石油和硫铁矿等。其中，高岭土储量最为丰沛，占全国比重的 59%，主要分布在广东省，此外福建、海南两省的储量也均超过 1000 万吨；铁矿和石油分别占全国储量的 26%和 22%，主要分布在山东、河北两省；硫铁矿的储量占全国比重为 20%，主要分布在广东省。此外，广东省的铅锌矿、山东省的菱镁矿资源也较为丰富。总体来看，东部地区的大宗矿产资源主要分布于北部地区，南部的非金属、有色资源较为丰富，而华东两省一市（江苏、浙江、上海）的资源最为匮乏（表 5-14，图 5-3）。

表 5-14 东部地区资源型城市名录

城市类型	城市名称
非金属类城市	河北鹿泉市、河北曲阳县、河北易县、山东临沂市、山东昌乐县、山东平度市、江苏徐州市、江苏宿迁市、浙江武义县、浙江青田县、广东云浮市、福建龙海市、福建平潭县、福建东山县
黑色类城市	河北承德市、山东莱芜市、海南昌江黎族自治县
煤炭类城市	河北鹰手营子矿区、河北井陉矿区、河北下花园区、江苏贾汪区、浙江湖州市、山东济宁市、山东泰安市、山东枣庄市、山东新泰市、山东龙口市、山东淄川区
油气类城市	河北任丘市、山东东营市、海南东方市
有色类城市	山东招远市、山东莱州市、广东韶关市、广东高要市、福建南平市
森工类城市	海南乐东黎族自治县、海南陵水黎族自治县、海南琼中黎族苗族自治县
综合类城市	河北邯郸市、河北唐山市、河北邢台市、河北张家口市、河北涞源县、河北青龙满族自治县、山东淄博市、广东河源市、福建龙岩市、福建三明市

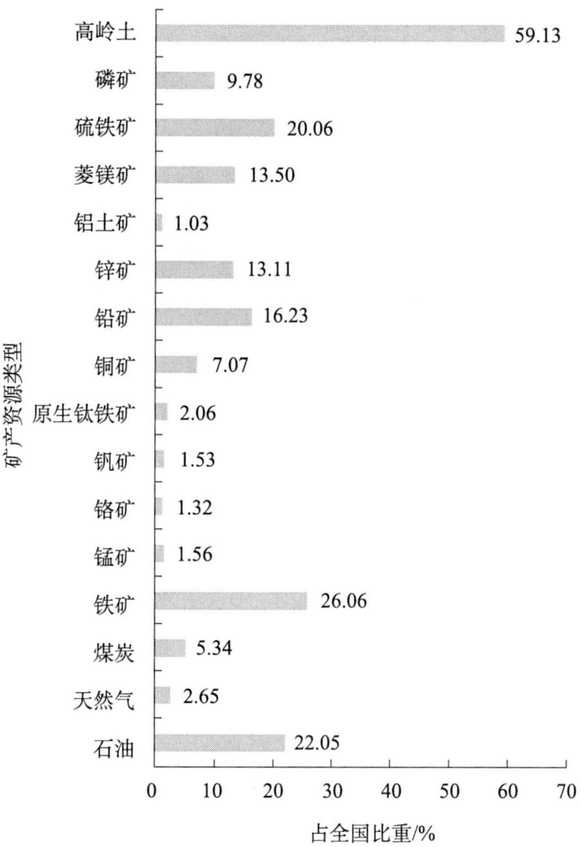

图 5-3　东部地区矿产资源储量在全国的地位（2009 年）

（二）消费状态

东部地区是我国最为发达的区域，2009 年东部地区 GDP 为 162 777.8 亿元，占全国比重为 44.56%。尽管服务业、高新技术产业显示出较强的发展势头，但汽车、冶金、重化工等产业所占份额仍然很高。同期相关主要工业产品的产量除原煤、天然气外，占全国的比重都在 30%以上，其中，生铁、粗钢的产量占全国比重甚至超过了 50%，主要产能在河北、山东和江苏三省，同时火电和水泥的产量比重超过 40%，主要产能在江苏、山东、广东、浙江、河北五省。上述工业生产特征表明了东部地区矿产资源的巨大社会消费需求状态（图 5-4）。

同时，东部地区也是我国的主要能源消费区域。东部地区能源消费量从 1990 年的 3.46 亿吨标准煤增加至 2009 年的 15.47 亿吨标准煤，增长了近 3.5 倍，占全国能源消费总量的 47.2%。其中，山东、河北、广东、江苏、浙江、上海等地的能源消费总量都超过 1 亿吨标准煤（图 5-5）。

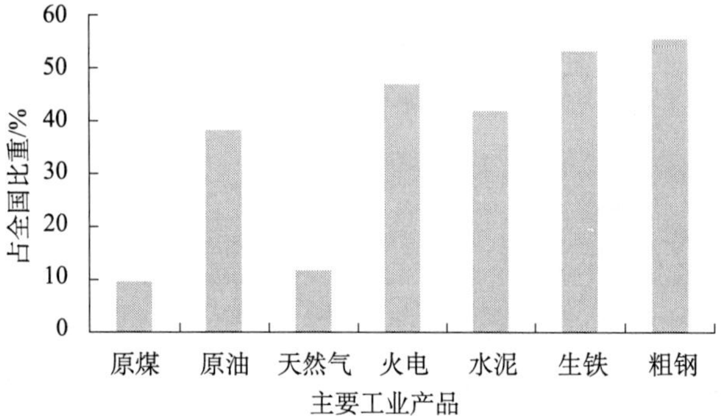

图 5-4 东部地区主要矿产资源产品占全国的比重（2009 年）

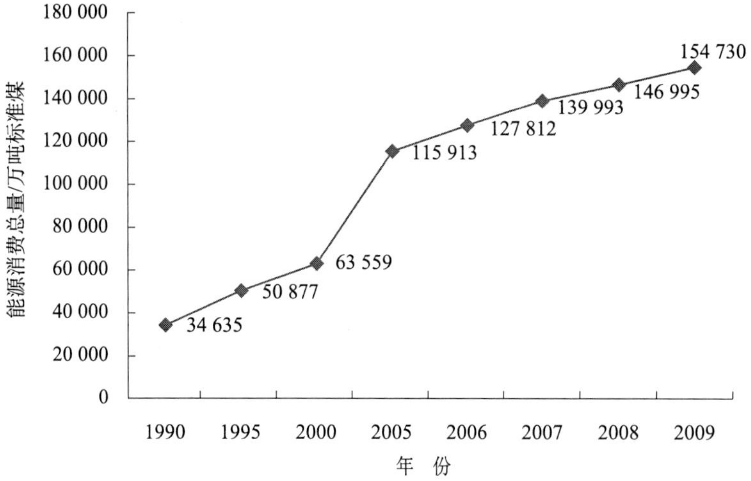

图 5-5 东部地区能源消费总量增长情况

（三）供应保障

从区域的资源基础和矿产资源产品的消费不难看出，东部地区的矿产资源供应保障体系面临巨大挑战。例如，以钢铁工业来讲，山东、河北、江苏是我国钢铁工业最大的集聚区。30 年来钢产量始终保持在 10%以上的年递增速度，但是与此相对应的铁矿石自给率却由 1980 年的 100%下降至近年的 75%以下，增长的原材料消费不得不转向境外市场供应。

同样情况也发生在能源供应保障上。经济发展所需的大量矿产资源对外依存度仍然很高。2009 年，东部地区煤炭、油品、天然气、电力的一次能源自给率仅分别为 21.87%、32.79%、23.99%、8.47%，能源缺口很大，尤其是电力需求难以满足，部分地区用电高峰期经常出现拉闸限电，成为经济增长的瓶颈。其中，又以北京、上海、浙江、江苏、海南、福建等省（直辖市）的能源自给率最低。

20世纪90年代以来，过分单一的一次能源资源结构已经无法适应当地城市化进程发展。为确保北京的大气环境质量，建成了跨越陕西北部和北京的918公里天然气输送管道，实际上，近年来北京已经成为高质能源的净输入地区（表5-15）。

表5-15 东部地区能源供给一览表（2009年）

项目	煤/万吨	油品/万吨	天然气/亿立方米	电力/亿千瓦时
本地一次能源生产量	28 208.32	7 287.64	99.11	1 568.69
能源消费量	128 953.96	22 227.44	413.21	18 518.73
能源自给率/%	21.87	32.79	23.99	8.47

不仅如此，作为国家经济和社会的主要增长极，东部地区未来的矿产资源需求还存在一个很大的增长空间。受限于自身的矿产资源条件，只有通过扩大进口（包括国内和国外）来满足消费增长的需求。

二、东北地区

（一）资源基础

东北区包括黑龙江、吉林和辽宁三省，是我国矿产资源大规模开发利用较早的地区之一，许多资源型城市的资源开采已有百年历史，如鹤岗、鸡西、辽源、鞍山、本溪、抚顺、阜新、北票及鹤壁等。尤其是石油的储量占全国比重较高，曾一度占全国的50%以上，其中在黑龙江省的分布最为集中，但近年来许多石油城市已出现枯竭现象，资源保障能力减弱，2009年剩余储量占全国比重的29.73%。铁矿目前已探明的储量为73亿吨，占全国储量34.27%，主要分布在辽宁省。此外，菱镁矿的储量179 670.5万吨，占到全国储量的86.39%，其中辽宁省的储量达到179 669.4万吨（表5-16，图5-6，表5-17）。

表5-16 东北地区资源型城市名录

城市类型	城市名称
非金属类城市	辽宁大石桥市、吉林舒兰市
黑色类城市	辽宁鞍山市、辽宁本溪市、辽宁弓长岭区
煤炭类城市	辽宁抚顺市、辽宁阜新市、辽宁北票市、辽宁调兵山市、辽宁南票区、吉林辽源市、吉林九台市、吉林通化市、吉林二道江区、黑龙江鹤岗市、黑龙江鸡西市、黑龙江七台河市、黑龙江双鸭山市、黑龙江黑河市
油气类城市	黑龙江大庆市、辽宁盘锦市、吉林松原市
有色类城市	辽宁杨家杖子区、辽宁宽甸满族自治县
森工类城市	吉林白山市、吉林吉林市、吉林敦化市、吉林汪清县、黑龙江大兴安岭地区、黑龙江牡丹江市、黑龙江伊春市、黑龙江尚志市、黑龙江五大连池市
综合类城市	辽宁葫芦岛市、辽宁凤城市、辽宁义县、吉林延边朝鲜族自治州

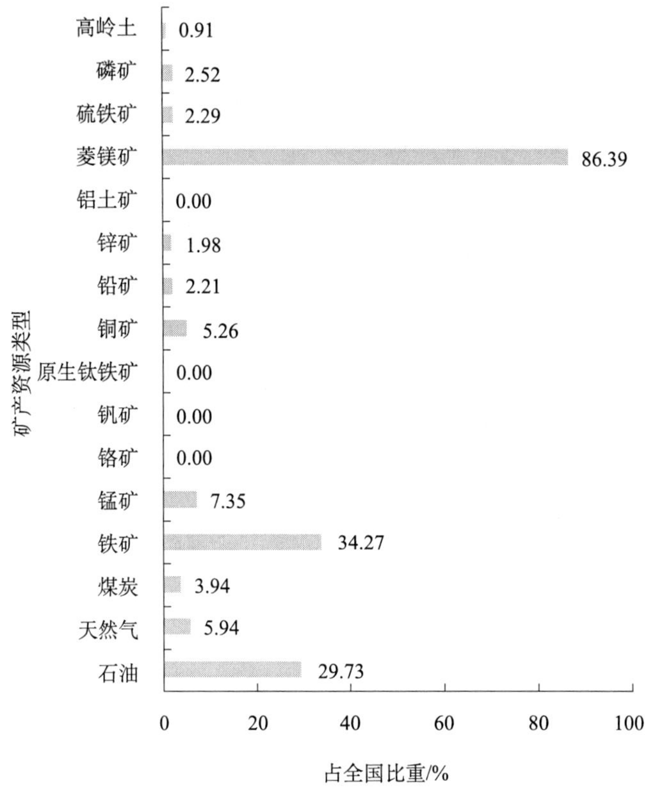

图 5-6　东北地区矿产资源储量在全国的地位

表 5-17　东北地区主要矿产资源类型在各省的储量分布

资源类型	石油/万吨	铁矿/亿吨	菱镁矿/万吨
辽宁	14 937.7	70.2	179 669.4
吉林	18 223.6	2.4	1.1
黑龙江	54 519.9	0.4	0
合计	87 681.2	73	179 670.5

不足的是，东北地区煤炭资源较为缺乏，仅占全国储量的 3.94%，主要分布于黑龙江省，工业发达的辽宁省煤炭缺乏问题严重。另外，东北地区矿产资源经过多年开采，勘探程度较高、开发利用强度大，后备资源不足，开采难度增加，资源枯竭形势加剧，一些资源型城市出现了经济衰退的现象，如抚顺、北票等。

（二）消费状态

东北地区是全国的重工业基地和综合性能源生产基地，产业结构以重工业为主，2009 年全区能源消费量为 3.73 亿吨标准煤，比上年增加 6.50%，占全国能源消费总量的 11.37%（图 5-7）。

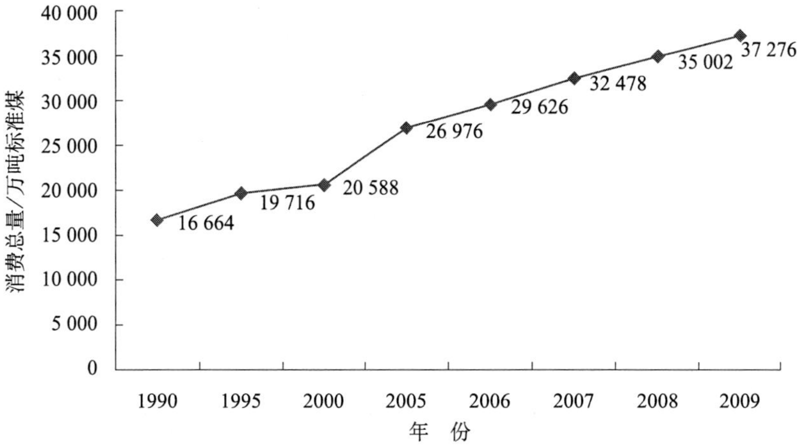

图 5-7 东北地区能源消费总量增长情况

同时，东北地区也是国家基础原材料生产的重要基地之一，其原材料生产和二次能源加工量均在全国占有一定的地位。例如，钢铁、原煤、天然气、火电、水泥等产量占全国比重均在 5%以上，而原油更是具有举足轻重的地位，占全国总产量的近 30%（图 5-8）。

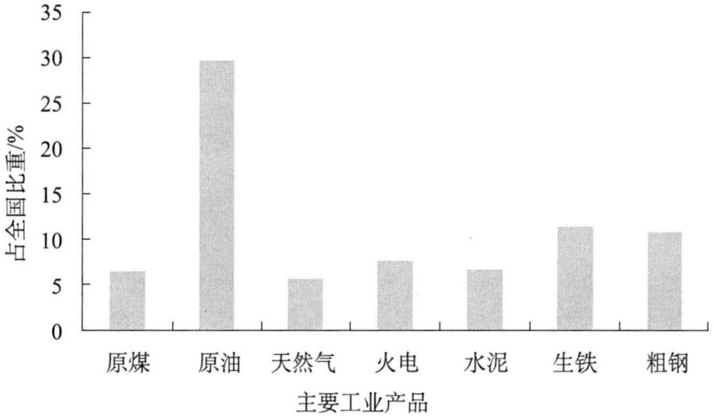

图 5-8 东北地区主要矿产资源产品占全国的比重（2009 年）

（三）供应保障

新中国成立以来，东北地区众多的资源型城市为本地区乃至全国的工业化发展提供了有力保障。1970 年以后，矿产资源开采出现停滞的趋势，但资源消费却仍然迅速增长。

从能源矿产来看，煤炭供需矛盾十分突出，煤炭在东北地区能源消费中占主要地位，但抚顺、南票、北票等煤炭城市经过多年的强化开采，主要矿山已临近枯竭，产量增长速度低于消费增长速度，不能满足区内需求，从山西、内蒙古调入的煤炭数量逐年增长，2009年共由外省（自治区、直辖市）调入16 889.26万吨，缺口十分巨大。煤炭的大量调入不仅给铁路运输造成了很大压力，而且在一定程度上制约了其工业发展。同时，辽宁省的石油供需形势也较为严峻，盘锦市的油气资源保障能力逐渐下降，石油主要依赖外省调入。吉林、黑龙江两省的油气资源相对充裕，基本能满足本地需求(表5-18)。

表5-18　东北地区能源供给简况（2009年）

项目	煤/万吨	油品/万吨	天然气/亿立方米
可供本地区消费的能源量	33 673.22	5 355.78	63.10
本地一次能源生产量	20 854.76	5 632.13	54.76
外省（自治区、直辖市）调入量	16 889.26	3 433.36	8.34

在有色金属方面，通化县、嫩江县等有色金属资源型城市储量已不多，而有色金属加工能力反而逐年增加，现有矿山满足不了生产需求，形成突出矛盾，如抚顺铝厂的原料全国靠外地供应。

在铁矿方面，从矿区条件来看，辽宁鞍山市、本溪市等资源型城市处于较优地位，全省铁矿储量70.2亿吨，占全国总储量的1/3，现有的钢铁工业生产规模仅处于全国第4位，生产能力还可以进一步提高，然而受到铁矿质量、矿山建设内部配套及外部诸多因素的制约，辽宁省铁矿山多年生产规模上不去。

三、中部地区

（一）资源基础

中部地区包括河南、山西、安徽、江西、湖北和湖南六省，共有资源型城市74个，铜、铝、锰等金属资源，以及磷、硫铁矿等非金属矿产丰沛程度较佳，占全国的比重都在30%以上。能源方面，煤炭资源占到全国比重的40.23%，但石油、天然气储量很低（表5-19，图5-9）。

表5-19　中部地区资源型城市名录

城市类型	城市名称
非金属类城市	安徽滁州市、安徽宣城市、江西景德镇市、江西星子县、江西万年县、湖北保康县、湖北钟祥市、湖北应城市、湖南临湘市
黑色类城市	安徽马鞍山市、安徽池州市、江西新余市、河南安阳县、湖南花垣县
煤炭类城市	山西大同市、山西晋城市、山西临汾市、山西朔州市、山西长治市、山西晋中市、山西吕梁市、山西沂州市、山西古交市、山西霍州市、安徽淮北市、安徽亳州市、安徽淮南市、安徽宿州市、安徽颍上县、江西萍乡市、河南鹤壁市、河南焦作市、河南洛阳市、河南永城市、河南禹州市、河南新密市、河南登封市、河南荥阳市、湖北松滋市、湖北宜都市、湖南邵阳市、湖南资兴市、湖南涟源市、湖南宁乡县
油气类城市	河南濮阳市

续表

城市类型	城市名称
有色类城市	安徽铜陵市、江西赣州市、江西大余县、江西瑞昌市、江西德兴市、江西贵溪市、河南灵宝市、湖北大冶市、湖南郴州市、湖南常宁市
森工类城市	湖北神农架林区
综合类城市	山西运城市、山西阳泉市、山西孝义市、安徽巢湖市、河南三门峡市、湖北黄石市、湖北鄂州市、湖北潜江市、湖南娄底市、湖南衡阳市、湖南浏阳市、湖南耒阳市、湖南冷水江市、湖南桃江县、江西宜春市、河南巩义市、河南南阳市、河南平顶山市

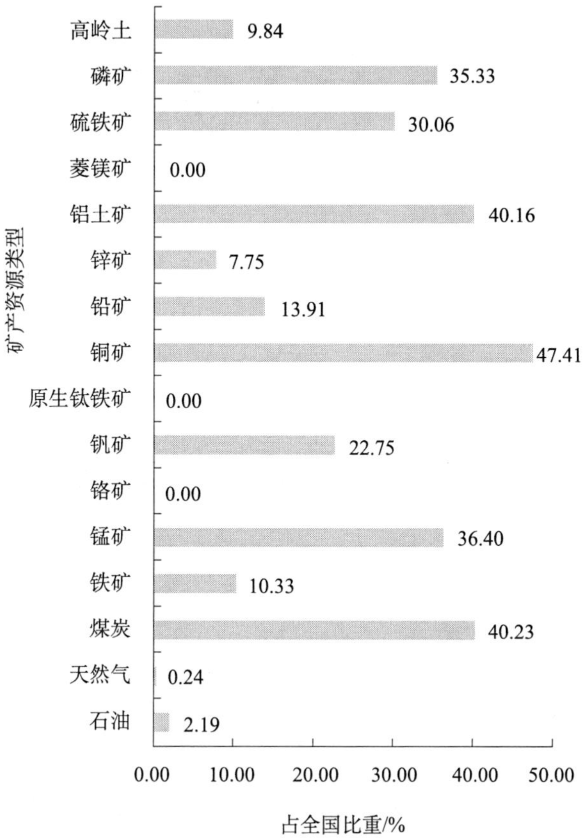

图 5-9　中部地区矿产资源储量在全国的地位

在中部地区内部，煤炭主要集中于山西省，而绝大部分锰矿、钒矿分布于湖南省，尤其是花垣县、桃江县储量丰富；铜矿主要分布在江西、安徽和湖北省；铝土矿主要集中于河南省；磷矿主要位于湖北、湖南两省；硫铁矿分布较为广泛，安徽、江西相对集中（表 5-20）。

表 5-20 中部地区主要矿产资源类型在各省的储量分布（2009 年）

省份	煤炭/亿吨	锰矿/万吨	铜矿/万吨	铝土矿/万吨	硫铁矿/万吨	磷矿/亿吨
河南	114.7	0	13.9	21 811.8	8 741.4	0.1
安徽	83.7	9.5	203.5	0	13 771.3	0.4
江西	7.2	0	711.7	0	14 127.8	0.8
湖北	3.3	857.1	158.3	244.2	3 800.6	6.2
湖南	18.9	5 881.6	39.1	176.1	6 303.3	2.8
山西	1 055.5	12.9	272.5	11 472.4	1 996.8	0.9
合计	1 283.3	6 761.1	1 399	33 704.5	48 741.2	11.2

（二）消费状态

中部地区是我国重要的能源原材料基地。建立在山西、河南、安徽诸多煤炭型资源型城市基础上，华中区 2009 年原煤产量达到全国的 35.62%，火电的产量占全国比重的 21.93%左右。生铁和粗钢产量在国内也具有重要地位，所占比重均超过了 20%。水泥产量占全国的 25%以上（图 5-10）。

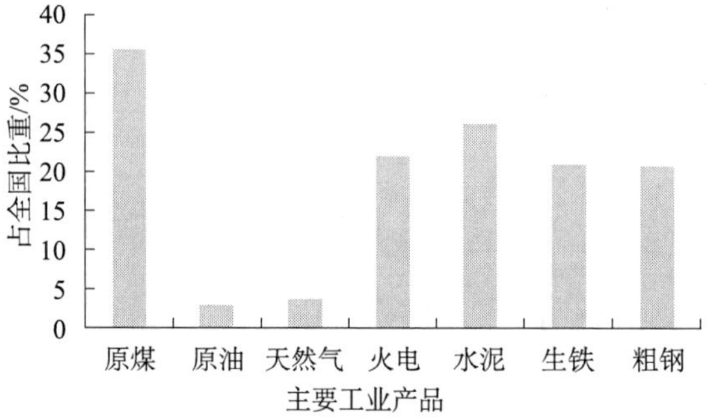

图 5-10 中部地区主要矿产资源产品占全国的比重（2009 年）

和东北地区一样，以重工业为主的产业结构使得中部地区的耗能也非常可观，2009 年全区能源消费量为 7.71 亿吨标准煤，和 1990 年相比增加了 2.47 倍，占全国能源消费总量的 23.51%（图 5-11）。

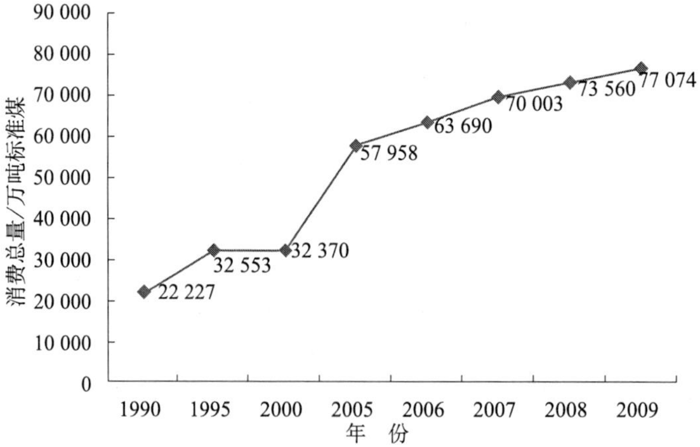

图 5-11 中部地区能源消费总量增长情况

（三）供应保障

经过多年的发展，中部地区不仅是国家最重要的煤炭生产基地，而且已经建立起来了庞大的金属加工工业基地，未来矿产品消费的增长仍有一定的发展空间。而且由于中部地区紧邻东部发达地区，矿产资源不仅要满足本地需求，还要供应周边省市。随着当地及相邻地区原材料加工工业的发展，建立在当地资源基础之上的矿产资源供应保障体系开始面临巨大挑战。

表 5-21　中部地区能源供给一览表（2009 年）

项目	煤/万吨	油品/万吨	天然气/亿立方米	电力/亿千瓦时
本地一次能源生产量	108 848.21	562.72	34.75	1 810.64
能源消费量	92 081.03	5 952.02	94.36	7 519.48
能源自给率/%	118.21	9.45	36.83	24.08

经过多年的开采，中部地区的矿产资源正面临日渐枯竭的窘境。湖北省大冶市、黄石市、钟祥市，江西省萍乡市、景德镇市，河南焦作市，安徽省淮北市、铜陵市，湖南省耒阳市、冷水江市、资兴市等资源型城市已被列入国家 44 个资源枯竭型城市名录。其中有“世界锑都”和“江南煤海”之称的冷水江市在持续开采超过年限 110 年之后，原来占全球 60%的锑矿储量，服务年限仅剩 4.6 年，煤矿的服务年限也仅剩 5～10 年。20 世纪 90 年代以来，华中地区主要能源、原材料产品增长速度明显低于全国平均水平。湖北、安徽每年都需进口大量的铁矿、铜矿资源。九江石化、安庆石化等企业因投资量过大无法从沿海铺设输油管道而难以上规模、发展新产品。以能源、原材料工业为主体的重工业增长速度也就不如全国平均水平。

四、西部地区

（一）资源基础

西部地区包括重庆、四川、贵州、云南、广西、陕西、甘肃、青海、宁夏、西藏、新疆、内蒙古等省（自治区、直辖市），是我国四大经济区域中土地面积最大的一区，也是我国重要的资源后备基地，共有资源型城市 102 个(表 5-22)。能源资源是西部地区发展的最大优势，全区能源资源种类齐全、储量丰富，在全国具有举足轻重的战略地位。其中，以天然气储量最为丰富，达到 30 744.4 亿立方米，占全国比重达到 82.93%，主要分布在新疆、内蒙古、四川、陕西等省（自治区）；煤炭储量 1610.3 亿吨，占全国比重的 50.49%，主要集中于内蒙古和陕西两省（自治区）；石油储量 95 584.6 万吨，占全国比重的 32.41%，主要分布在新疆、陕西和甘肃等西北地区。

表 5-22　西部地区资源型城市名录

城市类型	城市名称
非金属类城市	宁夏中宁县、四川绵竹市、四川雅安市、四川自贡市、四川兴文县、重庆云阳县、贵州开阳县、云南晋宁县、云南安宁市、广西贺州市、广西岑溪市、广西象州县、广西龙胜县、广西平桂管理区、甘肃武威市、青海海西蒙古族藏族自治州
黑色类城市	重庆城口县、重庆秀山县、四川攀枝花市、西藏曲松县、云南保山市、贵州松桃苗族自治县
煤炭类城市	陕西铜川市、陕西咸阳市、甘肃平凉市、甘肃红古区、青海大通县、宁夏石嘴山市、宁夏灵武市、新疆阜康市、新疆拜城县、四川华蓥市、四川广安市、重庆万盛区、重庆南川区、重庆荣昌县、重庆奉节县、贵州安顺市、贵州六盘水市、贵州黔南布依族苗族自治州、贵州黔西南布依族苗族自治州、云南开远市、云南临沧市、云南曲靖市、云南昭通市、内蒙古锡林浩特市、内蒙古呼伦贝尔市、内蒙古乌海市、内蒙古霍林郭勒市、内蒙古石拐区、广西合山市
油气类城市	四川达州市、四川广元市、四川南充市、新疆克拉玛依市、新疆鄯善县、甘肃庆阳市、甘肃玉门市、重庆垫江县、陕西延安市
有色类城市	云南普洱市、云南楚雄彝族自治州、云南个旧市、云南易门县、云南兰坪县、云南马关县、云南东川区、广西百色市、广西河池市、广西隆安县、广西藤县、新疆阿勒泰地区、甘肃白银市、甘肃金昌市、甘肃玛曲县、贵州清镇市、贵州修文县、贵州万山区、重庆铜梁县、陕西宝鸡市、陕西略阳县、陕西洛南县、陕西潼关县
森工类城市	云南丽江市、云南香格里拉县、云南新平彝族傣族自治县、内蒙古阿尔山市、四川阿坝藏族羌族自治州
综合类城市	陕西渭南市、陕西榆林市、新疆巴音郭楞蒙古自治州、新疆哈密市、新疆和田市、甘肃陇南市、甘肃张掖市、四川泸州市、四川凉山州、贵州毕节市、贵州遵义县、内蒙古包头市、内蒙古赤峰市、内蒙古鄂尔多斯市

与此同时，西部地区境内有多条巨型成矿带，矿产资源相当丰富，且以有色金属和盐类等我国长期紧缺的矿种为主，有利于建设全国性的有色金属基地和原材料基地。原生钛铁矿在全国具有举足轻重的地位，占全国比重高达 97.73%，全部分布在四川省；铬矿占全国比重高达 98.68%，主要分布于西藏、内蒙古、甘肃和新疆四省（自治区）；磷矿、钒矿的储量也占到全国的一半左右；此外，硫铁矿、铝土矿、铅矿、锌矿、铜矿、锰矿的储量也较为丰富。此外，保有储量居全国首位的矿产资源还有稀土、锡、锑、锰、钒、钛、锌、汞、硫铁矿、磷矿、天青石、芒硝等（图 5-12）。

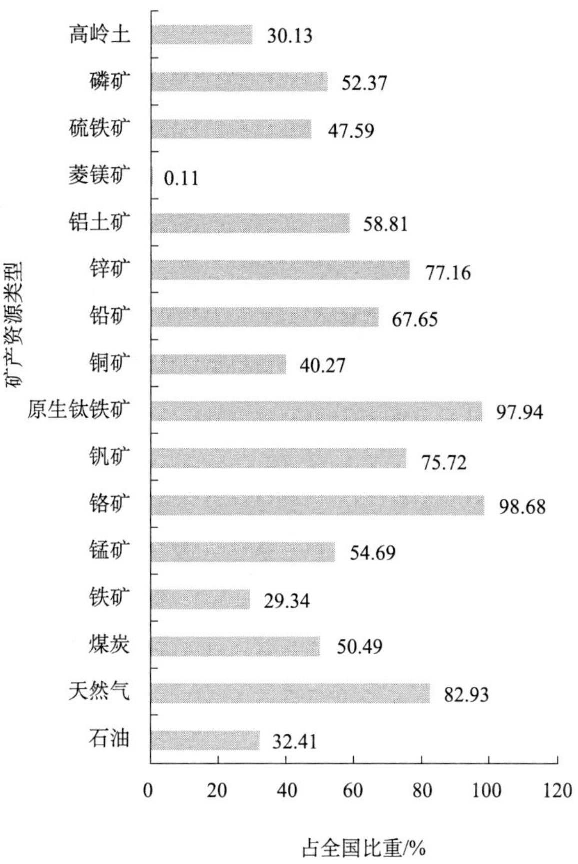

图 5-12　西部地区矿产资源储量在全国的地位

（二）消费状态

长期以来，西部地区一直是仅作为能源和原材料的输出地，本地经济发展缓慢，2009 年地区生产总值仅占全国比重的 18.33%，工业增加值仅占全国的 16.88%。矿产资源消费状态受经济发展水平所限，消费水平较低。统计资料表明，除原煤、天然气分别占全国工业产品产量的 47.46%、78.88%以外，其他如原油、火电、水泥、生铁和粗钢等所占比重都在 30%以下，生铁和粗钢比重甚至低于 15%（图 5-13）。

在能源消费方面，随着近年来原材料生产发展加快，能源消费总量由 1990 年的 1.81 亿吨标准煤增长到 2009 年的 5.87 亿吨标准煤，但总额仍然只占全国消费总量的 17.91%（图 5-14）。

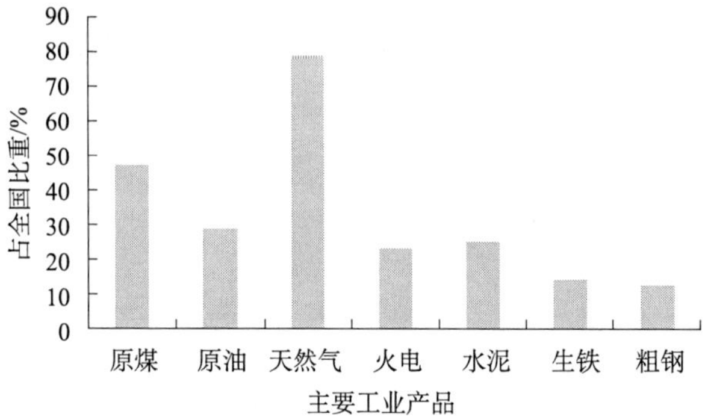

图 5-13　西部地区主要矿产资源产品占全国的比重（2009 年）

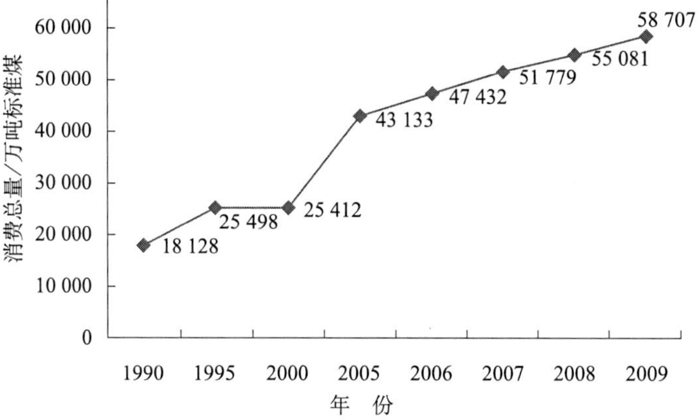

图 5-14　西部地区能源消费总量增长情况

（三）供应保障

长期以来，庞大的资源基础为西部地区工业化的发展提供了有力支撑。西部地区能源供应保障程度相对较好，煤、天然气的自给率均超过 100%，多年来一直保持着能源输出的地位。但西部地区内部能源分布不均衡，西南地区石油资源缺位，每年都需从区外调入大量的石油制品，是典型的石油输入型地区。

目前，西部地区的城镇化率处于较低水平，未来必将迎来社会经济发展和城市化水平的快速提高，未来能源消费需求将大幅度增加。从当地一次能源消费结构来看，煤炭所占比重较高，虽然与全国平均水平相近，但是与其自身巨大的石油、天然气储量和产出状态很不相称。总体而言，西部地区的能源供应保障的基本态势不会改变，仍然会保持国家主要能源输出产地的地位。

同时，西部地区的有色金属及非金属矿产资源也十分丰富，尤其是稀土、镍、钴等稀缺有色金属钾盐在全国占有十分重要的地位。在目前国际、国内有色金属及稀土、钾盐供不应求的情况下，未来西部地区这些矿种的消费应有较大的增长空间（表 5-23）。

表 5-23　西部地区能源供给简况（2009 年）

项目	煤/万吨	油品/万吨	天然气/亿立方米	电力/亿千瓦时
本地一次能源生产量	146 620.75	5 980.40	889.28	3 494.35
能源消费量	95 121.18	7 455.94	397.56	8 026.02
能源自给率/%	154.14	80.21	223.68	43.54

第六章 资源型城市可持续发展能力评价

推进资源型城市的可持续发展是国家转变经济发展方式、构建和谐社会过程中的重要一环，因此对资源型城市的经济社会可持续发展能力进行梳理和研究具有重要的战略意义。本章首先从宏观的角度，在对可持续发展能力内涵讨论的基础上，构建了可持续发展能力评价指标体系，然后从微观角度，对大量资源型城市的可持续发展能力中的各种子能力进行了逐项推算，并最终得出引导资源型城市构建较强可持续发展能力的战略思路。

第一节 资源型城市可持续发展能力的内涵

一、推进资源型城市可持续发展的战略意义

（一）深入贯彻落实科学发展观的重要体现

科学发展观是以人为本，全面、协调、可持续的发展观，是要求统筹城乡发展、统筹区域发展、统筹经济社会发展、统筹人与自然和谐发展、统筹国内发展和对外开放的发展观。资源型城市发展中出现的资源枯竭、产业衰退、失业增加、污染加重、基础设施服务滞后等问题，对人类的生存与发展提出了严峻的挑战，不符合科学发展观的要求。推进资源型城市的可持续发展就是要以科学发展观为指导，把提高自主创新能力、转变经济增长方式、发展循环经济、建设资源节约型和环境友好型社会、走新兴工业化道路作为资源型城市未来发展的主导方向，引领资源型城市转变发展观念，创新发展模式，提高发展质量，实现封闭经济向开放经济转变、传统经济向循环经济转变、资源主导型经济向

多元主导型经济转变，从而跳出单纯依靠资源消耗促进发展的恶性循环怪圈，实现经济、社会、环境与人的协调发展和城市的良性循环。

（二）构建国家资源能源安全体系的重要保障

我国的资源、能源供给主要依靠资源型城市的自然资源开发，而高强度的开发利用所导致的资源枯竭不仅仅是引发资源型城市矛盾凸显的根源，也在很大程度上威胁到国家的资源、能源安全，影响着国民经济、社会整体发展的稳定。资源型城市的问题是自然资源系统整体性结构遭到破坏后在区域上的表现，这主要是由自然资源开发的不合理性所导致的。推进资源型城市的可持续发展，其首要任务就是要把自然资源保护、资源节约型生产、开发新资源、建设科技保障体系、加强宏观管理、搞好自然资源安全评价与预警等作为主要发展战略和保障措施，从而保证地方性资源的安全，实现可持续发展和自然资源安全的统一，从而不仅提高了自然资源对资源型城市经济社会发展的保障和支持能力，也强化了自然资源支持全国经济建设的承载力和可持续供应能力。这不仅可以加强我国短期内经济的适应性，而且符合国家中长期资源安全战略目标的要求。

（三）推动区域统筹协调发展的有效途径

资源型城市为我国国民经济发展做出的贡献是以牺牲自身的可持续发展能力为代价的，结果资源开发与城市发展的关系形成了“一兴俱兴、一衰俱衰”的因果关系，城市自身发展面临着重重困难。推进资源型城市的可持续发展是一个复杂的系统工程，其近期目标是增加就业、消除贫困、改善人居条件、健全社会保障体系、维护社会稳定，并在此基础上建立健全可持续发展长效机制，开创资源型城市全面、协调和可持续发展的新局面。在这个过程中根据资源型城市的可持续发展能力，从产业体系调整、基础设施升级、社会事业发展、生态环境修复、机制体制创新及扩大对外开放等方面全方位引导、扶持其发挥资源优势和产业优势，使其获得经济、社会、环境效益相统一的最佳综合效益，逐步缩小与综合型城市之间的差距。

二、提升资源型城市可持续发展能力的支柱

资源型城市可持续发展面临的主要矛盾主要体现在三个方面：一是经济结构过度依赖资源型产业，二是产业结构调整过程中引发的社会民生问题，三是资源型城市成长过程中形成的环境恶化和生态功能退化问题。因此，提升资源型城市的可持续发展能力必须依靠产业转型、社会建设、环境改造。

（一）经济转型

资源型城市可持续发展能力较弱的主要原因是经济发展的动力不足，因此经济型资源型城市可持续发展能力重塑和提升的第一要务。资源供给、需求拉动、人才素质、科技创新和经济结构调整是城市经济发展、产业替换的重要推动因素，同时这五个要素的当前状况又构成了经济发展的制约环境。因此，经济的发展既要推动这五个要素的转换，又必须以当前这五个要素的状况为客观基础。

资源型城市经济发展动力不足集中体现在产业结构落后上，主要表现为：其一，产业结构畸形，过度依赖采掘业，资源一旦枯竭，产业必将衰落并导致经济萧条；其二，产业链处于附加值低的环节，产业技术水平低，产品结构表现出初级产品和基础原材料为主的粗放型特征，产业的经济效益低；其三，产业组织的所有制结构单一，国有、全民所有制占有绝对的主导地位，体制束缚限制了经济的活力（吴奇修和陈晓红，2005）。

资源型城市产业结构的落后是资源供给、需求拉动、人才素质和经济结构落后的综合体现。从资源供给来看，资源型城市经济的发展主要以不可再生资源为主，供给的要素属于初级要素，并非高级要素；从需求来看，资源型城市主要向外界供应未加工或初加工的资源产品，低附加值的产品需求不能有效促进产业结构升级；从人才素质来看，采掘业和初加工制造业属于劳动密集型行业，没有过多的知识水平要求，劳动力的文化水平、综合素质比较低，不利于吸引高附加值产业链环节的投资；从经济结构来看，资源型城市的形成与发展以自然资源采掘业为根基，不可避免地出现产业结构单一、体制单一的局面。

推进资源型城市经济转型的关键在于接续替代产业的选择。未来主导产业的选择应该在综合判断产业增长潜力、带动效应、技术密集度、生产率上升率、就业效应和可持续发展性。不同区域、城市在选择主导产业时，应从自身的客观条件出发，取舍判断标准及各自的权重，但是产业的增长潜力、带动效应和就业效应应该是考虑的重点。增长潜力大的制造业能推动资源型城市其他资源要素的供给，转变对矿产等自然资源的依赖，通过区外高层次的产品需求改变原有的低层次产业需求，并以就业效应提高劳动力的技术水平，以带动效应促进其他产业的发展，实现经济结构的多样化，而这些要素的转变又会反向强化经济的发展，从而形成良性循环。

（二）社会建设

资源型城市的经济发展动力不足同时会带来社会发展的相对落后。因此，社会建设成为资源型城市可持续发展能力重塑与提升的第二任务。人才素质、经济结构、制度创新和保障能力是资源型城市社会建设的四项重要影响因素。资源型城市在这四个影响因素上的表现状况在一定程度上制约了社会的发展，而如果能将这四项因素处理得当，它们将大大促进社会建设的进度和效果。

人才匮乏及其引起的技术开发能力薄弱、经营管理水平较低是资源型城市转型所面临的一大难题。纵观资源型城市，其人力资源综合素质相对偏低，劳动技能单一，劳动者存在易于满足现状的价值取向。同时，劳动者观念陈旧，知识结构不合理，但劳动者能吃苦、可塑性强。结构性人才匮乏将影响资源型城市的产业结构调整，高新技术人才匮乏使资源型城市发展无后劲，高素质管理人才匮乏使资源型城市难以在市场竞争中打胜仗，而高级技能型人才匮乏使资源型城市企业的产品和服务竞争乏力。这一切状况都迫切要求资源型城市对原有的人力资源进行多种形式的二次开发，提高劳动者的文化素质、技术素质和劳动技能，以满足新产业、新经济发展的需求，从而实现再就业。从这个意义上讲，资源型城市社会建设也是对人力资源的深加工，是提升其附加值的过程。

资源型城市经济结构中生产结构与资源结构的矛盾，生产结构与消费结构的矛盾，技术结构滞后与外部竞争加剧的矛盾，第三产业发展存在战略性缺陷，均会随着自然资源的枯竭日趋明显、尖锐。这些经济结构问题直接影响到社会稳定和协调发展，影响到资源型城市的可持续发展，因此可以说经济转型是社会建设的基础和前提。

由于深受计划经济的影响，我国资源型城市社会建设的过程也是一个体制转轨的过程。在一般意义上，制度可以通过明确界定的产权来塑造发展的动力，促使人们的个别努力转化成私人收益率和社会收益率相等的、经济发展所需要的活动；制度可以通过正规的法令规章和非正规的行为准则、道德规范、社会文化等，来影响市场运作，影响市场配置机制的效率；制度还可以通过对财产权利和知识产权提供保护，促进技术创新和企业家的涌现，塑造经济发展的微观基础。具体到资源型城市的社会建设中，制度创新的内容至少应该包括深化产权制度改革、实施积极有效的地方管理和推动转型的法制化三方面。

同时，我国资源型城市的社会发展矛盾中还有一个很重要的原因就是社会保障体系不健全。资源型城市的可持续发展需要社会保障体系的支撑，但由于资源型企业历史欠账多，地方财政又十分困难，社会保障体系往往不健全，造成社会保障的制度性断裂、改制中的断裂和实施中的断裂，这将直接影响转型的顺利进行（洪月，2010）。特别是随着转型的深入，这个矛盾会越来越突出。因此，资源型城市要从整合的角度建立包含社会保障制度、社会福利政策与社会服务系统在内的完整的社会保障体系，要在改革现存制度和创建新制度的基础上实现两者的对接和整合。建立和完善资源型城市的社会保障体系则要建立健全企业和个人缴费制度及增长机制，实行一体化管理模式，实现规范化服务，突破行业区域的界限实现社会统筹，同时还要完善养老保险金制度。

（三）环境改造

当今人口、资源和环境问题已经成为决定社会经济能否继续发展的三大问题，而环境问题也是资源型城市可持续发展能力重塑和提升的三大矛盾之一。

我国大多数资源型城市位于边远山区，远离经济发达地区。由于地理环境偏僻，交通运输不够发达，信息比较闭塞，久而久之形成了远离国内国际市场的自我封闭状态。资源开发利用不当导致了严重的生态破坏和环境污染，城市基础设施薄弱、城市布局分散等导致集聚效应弱，经济发展缺乏必要的优化组合空间，这极大地限制了高新技术产业、旅游产业、绿色产业等新兴产业的发展，并已成为资源型城市发展的一大障碍。因此，对资源型城市生态系统的认识，不能仅仅停留在城市自身建设和宜居环境塑造上，而要把资源型城市放在整个自然生态系统中去考虑，资源型城市的环境改造要在集中和分散双向运动的动态平衡中使经济空间、社会空间和生态空间有机结合。

资源型城市广义的环境问题还体现在软环境方面，包括管理水平（指城市的治理结构、领导的决策风格等政策性因素）、创新能力（它能显著地推动城市的增长、提高和扩张，是资源型城市可持续发展的决定性推动力）、城市的开放程度（越是竞争能力强的城市，市场开放程度越高，政府管制程度越低）、城市历史文化及其积淀（城市文化的发达，市民文化素质的提高，最终将转化为巨大的创新能力，转化为物质形态的竞争力）等（吴奇修和陈晓红，2005）。相对于硬环境（资源禀赋、区位、基础设施等）而言，软环境是资源型城市可持续发展能力重塑和提升的更重要的条件。资源型城市在多年的资源开采中逐渐形成了一种依赖于资源的“资源文化”，而环境改造则是要资源型城市从资源文化转向创新文化，并将这种文化意识渗透到经济社会发展的各个层面。

三、资源型城市可持续发展的目标取向

经济转型、社会建设、环境改造是促进资源型城市可持续发展的三驾马车，缺一不可。三方面工作的目标取向必须紧紧围绕资源型城市的突出问题和深层次矛盾，有机融合，互动推进（图 6-1）。

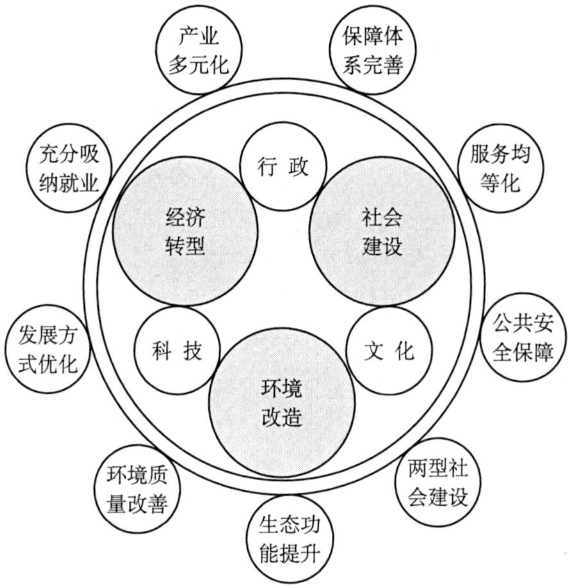

图 6-1 资源型城市可持续发展系统工程示意图

(一)城市经济可持续发展的目标取向

根据资源型城市的特点及其经济可持续发展所面临的障碍，可以认为在推进资源型城市经济可持续发展过程中，特别是截止到 2020 年，应当实现以下战略目标。

1. 产业结构实现多元化

产业结构多元化是资源型城市摆脱经济发展困境的根本要求和有效途径，也是推动经济可持续发展的重要战略目标。产业结构单一且底层化是资源型城市的通病，通过建立接续替代产业或支柱企业集群，大幅度降低资源经济在城市经济中的比例，形成新的主导产业，取代资源经济的主导地位，从而实现原来单一的资源型经济向复合型的多元经济转变，同时实现产业体系综合竞争力的提升。

2. 经济发展方式取得明显转变

传统的工业经济理念是最大限度地开发利用自然资源，最大限度地创造社会财富，最大限度地获取利润。这种以资源和环境为代价的粗放型经济发展模式难以支撑资源型城市的可持续发展（许文平，2010）。循环经济的生产观念是要充分考虑自然生态系统的承载力，尽可能地节约自然资源，不断提高自然资源的利用效率，循环使用资源，创造良性的社会财富。在生产过程中，循环经济要求遵循的“3R”原则[1]，同时在生产中尽可能地利用可循环再生的资源代替不可再生资源，尽可能地利用高科技，以知识投入代替物质投入，以达到经济、社会与生态的和谐统一，使人类在良好的环境中生产生活。

3. 基本实现劳动力全就业

从本质上说，就业是生产要素中人力资源的配置问题，本来应该交给市场，发挥市场配置资源的基础性作用。但在资源型城市启动经济转型、企业改造的初期，在就业岗位与待业人员严重不对称的情况下，政府应当发挥主导作用，承担起促进就业的责任。政府可以通过开发就业岗位、对劳动者开展就业技能培训、提供就业中介服务、规范就业市场秩序等手段在促进就业方面发挥作用。随着经济转型的逐步展开，转型项目的逐步实施，接替产业的逐步培育和形成，资源型城市的就业机会将会增加，就业岗位与人力资源严重不对称的矛盾将会逐步缓解，市场配置劳动力资源的机制也会逐步形成。

（二）生态环境可持续优化的目标取向

资源型城市生态环境系统的敏感性和脆弱性严重影响着可持续发展。必须以尽可能快的速度恢复被损害了的生态环境，并减少甚至消除新的发展活动对生态环境的结构、状态、功能造成新的损害，保证环境质量的加快优化和生态功能的持续提升。

1. 自然环境质量明显改善

资源型城市的环境问题有目共睹。采矿和原材料加工过程中产生的大量废水、废液被无限制地排放，使饮用水源和土壤质量普遍下降，导致职工和居住人群发病率上升，引发胎儿早产或畸形；由废气、粉尘及废渣的排放而引起的大气浑浊和酸雨，威胁着人体健康，加速建筑设施老化，影响着市容质量和城市景观。总之，持续恶化的环境质量，严重动摇了资源型城市的生存基础，可持续发展从何谈起（唐贤衡，2007）。因此，在新的发展时期，谋求资源型城市的科学发展、社会和谐、民生幸福，就必须把解决影响经济社会发展特别是严重危害人民健康安全的突出环境问题作为重点，把改善自然环境质量作为未来发展的主攻方向。

2. 生态系统功能显著提升

由于不合理的资源开发和超负荷的重工业化，资源型城市的林地和草地退化、沙化、碱化问题严重，地表坍塌、植被破坏导致土壤流失，崩塌、泥石流等灾害频繁发生。这些现象既是区域生态功能退化的表现，同时又进一步加剧了生态系统的破坏。然而在未来一段时期内，随着资源型城市的工业化、城镇化及农村现代化加速发展，人口增长与消费转型对生态系统的压力将继续增大。

---

① “3R”原则，即减量化（reducing）、再利用（reusing）和再循环（recycling）的原则。

在如此严峻的形势下，通过对资源型城市的生态系统进行调节、修复、维护和发展，不断提升区域生态系统的承载能力，是缓解经济社会膨胀发展与生态环境容量之间突出矛盾的重要途径之一。

3. “两型社会”建设步入正轨

之所以资源型城市的生态环境问题如此突出，归根结底是由于在诸多主客观因素的影响下，“通过‘高投入’，追求‘高产出’，培育‘高消费’，导致‘高污染’”的经济社会发展模式根深蒂固。因此，要扭转资源型城市的生态环境持续恶化的趋势，使其实现经济、社会、生态环境的可持续发展，最根本的途径就是打造“资源节约型、环境友好型社会”。一方面通过不断提高资源利用效率，尽可能地减少资源消耗和环境代价满足人们日益增长的物质文化需求。同时，遵循生态环境的有效极限规律，把各种开发、利用、废弃行为严格控制在生态环境承载能力以内，从而实现人类社会与自然界融为一体、互惠共生。

（三）社会福祉可持续改善的目标取向

良好的社会环境是实现资源型城市稳定、持续、快速、健康发展的重要保障。滞后的社会福祉将影响社会安定，制约生产力发展。推进资源型城市的社会建设，民生问题任重而道远。社会福祉的改善应该重点瞄准以下三个方面。

1. 社会保障体系趋于完善

资源型城市的民生问题之所以成为人们关注的重点，是因为在企业改制、关井压产、资源枯竭等诸多原因的影响下大量的职工下岗、失业，同时由于企业和地方财政困难，拖欠职工工资、社会保障不到位，加剧了下岗失业职工乃至在岗职工的生活困难。此外，在矿地关系、工农关系不够和谐的体制下，贫困人口增加和外来人员流入加剧了社会稳定压力。产业工人和农民是资源型城市的民生问题的主体，实现学有所教、劳有所得、病有所医、老有所养、住有所居就是基本社会保障。完善的社会保障体系可以促进社会稳定，创造良好的城市社会环境。同时，为企业实现结构调整创造宽松的环境，从而加速资源型城市的转型发展。

2. 基本公共服务均等化

消除区域、城乡发展差别是我国构建社会主义和谐社会的重要步骤。在由计划经济向社会主义市场经济体制转变的过程中，资源型城市的内部差异和内部矛盾大量显露，其中基本公共服务的非均等化是最明显的体现。在就业服务、教育、医疗卫生、公共基础设施等方面的差异导致居民生活机会、发展机会的不平等，拉大了城乡发展水平的差距，对社会的长期稳定和发展形成了威胁。因此，应该在今后中期内通过对政府职能、政府财政体制和一些制度方面的大力改革来促成基础公共服务的均等化，以使城乡居民在享受政府提供义务教育、社会保障等公共服务时有同等的福利。在此基础上获得同等的发展条件，实现社会的公平正义，逐步实现社会主义和谐社会。

3. 公共安全体系初步构建

随着城市化的加速推进和资源开发规模的扩大，资源型城市随时面临灾害与公共危机侵袭的可能。城市内各种重大危险源与城市生活区紧密相连，由于城市的敏感性与脆弱性，灾害的产生往往伴随着多种灾害的次生或耦合，加剧灾害的损失。同时，由于与周边地区保持着巨大的物质和能源交换，资源型城市的公共安全问题很容易影响到广域的经济发展和居民生活，使灾害应对难度增加。在种类繁杂的事故和灾害面前，如何在传统公共安全与应急管理体系的基础上结合资源型城市特点，改变被动的管理状况，从更深层次探讨提升公共安全保障水平和应急管理能力，关系到资源型城市社会经济的可持续发展和社会的长治久安。

第二节 可持续发展能力评价指标体系构建

一、几种代表性的可持续发展指标体系

（一）绿色 GDP 指标

在国民经济核算中存在着许多总量指标如 GDP、国民生产总值（GNP）、国民收入（NI）及社会总产值等，其中 GDP 是最为重要的指标，直接反映了经济增长的现实结果，在社会经济运行统计中处于核心地位。但传统 GDP 指标在价值计算上忽视和扭曲资源环境作为人类生存和社会经济活动的物质基础，为适应可持续发展战略的要求，著名环境经济学家戴利（H. E. Daly）由 GDP 指标出发，用概念性公式给出了所谓的绿色 GDP 指标的修正方法。

目前，绿色 GDP 的具体获得和分析主要有两种途径：一是在传统的国民经济账户表中加入反映自然资源和环境的成本信息，通过调整传统的 GDP 得到绿色 GDP；另一种是利用投入产出技术描述和计算绿色 GDP。

尽管绿色 GDP 指标揭示了资源损耗和生态环境破坏的严重性，但这种指标也存在问题：一是在理论上是否一切资源环境要素都可以价值量化尚有争议；二是即便可以对资源环境进行价值量化，在技术上也很复杂，同时对自然资源和环境的影响无法分解到相应的经济活动部门或机构，因此也就无法明确经营者的责任。从这一角度来看，将绿色 GDP 指标具有政策相关性较弱的弱点。

（二）联合国可持续发展委员会的指标体系

联合国可持续发展委员会是 1992 年联合国环境与发展大会通过的《21 世纪议程》决定设立的机构，其主要工作任务是审议各国执行《21 世纪议程》的成绩与进程，增进国际合作和政府间决策过程合理化。联合国可持续发展委员会开发的可持续发展指标体系涉及了环境及环境之外的社会、经济和制度等问题，提出了 DFSR（driving force-state-response）模型，指标体系由驱动力指标、状态指标、响应指标构成。

DFSR 模型对监测世界各国可持续发展进程和推进《21 世纪议程》实施起到了至关重要的作用，但同时也存在着一定的缺陷。它突出了环境受到的压力和环境退化之间的因果关系，与可持续发展的环境目标之间的联系较为密切，但对于社会与经济指标，该模型没有有效地建立起其间的因果关系，这一指标体系需要继续研究和深化，特别是处于不同社会背景、不同发展阶段的国家和地区如何选择和确定这些评价指标及其权重必然会出现不同意见（图 6-2）。

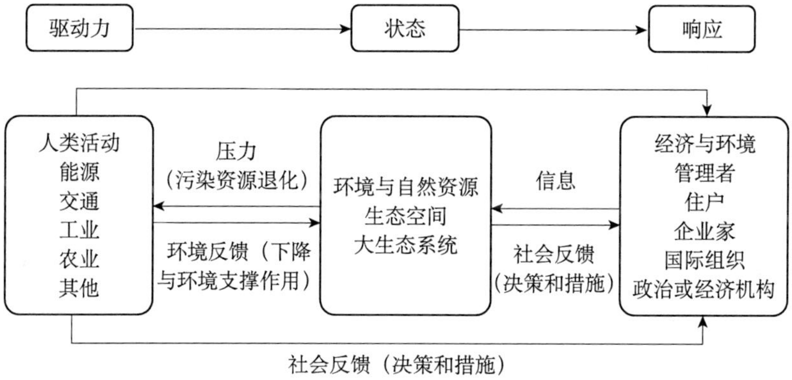

图 6-2　DFSR 模型框架图

（三）中国科学院的指标体系

中国科学院可持续发展研究组在世界上独立地开辟了可持续发展研究的系统学方向，依据可持续发展的理论内涵，设计了一套“五级叠加、逐层收敛、规范权重、统一排序”的可持续发展指标体系。这套指标体系分为总体层、系统层、状态层、变量层和要素层 5 个等级。

根据这一指标体系，中国科学院可持续发展研究课题组在《2010 中国可持续发展战略报告——绿色发展与创新》中，明确了中国在世界各国发展中的地位，中国区域可持续发展总能力排序表，中国区域可持续发展“生存支持系统”“发展支持系统”“社会支持系统”“环境支持系统”“智力支持系统”等（表 6-1）。

表 6-1 2007 年我国区域可持续发展能力综合评价结果

地区		生存支持系统	发展支持系统	环境支持系统	社会支持系统	智力支持系统	可持续发展总能力
东中西部和东北老工业基地	东部地区（11 省（直辖市））	104.8	121.2	106.7	116.0	114.9	112.7
	东北老工业基地	104.7	116.4	107.7	116.0	113.4	111.6
	中部地区（8 省）	105.2	113.3	106.5	111.0	110.7	109.3
	中部地区（6 省）	105.1	112.9	106.0	109.7	110.3	108.8
	西部地区（12 省（直辖市、自治区））	104.2	110.2	100.7	105.6	109.2	106.0
八大经济区	东北地区	104.7	116.4	107.7	116.0	113.4	111.6
	北部沿海地区	101.9	120.2	104.2	118.7	114.9	112.0
	东部沿海地区	105.3	124.1	111.2	117.8	115.9	114.9
	南部沿海地区	104.7	120.6	108.3	110.2	112.8	111.3
	黄河中下游地区	102.1	113.4	101.7	111.6	110.3	107.8
	长江中游地区	105.4	112.6	109.9	108.6	110.8	109.5
	西南地区	106.1	109.4	104.8	104.6	108.5	106.7
	大西北地区	103.6	108.2	98.7	104.7	108.4	104.7

二、评价指标体系的设计原则

可持续发展指标是具有一定代表性，可反映评价对象的现状、趋向、变率或作用力，标示可持续发展进程的指标变量。通过指标可以快速地了解系统、描述系统、表达结果和交流信息。评价指标体系是一种政策导向，将影响到各个方面的思想和行为。评价指标体系的建立需要遵循以下几个原则。

（一）科学性与可比性相统一

可持续发展能力评价指标体系要建立在科学基础上，能充分反映可持续发展的内在机制，指标的含义必须明确，测算方法标准，统计计算方法规范，具体指标能够反映可持续发展的含义和管理目标的实现程度，这样才能保证评价的科学性、真实性和客观性。同时，指标体系的设计要注重与国际、国内、省内和区域内的可比性，具有可比较、可推广与可应用的性质。所以，国际通行的做法是一般选用联合国组织的统计出版物或国际上权威机构的统计出版物来比较研究，对中国状况的分析研究一般选用正式出版的国家级、省市级统计年鉴等综合性统计出版物，以及相关部门和产业的权威性出版物。

（二）空间层次性与时间阶段性相统一

可持续发展系统是一个复杂的巨系统，它可以分解成若干子系统。可持续发展指标体系的研究可在国际、国家、地区等不同尺度上展开，针对不同层次对象的具体情况，构建指标体系的侧重点应有所不同，从相对宏观的国际层次到相对微观的地区层次，指标体系考虑的问题是逐层细化的。相对应某一层次的研究，指标体系本身也应具有良好的空间层次特点。因此，描述与评估经济社会可持续发展程度与发展状况，应在不同层次上采用不同的指标，以利于行政决策者在不同层次上对经济、社会发展进行调控。同时，还要充分考虑把区域经济、社会发展的不平衡性、多层次性与区域上的多元性、立体性、复杂性结合起来，把经济社会发展水平分层次、分阶段地同本区域自然生态环境的区域性结合起来，建立指标体系，实现空间和时间的统一，(刘明，2008)。

（三）整体性与针对性相统一

可持续发展概念是一个由多个内在联系的要素构成的有机整体，指标体系也是一个复杂的系统，它由不同层次、不同要素组成，包括与人类社会活动有关的经济、社会、资源和环境的各种基本要素、关系和行为的系统构成。因此，构建可持续发展指标体系时，要注意反映不同子系统之间，相同子系统中不同主题之间的相互联系，对可持续发展概念进行整体把握（周德群和汤建影，2001）。同时，要针对各个区域可持续发展中存在的主要矛盾和问题，确定系统表征的主导因子，避免指标体系庞杂、无法操作，达到整体性与针对性的统一。

（四）动态性与静态性相统一

可持续发展的核心是实现经济、社会、资源、环境协调发展。可持续发展作为一个系统，是不断发生变化的，是动态与静态的相对统一。可持续发展指标也应该是动态与静态的相对统一，既要有动态指标，也要有静态指标；指标既能够静态地量化，又能够通过一定的方法得到一些指标的未来动态变化值，以便能够对系统的可持续发展做出长期的动态评价。

（五）最大限制性和可行性相结合

可持续发展是多种因素综合作用的结果，指标体系作为一个有机整体，对涉及可持续发展的所有因素都用指标给予描述既不现实，也不可能，更没有必要。所以，用对可持续发展产生最大推动性和限制性的主导因素的指标体系来描述和评价可持续发展，才能把握可持续发展最本质、最基本的特征。同时，指标是统计理论与实践操作的结合点，构建可持续发展指标体系既要以理论分析为基础，又必须考虑统计实践的可操作性和现实数据资料支持的可行性。尤其在现阶段，环境指标和可持续发展指标体系尚处于研究阶段，在相关统计信息还相当缺乏的情况下，我们应尽量使选取的指标在实践中具有最大的可行性。因此，合理处理最大限制性和可操作性相互统一的关系，在选取最大限制性的主导因素的前提下，尽量是资料数据易取得，方法易掌握，指标切实可行。

三、评价指标体系设计

复杂系统的指标体系的建立过程应该是定性分析和定量研究相互结合。定性分析主要从评价的目的和原则出发，考虑评价指标的充分性、可行性、稳定性、必要性，以及指标与评价方法的协调性等因素，由系统分析人员和决策者主观确定指标和指标结构。定量研究则是通过一系列检验，使指标体系更加科学和合理的过程。根据科学发展观的指导原则和以上指标体系构建原则，并参

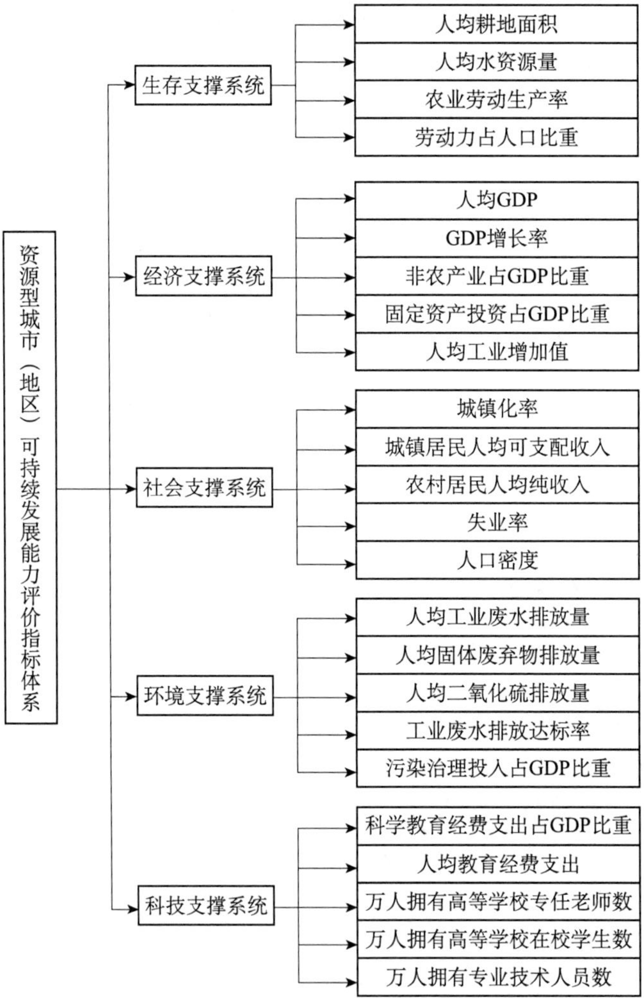

图 6-3　资源型城市（地区）可持续发展能力评价指标体系

考中国科学院关于可持续发展综合能力评价指标体系，笔者把资源型城市可持续发展指标体系划分为 3 个层次，即目标层、指标层、变量层，通过设置生存支撑系统、经济支撑系统、社会支撑系统、环境支撑系统、科技支撑系统五大系统 24 个指标来全面认识资源型城市可持续发展情况（图 6-3）。

第三节　可持续发展能力评价分析

一、资源型城市可持续发展能力评价方法

经济社会或行业可持续发展的影响因素往往由若干子系统构成，每个子系统对总体的影响程度从量上很难把握，更难以量化，若对系统总体或构成总体的各个子系统进行评价，科学适用的方法也不多见。主成分分析法是一种能够在众多指标中，找出少数几个综合性指标，反映原指标的主要信息，使对复杂问题的分析简单化。主成分分析法是研究用变量族的少数几个线性组合（新的变量族）来解释多维变量的方差结构，挑选最佳变量子集（即影响总体的关键因素），简化数据，揭示变量间经济关系的一种多元统计分析方法。其优点是能够使复杂问题简单化，从量的方面加以考察，实现定性分析与定量分析的较好结合。主成分分析的主要目的是希望用较少的变量去解释原来资料中的大部分变量，将相关性很高的变量转化成彼此相互独立或不相关的变量。通常是选出比原始变量个数少，能揭示大部分资料中的变异的几个新变量，即所谓主成分，并用以解释资料的综合性指标。由此可见，主成分分析法实际上是一种降维方法。

（一）资源型城市可持续发展能力测度指数构建

资源型城市可持续发展能力测度指数是在资源型城市可持续发展能力各子系统指标体系的基础上，采用线性加权平均法计算得到的。设 x_1，x_2，…，x_m 为描述资源型城市可持续发展各子系统特征的 m 个指标，则有

$$X=\sum_{i=1}^{m} w_i x_i \tag{6-1}$$

式中，x_i 为资源型城市可持续发展能力指标体系中的第 i 个指标，w_i 为指标 x_i 的权重，X 为资源型城市可持续发展能力测度指数。

根据主成分分析计算资源型城市（地级市、县级市）可持续发展能力各子系统及综合评价值，按照以下原则：①主成分得分的意义，大于 0 的为平均值以上，小于 0 的为平均值以下，得分大小也代表水平高低；②分类的各段间距为等间距，并且各类数量尽量符合正态分布的原则；③地级市和县级市指标统

一。将资源型城市各子系统可持续发展能力划分为 5 类，综合系统可持续发展能力划分为 3 类（表 6-2）。

表 6-2 资源型城市可持续发展能力分类划分标准

资源型城市可持续发展能力子系统		资源型城市可持续发展能力综合系统	
等级	得分	等级	得分
强	>1.8		
较强	0.6～1.8	强	>0.3
中等	−0.6～0.6	中等	−0.3～0.3
弱	−1.8～−0.6		
较弱	<−1.8	弱	<−0.3

（二）资源型城市可持续发展能力趋势度计算

资源型城市可持续发展趋势的判断可以从两个方面进行：一是评价指标体系的初始阈值水平，一是评价指标体系的时间变化速率。时间变化速率本质是等比变化，而基于主成分分析的资源型城市可持续发展各子系统及综合能力评价的年际变化有正有负，不能全部按照增长速率的定义去考虑，而初始阈值在[−7，8]之间变动，数值绝对差异较小，对系统趋势变化影响较小，因此本书采用指标体系的年际增量对资源型城市各子系统及综合可持续发展趋势度进行判断。并按照尽量使数据处于正态分布的原则，将资源型城市可持续发展子系统趋势度划分为 5 个等级，综合系统趋势度划分为 3 个等级（表 6-3）。

表 6-3 资源型城市可持续发展趋势度分类划分标准

资源型城市可持续发展能力子系统		资源型城市可持续发展能力综合系统	
等级	得分	等级	得分
进步快	>1.5		
进步较快	0.5～1.5	进步	>0.3
稳定	−0.5～0.5	稳定	−0.3～0.3
衰退较快	−1.5～−0.5		
衰退	<−1.5	衰退	<−0.3

（三）资源型城市可持续发展能力综合水平评价

任何系统的发展和演替都和其历史、现状有着密不可分的内在联系。可持续发展的本质是系统延续至将来的能力，因此对系统现状和系统发展时间过程的动态综合分析和研究就显得非常重要，它能最大限度地反映系统的发展基础和发展趋势，这是对特定系统可持续发展综合水平进行定量分析和评价的理论基础。基于此，为了全面客观地评价资源型城市的可持续发展状况，本书将资源型城市可持续发展能力测度指数和资源型城市可持续发展能力趋势度结合起来，综合考虑资源型城市可持续发展能力的初始状态和时间变化水平，将资源型城市可持续发展测度指标和趋势度分类结果两两结合，得到资源型城市可持续发展能力综合水平的划分结果（表 6-4）。

表 6-4 资源型城市可持续发展能力综合水平划分分类标准

类型	可持续发展能力测度指数分类	可持续发展能力趋势度分类	可持续发展能力综合水平分类	
等级	强	进步	好	（强，进步）、（强，稳定）、（中等、进步）
	中	稳定	中等	（强，衰退）、（中等，稳定）、（弱，进步）
	弱	衰退	差	（中等，衰退）、（弱，稳定）、（弱，衰退）

二、支撑系统能力评价

（一）生存支撑系统评价

资源型城市生存支撑系统评价主要基于人均耕地面积、人均水资源量、农业劳动生产率、劳动力占人口比重 4 个指标，评价结果排名前 5 的地级城市是克拉玛依、大庆、双鸭山、包头、嘉峪关（图 6-4），排名后 5 的地级城市是宿州、淮南、淮北、自贡、雅安（图 6-5）。排名前 5 的城市主要位于我国西北地区，

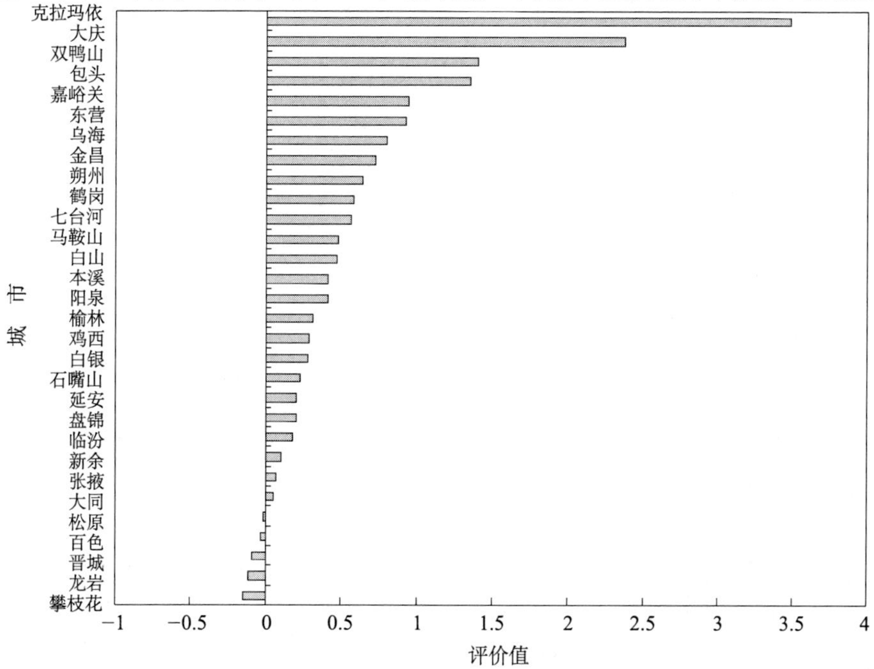

图 6-4 资源型城市生存支撑系统评价排名前 30 的地级城市

各市辖区辽阔、地势平坦、能源矿产资源丰富，由于工业化、城市化发展滞后，建设用地和农业用地、工业用水和生活用水的矛盾与东部地区城市比较并不突出。同时，由于人口总量小且居住分散，农业劳动生产率和劳动力占人口比重两个指标值较高。排名后5的城市中，宿州、淮南、淮北位于安徽北部，自贡、雅安位于四川南部，两个地区都属于我国主要的农业区，人口总量特别是农业人口较多；在迅速崛起的皖江城市带和成渝经济区的辐射影响下，皖北与川南地区水土资源形势趋于严峻，农业劳动生产率和劳动力占人口比重两个指标值都不理想。

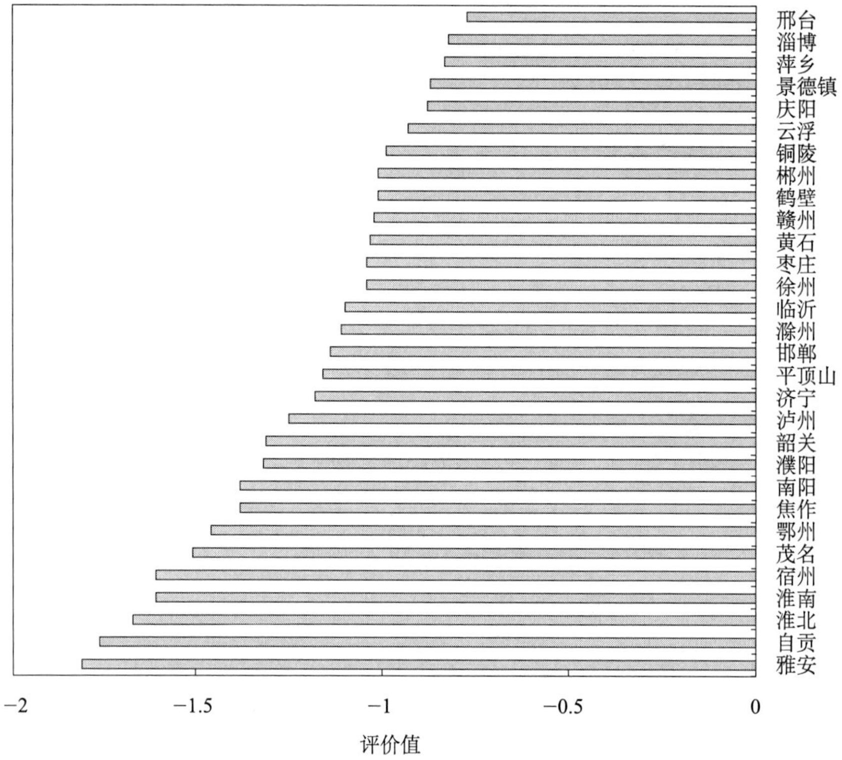

图 6-5 资源型城市生存支撑系统评价排名后 30 的地级城市

按资源型城市的主导资源类型划分来看，综合资源类城市中，地级市2003年生存支撑系统等级大多属于中等及以上，只有淄博市属于较弱。2003～2009年，生存支撑系统增量等级以衰退较大和衰退为主，整体水平明显下降，2009年大部分属于中等和较弱等级。县级市中只有凤城市2003年属于较强，但是2003～2009年，县级市整体的生存支撑系统增量进步较大。

非金属类资源型城市中，地级市2003年生存支撑系统整体水平较低，鸡西市、景德镇市和云浮市属于中等，徐州市和自贡市为较弱，到2009年大部分非金属类城市生存支撑系统水平降至较弱等级，仅鸡西市依然为中等水平。县级市中，

2003年生存支撑系统整体水平较低，除格尔木市属于较强等级外，主要以中等及以下为主。2003～2009年，生存支撑系统增量等级以进步较大为主，整体水平上升明显，其中格尔木市、蛟河市和浏阳市进步明显，而大石桥市衰退较大。

黑色金属类资源型城市中，地级市2003年生存支撑系统整体水平较高，大多属于中等及以上等级，嘉峪关市为强等级。2003～2009年，除鞍山市、黄石市和乌海市衰退较大外，生存支撑系统增量等级较稳定。2009年各城市等级主要为中等，占63.6%。县级市中，霍林郭勒市2003年属于较强，2003～2009年生存支撑系统增量明显，2009年属于强等级。

煤炭类资源型城市中，地级市2003年38.7%的属于较强等级，35.5%的城市属于中等等级。2003～2009年生存支撑系统增量整体保持稳定，只有丽江市衰退明显。2009年主要以中等和较弱等级为主，其中38.7%的属于较弱等级，48.4%的属于中等等级。县级市2003年生存支撑系统整体水平较低，主要以中等及以下为主，合山市、哈密市和灵武市属于较强等级。2003～2009年生存支撑系统评价结果整体趋好，以进步较大为主，2009年转变为以较强和中等等级为主。

森工类资源型城市中，地级市的生存支撑系统评价结果整体较好，2003～2009年生存支撑系统增量等级稳定。13个县级市2003年生存支撑系统整体水平较高，等级主要为中等及以上，县级市中尤以舒兰市和临江市优势明显。

油气类资源型城市中，地级市2003年生存支撑系统整体水平较高，大多属于中等及以上等级，仅濮阳市处于较弱等级。2003～2009年生存支撑系统评价结果整体水平下滑，2009年等级以中等和较弱为主，克拉玛依市2003年和2009年的评价结果均为强。县级市2003年生存支撑系统整体水平较低，以较弱等级为主，包括东方市、黄骅市、江都市、潜江市和任丘市，库尔勒市和玉门市分别为较强和强。2003～2009年生存支撑系统增量等级以进步较大和稳定为主，任丘市进步较快。

有色金属类资源型城市中，地级市的生存支撑系统评价结果，2003年主要属于中等和较强，整体水平较好。2003～2009年生存支撑系统增量等级以衰退为主，整体水平下降，特别是赣州市和韶关市衰退明显。2009年等级以较弱为主，仅有金昌为较强等级。县级市2003年的评价结果，除阿勒泰市属于较强等级外，主要以中等和偏差为主。但是2003～2009年生存支撑系统评价增量等级以进步较大为主，整体水平稳步上升，清镇市进步最为明显。

（二）经济支撑系统评价

资源型城市经济支撑系统评价主要基于人均GDP、GDP增长率、非农产业占GDP比重、固定资产投资占GDP比重、人均工业增加值5个指标，评价结果排名前5的地级城市是嘉峪关、克拉玛依、东营、马鞍山、包头（图6-6），排名后5的地级城市是百色、滁州、安顺、宿州、庆阳（图6-7）。排名前5的城市中，嘉峪关是因1958年国家“一五”计划重点项目“酒泉钢铁公司”的建设而兴起的一座新兴的工业旅游现代化区域中心城市，城市化率高达91%，早在1992年被列为全国首批36个小康城市之一。克拉玛依油田是新中国成立后开发的第一个大油田，油田勘探开发近60多年来，石油生产已建成克拉玛依和独山子等4个主要石油生产基地，在新疆维吾尔自治区经济发展中占有举足轻重的地位。东营是黄河三角洲的中心城市，是黄河三角洲高效生态经济区的主战场和核心区域，东营港是黄河经济带连接东北亚最佳海陆通道中的枢纽。马鞍山是南京都市圈核心层城市，长三角城市经济协调会成员城市，皖江城市带成员城市，人均GDP超过省会合肥位居安徽省首位。包头是国务院首批确定的13个较大城市之一，是内蒙古自治区最大的工业城市，是国家重要的基础工业基地，我国最重要的稀土、钢铁、冶金、机械制造、军工基地。包头火车站为内蒙古第一大铁路枢纽、中国最为重要的铁路枢纽之一。排名后5的城市中，百色、安顺、庆阳都属于西部革命老区，由于底子薄、条件差，总体发展滞后，贫困问题突出。安徽滁州和宿州都属于农业市，作为国家大型商品粮生产基地，长期以来，由于工业不强，工业谈不上反哺农业，第一、二产业弱势决定第三产业难以撑起经济大盘。

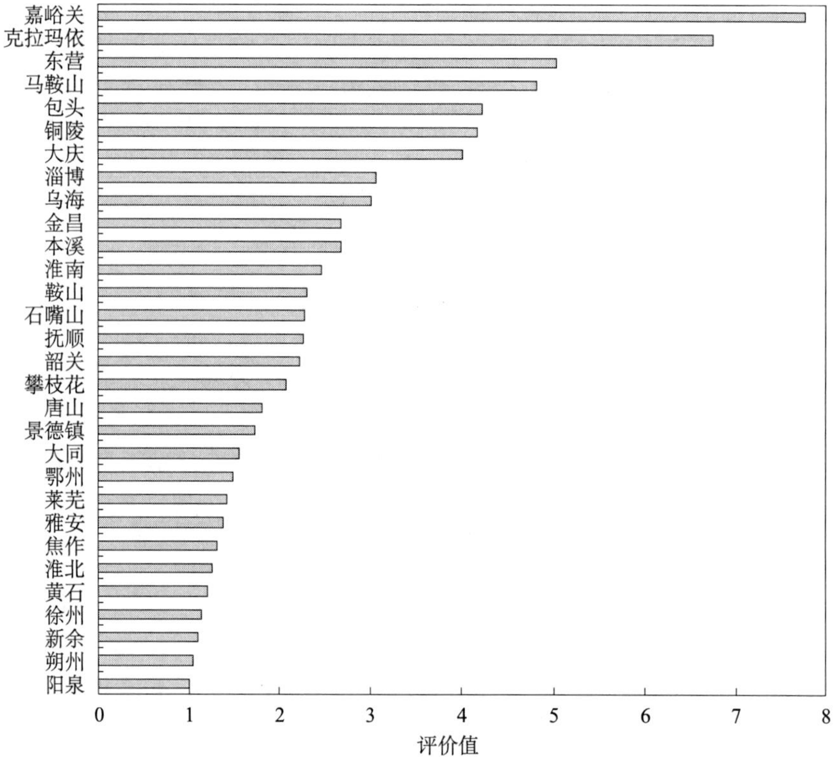

图6-6 资源型城市经济支撑系统评价排名前30的地级城市

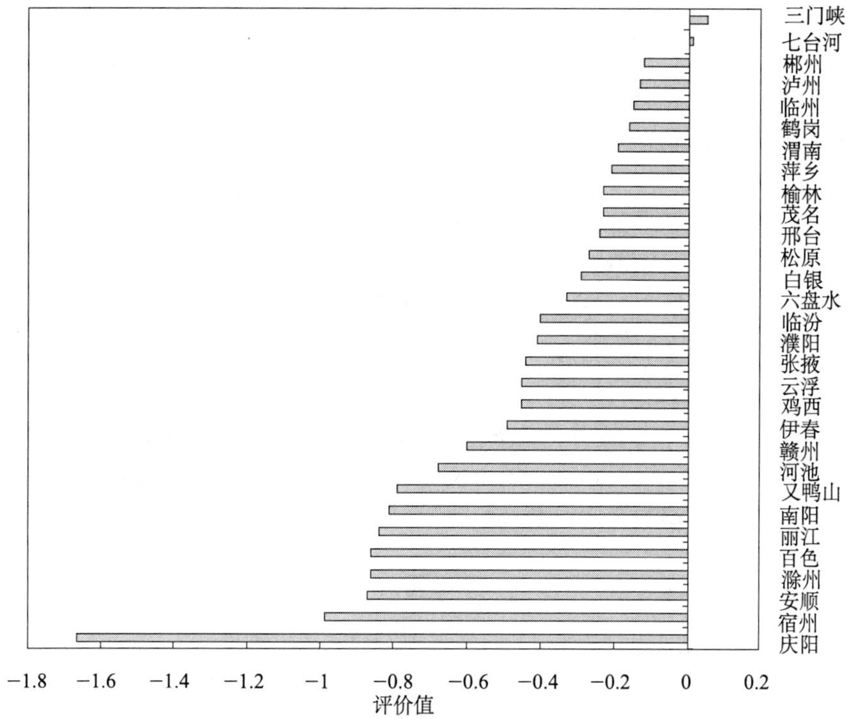

图 6-7 资源型城市经济支撑系统评价排名后 30 的地级城市

按资源型城市的主导资源类型划分来看，综合资源类城市中，地级市 2003 年整体水平较低，除淄博市属于较强水平外，其余城市主要为弱和较弱等级。2003～2009 年经济支撑系统评价等级全部为进步，整体的经济水平提高明显。2009 年大部分城市属于中等及以上。县级市中只有凤城市 2003 年评价等级属于较弱，2003～2009 年经济支撑系统评价结果整体增量等级提升较快。

非金属类资源型城市中，地级市 2003 年整体水平较低，主要为中等、较弱和弱等级。2003～2009 年，经济支撑系统增量等级全部属于进步，整体经济水平提高显著。县级市 2003 年的评价等级主要以较弱、较强和中等为主，晋江市为强等级，岑溪市和临湘市为弱等级。2003～2009 年经济支撑系统增量等级以进步和进步较大为主，整体水平出现明显提高，2009 年经济支撑系统主要以中等及以上为主，强等级城市数量从 1 个上升为 5 个，包括安宁市、格尔木市、鹿泉市、晋江市和绵竹市，蛟河市、高安市和岑溪市等级为较弱。

黑色金属类资源型城市中，地级市 2003 年等级以中等、较强为主，马鞍山市为强等级。2003～2009 年，整体经济支撑能力显著提高，经济支撑系统增量全部属于进步和进步较大等级。县级市 2003～2009 年经济支撑系统增量等级都属于进步，霍林郭勒市增量尤为明显。

煤炭类资源型城市中，地级市 2003 年属于弱和较弱等级的城市占该类城市总数的 80.6%，包头市、淮南市和抚顺市为较强等级，大庆市为强等级，淮北市、枣东市和大同市为中等等级。2003～2009年，各城市经济支撑系统增量主要为进步和进步较大等级，占该类城市总数的96.8%，整体的经济水平提高显著。2009年主要以中等及较强为主，也有部分等级为强，仅有双鸭山市、宿州市、安顺市和丽江市等级为较弱。县级市2003年等级以中等和较弱为主，仅有晋江市、龙口市为强等级，义马市、新密市和河津市为较强等级。2003～2009年经济支撑系统等级全部属于进步和进步较大，整体水平出现明显提高，2009年属于强、较强和中等等级城市占该类城市总数的89.7%，强等级城市数量从1个上升为6个，包括义马市、新密市、河津市、龙口市、孝义市和荥阳市，九台市、桦甸市和原平市等级为较弱。

森工类资源型城市中，地级市2003年评价结果全部属于较弱等级，2003～2009年经济支撑系统增量等级为进步较大，2009年为中等水平。县级市2003年的评价结果等级为较弱和弱，经济支撑能力低。2003～2009年经济支撑系统等级以稳定和进步较大为主，整体水平略有提高，2009年以较弱和弱为主，经济支撑能力基本没有改善。

油气类资源型城市中，地级市2003年经济支撑能力整体水平较低。2003～2009年经济增量都属于进步较大和进步，整体水平出现明显提高，2009年以中等及以上等级为主，南阳市和庆阳市等级为较弱。县级市中，2003年库尔勒市和任丘市为较强等级，属于中等的有江都市、江都市和玉门市，黄骅市为较弱等级，东方市为弱等级。2003～2009年经济支撑系统增量等级以进步和进步较大为主，整体水平提高显著，2009年库尔勒市、江都市、任丘市和玉门市为强等级，东方市为较弱，经济支撑能力有很大改善。

有色金属类资源型城市中，地级市2003年等级类型主要为较弱和弱，整体水平较低。2003～2009年经济支撑系统增量以进步为主，整体水平出现明显提高。2009年以中等及以上为主，其中金昌市、韶关市和铜陵市为强等级，滁州市和河池市等级依然为较弱。县级市2003年等级集中在较强、中等和较弱，中等占一半左右。2003～2009年经济支撑系统增量等级以进步和进步较大为主，整体水平出现明显提高，2009年以中等及以上为主，强等级数量从0个上升为4个，包括巩义市、招远市、冷水江市和莱州市。

（三）社会支撑系统评价

资源型城市社会支撑系统评价主要基于城镇化率、城镇居民人均可支配收入、农村居民人均纯收入、失业率、人口密度5个指标，评价结果排名前5的地级城市是大庆、克拉玛依、庆阳、东营、延安（图6-8），排名后5的地级城市是焦作、枣庄、辽源、石嘴山、铜陵（图6-9）。排名前5的城市都是以石油、天然气为主导资源的城市。石油部门在资源型产业中经济效益相对较好，油气是现代工业的原料，后续加工产业链长，不仅职工收入水平及由此产生的消费

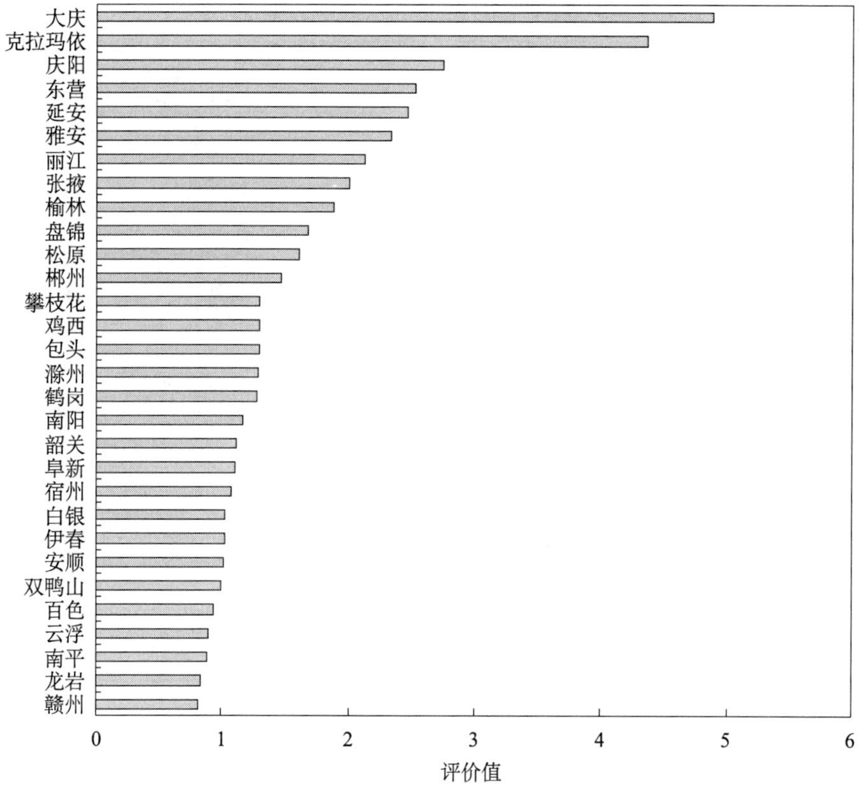

图 6-8　资源型城市社会支撑系统评价排名前 30 的地级城市

能力高，对城市经济、社会发展的贡献也比较大。进口石油目前是解决油城发展石油后续产业资源问题的主要出路，延长石油产业链是油城的普遍做法，而依靠相对较强的经济实力和现代城市基础，培育新的经济增长点，油城比其他矿业城市更具优势。排名后 5 的城市都是国家认定的资源枯竭城市试点，焦作、辽源、石嘴山三市是第一批资源枯竭城市试点，枣庄和铜陵是第二批资源枯竭城市试点。这些城市在长时期的资源开发过程中积累了大量的历史遗留问题。我国的资源开采企业大部分为国有大中型企业，存在着厂办大集体、企业办社会、改制企业历史债务和职工欠保等历史遗留问题。矿区学校、医院等公共服务设施不健全，连片棚户区改造压力大，人居环境差。伴随一些大型矿山枯竭破产及林区天保工程的实施，数以万计的职工面临集中失业，城市的就业渠道和吸纳能力相对不足。失业人口再就业水平普遍偏低，贫困人口明显高于一般城市，并呈现出贫困集中和代际传递的特征，由此而引发群体性事件时有发生。

按资源型城市的主导资源类型划分来看，综合资源类城市中，地级市 2003 年社会支撑系统以中等和较弱为主，整体水平较低。2003～2009 年社会支撑系统增量等级有进步、进步较大和稳定，整体水平明显提高，2009 年的评价等级全部属于中等及以上，其中榆林市和淄博市的评价结果突出。县级市中，凤城市 2003 年和 2009 年社会支撑系统评价等级均为强。

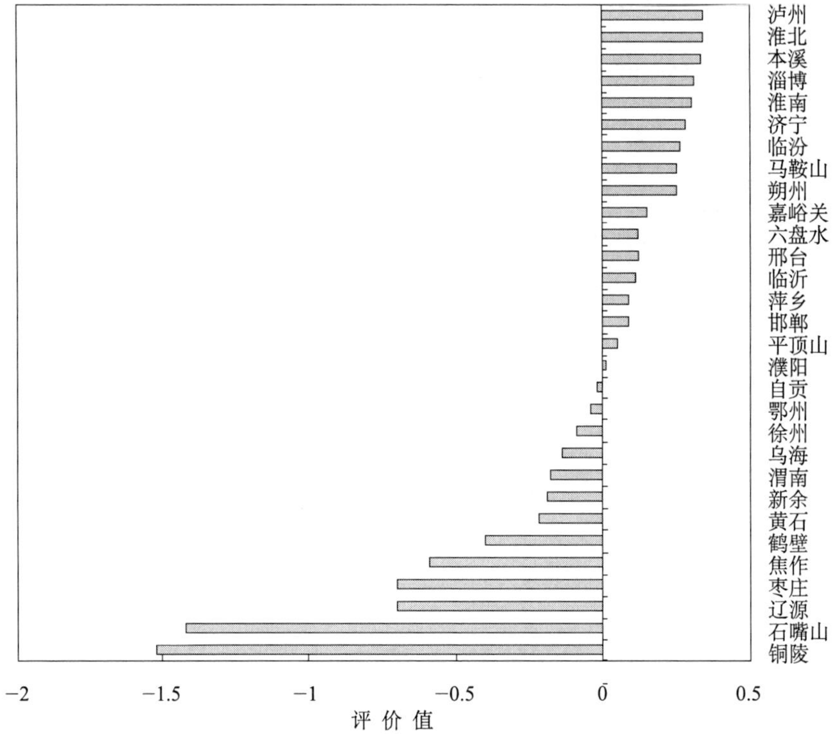

图 6-9 资源型城市社会支撑系统评价排名后 30 的地级城市

非金属类资源型城市中，地级市 2003 年等级属于中等及以下，2003～2009 年社会支撑能力明显提高，2009 年全部属于中等及以上等级。县级市 2003 年的评价等级以中等为主，占该类型城市总数的 71.4%。2003～2009 年社会支撑能力水平呈现下降趋势，社会支撑系统增量以稳定和衰退较大为主。到 2009 年，评价等级全部为中等或较弱，较弱评价所占比重为 28.6%。

黑色金属类资源型城市中，地级市 2003 年除阜新市为中等等级外，其余城市以弱和较弱为主，整体水平较低。2003～2009 年社会支撑能力提升，评价增量全部属于进步和进步较大等级。2009 年等级以中等和较强为主，嘉峪关市和马鞍山市仍属于较弱等级。县级市中，霍林郭勒市 2003 年的评价等级为较弱，但 2003～2009 年社会支撑系统评价增量等级提升较快，2009 年达到中等水平。

煤炭类资源型城市中，地级市 2003 年主要以弱和中等为主，比重分别占该类城市总数的 48.4%和 29%，等级较强的比重占 16.1%，枣庄市和包头市为较强等级。2003～2009 年，大部分城市社会支撑系统增量等级属于进步和进步较大，社会支撑能力明显增强。2009 年，评价等级普遍达到中等和较强水平，比重分别占城市总数的 58.1%和 25.8%，此外大庆市和张掖市为强等级，枣庄市和辽源市为较弱等级。县级市 2003 年的评价等级以中等为主，占该类城市总数的 62.1%。

2003～2009 年，社会支撑系统增量稳定的比重过半，衰退较大和进步较大也占了一部分，桦甸市和合山市为衰退。2009 年评价等级以中等和较弱为主。

森工类资源型城市中，地级市 2003 年的评价等级多为中等，2003～2009 年社会支撑系统增量等级属于进步较大，2009 年达到较强等级。县级市 2003 年评价等级分布于较强、中等和较弱，整体水平为中等。2003～2009 年社会支撑系统增量以稳定和衰退较大为主，社会支撑能力下降。2009 年，除临江市的社会支撑系统评价等级为进步较大外，其余城市的评定等级下降至较弱或弱。

油气类资源型城市中，地级市 2003 年主要以较强、较弱和中等为主。2003～2009年社会支撑系统增量全部属于进步和进步较大等级，社会支撑能力显著提高。2009 年等级以强和较强为主，只有濮阳市的评价等级依然为中等。县级市 2003 年评价结果分布在强、较强、中等和较弱 4 个等级。2003～2009 年社会支撑系统增量为稳定和衰退较大。

有色类金属资源型城市中，地级市 2003 年评价等级属于中等的数量过半。2003～2009 年社会支撑系统增量以进步和进步较大为主。2009 年评价等级全部为较强和中等，整体的社会支撑能力较高，河池市由强衰退为中等。县级市 2003 年的评价结果，中等的比重为 66.7%，其余为较强和较弱等级。2003～2009 年社会支撑系统增量以稳定为主，清镇市、北票市和高要市属于衰退较大，贵溪市进步较大。2009 年为中等等级的城市比重仍过半数，为较弱等级的城市比重变大，包括莱州市、常宁市、招远市和阿勒泰市。

（四）环境支撑系统评价

资源型城市科技支撑系统评价主要基于人均工业废水排放量、人均固体废弃物排放量、人均二氧化硫排放量、工业废水排放达标率、污染治理投入占 GDP 比重 5 个指标，评价结果排名前 5 的地级城市是大兴安岭、伊春、白山、丽江、韶关（图 6-10），排名后 5 的地级城市是新余、郴州、百色、铜川、河池（图 6-11）。排名前 5 的城市都是森工类资源型城市，其中大兴安岭地区和伊春市是《全国主体功能区规划》界定的大小兴安岭森林生态功能区主体部分，白山市属于长白山森林生态功能区，丽江市的大部分位于川滇森林及生物多样性生态功能区，韶关市的大部分属于南岭山地森林及生物多样性生态功能区。排名后 5 的城市的主导资源都是有色金属，有色冶炼业是城市的支柱产业。其中，新余是江西最大的钢铁生产基地和未来的水泥工业、特色非金属矿重要生产基地之一，黑色金属、有色金属、煤炭和非金属矿为主体的采选业及其后续冶炼、压延、制品等加工工业总产值占全市工业总产值比重超过 60%。郴州素有“中国有色金属之乡”“中国银都”“南方重点林区”“湖南能源基地”之称，铋、钼、微晶石墨的储量居全国之首，钨、铅锌会储量分别居全国第 3、第 4 位。百色铝土矿占全国总量的 50%以上，铜矿、水晶、褐煤、黄金等储量居广西首位，石油天然气储量丰富，百色正在依托资源优势努力建设成为中国乃至亚洲重要的铝工业基地。

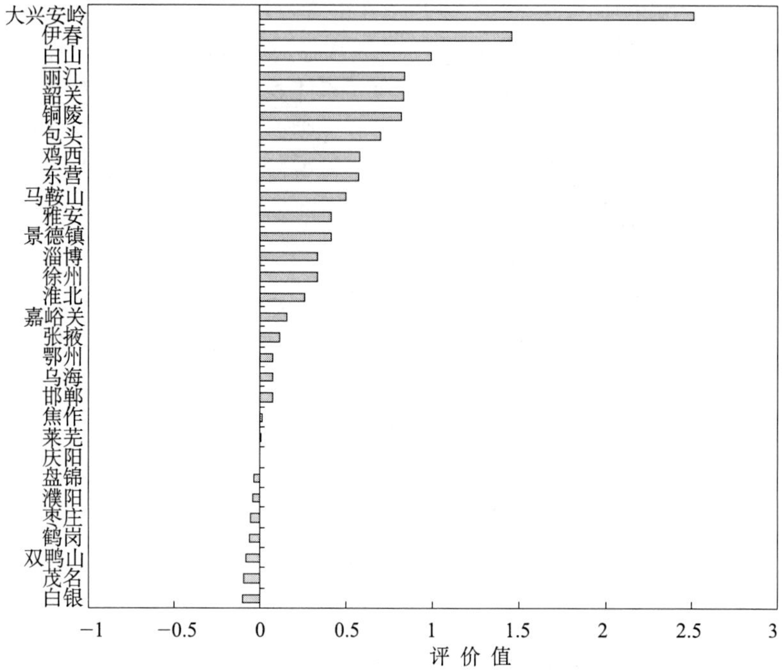

图 6-10　资源型城市环境支撑系统评价排名前 30 的地级城市

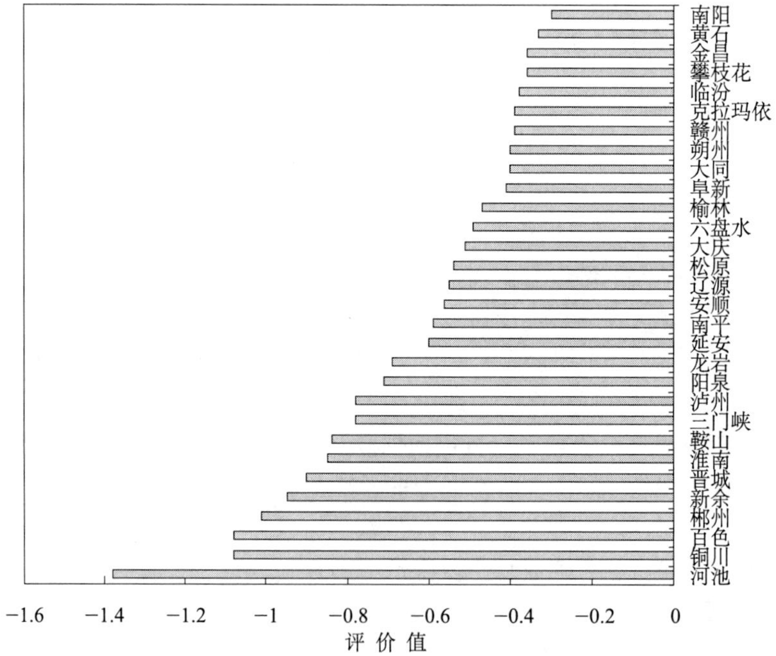

图 6-11　资源型城市环境支撑系统评价排名后 30 的地级城市

按资源型城市的主导资源类型划分来看，综合资源类城市中，地级市2003年的评价结果，除百色市为较弱等级外，其他城市等级全部为中等。2003～2009年，除唐山市和榆林市衰退较大外，环境支撑系统增量等级以稳定为主。2009年主要以中等和较弱等级为主。

非金属类资源型城市中，地级市2003年除徐州市评价等级属于较强外，大部分城市等级为中等，2003～2009年，除自贡市衰退较大外，环境支撑系统增量等级以稳定为主。

黑色金属类资源型城市中，地级市2003年评价等级以中等为主，2003～2009年环境支撑系统增量以稳定为主，2009年的评价结果依然以中等居多。

煤炭类资源型城市中，地级市2003年除阳泉市等级属于较弱外，大部分城市的评价等级为中等和较强，比重分别为64.5%和30%。2003～2009年除石嘴山市评价等级属于进步较大和辽源市评价等级属于进步外，环境支撑系统增量以稳定和衰退较大为主。2009年64.5%的城市等级为中等，29%的城市等级为较弱，辽源市的等级为强。

森工类资源型城市中，地级市2003年和2009年的评价等级多为中等水平，2003～2009年期间的环境支撑系统增量等级属于衰退较大，总体来看环境支撑能力下降。

油气类资源型城市中，地级市2003年的评价等级以中等和较强为主，2003年到2009年环境支撑系统增量为进步较大、稳定、衰退较大和衰退，整体水平降低，到2009年，所有城市评价等级全部为中等。

有色金属类资源型城市中，地级市2003年评价等级以中等为主，2003～2009年环境支撑系统的增量评价等级为稳定、衰退较大和进步较大，2009年整体等级变化不大。

（五）科技支撑系统评价

资源型城市科技支撑系统评价主要基于科学教育经费支出占GDP比重、人均教育经费支出、万人拥有高等学校专任教师数、万人拥有高等学校在校学生数、万人拥有专业技术人员数5个指标，评价结果排名前5的地级城市是嘉峪关、雅安、马鞍山、淮南、铜陵（图6-12），排名后5的地级城市是伊春、辽源、双鸭山、鹤岗、鸡西（图6-13）。排名前5的城市中，嘉峪关市“十一五”时期全面实施“科教兴市”战略，科技经费逐年递增，全市共组织实施国家和省、市科技计划项目328项，投入科技经费2915万元，其中市级科技三项费2150万元，比“十五”期间增长了2倍。雅安是我国西南农业科教中心，国家“211”工程重点建设大学四川农业大学坐落在雅安，依托四川农业大学的科研优势，国家批准设立了雅安国家农业科技园区。马鞍山市“十一五”期间第6次获得了“全国科技进步先进市”荣誉称号，2009年被国家知识产权局认定为国家知识产权试点城市。资源型城市环境支撑系统评价排名后 5 的城市都位于东北地区，在遍及东北三省的大企业里，一家三代依赖于一个单位的现象非常普遍，甚至连他们的亲属也在同一个企业里，在有的人家，几代人都是一个工种。在人才方面，有调查显示，东北地区人才市场化配置水平较低，人才市场发育缓慢，规模小、信息不畅、服务手段落后，一些高层次人才没有进入市场。受观念、编制、户籍等因素的制约，少数地区与单位之间形成“人才壁垒”，也阻碍了人才的流动。

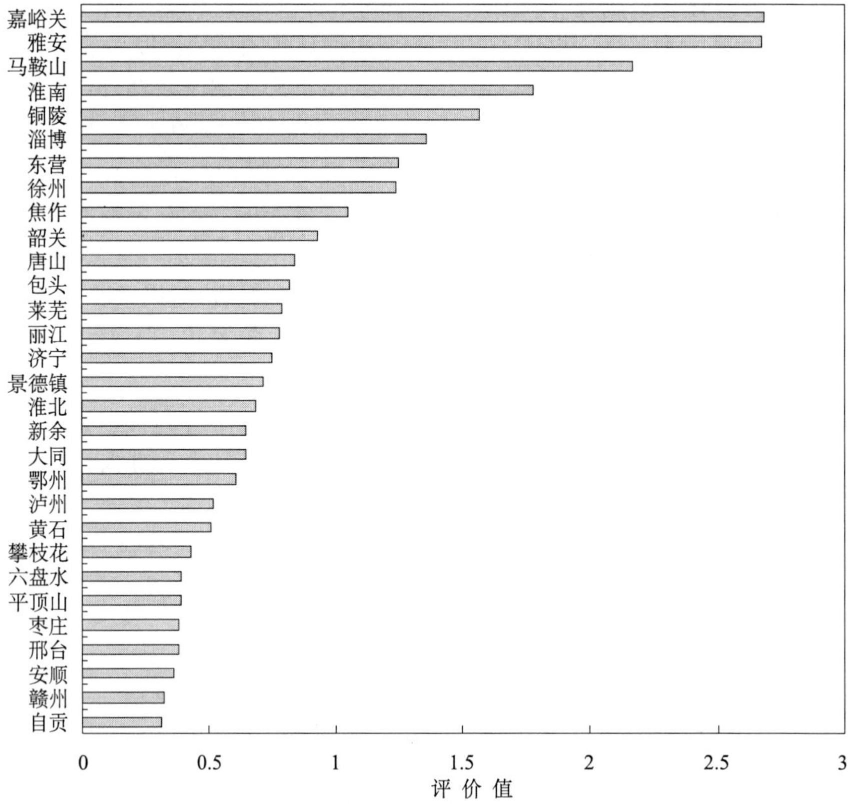

图 6-12 资源型城市科技支撑系统评价排名前 30 的地级城市

按资源型城市的主导资源类型划分来看，综合资源类城市中，地级市 2003 年科技支撑系统以中等、较强和强为主，2009 年依然以中等、较强和强为主，但部分城市等级变化较大，如百色市、渭南市和榆林市科技支撑系统增量等级为衰退，榆林市和淄博市分别为进步较大和进步。县级市凤城市 2003 年和 2009 年等级都属于中等，科技支撑系统增量等级为弱，说明总体科技支撑能力有所下降。

非金属类资源型城市中，地级市 2003 年的评价结果，除鸡西市为弱等级外，科技支撑系统等级以中等为主。2003～2009 年大部分城市科技支撑能力有

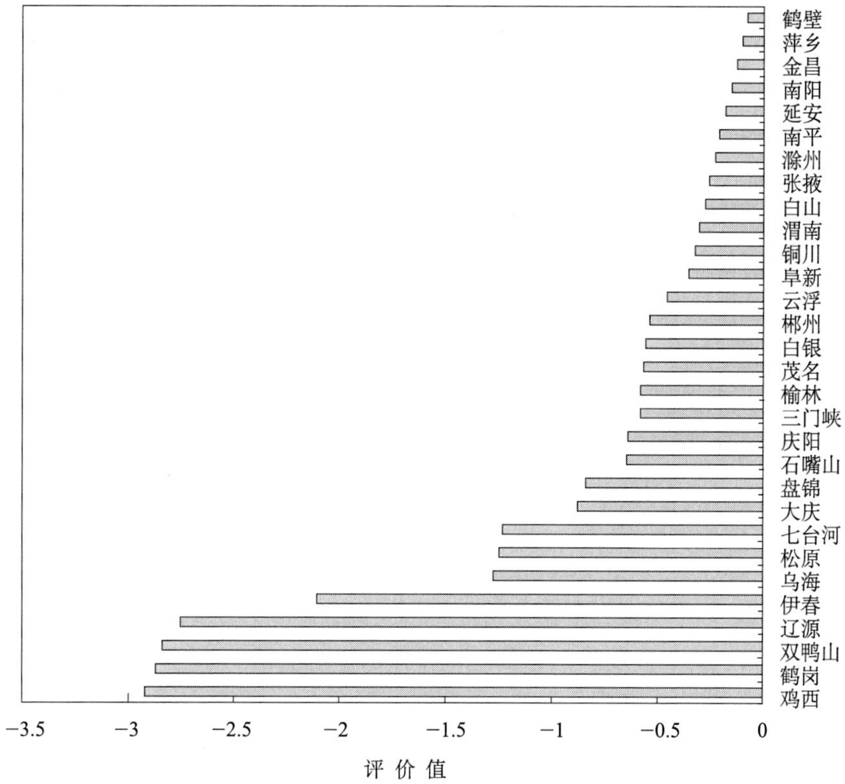

图 6-13　资源型城市科技支撑系统评价排名后 30 的地级城市

所提高，除 2009 年鸡西市评价等级依然为弱外，其余城市主要以中等和较强为主。县级市 2003 年评价等级分布于较强、中等和较弱，其中为中等的城市比重为 76.2%，较强有磐石市、龙海市和晋江市，较弱的有应城市和安宁市。2003～2009年科技支撑系统增量以稳定为主，进步较大的包括高安市、绵竹市和福泉市，衰退较大的包括樟树市和格尔木市，2009 年县级市评价等级分布于较强、中等和较弱，其中为中等和较强的城市比重为 85.7%，浏阳市、永安市和樟树市依然属于较弱等级。

黑色金属类资源型城市中，地级市 2003 年都为中等和较弱等级。2003～2009年科技支撑系统增量等级除乌海市为衰退较大外，其余城市以进步较大和进步为主，2009 年等级以中等和较强为主。县级市中，霍林郭勒市 2003 年等级为中等，2003～2009 年增量等级为进步，2009 年科技支撑系统评价等级为强。

煤炭类资源型城市中，地级市 2003 年大部分属于中等、较强和较弱，占了城市总数的 90.3%，邢台市等级为强，双鸭山市和鹤岗市的等级为弱，2003～2009 年科技支撑系统增量差异较大，2009 年中等等级明显增多比重达到

54.8%，较强等级比重也占到22.6%，辽源市、双鸭山市和鹤岗市等级为弱，大庆市、石嘴山市和七台河市等级为较弱。县级市2003年评价等级以中等和较弱为主，比重高达82.8%，永城市等级为强，锡林浩特市、桦甸市、禹州市和九台市等级为较强。2003～2009年科技支撑系统增量差异较大，整体来看水平有所下降。2009年等级以中等和较弱为主，较强只有永城市、新泰市、桦甸市和锡林浩特市。

森工类资源型城市中，地级市2003年和2009年等级均为弱，科技支撑系统增量等级为稳定，城市发展科技支撑能力没有得到改善。县级市2003年等级以中等和较弱为主，比重占92.3%，较强仅有虎林市，整体水平偏低。2003～2009年科技支撑系统增量等级差异较大，2009年等级以较强、中等和较弱为主，整体水平有所提高。

油气金属类资源型城市中，地级市2003年等级类型为中等、较弱和强，其中等级为强的是庆阳市和延安市。2003～2009年科技支撑系统增量等级为进步较大、稳定和衰退，其中庆阳市和延安市属于衰退。2009年等级属于中等和较弱。县级市2003年仅东方市为较强，其余全部为中等。2003～2009年科技支撑系统增量等级主要是进步较大和稳定，整体水平有所提高。

有色类资源型城市中，地级市2003年的评价等级为中等、较弱和强，中等占一半左右，赣州市和河池市的评价等级为强。2003～2009年科技支撑系统增量等级差异明显，赣州市和河池市属于衰退，2009年评价等级以中等为主，占该类城市的比重接近80%。县级市2003年评价等级以中等和较弱为主，比重达93.3%，较强的仅有高要市，较弱的有阿勒泰市、德兴市、莱州市和瑞昌市。到2009年，评价等级以中等和较弱为主，占该类城市比重达到93.3%，较强的依然为高要市，较弱的为阿勒泰市、德兴市、常宁市和冷水江市。

三、可持续发展能力综合评价

根据设计的资源型城市可持续发展系统评价指标值，运用SPSS16.0中的因子分析方法，通过运算对我国资源型城市可持续发展能力进行综合评价。评价结果排名前5的地级城市是克拉玛依、嘉峪关、大庆、东营、包头（图6-14），排名后5的地级城市是安顺、河池、南阳、庆阳、宿州（图6-15）。

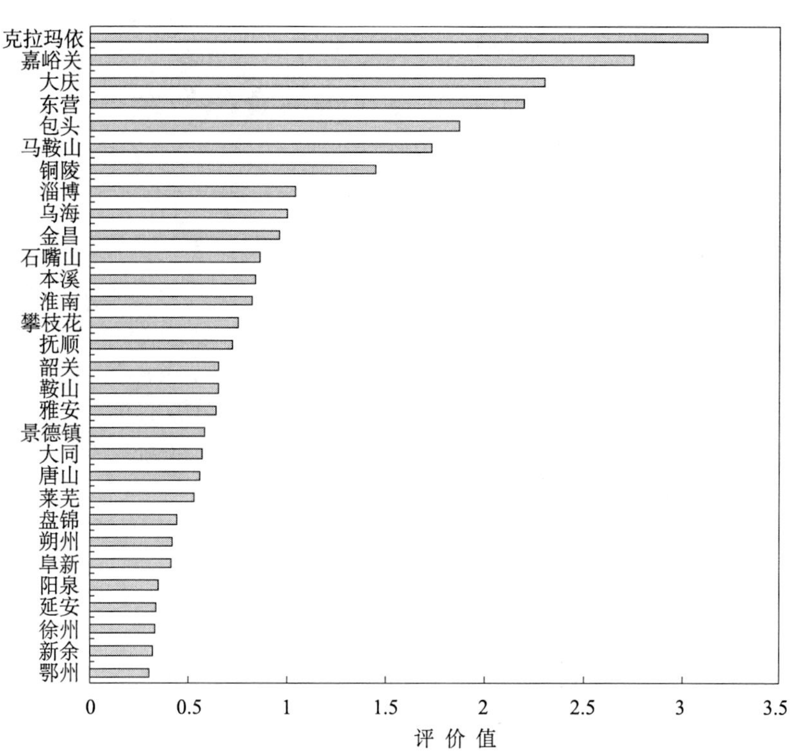

图 6-14 资源型城市可持续发展能力综合评价排名前 30 的城市

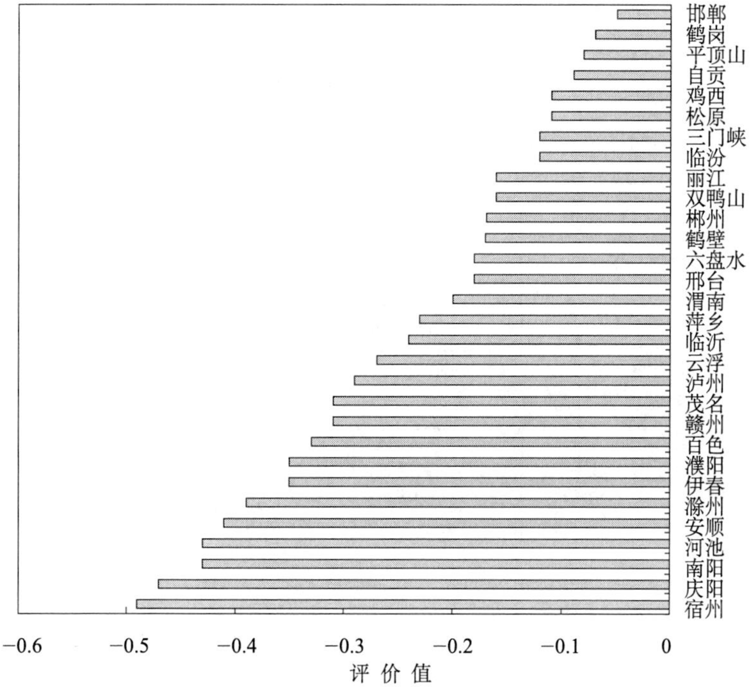

图 6-15 资源型城市可持续发展能力综合评价排名后 30 的城市

第四节　基于可持续发展能力评价的资源型城市发展思路

推进资源型城市发展必须以科学发展为主题，以加快转变经济发展方式为主线，把增强资源型城市自身的可持续发展能力，与保障国家资源能源供给安全，促进全国经济长期平稳较快发展、社会和谐稳定相统一。各资源型城市都要推动科学发展，都要统筹城乡发展、统筹区域发展、统筹经济社会发展、统筹人与自然和谐发展、统筹国内发展和对外开放，但各城市的可持续发展能力不同，发展基础参差不齐，因此在推进科学发展中的主题内容和主要任务不同。根据可持续发展能力评价推动资源型城市发展，就是深入贯彻落实科学发展观、坚持把发展作为第一要务的现实行动。

积极引导可持续发展能力较强的资源型城市，在改革开放中先行先试，在更高层次参与国内、国际的合作和竞争；跟踪关注可持续发展能力一般的资源型城市，着力解决经济社会发展中的矛盾问题，不断提升城市的综合实力和竞争力；重点支持可持续发展能力较差的资源型城市，培育壮大接续替代产业发展，重点解决民生问题，尽快实现经济社会的全面转型(图 6-16)。

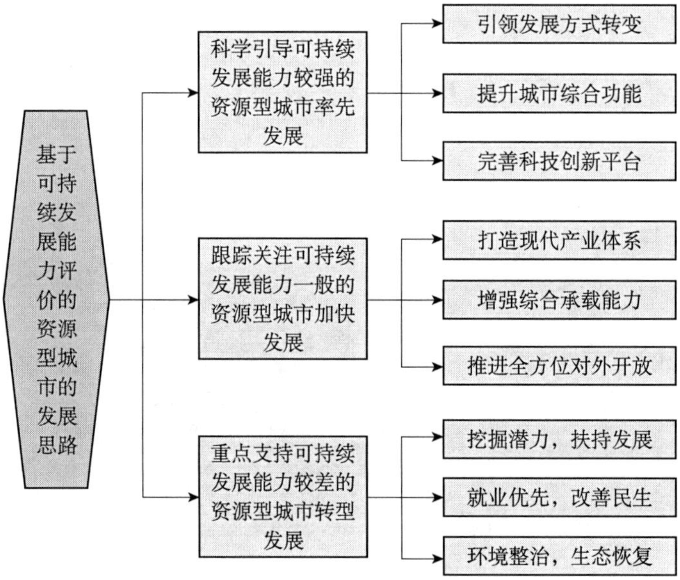

图 6-16　基于可持续发展能力评价的资源型城市发展思路

一、科学引导可持续发展能力较强的资源型城市率先发展

可持续发展能力较强的资源型城市主要包括两类：一类是当前国家重点开发的资源富集城市，如鄂尔多斯、榆林等；另一类是经历了长时间的转型发展，已经基本脱离对资源型产业的依赖，如包头、唐山等。针对可持续发展能力较强的资源型城市应该积极引导，巩固成果、稳步推进，在转变经济发展方式、调整经济结构和自主创新中走在全国资源型城市的前列，在改革开放中先行先试，在更高层次上参与国内国际的合作和竞争。

1. 引领发展方式转变

在资源型城市中，可持续发展能力较强的城市应率先实现经济增长方式的根本转变。

研发经费支出占地区生产总值比重应明显高于全国资源型城市平均水平。应大力提高清洁能源比重，壮大循环经济规模，广泛应用低碳技术，大幅度减低二氧化碳的排放，能源和水资源消耗及污染物排放等标准达到或接近国内先进水平，基本实现垃圾无害化处理和污水达标排放。应加强区域环境监管，建立健全区域污染联防联制。

2. 提升城市综合功能

切实加强城乡规划管理，加快城乡一体化建设，创造人与自然和谐发展的宜居环境。控制城市蔓延扩张、工业遍地开花和开发区过度分散，适当扩大服务业、交通、城市居住、公共设施空间。推动大中城市的产业结构向高端、高效、高附加值转变，增强高新技术产业、现代服务业、先进制造业对经济增长的带动作用。鼓励有条件的城市发展都市型农业、节水农业和绿色有机农业；积极发展节能、节地、环保的先进制造业，大力发展拥有自主知识产权的高新技术产业，加快发展现代服务业。小城市和县区应充分发挥各自比较优势，大力发展县域经济，突出发展特色，增强县域经济实力。依托现有产业基础，重点培育一批工贸型小城镇。依托机场、港口、铁路和高速公路，发展一批交通节点型小城镇。依托独特的自然和人文资源，打造若干国内外知名度较高的旅游型小城镇。促进重点中心镇发展，将有条件的重点中心镇培育成为小城市。

3. 完善科技创新平台

选择若干创新基础较好的地区开展自主创新试点，探索有利于促进城市自身乃至于引领资源型城市整体自主创新一体化的财政、税收、金融等有关政策。加强以企业为主体的技术创新体系建设，加大政府对企业创新的支持力度，通过财税、金融等政策引导企业增加研发投入，加强企业创新能力建设。创新产学研合作模式，建立产学研主体之间成果共创、信息互通、利益共享的机制。

鼓励发展产学研联盟等多种形式的合作，重点围绕煤电、冶金、石化、新能源、新材料等产业建设一批具有国际先进水平的产业技术研究机构。积极推进国际产学研合作，吸引和集聚国外先进技术和人才等创新要素，推动本土企业研发国际化和外资企业研发本土化。

二、跟踪关注可持续发展能力一般的资源型城市加快发展

跟踪关注可持续发展能力一般的资源型城市，通过自身努力和区域合作，不断提升城市的综合实力和竞争力，着力解决经济社会发展中不平衡、不协调、不可持续的问题，实现可持续发展能力的显著增强。

1. 打造现代产业体系

适应市场需求变化，根据科技进步新趋势，推动新型工业化进程，聚集创新要素，增强产业集聚能力，积极承接国内相对发达地区的产业转移，发展结构优化、技术先进、清洁安全、附加值高、吸纳就业能力强的现代产业体系。发展新兴产业，运用高新技术改造传统产业，全面加快发展服务业，增强产业配套能力，促进产业集群发展。合理开发并有效保护能源和矿产资源，将资源优势转化为经济优势。

2. 增强综合承载能力

坚持以人为本、节地节能、生态环保、安全实用、突出特色、保护文化和自然遗产的原则，健全城镇建设标准，调整优化建设用地结构，适度扩大先进制造业空间，扩大服务业、交通和城市居住等建设空间。统筹市政公用设施建设，加快提升交通、通信、供电、供热、供气、供排水、污水垃圾处理等基础设施水平，增强消防等防灾能力。扩大城市绿化面积和公共活动空间，加快面向大众的城镇公共文化、体育设施建设。推进“城中村”和城乡结合部改造，加强城市综合管理。

3. 推进全方位对外开放

提高劳动密集型出口产品附加值，扩大具有自主知识产权、自主品牌的产品和服务出口。继续加强“两高一资”产品出口调控，做好对大宗资源性产品的出口协调。培育加工贸易承接地，引导加工贸易有序转移，鼓励加工贸易延伸产业链。支持企业从贴牌生产向自主品牌转型。引导外资投向能源原材料产业、装备制造业、高技术产业和现代服务业。支持企业加快“走出去”，鼓励有条件的企业参与境外资源合作开发和国际科技合作。继续支持企业开展对外承包工程和劳务合作业务，鼓励中部各省建立外派劳务基地，打造外派劳务品牌，开拓国际劳务市场。

三、重点支持可持续发展能力较差的资源型城市转型发展

可持续发展能力较差的资源型城市主要包括两类：一类是资源枯竭城市，如弓长岭区、万盛区等；另一类是位于重点生态功能区的资源型城市（地区）。国家重要生态功能区的生态系统脆弱或生态功能重要，资源环境承载力较低，不具备大规模高强度工业化、城镇化开发的条件，导致位于生态功能区内的城市的开发强度受到控制，综合发展水平偏低，如神农架林区等。针对可持续发展能力较差的资源型城市应该重点支持，充分发挥各方面的积极性和创造性，创新体制机制，完善扶持政策体系，以接续替代产业发展为根本途径，以民生问题的解决为战略突破口，尽快实现经济社会的全面转型。

1. 挖掘潜力，扶持发展

要充分挖掘和发挥现有基础优势，提高当地居民和企业的自主创新能力和技术装备水平，加快重点行业、骨干企业的技术改造，促进产业结构优化升级，形成具有较强竞争力的产业体系。针对资源枯竭城市应以接续替代产业发展为重点，鼓励创业，大力发展多种所有制经济，支持兴办接续替代产业项目，扶持接续替代产业园区建设，强化招商引资，把改善投资环境作为实现经济转型的助推器，逐步形成洼地效应。针对位于重点生态功能区的资源型城市，在转移支付、建设投资、金融信贷和项目布局等方面加大支持力度，在不损害生态系统功能的前提下，因地制宜、适度地发展旅游、农林牧产品生产和加工、观光休闲农业等产业，积极发展服务业，根据不同地区的情况，保持一定的经济增长速度和财政自给能力。

2. 就业优先，改善民生

坚持把促进就业放在经济社会发展的优先位置，健全劳动者自主择业、市场调节就业、政府促进就业相结合的机制，创造平等就业机会，提高就业质量，努力实现充分就业。实施好国家出台的一系列稳定就业的政策措施，发挥政府投资带动就业的作用，探索中央预算内投资补助与项目吸纳就业人数挂钩，扶持劳动密集型产业发展。落实好国家关于鼓励中小企业和民间投资的政策措施，做好煤矿、林区棚户区改造，研究解决金属矿等其他棚户区改造问题。采取有效措施消除资源枯竭城市的贫困代际传递现象，给予矿工子女平等受教育的权利。大力帮助资源枯竭城市解决厂办大集体、企业办社会等历史遗留问题。针对位于重点生态功能区的资源型城市，加强县城和中心镇的道路、供排水、垃圾污水处理等基础设施建设。在条件适宜的地区，积极推广沼气、风能、太阳能、地热能等清洁能源，努力解决农村特别是山区、高原、草原地区农村的能源需求。加大财政扶贫和金融信贷资金投入，继续实施以工代赈，稳定解决扶

贫对象温饱问题，逐步实现脱贫致富。

3. 环境整治，生态恢复

把恢复生态、保护环境作为必须实现的约束性目标，按照“谁治理，谁受益”的原则，积极引导社会力量参与矿山环境治理。足额提取和用好政策规定的环境补偿和整治资金、土地复垦费。有关部门在安排相关生态治理工程时，应向资源枯竭城市倾斜。做好土地复垦规划，从征收的土地复垦费中拨出一部分资金，加大矿山废弃土地的复垦力度。加强深部采空区、特大型矿坑对地质结构、地下水文造成危害的基础性研究，制定治理办法。继续做好采煤沉陷区治理，抓紧组织治理废弃的露天矿坑、矸石山等重大地质灾害隐患，有效预防矸石山自燃和坍塌等事件发生。加大对石油开采造成的水位沉降漏斗、土地盐碱化等问题的治理力度。继续巩固“天保”工程成果，调减木材产量，完善配套政策。针对位于重点生态功能区的资源型城市，要控制在尽可能小的空间范围之内，并做到天然草地、林地、水库水面、河流水面、湖泊水面等绿色生态空间面积不减少。控制新增公路、铁路建设规模，必须新建的，应事先规划好动物迁徙通道。

第七章 资源型城市类型划分和发展导向

我国资源型城市数量众多，资源开发处于不同阶段，经济社会发展水平差异较大，面临的矛盾和问题不尽相同。因此，要准确把握资源型城市的整体情况，必须对目标城市进行类别划分。传统的资源型城市分类方法大多按照部门分类法进行，不能完全解析城市发展的综合性。本章试图结合各城市的实际特点，在借鉴传统分类方法的基础上，建立一套综合的城市分类方法，以期明晰不同资源型城市的实际发展状态，进而找到资源型城市发展的规律及相互关系。

第一节 资源型城市类型划分的传统方法

一、按主导资源类型的分类方法

（一）分类标准

按照影响城市经济社会发展的主导资源类型进行分类是资源型城市类型划分的基本方法。国发〔2007〕38 号文件将资源型城市定义为以本地区矿产、森林等自然资源开采、加工为主导产业的城市类型。基于这一概念，本书界定出全国 262 个资源型城市，包括以矿产资源为主导资源的矿业城市和以森林资源为主导资源的森工城市。除水汽矿产外，矿产资源根据矿产特性及其主要用途，可分成能源矿产、金属矿产、非金属矿产。在此基础上，以能源矿产为主导资源的矿业城市可以细分为油气类城市和煤炭类城市，以金属矿产为主导资源的矿业城市可以细分为黑色金属类城市和有色金属类城市。此外，多种资源并存或伴生，多种资源同步开发利用的城市，本书归为多种资源类城市（表 7-1）。

表 7-1 按主导资源类型的分类结果

主导资源			城市类型	城市数量
矿产资源	能源矿产	煤炭	煤炭类城市	84
		石油、天然气	油气类城市	16
	金属矿产	黑色金属	黑色金属类城市	17
		有色金属	有色金属类城市	40
	非金属资源		非金属类城市	41
森林资源			森工类城市	18
多种资源			多种资源类城市	46

（二）类别特征

1. 煤炭类城市

当前①，地级煤炭类城市平均 GDP 670 亿元，人均 GDP 20 700 元，平均三产比重 13∶55∶32，人口城市化水平平均 37%，县级煤炭类城市平均 GDP 130 亿元，人均 GDP 27 300 元，平均三产比重 13∶57∶30，各项指标基本处于所有资源型城市的中等水平。

煤炭类城市数目多，分布广，是我国最主要的资源型城市类型，担负着我国主要的能源供给重任。煤炭类城市一般规模较大，建市时间较长，与其他类别资源型城市相比，由于长时期开采，不少城市土地塌陷和煤矸石堆积问题较为突出，不少城市已有被塌陷地包围的趋势，成为制约城市发展的一大瓶颈。例如，淮北市区的北、南、东三个方向均有大面积塌陷区域，严重限制城区的进一步扩展；枣庄老城区的一半以上面积经过地下煤炭开采。土地塌陷问题，是煤炭类城市需要关注的主要问题之一。

2. 油气类城市

当前，地级油气类城市平均 GDP 1200 亿元，人均 GDP 35 143 元，平均三产比重 10∶73∶17，人口城市化水平平均 41%，县级油气类城市平均 GDP 52 亿元，人均 GDP 22 227 元，平均三产比重 11∶67∶22，其地级城市的各项指标处于资源型城市中的较高水平，而县级城市的经济规模较小。油气类城市的第二产业比重为资源型城市中最高，这与油气城市的石化产业发展实力强劲有关。

由于资源和开采特点的原因，加之国际石油价格持续上涨，石油类城市一般相对发展状况最好，生态破坏较轻，经济发展较快，人民生活水平较高，但部分城市建设在较偏远地区，一旦石油彻底枯竭，面临的发展问题也更为严峻，如昔日的石油基地玉门市的衰落搬迁。

3. 黑色金属类城市

当前，地级黑色金属类城市平均 GDP 900 亿元，人均 GDP 32 810 元，平均

---

① 本小节数据内容如未特别注明年份，则均为 2010 年。

三产比重 5∶64∶31，人口城市化水平平均 42%，县级黑色金属类城市平均 GDP 40 亿元，人均 GDP 14 403 元，平均三产比重 16∶59∶25，各项指标基本处于所有资源型城市的中上等水平。

黑色金属类城市以铁矿开采城市为主，其矿产有两个特点：一是贫矿多，贫矿出储量占总储量的 80%；二是多元素共生的复合矿石较多。目前，我国黑色类城市主要分布在以下地区：①东北的鞍山、本溪地区是目前我国储量开采量最大的矿区，是鞍钢、本钢的主要原料基地。②河北、内蒙古和山西各地，是首钢、包钢、太钢和邯郸、宣化及阳泉等钢铁厂的原料基地。③中南地区，为武钢、湘钢及本地区各大中型高炉的原料供应基地。④除上述各地区铁矿外，我国西南地区、西北地区各省，如四川、云南、贵州、甘肃、新疆、宁夏等地都有丰富的不同类型的铁矿资源，分别为攀钢、重钢和昆钢等大中型钢铁厂高炉生产的原料基地。

此类城市大多有久远的矿产开采历史，城市和矿产开采地早已相互重叠，导致部分城市的各区域功能混淆不清，工矿生产和城市生活相互干扰，如黄石市的城市主干道同样也是矿石港口的运输道路。

4. 有色金属类和非金属类城市

当前，地级有色金属类城市平均 GDP 450 亿元，人均 GDP 13 328 元，平均三产比重 20∶48∶32，人口城市化水平平均 54%，县级有色金属类城市平均 GDP 120 亿元，人均 GDP 20 464 元，平均三产比重 14∶56∶30，各项指标基本处于所有资源型城市的中等水平。

当前地级非金属类城市平均 GDP 380 亿元，人均 GDP 15 394 元，平均三产比重 19∶47∶34，人口城市化水平平均 27%，县级非金属类城市平均 GDP 96 亿元，人均 GDP 22 169 元，平均三产比重 21∶47∶32，各项指标基本处于所有资源型城市的中等水平。

有色金属类和非金属类城市特征有些相似，多为铜、贵金属、稀土、磷矿、磁石、花岗岩等矿产区，基于原料属性的原因，一般此类城市都有较大的矿石后加工制造企业，且加工能力较高，具有延长资源产业链的先天基础。此类城市数量少，每个城市的矿产生产相对而言特色鲜明（如铜矿、黄金矿、瓷土矿等），使得此类城市一般会具有其独特的产业和城市文化，部分城市甚至具有悠久的城市历史，如大冶自西周以来就开始有铜矿开采活动，景德镇拥有“千年陶瓷之都”的技术和文化特色，个旧是世界上最早和中国最大的产锡基地等。

5. 森工类城市

当前，地级森工类城市平均 GDP 80 亿元，人均 GDP 15 266 元，平均三产比重 41∶16∶43，人口城市化水平平均 80%，县级森工类城市平均 GDP 56 亿元，人均 GDP 3063 元，平均三产比重 22∶35∶43，与其他类型资源型城市相比，森工类城市经济基础薄弱，工业基础最差，但人口城市化水平较高，基本处于所有资源型城市的较差水平。

资源型的森工类城市一般地处偏远，东北地区较多。自天然林保护工程实施以来，木材的限制性采伐使得城市的经济一蹶不振。其生产生活条件恶劣，经济基础薄弱，城市布局松散，并处于国家限制开发或禁止开发的主体功能区内，允许开展的经济建设项目有限，部分城市尚处于计划经济时代，国有林区管理普遍存在政企合一、双重管理的体制，极大地限制了经济的活性，发展条件较差。

6. 多种资源类城市

多种资源类城市的矿种较为复杂，一般有两个以上的类型成为本城市的主要开采矿种。其城市发展特征介于单一类型城市特征之间。当前，地级多种资源类城市平均 GDP 660 亿元，人均 GDP 22 216 元，平均三产比重 14：56：30，人口城市化水平平均 37%，县级多种资源类城市平均 GDP 75 亿元，人均 GDP 17 133 元，平均三产比重 17：46：37，与其他类型资源型城市相比，多种资源类城市基本处于所有资源型城市的中等水平。由于多种资源并存，与其他类型城市相比较，多种资源类城市在资源型产业的范畴内产业的多元化发展水平较高。与此同时，多种资源开发活动引发的生态环境问题较为复杂，治理难度较大。

二、按城市发展周期的分类方法

（一）分类标准

根据诺瑟姆提出的资源型城市发展 S 形曲线理论，资源型城市的类型可以划分为处于初期阶段的城市（幼年期城市）、处于加速阶段的城市（中年期城市）、处于后期阶段的城市（老年期城市）。一般情况下，在以城市发展周期的各个阶段进行城市分类的过程中采用的标准有两个：①从城市具有大规模工业采矿历史计算，20 年以内为幼年期城市，20～50 年为中年期城市，50 年以上为老年期城市。②以 2010 年当年开采强度计算，城市的资源剩余储量尚可供开采 10 年以内的为老年期城市，10～40 年为中年期城市，40 年以上为幼年期城市。两个标准只要符合其一，则可确定其城市发展阶段；两个标准出现冲突时，依据第二个标准。

依据此项标准，我国资源型城市类别划分结果为幼年期城市 31 个、中年期城市 141 个、老年期城市 90 个。

（二）类别特征

1. 幼年期城市

地级幼年期城市平均 GDP 420 亿元，人均 GDP 17 213 元，平均三产比重

18：53：29，县级幼年期城市平均 GDP 48 亿元，人均 GDP 16 946 元，平均三产比重 15：55：30，与其他周期资源型城市相比，幼年期城市第一产业比重小，采掘业占 GDP 比重较低，县级城市发展较地级城市好，但总体基本处于所有发展周期资源型城市的中等偏下水平。

幼年期城市由于资源开采期不长，未来可开采的资源丰富，矿产企业正处于建设或发展期，一般还没有矿工失业、城市衰落的问题，就需要未雨绸缪，早期规避风险，提前为将来的问题做准备。要进行城市发展潜力评估，科学预测城市未来可发展的水平，如果不适合发展，即事先准备搬迁预案，若适合发展，则需要综合采用其他发展模式。在产业方面，采用同时进行延长资源产业链和发展其他优势替代产业的模式，以内生发展模式为主；在城市方面，要注意城镇布局和矿业开采地的关系，在初期就避免矿城同体的现象，以免矿业开采干扰城镇发展；在生态方面，以保护优先，并充分发挥生态补偿机制的作用，不要走以往“先开发，后补偿”的老路；在民生方面，需要加强职业培训，为产业的发展提供足够的本地人才。

2. 中年期城市

地级中年期城市平均 GDP 810 亿元，人均 GDP 21 996 元，平均三产比重 14：56：30，县级中年期城市平均 GDP 120 亿元，人均 GDP 34 119 元，平均三产比重 15：56：29，与其他周期资源型城市相比，中年期城市第二产业比重最大，采掘业占 GDP 比重较高，总体基本处于所有发展周期资源型城市的上等水平。

中年期资源型城市处于转型发展的较优时期，其资源型产业发展稳定，城市尚未出现大量矿业衰退问题，政府财力相对充足，有一定能力解决相应问题。这一阶段的城市应该遵循先易后难的实施顺序，采用市场主导，政府配合的方式，在产业方面，首先实行延长资源产业链的发展模式，在资源产业链打造基本完成后，依据自身条件发展替代产业，以内生发展模式为主；在城市方面，要在合理规划的基础上，通过城市路网改造、新城开发等对城市内工业区和居住区活动实施分离，促成具有文化底蕴的城市核心区的建立；在生态方面，要积极修复已破坏的土地，并通过资源修复机制确保避免进一步的生态破坏；在民生方面，在政府财政较健康的情况下，要早日完善社保制度，对失业人员和失地农民进行再就业培训和补偿。

3. 老年期城市

地级老年期城市平均 GDP 505 亿元，人均 GDP 21 991 元，平均三产比重 14：54：32，县级老年期城市平均 GDP 78 亿元，人均 GDP 14 436 元，平均三产比重 22：43：35，与其他周期资源型城市相比，老年期城市第二产业比重降低，但三产比重相对较高，县级城市发展明显落后，总体基本处于所有发展周期资源型城市的中低等水平。

老年期资源型城市由于城市资源产业已经开始衰竭，城市内大量人员失业、产业结构单一，城市经济衰退明显。这类城市需要根据应急发展的思路，空降发展一定的产业，由政府主导，进行接替产业引导和培育，一般采取龙头示范、政策优惠等手段，加速替代产业形成过程；在城市内部空间布局方面，老年期城市一般和工矿开采活动地点相互交叉，并且政府无力进行新城建设和搬迁，故多需要在老工矿城区进行适当的就地改造，并通过聚集人口繁荣城区经济；在生态方面，要争取国内外各项资金援助，用以进行生态修复；在民生方面，通常老年期城市的失业人口最多，问题最复杂，需要外来资金支持解决，同时政府要大力进行再就业培训工作，深度挖掘城市自身的人才和文化价值，鼓励居民创业和外出务工。

第二节　资源型城市综合类别划分及其特征

以主导资源类型划分和城市发展周期划分为代表的传统分类方法有一定的进步性，但传统方法缺乏与资源型城市本身的问题，以及解决这些问题的难易程度的结合，从为引导可持续发展政策体系构建提供依据的角度看，有一定的局限性。因此，如何从资源型城市主管部门的政府职能和资源型城市自身的问题出发，合理确定城市的分类标准和体系，就显得尤为重要和迫切。

一、综合分类的技术框架

根据资源型城市发展的总体导向，以加强分类指导为基本出发点，结合资源型城市实际特点，以规划政策措施为重点，建立以资源保障能力和可持续发展能力为核心的资源型城市综合分类框架。

（一）分类原则

根据资源型城市发展的目标任务，结合资源型城市实际特点，以规划政策措施为着眼点，对资源型城市进行综合类别划分，划分的原则如下。

（1）定量划分原则：主要以本书第五章对资源型城市资源保障能力评价和第六章对可持续发展能力评价中通过定量研究得出的资源保障能力评价分值和可持续发展能力评价分值为依据，进行科学的城市类别划分。

（2）定性判断原则：根据城市发展的实际情况，对个别城市的类别给予适当修正。

（二）分类方法

分类坚持定量划分为主，依据《国务院关于促进资源型城市可持续发展的若干意见》（国发〔2007〕38 号）文件精神建立资源型城市类别划分指标体系，以本书第五章对资源型城市资源保障能力评价和第六章对可持续发展能力评价的结果为基础指标，根据以上章节对资源型城市划分的强、中、弱三级资源保障能力和高、中、低三级经济社会可持续发展能力分值进行二维组合分析，得出九大类资源型城市的综合划分，然后在定量划分的基础上，结合不同城市的实际发展情况，将特征相似的类别进行合并，最终得到四类城市的划分结果（表 7-2）。

表 7-2 资源型城市类别划分指标体系指标

项目	资源型城市综合类别划分指标体系	
数据指标	资源保障能力指标	可持续发展能力指标
数据来源	本书第五章——资源型城市资源保障能力评价	本书第六章——资源型城市可持续发展能力评价

具体方法如下。

第一步，分别计算资源保障能力和可持续发展能力评价分值，并按照分值分别分类。

（1）依据静态保证年限和资源潜力指标将全国资源型城市资源保障能力分为高、中、低三类。

（2）依据经济、社会、环境、科技等指标将全国资源型城市可持续发展能力划分为强、中、弱三类。

（3）将资源保障能力的三类评价和可持续发展能力的三类评价结合为九种组合（图 7-1）。

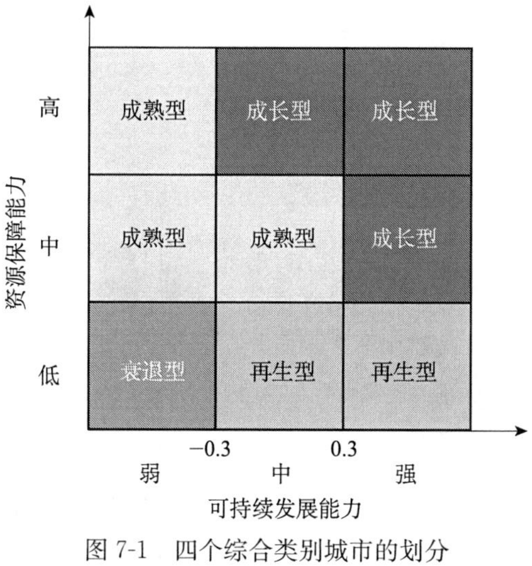

图 7-1 四个综合类别城市的划分

第二步，将基于资源保障能力和可持续发展能力分类的九种组合依照以下标准综合划分为四类城市。

具体的分类指标划分标准如表 7-3 所示。

表 7-3 资源型城市综合分类标准

城市类别	分类标准
成长型城市	（1）高资源保障能力和可持续发展能力分值在－0.3 以上 （2）中资源保障能力和可持续发展能力分值在 0.3 以上
成熟型城市	（1）高资源保障能力和可持续发展能力分值在－0.3 以下 （2）中资源保障能力和可持续发展能力分值在 0.3 以下
衰退型城市	低资源保障能力和可持续发展能力分值在－0.3 以下
再生型城市	低资源保障能力和可持续发展能力分值在－0.3 以上

注：标准中（1）（2）条件满足其中一项即可

根据两大指标数据的组合特征，将资源型城市划分为以下四个类别（图 7-2）：

第一类：成长型城市，即资源保障能力较好，可持续发展能力也较好的城市。

第二类：成熟型城市，即资源保障能力较好，可持续发展能力一般的城市。

第三类：衰退型城市，即资源保障能力较差，可持续发展能力也较差的城市。

第四类：再生型城市，即资源保障能力较差，可持续发展能力较好的城市。

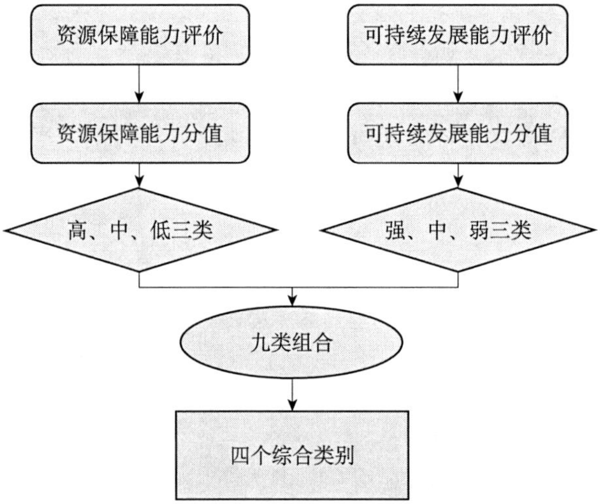

图 7-2 资源型城市综合分类划分方法示意图

（三）分类结果

按照以上分类框架，将全国 262 个资源型城市划分为成长型城市、成熟型城市、衰退型城市、再生型城市四类。其中，成长型城市 31 个，包括地级行政区 20 个、县级市 7 个、县（自治县、自治旗）4 个。成熟型城市 141 个，包括地级行政区 66 个、县级市 29 个、县（自治县、自治旗）46 个。衰退型城市 67

个，包括地级行政区 26 个、县级市 22 个、县（自治县、自治旗）5 个、市辖区（开发区、管理区）16 个。再生型城市 23 个，包括地级行政区 16 个、县级市 4 个、县（自治县、自治旗）3 个。

简单来说，从综合发展水平、城市建设、污染排放压力等多种角度衡量，这四类城市的发展大体呈现如图 7-3 所示的序列。

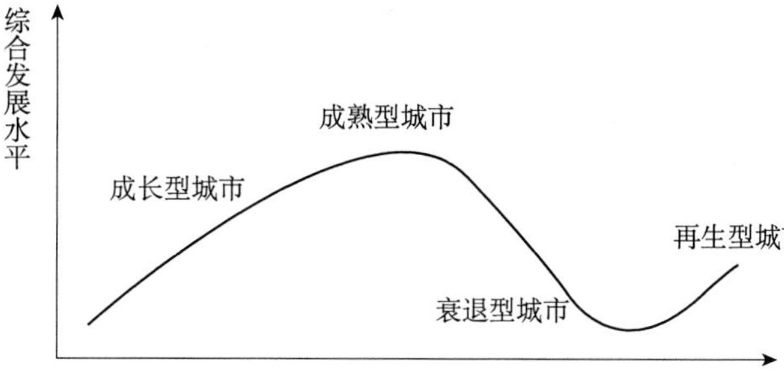

图 7-3 四类城市的综合发展特征

二、成长型城市的发展特征

按照综合类型划分方法，31 个成长型城市辖区合计面积 97.7 万平方公里，常住人口合计 5682 万，地区生产总值合计 14 991 亿元，人均 GDP 4 万元，三产比重的平均水平是 12∶57∶31，采矿业增加值占工业增加值比重平均水平的 38%。成长型城市资源开发处于上升阶段，资源保障潜力大，经济社会发展后劲足，是我国能源资源的供给和后备基地。

（一）随着资源开采量的持续增加经济增长势头强劲

处于开发初期的资源型城市，资源开发刚刚起步，以资源采掘和初级加工为主的资源型产业在整个城市经济中的比重较小。随着基础设施建设和采矿设备的完善，资源开发和资源产品的生产能力不断提高，资源开发对地区经济发展的巨大带动作用逐步显现，地区生产总值呈现持续快速发展的态势。例如，陕西省榆林市，在煤炭、油气资源发现前，榆林经济以农业为主体，第二、三产业发展缓慢。1984 年，在榆林发现了大规模油气资源，煤炭的预测储量为 2714 亿吨，探明储量为 1447 亿吨，占全国探明储量的 12%，天然气探明储量 7474 亿立方米，是我国大陆最大的整装气田。由此逐渐改变了榆林的发展轨道，从传统的农牧业转向以矿产资源为基础的城市，经济增长迅速，GDP 从 1995 年的 45.79 亿元增长到 2008 年的 1008.26 亿元，年均增长率达 26.85%。到 2009 年年底，人均 GDP 比全省平均值高出 17 174 元 ，财政总收入达 221 亿元，居全省第二位（图 7-4）。

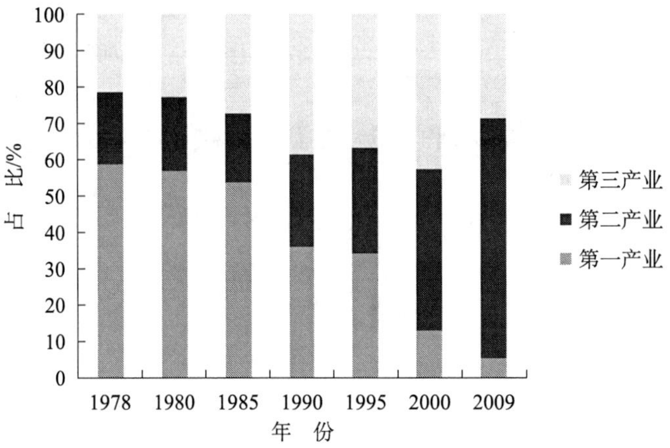

图 7-4 榆林市三产结构的变化

（二）围绕资源开发活动需求基础设施建设开始加速

以呼伦贝尔和鄂尔多斯为代表的成长型城市，资源开发活动开始较晚，从目前的空间分布看，边远地区居多，人口居住分散，各城市间距离较远，基础设施的整体水平很难满足大规模的资源开发活动。由于处于开发初期，投入成本大，产业进入门槛高，大多数城市的资源开发主要呈现大型国有矿企一股独大的所有制格局。为了充分发挥大型矿企在城市经济发展中的带动作用，城市的管理体制整体围绕矿企的资源开发活动需求。但与此同时，这种发展模式加速推动了当地基础设施建设。以呼伦贝尔市的交通路网建设为例，2007 年，全市公路总里程仅为 15 415 公里。到 2011 年年底，全市公路总里程已达 20 236 公里，其中，国道 1324 公里，省道 1622 公里，农村公路 16 132 公里，边防公路 1158 公里。95 个乡镇（苏木）中 93 个已通油路；785 个行政村（嘎查）全部通公路。目前，全市公路路网密度为每百平方公里 8.00 公里。

（三）人口和资金集聚推动城镇快速发展

伴随着资源开发活动的不断活跃，大量资金和人口加速向成长型城市集聚。为了满足大量移民对居住空间的多样化需求，地方政府积极促进房地产业发展，加快提升城市的建设水平。在这个过程中，部分城市冒进式发展的倾向日益明显，城镇建设速度远远超出了就业吸纳能力和基础设施承载能力。新区建设、政府办公区搬迁、几百亩至上千亩的硬质广场和人造水系建设，这些所谓提升城市品质的工程成片成片地毁掉民居和优质耕地，形成了大量失地农民与城市边缘人群。2001 年，鄂尔多斯市政府所在地东胜城区面积不到 20 平方公里，人口不足 20 万，城市体量小、服务功能差、承载能力弱。十几年来，鄂尔多斯市致力于拉大城市框架，努力与世界城市建设先进理念接轨，高起点、高标准规划建设东胜、康巴什、阿镇城市核心区，推进中心城市组团式发展，东胜城区进一步拓展，旧城区改造深入推进，功能不断完善；康巴什、阿镇一体化发展，人口集聚，品位提升。城市中心区面积拓展到110多平方公里，一个百万人口区域性中心城市正在形成，相当于用十几年的时间再造了5个东胜。

（四）资源开发利益分配引发的矛盾冲突开始显现

在成长型城市中，大型矿企，特别是央企在资源开发中担当主力，加快了资源开采的规模化、现代化进程。但由于利益分配机制尚未理顺，中央企业与地方企业、政府和当地群众之间的利益冲突正在不断升级，已经影响了未来资源的有序开发。以内蒙古自治区内的几个成长型城市为例，目前央企和地方煤矿相比，同样采1吨煤留给县级地方财政的实际可支配收入相差8～9倍，而且对地方长远产业规划缺乏统筹考虑。许多能源产区地方政府都不甘心央企从地方廉价输出一次性能源产品，希望借开发之势发展附加值更高的能源利用和深加工项目，保障地方的长远利益。煤炭主产区希望摆布更多的电厂和高耗能项目，但从事能源一次性开采的中央企业基本上不考虑地方的规划，许多地方的长远产业发展规划多年来仍然是“一纸蓝图”。在煤炭主产区，一方面是外来资本的扩张与积累，另一方面是当地群众和地方政府的利益争夺。利益分配失衡，导致畸形的开发态势。始于2003年下半年的晋陕蒙地区资源争夺热，使一些地方以割让资源为条件饥不择食地引进能源开发和利用项目，为今后的有序开发埋下了重大安全隐患。

三、成熟型城市的发展特征

按照综合类型划分方法，141个成熟型城市辖区面积合计191.2万平方公里，常住人口合计2.53亿，地区生产总值合计64 929亿元，人均GDP 2.9万元，三产比重的平均水平是13∶56∶31，采矿业增加值占工业增加值比重平均水平的28%。成熟型城市资源开发处于稳定阶段，资源保障能力强，经济社会发展水平较高，是现阶段能源资源安全保障的核心区。

（一）资源型产业基础支撑城市经济平稳发展

成熟型资源型城市经过一段时期的开发和建设，逐渐兴盛和壮大，建立了资源型产业的骨干企业，能够独立生产主要的资源产品和产品的主要附属品，资源开采能力和配套生产能力不断提高，经济实力不断增强。同时，经济发展越来越注重技术进步与多元化发展，资源型城市对技术创新的需求不断增强，技术进步成为推动资源型城市经济发展的重要动力。同时，随着资源产品的产量从保持稳定到逐渐下降，资源型城市经济发展的后续动力不足，急需寻找新的替代产业，支撑整个城市经济的可持续发展。例如，新疆克拉玛依市，在半个多世纪的建设过程中，积累了雄厚的油气生产加工基础和丰富的系统工业技术和管理经验。已经形成了集石油天然气勘探开发、炼油化工、工程设计、工程建设、技术服务、装备制造、运输通信、发电供水等门类齐全的石油化工生产体系，拥有完整的石油石化产业链。雄厚的资源型产业基础造就了新疆天山北坡最重要的经济中心城市。2010 年，克拉玛依实现地区生产总值 710.2 亿元，GDP 总量在全疆仅次于乌鲁木齐市。2010 年，克拉玛依市的人均 GDP 达到 12 万元以上，远远超过北京和上海等一线城市。尽管存在城市人口规模相对较小等因素，但仍能体现克拉玛依市的经济实力。

（二）相对成熟的互利共赢发展机制保障地企协调发展

在长期的建设与发展历程中，成熟型城市与大型矿企形成了相互依存、相互融合、优势互补、共同发展的政企关系。特别是由于资源开发规模的稳定，保障了企业效益稳定增长，进而拉动地方经济社会持续发展。以建市 50 年的克拉玛依市为例，中央石油石化企业在城市建设、环境保护、农业开发、文化、教育、科技、医疗卫生、体育、旅游等各个领域，投入了大量的人力、物力和财力。特别是近年来，中央石油石化企业在城市基础设施及市政公用事业建设、资源型城市转型、节约型城市建设、环境保护、医疗卫生、扶贫帮困等方面的投入力度进一步加大。克拉玛依市在长期的发展过程中，牢固树立“为油服务”的思想，始终将推动石油石化企业加快发展作为所有工作的重中之重，切实发挥政府职能，从规划、土地、交通、税收、生活服务、安全保卫等各个方面，为油田开发建设提供全方位热情周到的服务，主动协调中央石油石化企业与自治区及周边地区的关系，不断改善和优化经济发展环境，创造良好的市场经济秩序，为中央石油石化企业提高竞争力、开拓市场、加快发展搭建优质高效的服务平台，全力支持中央石油石化企业加快发展。人大、政协及各种人民群众组织，紧紧围绕中央石油石化企业加快发展这个主题，全方位提供政策、法律、智力支持，为中央石油石化企业的加快发展创造了良好的环境（杜勇和许力飞，2012）。

（三）资源型产业发展与生态环境保护的矛盾逐步激化

经过长期的资源开采和初级加工，成熟型城市在快速大规模利用其特有的资源的同时，积累了一系列环境污染和生态破坏问题。在经济保持稳定增长的背景下，生态环境破坏制约地区发展的问题往往尚未受到政府和社会的关注，因此生态环境状况呈现持续恶化趋势。以四川省攀枝花市为例，在“打造中国钒钛之都，建设特色经济强市”的战略引领下，近年来钒钛产业集群效应粗具规模，已发展成为生产规模国内第一、世界第二的钒制品生产基地，钒制品国内市场占有率达到80%，国际市场占有率达到20%。在此背景下，发展钒钛产业给攀枝花市生态环境安全带来巨大压力。全市大气污染主要来源于工业生产，其中钢铁冶金、火力发电、水泥建材、钒钛等产业排放的大气污染物占有很大比例。受钒钛磁铁矿冶炼工艺的制约，钢铁行业对二氧化硫和PM10的排放贡献最大，分别达到了65%和50%；火电行业次之。同时，受产业结构的影响，工业废水的排放集中在钢铁、钒钛等几个主要行业，它们排放量大，加大了水污染负荷。此外，随着矿产、钢铁规模的不断扩大，工业固废的产生量也将显著增长。目前，全市工业固体废物产生量达6910万吨/年，工业固废面临着巨大的处置压力，同时也面临着二次污染和环境安全隐患。

（四）城市集中建设和矿区分散布局的矛盾愈发突出

由于经济长期保持平稳较快发展，人口和产业持续集聚，大多数成熟型城市的建成区范围达到饱和，建成区扩容和新区建设成为谋求城市发展的主要战略选择。在此背景下，城市建设初期已形成的工矿区分散式布局的弊端随着城市生活性的增强逐渐显露出来，生产和生活的矛盾日益突出。居住点多而分散，无法形成城市中心的集聚效应，建设重点不突出。同时，城市建设的摊子铺得过大，造成城市交通的混乱和水、暖、电等基础设施的浪费，导致资金分流严重，不便集中管理且缺少城市应有的生活氛围。在此背景下，多中心组团式发展逐步成为典型的城市空间形态，非常清晰地反映出成熟型城市由于资源开发和“条块分割”所形成的资源型产业相关空间与其他城市空间相分离的“二元化”内部空间。比较典型的如大庆市，主城区西部为与石油相关的以大庆油田公司、大庆石油管理局为主建设，东部以市政府为主建设，二者之间是油田开发初期的中心。

四、衰退型城市的发展特征

按照综合类型划分方法，67个衰退型城市辖区合计面积57.9万平方公里，常住人口合计5372万，地区生产总值合计16 582亿元，人均GDP 2.6万元，三产比重的平均水平是12∶58∶30，采矿业增加值占工业增加值比重平均水平的23%。衰退型城市资源趋于枯竭，经济发展滞后，民生问题突出，生态环境压力大，是转变经济发展方式的重点、难点地区。

（一）资源型产业衰退导致城市经济整体发展动力不足

经过多年的开采，衰退型城市的资源开采已经度过峰值时期，其开采量逐步下降，资源储量不断减少，呈现枯竭趋势。在此基础上，作为城市支柱的资源型经济开始出现衰退迹象，发展前景堪忧。例如，四川省泸州市，长期以来依托天然气资源形成了以化工产业为支柱的工业产业体系，但随着天然气资源日趋枯竭，传统化工企业面临巨大生存危机，产值锐减。据不完全统计，2007年以来，全市因供气不足导致泸天化、北方公司、川天华、锦华公司等一批企业装置闲置或超低负荷生产，影响工业产值100亿元以上。2009年化工行业天然气缺口为7亿立方米，生产负荷不足60%，2010年泸州化工行业天然气缺口达8亿立方米，生产负荷不足50%，2011年缺口达10亿立方米以上，生产负荷不足40%。化工产业2005年工业增加值增速为21.8%，随后逐年下降，2009年增速为－5.2%。

（二）关乎民生的历史遗留问题威胁社会的和谐稳定

随着资源型经济的逐步衰退，资源型企业职工开始受到经济衰退的影响而收入增速降低，相当一部分职工因为企业改制或裁减员工失业下岗。加之厂办大集体、企业办社会等历史遗留问题没有得到妥善解决，职工的医疗、养老、工伤等社会保障缺失，导致衰退型城市成为群体性矛盾突出，成为群体性信访事件的多发区。以广东省韶关市为例，2002年以来，韶关市先后关闭了曲仁、煤田、坪石三个矿务局及多家企业，2005年关闭全部煤矿企业，由此而导致近5万煤矿工人失业，失业职工生活艰难，基本生活难以保障。棚户区改造压力大，仅原曲仁矿棚户区住房总面积达78万平方米，住户约1.4万户，棚改资金缺乏。目前，全市财政动态缺口22亿元，静态缺口16亿元，现有财政收入无力解决民生问题。

（三）生态环境问题集中凸显严重影响城市生活生产

长期以来，在“重开发，轻保护”发展理念的支配下，高强度的生产活动对城市生态环境的影响逐步积累，导致衰退型城市成为生态破坏和环境污染的重灾区。土地出现大面积塌陷，煤矸石和尾矿大量堆积，废弃矿坑、开山塘口、危病险库等地质灾害隐患集中，滑坡、泥石流、水土流失、水质污染、重金属污染、大气污染等问题严重影响城市正常运行和居民基本生活。例如，广东省韶关市，从20世纪70年代开始金属矿产的开采，矿山开发以剥采方式为主，导致水土流失严重，重金属元素随泥石流冲入河流，造成严重的重金属污染。北江支流马坝河、浈江、滃江受韶关冶炼厂镉、铊污染最为严重。大宝山矿区周边村落受镉、铅污染，因村民癌症死亡率高素有广东“癌症村”之称。仁化县董塘镇因冶炼厂的废水、废气排放引发的儿童血铅超标已成为媒体关注的热点问题。

（四）地方财力匮乏致使城市基本运行举步维艰

衰退型城市的财政收入随着资源型产业的衰退而逐年减少，与此同时城市接替产业培育、生态环境治理和民众生活保障等方面的支出逐渐增多，财政收支不平衡的压力逐步增大，城市运行困难不断增多。以山东省淄博市淄川区为例，由于财政供养人员多，民生保障基数大，人均财力低，特别是受煤炭资源枯竭、建陶企业发展空间缩小、纺织等出口规模收窄、房地产市场下行、新兴产业贡献率偏低等因素影响，财政收入总体形势不容乐观，加上基金会还款、政府融资进入还款高峰期等，财政收支矛盾不断加剧。近年来，财力的增长远远跟不上刚性支出的增长。2010 年，淄川区实现地方财政收入 14.5 亿元，财政支出 18.2 亿元，当年新增民生支出 1.2 亿元，新增财力 0.7 亿元，仅民生支出就超过当年新增财力 5000 万元，全年出现财力缺口 2.6 亿元，资金缺口率达 12.5%。随着辖区内资源枯竭，自 2002 年以来，淄矿集团 4 个煤矿、省冶金公司的洪山铝土矿和莱钢集团的黑旺铁矿等企业先后破产，企业办社会职能全部移交地方管理，淄川区接收学校 12 所、医院 4 所、社区管理及后勤服务机构 12 家，接收各类人员 3.5 万人，区级每年超基数增加支出 4700 多万元。由于企业破产移交设施多为 20 世纪 60、70 年代修建，据初步测算，全部解决移交设施安全、老化等问题，10 年内至少需再投入维修改造资金约 9 亿元。

五、再生型城市的发展特征

按照综合类型划分方法，23 个再生型城市辖区合计面积 33.1 万平方公里，常住人口合计 7482 万，地区生产总值合计 28 224 亿元，人均 GDP 4.3 万元，三产比重的平均水平是 9∶56∶35，采矿业增加值占工业增加值比重平均水平的 16%。再生型城市基本摆脱了资源依赖，经济社会开始步入良性发展轨道，是资源型城市转变经济发展方式的先行区。

（一）传统优势产业的核心竞争力持续增强

自主创新能力显著增强，高素质的创新人才队伍持续壮大。资源型产业链条充分延伸，产品附加值大幅增加，传统优势产业的核心竞争力显著增强。以河北省唐山市为例，在产业结构调整中，着力通过技术改造，整合资源要素，特别是重点抓好传统产业技术改造和钢铁行业的兼并重组。钢铁产业通过技术改造，使得优质高效品种由 40%左右提升到 70%以上；煤炭产业通过产业提升，精深加工产品增加值已经超过传统产业一倍以上。同时，集中人力、物力、财力推动以曹妃甸为龙头的唐山沿海地区开发建设，促进沿海经济隆起带快速崛起。唐山港吞吐量在5年间已由1亿吨增长到了3亿吨，成为全球吞吐量增长最快的港口。大力发展的循环经济使产业链条进一步拉长，钢铁变成了机械装备，原盐变成了化工产品，使得经济运行质量明显提高，全市万元生产总值能耗在一年间下降了4.13%。

（二）三产协同发展的经济格局基本形成

经历艰难的转型，产业结构明显优化，非资源型产业增加值占工业增加值比重显著提高，接续替代产业的技术（或者创新）保障不断强化，新兴技术与新兴产业实现深度融合，高新技术产业成为大多数城市的先导性产业，服务业发展能够满足人民生活需求和产业发展需要。以辽宁省盘锦市为例，2007年被增列为国家资源型城市转型试点市，三年来试点工作取得突破性进展。着力稳定油气采掘业，辽河油田原油产量一直保持在1000万吨左右，五年累计生产原油5557万吨、天然气43亿立方米，油气持续稳产为转型发展赢得了宝贵的时间。大力培育发展接续产业，五年累计投资千万元以上项目1138个，竣工投产633个，其中2010年投资千万元以上项目725个，竣工投产205个，油气采掘业增加值占地区生产总值比重由50.4%下降到21.5%，三次产业比例由2005年的10.6∶71.7∶17.7调整到8.8∶66.8∶24.4。工业产业集群迅速发展壮大，石化及精细化工产业集群增加值首次超过油气采掘业，成为第一大支柱产业，华锦乙烯扩建及油化工程、北方化学环氧乙烷和乙二醇、振奥化工碳四综合利用、北沥环烷基馏分油加氢装置等一批大项目全面竣工投产，石化及精细化工企业发展到262家，大化工集群正在形成；石油装备制造、海工装备制造、新材料等企业加速集聚，产业集群粗具规模。现代农业建设迈出坚实步伐，市级以上产业化龙头企业发展到100家，“盘锦大米”成为中国名牌产品，盘锦被授予“中国河蟹第一市”。现代服务业发展态势强劲，兴隆台中央商务区和双台子商业中心建设快速推进，房地产业蓬勃发展，湿地生态旅游品牌形象确立，盘锦成为重要的旅游目的地（图7-5）。

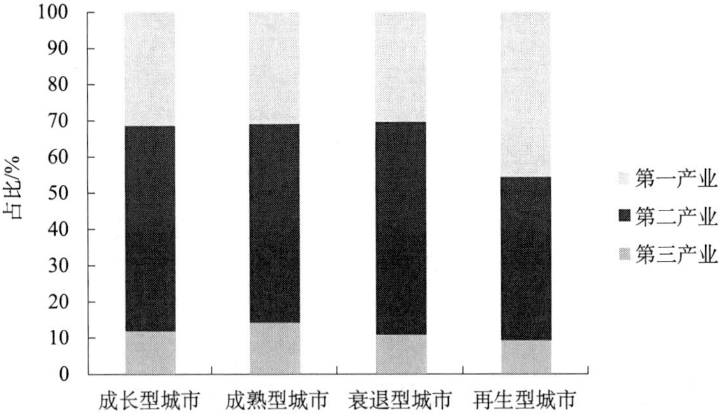

图7-5　资源型城市分类别产业结构比较

（三）民营经济发展激发城市发展活力

随着经济转型的推进，鼓励和引导民间投资健康发展的政策措施进一步完善，非公有制经济在城市经济中占有重要地位，以公有制为主体、多种所有制共同发展的产业格局逐步形成，城市发展重新焕发活力。例如，吉林省通化市，截止到2011年年末，全市民营企业户数达到7514户，同比增长20.9%；规模以上民营企业户数达到1013户，同比增长10.6%；个体工商户达到13.92万户，同比增长14%；从业人员达到48.8万人，同比增长13.5%；全市民营经济增加值412亿元，占全市GDP的52.8%；民营经济实现实缴税金51.5亿元，同比增长32.5%；全市民营经济总量增幅均达到20%以上。

（四）地方财力支撑城市建设突飞猛进

在经济发展步入正轨后，为了提高城市综合承载力和城市品质，大多数再生型城市依靠雄厚的地方财力，把加快城市建设步伐和提高建设水平作为了发展战略重点。例如，山西省孝义市，近年来以建设区域性中心城市为目标，大力拓展城市框架、优化城市布局。五年投入33.68亿元提升城市基础设施功能，启动实施了孝河生态综合治理、科教文体园区、孝西铁路南迁、胜溪湖森林公园等一批重点工程，完成府前步行街、迎宾路北延、崇文大街等道路建设工程。市区道路由原来四处断头的“封闭型”变成七纵八横棋盘式的“开放型”，形成了以永盛路、胜溪街、永安路、振兴街为主的内环线，以三皇路、北外环、汾介公路、孝午公路为主的外环线，东西以振兴街、府前街、新义街、胜溪街为主干，南北以三皇路、永盛路、大众路、迎宾路、永安路为重点的四通八达的道路网络。道路里程128公里，城市建成区面积27平方公里，城区人口达21万，现代化中等城市框架已初步形成。德尚国际、集贤花园、吉泰花园等一批高级商住区相继竣工，沃尔玛、肯德基、东来顺等国内外著名企业落户孝义。城市生活垃圾综合处理厂、污水处理厂二期建成运营，日处理城区生活污水2万立方米、垃圾300吨。公园绿地面积、园林绿地面积、绿化覆盖面积分别达到161.1公顷、706.9公顷、794.5公顷，绿化覆盖率达到44%，人均公园绿地面积达10.13平方米；市内循环公交运营线路达25条，辐射18个乡镇、街道、办事处，受益群众达40余万人；供水普及率达100%。同时，以孝汾大道、府前街西延为框架，打造城西新区；以振兴街、府前街东延为框架，打造城东新区；以崇文大街、大众路北延为框架，打造城北新区；以南景观大道、城南大道及迎宾路、湖滨路为框架，打造城南新区及张家庄水库南文体园区；以孝西站南迁及大众路改造、府南路打通为契机，打造孝义中央商务区；以孝河综合治理为平台，打造城区生态景观带及辐射晋中盆地的新兴产业集群、小城镇发展载体，从而建成太原以南、临汾以北、辐射周边县市、全省一流的区域性中心城市。

第三节　分类引导资源型城市可持续发展的战略导向

一、成长型城市发展的战略导向

应规范资源开发秩序，提高资源开发企业的准入门槛，合理确定资源开发强度，严格生态环境影响评估，将企业的生态环境恢复治理成本内部化，推进形成一批重要矿产资源的战略接续基地。提高资源深加工水平，加快完善上下游产业配套，积极谋划布局新兴产业。着眼长远，科学规划，合理处理资源开发与城市发展之间的关系。

（一）及早制定矿产资源开发规划

资源型城市在开发初期，一般都没有制定矿产资源开发规划，大多是盲目无序地开采，矿井选择无序，后期的规范整治难度很大。因此，有必要在探明储量，正式开发后，及早制定矿产资源开发规划，做好资源的普查、详查和技术分析工作，明确矿产资源的可开采储量、矿种、主要分布情况，并以此为依据确定矿井的位置、开采规模、开发时序、工艺选择、技术装备等具体事项。按照矿产资源开发规划的总体部署，进行有步骤、有计划的规范性开采，避免矿区的无序布局及矿产资源的粗放开采和低品位矿种的浪费。

（二）积极鼓励资源的有序开发

处于成长型的资源型城市，具有很大的发展潜力，也需要不断壮大经济实力。因此，应积极鼓励资源的有序开发，在符合矿产资源开发规划的前提下，积极引进先进的技术和装备，不断扩大矿产资源的开采规模，增加资源的产量，主要以产量规模的扩大提高其经济效益。同时，可以不断扩大开采范围，增加矿区数量，努力提高矿区经济效益，完善经营管理。

（三）科学制定城矿布局规划

矿产资源的开采加工地区，往往地理位置偏远，建设和发展城市的成本高昂，制约了城市功能的完善。同时，矿区一般多点开发，而城市建设一般要避开可能沉陷的矿区，因此城市建设和矿区的开发布局相对分散无序。为了避免资源型城市发展成熟后出现的矿区和城区功能定位不清、空间布局不合理、基础设施不配套等问题，应该在成长型城市中尽早开展城市规划，按照资源型城市的特殊性与规划理念，按照城矿分离的基本思想，科学制定城矿布局规划，及早确定好资源型城市的发展框架，明确城区与矿区之间的空间关系，不断完善城区和矿区的结构整合与功能联系，增强城市对矿区的服务功能，打造资源高效利用、经济高效持续、社会和谐公平、环境自然有序的资源型城市空间格局。制定合理有序的开发建设步骤，对于新矿区的开发，特别要重视基础设施的建设配套及社会公共服务设施的建设布局，保证矿区资源开发和社会经济的协调发展。

（四）依托部分城市建立新型资源（能源）储备基地

借鉴美国阿拉斯加和墨西哥湾等地方的石油矿产开发模式，对于一些资源潜力较大，但目前开发条件还不成熟的矿山，应该由国家进行管理和保护，以矿产地的储备形式来实现。因此，对于处于成长型的资源型城市，经过科学的评估，对于我国的资源保障和未来发展起重要作用的战略资源，不能追求短期内的开发规模和经济效益，应该树立长远的开发思路，由国家统筹安排，在榆林市、呼伦贝尔市、鄂尔多斯市等地建设矿产资源的储备基地，增强战略资源的长远保障能力。

（五）及早制定和落实城市生态环境保护规划

资源型城市应该改变先污染再治理的传统思维，未雨绸缪，在资源开发的初期就重视城市的环境保护工作，实现资源开发与环境保护的协调发展。新建矿区从起步就要严格按照环境规划，从源头上将环境破坏和污染控制在矿区环境可承载能力限定的范围之内。科学确定资源开发的强度和范围，做好环境保护的防范措施，建立环境污染监测和预警机制，及早发现资源开发中出现的环境污染问题，保障资源型城市生态环境的可持续发展。

二、成熟型城市发展的战略导向

应高效开发利用资源，提高资源型产业科技水平，延伸产业链条，加快培育一批资源深加工龙头企业和产业集群。积极推进产业结构调整升级，尽快形成若干支柱型接续替代产业。高度重视生态环境问题，将企业的生态环境恢复治理成本内部化，切实做好矿山地质环境治理和矿区土地复垦。大力保障改善民生，加快发展各项社会事业，提升基本公共服务水平。

（一）推进资源集约利用

处于成熟型的城市，应该逐步扭转粗放型、规模化的开采方式，通过生产工艺、运输技术、信息技术等进步，推进资源的集约利用，降低资源型产业的开发成本，拓展企业的时间和空间范围，培育相关联产业发展，为新产业的进入提供良好的环境和技术支持。通过树立集约利用资源的理念，有助于引导成熟型的资源型城市加快转型步伐，对新型产业的导入提供更大的选择余地，不断扩大转型发展的思路。通过技术进步和资源型产品的不断创新，吸引与资源相关联的配套产业进入。

（二）壮大资源产业规模

处于成熟型的资源型城市，应该逐步摆脱以资源开发为主体的产业体系，积极延长产业链，打造产业集群。处于成熟型的资源型城市，产业发展的重点还是要做足“资源”的文章。要通过主导产业的向前向后关联效应加快对主导产业的深度开发，促进产业的多层次化和高级化，使高附加值、高加工度、高科技含量的后续精加工产业成长起来。充分利用原有主导产业的优势、延长产业链，发展产品的深加工，进一步提高产品的附加值和技术含量，增强市场竞争力，提高资源利用效率。因此，资源型城市应该立足于自身资源优势，发展相关资源产业的产业集群，共享包括专业人才、市场、技术和信息在内的诸多产业要素，促进相关产业的分工与协作，由此形成竞争压力和集群内企业持续发展的创新动力，促进加快产业升级。

（三）建设全国重要资源（能源）保障基地

立足于全国产业持续性、安全性、战略性发展的角度，选择资源保障能力强，资源产业体系发育较好的朔州市、包头市、松原市、双鸭山市、马鞍山市、东营市、茂名市、攀枝花市、克拉玛依市等城市建立重要资源（能源）保障基地，重视资源型产业的发展。重点考虑对煤化工产业、石化产业、贵金属及战略性金属的冶炼产业，以及矿产品加工产业建设产业战略基地。除了考虑不同的产业门类外，还要考虑各种产业的区域布局相对均衡，形成多业并举、多点发展的产业战略基地发展格局。

（四）加快国有企业改革

资源型城市的发展是依托资源型开发企业发展起来的，特别是以大中型的国有企业为主体。城市政府一般依附于这些大型资源企业，为企业生产和生活服务。在资源型城市初期、大规模建设时期，以大企业为依托“政企合一”的体制对于资源开发是非常有利的，它排除了条块分割、相互制约的干扰，决策快、实施快、见效快。但随着资源型城市的不断发展壮大，城市政府有能力提供地区的行政管理和服务时，大型国有企业的功能和管理体制应该进行改革和调整，甩掉社会包袱，致力于资源型企业本身的技术创新与产品开发，这样才有助于理顺大型企业与地方政府之间的管理体制，明确职能分工，增强城市的发展活力。

三、衰退型城市发展的战略导向

应着力破除城市内部二元结构，化解历史遗留问题，千方百计地促进失业矿工再就业，积极推进棚户区改造，加快废弃矿坑、沉陷区等地质灾害隐患综合治理。加大政策支持，大力扶持接续替代产业发展，逐步增强可持续发展能力。

（一）加大资源勘探力度

从“挖潜”的角度出发，加大矿产深度勘探，提高资源保障程度和持续供应能力。重点加强地质工作程度低的有成矿潜力的地区的矿产资源勘查，在鞍山、本溪、嘉峪关等城市进行铁矿深度勘探，邢台、淮南等城市进行煤矿深度勘探，支持大庆市进行新油田勘探工作。支持本溪市思山岭铁矿等新探明矿山的建成开发。系统调查半枯竭型城市矿山的生产状况、矿产资源现状调查、产销关系和矿山发展规划等相关资料，建立与完善主要矿山基础数据库。建立健全矿山危机程度评价体系，开展主要固体矿产大中型矿山危机程度评价，依据评价体系对各危机矿山制订相对应的开采计划。在完成矿山资源储量普查的条件下，制定合理规划，通过对部分矿区实行限量开采，将主要矿产的开采年限延长5～10年，为半枯竭型城市的转型工作争取有效的时间。其中，煤炭、石油、金属和非金属类城市争取通过限产的方式将矿产开采年限延长10年，森工类城市延长5年。

（二）鼓励资源型企业的外向型发展

积极鼓励跨地区、跨国别的资源开发，鼓励半枯竭型城市的资源企业实行“走出去”战略，在新的资源富集地区进行开采，以补充本地区资源不足的情况。鼓励半枯竭型城市资源企业参与成长型、成熟型资源型城市矿产的开发，鼓励珲春、大庆、嘉峪关、桦甸等靠近边境的资源型城市积极寻求与俄罗斯、蒙古、朝鲜等国的资源开发合作，支持大庆、嘉峪关等城市从俄罗斯、蒙古等相关国家进行的资源引进工作。

（三）鼓励当地配套接续产业

半枯竭型城市的资源开发和资源加工业仍然是其支柱产业，延伸资源加工产业链条、增加产品附加值可以有力地促进当地城市经济的发展。各城市要尽可能地围绕支柱产业，努力延伸优势资源产业链，进一步增强产业发展和产业竞争力。

其中，大庆等石油类城市要抓住机遇，做好石油化工产业，不断延伸加工链条。重点开发从乙烯、丙烯到合成材料（合成树脂、合成纤维、合成橡胶）、有机原料、甲醇、二甲醚等。利用国外石油资源加工润滑油、天然气资源开发天然气化工或培育“精细化工园区”。本溪、鞍山、淮南等煤炭类城市可沿着开采—洗选—发电、开采—洗选—发电—高耗能产业或开采—洗选—发电和煤化工链条延伸。嘉峪关等冶金类城市一般可沿着采矿—粗炼—型材—制品链条延伸。另外，各地区发展资源工业下游产业要与区域市场需求相结合，如东北地区半枯竭型城市石化产业要发展下游建筑用沥青、其他建筑和工程材料，以及对石油化工材料产生需求的制造业部门用料等。

（四）大力扶植接替产业发展

大力发展装备制造业。要充分利用现有基础和世界制造业加速转移的有利时机，重点发展技术密集、关联度高、带动性强的装备制造产业和配套产业。唐山、鞍山、本溪、金昌等城市重点发展有一定基础的大型矿山成套设备制造、冶金成套设备制造等装备制造业；大庆重点发展石油炼化成套设备制造业。注重积极引进知名企业进驻本地，围绕大企业形成装备制造产业集群。

发展新材料产业集群。按照轻量化、功能化、复合化方向，提高企业技术装备水平，壮大产业规模，推进集群发展。首先，改造提升水泥、制砖等传统材料产业，淘汰落后工艺设备，推进节能降耗，推广新型干法水泥生产工艺技术，发展以煤矸石、粉煤灰及钢铁的高炉水渣、转炉钢渣为主要原料的新型墙体材料生产技术。其次，借助资源优势，发展高性能特种合金材料、新型化工材料、复合材料、特种纤维材料。扶持铜、铝、钒钛等合金产品的开发。围绕中级产品和副产品，向下游开发改性塑料、环保 PVC、膜类产品和塑料板材、管材、型材、注塑、吹塑等产品。以主要高新技术园区为载体，重点发展新型合成材料、新型工程塑料、新型碱性耐火材料等产品。

发展新能源产业集群。发展以动力电池、生物质发电、生物质燃气为主的新型能源产业。搞好太阳能、沼气、地热能等清洁能源的开发和利用。在嘉峪关等风能丰富的地区积极开发和利用风能，增强能源供应能力，完善电力基础设施，构建火电、风电、水电、生物质能发电共同发展的电力格局。

（五）促进资源综合利用

促进矿业产业链向生态、环保产业延伸，鼓励煤矸石、粉煤灰、尾矿等矿山废弃物的综合利用和再生资源循环利用的水平。努力组织科技攻关，引进和研发选矿尾砂的规模化利用技术，形成尾砂综合利用的量产技术。推动实施资源综合开发利用计划，提高技术创新和技术进步。加强低品位、共伴生矿产资源的综合利用，充分利用矿产资源。对具有工业价值的共伴生矿产，统一规划，综合开采，综合利用。加强矿山固体废弃物、尾矿资源和废水利用，提高废弃物的资源化水平。坚持“减量化、再利用、再循环”三原则，积极推广“资源—产品—再生资源—产品”的循环经济发展模式，大力开展循环经济标准化试点城市创建工作。积极推进资源循环新技术的开发、引进及应用，加快建设资源高效集约利用体系。大力弘扬生态文化，以生态文化倡导生态文明，促进人与自然的交流，推动生态生活方式建设。

（六）加强污染源治理

严格执行产业政策，加大小火电关停力度，坚决淘汰焦炭、电石、造纸等重污染产业的落后技术、工艺、设备和生产能力。增强工业废水处理能力，强制推行达标排放。鼓励市区工业企业向工业集聚区迁移，实现污染集中治理。推动能源、化工、铝工业等高耗能产业技术、工艺升级，降低污染物排放量。抓好城市大气环境治理，加大城区污染企业“关停并转迁”力度，严格控制新建电厂二氧化硫排放，推动现有电厂建设脱硫设施。

四、再生型城市发展的战略导向

应进一步优化经济结构，提高经济发展的质量和效益，深化对外开放和科技创新水平，改造提升传统产业，培育发展战略性新兴产业，加快发展现代服务业。加大民生投入，推进基本公共服务均等化。完善城市功能，提高城市品位，形成一批区域中心城市、生态宜居城市、著名旅游城市。

（一）构建多元化的发展格局

再生型城市基本摆脱了既定的已结构化的资源型产业的约束，不断发展技术、知识密集的高新技术产业，推动产业的升级和跨越。在经济转型中，要把发展高新技术产业摆在突出位置，用高新技术改造传统产业，促进产业结构的优化升级。另外，再生型城市的产业创新要树立以特色求发展、靠特色创优势的思路，在发展特色产业上以求更大的突破。依托不同城市的自然资源优势、社会文化资源优势和综合优势，以市场为导向，变资源优势为产品优势、市场优势，进而转变成为特色产业优势，不断推进产业创新，增强产业竞争力。再生型城市可以重点培育的优势产业包括清洁能源产业、高新技术产业、特色农业和农副产品加工业、旅游及相关产业、特钢和铝镁为主的冶金产业、重矿机械产业、建筑房地产和新型建材业。大力实施资源产业生态化改造，推行清洁生产，通过资源的综合利用、短缺资源的替代、二次能源的利用，以及节能、降耗、节水技术，减少废料和污染物的生成，树立循环经济的发展理念，逐步减少资源的依赖，形成良好的循环链，促进产业的可持续发展（朱娟，2008）。

再生型城市要积极寻找新的产业支撑和发展路径，重新激发经济活力，逐步实现由单一的资源型城市向综合型城市转变，建立起多元化的经济结构。在调整产业结构的同时，改变经济增长方式，实现“二次创业”，改变单一的资源优势，重新构建多功能的综合资源优势。例如，大同市随着煤炭资源的逐渐枯竭，近年适时提出了“二次创业”战略，初步形成了从单一能源型经济向能源、建材、加工和旅游同时并重的多元化发展格局。

（二）壮大新兴产业发展规模

再生型城市基本摆脱了对资源开发和资源产业的依赖，接续替代产业粗具规模，但高新技术产业、旅游产业、绿色产业等新兴产业发展刚刚起步，基础比较薄弱。因此，再生型城市应大力发展先进的制造业和高新技术产业，同时把旅游业、生态农业、环保产业等新兴产业作为重要的战略产业和支柱产业，不断壮大新兴产业发展规模（车晓翠，2005）。

（三）重视第三产业对城市经济的拉动作用

第三产业是城市经济的重要增长点，其发达程度也是衡量城市现代化水平的重要标志。第三产业对于资源型城市的经济转型和再生型城市的可持续发展具有重要的支撑作用。因此，再生型城市要以市场化、产业化、社会化为导向、建立与市场经济相适应的第三产业运行机制与管理机制，加快第三产业发展步伐。近年来，旅游业成为许多资源型城市成功转型的重要支撑，一些煤矿城市依托当地资源发展旅游产业取得了很好的成效，应重点扶持徐州、韶关、张掖、大同等资源型城市的旅游业转型发展。

（四）加强生态整治示范城市建设

采取多种治理模式，促进废弃矿区的有效治理。正确处理经济发展和环境治理的关系，高度重视废弃的矿山、矿井和塌陷区的集中治理。采取修复保养措施，做好土地复垦和生态恢复。根据不同情况采取多样化的治理模式，已稳定的非积水地可以采取农林业综合开发生态模式，已稳定的常年积水塌陷地可以采取农林渔综合开发的生态模式。再生型城市经历了长时间的资源开发，生态修复和整治的任务十分繁重。对于一些矿山整治、生态治理和环境修复工作做得较好的城市，如徐州、韶关、张掖、临汾等，可以确定为生态整治示范城市，总结资源型城市生态整治和环境修复方面的经验，并在资源型城市中推广示范。因此，加强生态整治示范城市建设，应成为再生型城市转型后的一项重要任务，不断改善再生型城市的环境质量。

（五）推进城市功能的丰富和完善

从专业型的资源型城市转型为综合功能的再生型城市，除了加快现代制造业、新兴产业的发展外，应该立足于城市的功能分区与功能整合，加大原矿区的综合整治力度，不断完善市政设施和基础设施建设，逐步将这些地区纳入城区的统一规划和建设。特别要注重资源型城市的生活功能和休闲游憩功能，不断增强再生型城市的功能空间整合与发展活力。

第八章 资源的合理开发和综合利用

根据前文对我国资源型城市的资源供给能力及经济社会发展对矿产资源的需求的分析，我国矿产资源保障程度总体不足。巨大的资源需求迫切要求资源型城市加强资源的合理开发和综合利用。本章首先总结了资源开发利用的重要性；其次分别从资源有序开发、资源利用效益提高、资源的综合利用与绿色发展、资源开发和城市发展等方面出发对资源合理开发利用的具体途径进行论述；最后对淮北和克拉玛依两个案例城市的资源开发利用策略进行了总结。

第一节 资源开发利用的地位与作用

一、资源的开发与利用是国民经济的支撑与保障

矿产资源作为一种非再生性自然资源，是人类社会赖以生存和发展不可缺少的物质基础（王楠，2013）。从石器、青铜、铁器到钢铁、石油，人类历史可以说是一部矿产资源的开发史，为争夺资源而引发的战争数不胜数，近百年来随着人类对资源的消耗加速还爆发了石油战争，足以可见资源开发的重要性。

据统计，当今世界上95%以上的一次能源、80%的工业原材料、70%以上的农业生产资料都来自矿产资源（曾勇等，2003）。可以说，矿产资源是人类生存、经济建设、社会发展不可或缺的物质基础，是国计民生的根本依托。矿产资源行业还是工业的起源，是关系国家经济命脉的战略产业，在现代产业体系中占据了不可忽视的重要地位。因此，矿产资源的开发利用程度直接影响国民经济各行业的发展。矿产资源拥有量及其开发利用水平，已成为象征综合国力并影响其发展的重要因素。

矿产资源是国防建设的重要物质基础，拥有充足矿产资源的国家在战争中

就拥有话语权。由于矿产资源分布极不均衡，各个国家免不了为争夺矿产资源产生冲突。因此，矿产资源是保持社会稳定和国家安全不可缺少的重要支撑。

对于我国来说，未来10～20年是我国全面建设小康社会的关键时期，矿产资源供给必然是特色城镇化和新型工业化道路的重要保障，将在构建国家资源、能源安全体系战略中发挥更加重要的作用。

二、资源的开发与利用是资源型城市的发展基础

本书第一章就指出，资源型城市是一种典型的按职能分类的城市类型，是以自然资源开发产生或发展起来，并以此为主要职能的城市类型。因此，可以说资源的开发与利用是资源型城市的根本。

资源型城市在经济上严重依赖资源开采和加工，资源型产业一业独大，资源开采和加工业占工业总产值的比重大多超过50%。根据第四章的分析，资源型城市地级市的三次产业结构为12：58：30，在第二产业内部，采矿业所占份额较高，全国所有地级市采矿业从业人数占所有行业从业人数的平均比重为4.42%，而资源型城市的平均比重达到了15.33%。从各行业就业人数占全部就业人数比例来看，资源型城市的采掘业人口比例偏高，人口比重接近全部从业人口的1/5，是全国城市平均水平的4倍。其他行业从业人口比例都低于全国平均水平（表8-1）。

表8-1 部分资源型城市三产占GDP比重 （单位:%）

省（自治区）	城市	一产	二产	三产
陕西	铜川市	3.6	65	31.4
山东	枣庄市	1.3	77.5	21.2
宁夏	石嘴山市	18.8	43.2	38
辽宁	盘锦市	3.8	63.1	33.1
	阜新市	1.2	68.1	30.7
	抚顺市	2.1	67	31
江西	萍乡市	1.5	53.5	45
	景德镇市	5.7	61.3	33.1
吉林	辽源市	2	65	33.1
湖北	黄石市	0.8	55.4	43.8
黑龙江	伊春市	3.2	29.9	66.9
	七台河市	3	42.6	54.4
河南	焦作市	3.8	72.6	23.6
甘肃	白银市	8.8	45.1	46.1
安徽	铜陵市	3.8	47.2	49.1
	淮北市	0.8	69.8	29.4
全国平均值		10.3	46.3	43.4

资料来源：根据《中国城市统计年鉴2010》整理

可以预见，一旦这些城市的资源难以为继，将对资源型城市的产业、经济、

就业、社会稳定等各方面造成极大的负面影响。

第二节 资源合理开发利用的方式

矿产资源都是不可再生的；林业资源即使能够再生，也受到生长年限的限制，因此资源的消耗总量有限。尤其对于我国来说，人均资源储量仅为世界平均水平的一半。近年来，资源开采难度持续增大，接续开发矛盾日渐突出。所以，我国迫切需要改变粗放的资源开发利用方式，按照有序开发、高效利用、科学调控、创新体制的原则，加大矿产资源勘查力度，有序调控资源开采总量，提高矿产资源综合利用水平，全面提高矿产资源持续供应能力，切实巩固保障国家新型工业化的矿产资源基础。

一、资源的有序开发

规模适度是保证资源可持续开发的重要因素。我国地质矿产勘查程度较低，矿产资源保有储量与可采储量无法确定，因此资源保证程度低，开发规模严重不足。还有部分资源低价导致有些地方企业在利益驱动下过度开发资源，破坏资源的整体优化，缩短了资源供给年限。为了保障资源的持续供给能力，必须加强资源勘探，更为重要的是有序调控资源开发总量。按照国家产业政策、资源可持续利用和环境保护的要求，主攻国内紧缺的能源和非能源重要矿产，兼顾部分优势矿产，采取差别化调控政策，引导矿产资源勘查开发的方向、时序和重点。

首先有序提高重要资源生产能力。根据第五章的分析，我国 2009 年进口原油达到 20 365.29 万吨，比 1990 年增长了近 69 倍，原油进口量仅次于美国、日本，对外依存度达到 53.4%；国际原油市场已成为影响国内原油供应的主要因素。此外，铁、锰、铜、铝、镍、钾盐等大宗矿产的进口依存度都已经超过 50%。作为重要战略资源，如果国家缺少储备，主要依赖进口，将给国家安全与经济带来严重隐忧。因此，要重点加强石油、天然气、铀、铁、铜、铝、钾盐等重要紧缺资源的开采力度。根据资源供需形势和开发利用条件，加快推进成长型和成熟型城市资源开发基地建设，鼓励与资源储量规模相适应的规模化经营，提升机械化开采水平。深入挖掘衰退型城市资源潜力，加大稳产改造力度，延缓大中型危机矿山产量递减速度，促进新老矿山有序接替。

其次要加强重要优势资源储备与保护。选择部分资源富集地区，加快建设石油、特殊煤种和稀缺煤种、铜、铬、锰、钨、稀土等重点矿种后备基地。合理调控稀土、钨、锑等优势矿种开采总量，严厉打击非法违法开采和超指标开采。强化森工城市重点林区森林管护与保护，逐步停止大小兴安岭、长白山林区的天然林主伐，建设国家木材战略资源后备基地。

专栏 8-1 重要资源供应和后备基地

石油后备基地：唐山市、榆林市、克拉玛依市、鄯善县等。

天然气后备基地：鄂尔多斯市、延安市、庆阳市、库尔勒市等。

煤炭后备基地：呼伦贝尔市、济宁市、六盘水市、榆林市、哈密市等。

铜矿后备基地：金昌市、德兴市、哈巴河县、垣曲县等。

铝土矿后备基地：孝义市、百色市、清镇市、陕县等。

钨矿后备基地：郴州市、栾川县等。

锡矿后备基地：河池市、马关县等。

锑矿后备基地：桃江县、晴隆县等。

稀土矿后备基地：包头市、赣州市、韶关市、凉山彝族自治州等。

木材后备基地：大兴安岭地区、延边朝鲜族自治州、白山市、伊春市等。

以稀土资源为例，稀土资源是现代工业发展不可缺少的元素，在冶金、石化、农轻纺领域应用广泛，也是制造精密制导武器、雷达和夜视护镜等各种武器装备不可缺少和不可替代的原料。此外，在节能环保、新能源、新材料等战略新兴产业领域也发挥着至关重要的作用，因此，稀土被称为“工业维生素”。我国是稀土资源大国，截至 2010 年年底，世界稀土总储量为 11 000 万吨，其中中国的储量占世界的 50%（杨斌清和张贤平，2012）。同时，中国的稀土产量已居世界首位，占到了世界的 95%，产量不仅满足了国内需求，而且大量出口，成为我国出口创汇的主要矿产品及加工产品之一。在我国为其他国家供应大量稀土资源的同时，国内稀土资源储量急剧减少，我国南方五省（江西省、湖南省、四川省、广东省、福建省）蕴藏着非常宝贵的中重型稀土，工业储量达 150 万吨，但已经开采 90 多万吨，只剩下 60 万吨，按照现在的生产能力，10 年后资源就面临着枯竭（杨子健，2008）。因此，为了保障我国稀土供应安全和工业发展，有必要对稀土资源进行开发总量控制和出口限制。

2008 年《全国矿产资源规划（2008—2015）》首次提出建立稀土资源矿产地战略储备机制。2009 年，《稀土工业发展的专项规划（2009—2015）》提出严格执行指令性计划，不再批准新稀土矿采矿权，对于现有稀土企业，将着重从技术装备水平、环境保护、管理水平三方面入手实行淘汰，并鼓励稀土产业进行联合重组。2010 年，包钢稀土高科技股份有限公司被内蒙古自治区人民政府批准实施稀土原料产品战略储备，兴建 10 个稀土氧化物储备设施，主要为轻稀土精矿资源，总储备量超过20万吨，这一举动迈出了稀土储备的第一步，在整个稀土行业引起各方面的关注。2010年7月，中国宣布下半年稀土出口配额将减少。2011年1月，国土资源部为加强稀土资源保护和合理开发，决定在江西赣州设立首批稀土国家规划矿区，包括11个区块，总面积2500多平方公里，预测远景资源量约76万吨，其中中重稀土资源储量约71万吨。规划矿区将按照经济建设和市场需求有序投放矿业权，分阶段合理勘查开发，控制稀土资源开发强度。目前，国土资源部相关司局及事业单位也在积极开展矿产资源储备研究工作，并形成了相关研究成果，为开展稀土资源储备工作奠定了重要基础（任忠宝和余良晖，2011）。

二、资源利用效益的提高

长期以来，我国资源利用效益一直不高。据有关部门统计，目前我国采矿回收率铁矿为60%，有色金属为50%～60%，非金属矿为20%～60%，煤矿仅为30%。全国矿产资源平均开发利用总回收率只有30%～50%，比发达国家水平低20%左右，能源矿产资源总利用率仅为20%～30%，一半以上的资源没有得到有效利用，主要原因在于开采及加工技术落后，尤其是资源深加工程度较低。矿山布局和结构不尽合理，矿产开发小、散、乱和矿山环境破坏等问题突出，加剧了资源供求紧张状况。

因此，提高资源利用效益的关键是转变矿产资源开发利用方式，强化资源开发、利用的统一规划和管理，提高矿业科技支撑能力，完善创新体系，推进矿产资源勘查、开采和综合利用等环节的科技创新和技术进步，提高缓解矿产资源瓶颈制约的科技支撑能力。宏观调控与市场配置相结合，建立完善矿产资源勘查开发管理新机制，规范矿产资源勘查开发秩序，增强矿产资源勘查开发的宏观调控能力。

另外，要推进矿产资源规模化开采。将矿产资源相对集中、资源禀赋和开发利用条件好的地区划定为重点开采区，重点规划和统筹安排矿产资源勘查开采活动，矿山开采规模必须与矿区的资源储量规模相适应，严禁大矿小开、一矿多开（国土资源部，2009）。引导和支持各类生产要素集聚，加快基础设施建设，保障区内矿产资源开发必要的用地需求，促进大中型矿产地整体勘查和整装开发。严格执行矿山最低开采规模等规划准入和矿山换证许可条件，鼓励中小型矿山企业按照市场规则，实施兼并重组，促进矿业集中化、规模化、基地化发展。

三、资源的综合利用与绿色发展

反映资源合理利用的另一个重要方面是资源的综合利用水平。尤其是在建设"资源节约型，环境友好型"社会的大背景下，更应该发展矿产资源领域循环经济，推进矿山废弃物的综合利用，提高资源开发利用水平，推动矿业走节约、清洁、安全的可持续发展道路。

提高矿产资源采选回收水平。严格实施矿产资源采选回收率准入管理，从严制定开采回采率、采矿贫化率和选矿回收率等新建矿山、油田准入标准，并对生产矿山、油田进行定期监督检查。严格执行《矿产资源节约与综合利用鼓励、限制和淘汰技术目录》，引导资源开采企业使用先进适用的采选回收工艺技术，切实提高矿产资源采选回收水平。充分利用低品位、共伴生矿产资源，重点加强有色金属、贵金属、稀有稀散元素矿产等共伴生矿产采选回收。

强化废弃物综合利用。研究推广先进适用的尾矿、煤矸石、粉煤灰和冶炼废渣等综合利用工艺技术。鼓励成长型和成熟型城市在资源开发同时，以煤矸石、尾矿等产生量多、利用潜力大的矿山废弃物为重点，配套建设综合利用项目，努力做到边产生、边利用。衰退型城市要因地制宜地发展综合利用产业，积极消纳遗存废弃物。森工资源型城市要提高林木采伐、造材、加工剩余物及废旧木质材料的综合利用水平，实现林木资源的多环节加工增值。

发展循环经济。按照"再勘查、减量化、再利用、资源化"的原则，促进形成有利于节约资源、保护环境的资源开发利用模式。加大对矿产资源领域循环经济发展的支持力度。以矿山企业为主体实施循环经济发展示范工程，推进煤层气、油页岩、煤矸石、难选冶黑色金属、共伴生有色多金属、矿山固体废弃物和多金属尾矿资源等综合开发利用，引导和带动矿产资源领域循环经济发展。探索发展循环经济的有效模式，大力推进绿色矿山建设，安全、环保、可持续地发展矿业经济。

四、合理规划资源开发与城市发展

新建资源开发项目必须符合矿产资源规划和土地利用总体规划，并与城市总体规划相衔接。尽可能依托现有城市产业园区作为后勤保障和资源加工基地，避免形成新的孤立居民点和工矿区。引导已有开发项目逐步有序退出城区，及时实施地质环境修复和绿化。合理确定矿区周边安全距离，在城市规划区、交通干线沿线范围内，禁止露天开采矿产资源，严格控制地下开采。严格开展资源开发生态环境影响评估，最大限度地减少资源开发对居民生活的影响和生态空间占用，努力形成与城市发展相协调的资源开发模式。

第三节 典型案例

一、淮北：调控资源开采数量，延长资源供给年限

（一）淮北在煤炭资源开发中遇到的问题

煤炭资源是淮北的立市之本。淮北因煤而立，缘煤而兴，1960 年随国家开发闸河煤田而设市，是华东乃至全国重要的新型资源工业城市之一，煤炭资源的开发带动了淮北经济社会发展（邓顶宇，2004）。立市以来，由于大规模开发境内煤炭资源，城市经济持续增长。经济规模由 1978 年的 7.4 亿元上升到 2007 年的 259.2 亿元，年均增长速度为 12.6%。城市化进程稳步推进，由 1978 年的 21.2%上升到 2007 年的 43%，基本与全国城市化水平持平。在扩大经济活动总量的同时加速非农业人口聚集，提升人民生活水平，基础设施及公益事业等也得到了较快的发展。同时，经过 40 多年的发展，煤炭产业已经成为淮北的支柱产业，城市经济结构呈现出明显以资源为主导的特征。三次产业结构长期保持“二、三、一”的格局，第二产业占 GDP 的比重维持在 50%以上（图 8-1）。煤炭工业占全市地区生产总值的比重超过 30%，占工业增加值的比重约 70%，占第二产业的比重为 55%，税收占全市财政总收入超过 40%，从业人数占全市工业总人数的 78%。可以说，煤炭资源开发利用带动了淮北的社会经济发展。

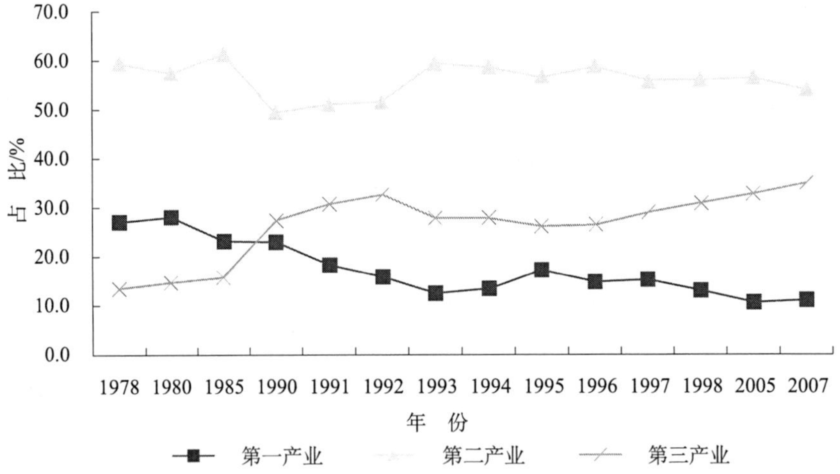

图 8-1 淮北产业结构演化

但是，长期大规模煤炭开采使得淮北境内可采资源日趋减少，开采难度加大。截至 2007 年年底，淮北市煤炭可采储量为 6.6 亿吨，只相当于淮南的 25.45 %；可采年数为 17.94 年，淮南市剩余储量可采年数为 38.9 年。因煤炭资源日趋枯竭，淮北市煤炭采掘业的发展速度减缓（图 8-2）。自 2000 年起，主要矿业集团新增矿井的建设布局已由本市转向周边县市，本市采掘业从业人数小幅下降，同时新增税收划给外市，使淮北出现“增产不增收”的局面。2005～2007年，淮北煤炭采掘业产值逐年增加，但增长幅度不大，远低于马鞍山，采掘业从业人数小幅下降（图 8-3）。受煤炭资源枯竭煤矿山破产或关闭的影响，作为淮北市支柱产业的煤炭产业效益下滑，其税收占政府财政收入的比重降低，煤炭产业对经济发展的作用不断减弱（图 8-4）。

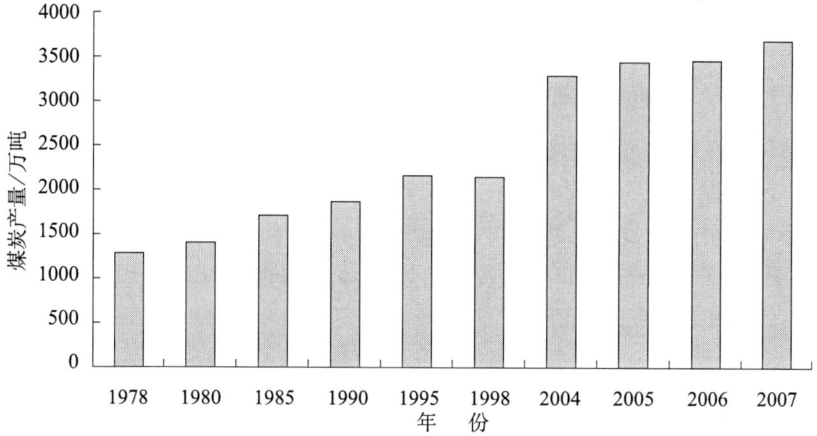

图 8-2　淮北煤炭产量变化

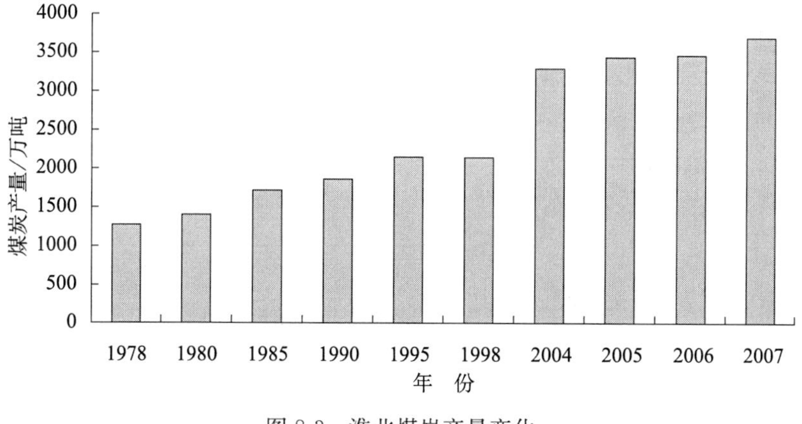

图 8-3　淮北煤炭产量变化

利用 1978 年以来的淮北煤炭资源生产强度与经济增长的关系进行分析。发现自 20 世纪 90 年代中后期开始，煤炭开发强度对淮北经济的贡献下降，这表明

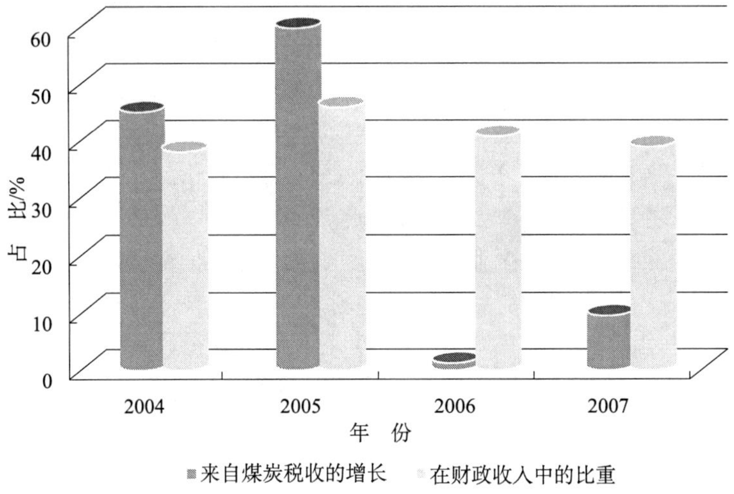

图 8-4 煤炭产业在全市财政收入中的比重变化

淮北的煤炭开发已经从成熟期转入衰退期。对煤炭产量进一步的数据分析显示，这一转折点出现在 1996 年。这对于一个以煤建市，且依然以煤为主导产业的城市来说是一个很大的挑战，也使城市转型成为一种历史的必然。

结合淮北市煤炭产量和煤炭采掘对城市经济的贡献程度，编制了淮北煤炭型城市生命周期模式图（图 8-5）。

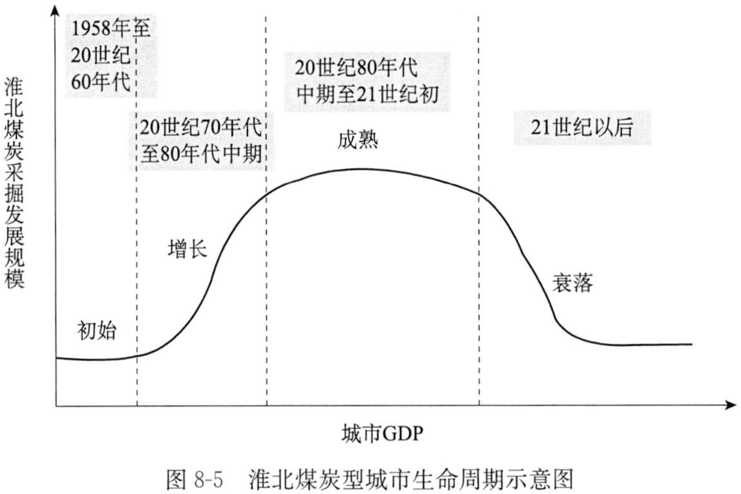

图 8-5 淮北煤炭型城市生命周期示意图

（二）淮北资源开发与利用的策略选择

目前，淮北市发育正处在一个关键时期，因此要充分利用国家推动全国资源型城市转型的机遇，实现城市整体职能的转型。为城市发展注入新的活力是淮北市未来持续发展必须面临的一种抉择。

淮北所具有的优势有两点：第一，市辖区储量减少，但是整体矿区煤炭储量仍有一定结余。淮北矿区包括濉肖、宿县、临涣、涡阳4个煤田，2006年年底已探明的煤炭资源保有储量99亿吨，但淮北市行政区内的煤炭资源保有储量为42.92亿吨，占全省的17.6%。而且淮北煤炭资源品种优良，具有低硫（S＜1%）、低磷（P＜0.05%）、高发热量等特点，且煤种齐全，有气煤、肥煤、焦煤和瘦煤等，为优质炼焦用煤及动力用煤。

第二，从华东地区来看，淮北市毗邻长三角，煤电能源主要供应上海、浙江和江苏等区域，对外经济联系较强的是南京和徐州方向，依托对外的交通联系方式主要是铁路运输，有利于形成长三角地区的能源产业基地。因此，淮北市城市转型和可持续发展定位要突出其在国家、大区域和全省的作用，同时要考虑发展的继承性和自身的优势和特色，突出华东能源基地的地位。

（三）具体措施

淮北的资源开发要适度控制市内煤炭采掘总量，鼓励煤炭采掘业向淮北市外拓展；增强煤炭资源的综合利用和精深加工力度，大力发展新型煤化工和煤电一体化产业，促进传统资源型产业由单一的煤炭采掘业向煤化工、煤电联营和煤焦化电一体化转型，将淮北市打造为华东地区重要的煤化工基地和能源基地。

1. 控制市域内煤炭资源采掘规模，鼓励煤炭采掘企业向市外拓展

（1）控制市域内煤炭资源的采掘规模，将年产量控制在2500万吨左右，以延长开采时间，突破可采年数为17年的资源瓶颈；通过市内煤炭采掘年限的控制，延长接续产业发展的过渡时间。

（2）加大在宿州、涡阳、蒙城等市域外矿井的建设和开发强度。通过利用市内外两个资源，将煤产量保持在每年5000万吨左右，保障煤炭资源的稳定供给，增强煤炭工业对新型煤化工及火电产业的支撑力。

（3）切实提高现有矿井的煤炭回采率，力争到2010年将其提高并保持在81%以上；同时提高天然焦的回采率和综合利用水平，确保对矿井的充分开发。

2. 大力发展煤化工产业，推动传统资源型产业的转型和升级

（1）近期，大力发展煤化工产业，有效降低煤炭采掘业在国民经济中的比重。以淮北矿业集团和皖北煤电公司为龙头，以临涣和南坪两镇为煤化工产业基地，以焦炭和甲醇为主导产品，到2010年形成440万吨焦炭和100吨甲醇的年生产规模，并实现年产30万吨焦油、8万吨初苯，推动煤炭工业向煤化工产业转型。

（2）远期，以煤炭资源为基石，以循环经济为导向，以技术吸收和设备改造为动力，进一步提高煤炭资源的精深加工水平，并向二甲醚、烯烃、聚氯乙

烯（PVC）等下游产品延伸，形成年产120万吨电石、40万吨聚丙烯、15万吨苯胺等新型煤化工产品的生产规模。通过延长煤化工产业的产业链，提高煤炭资源的利用率和经济效益，推动传统资源型产业的转型和升级（图8-6）。

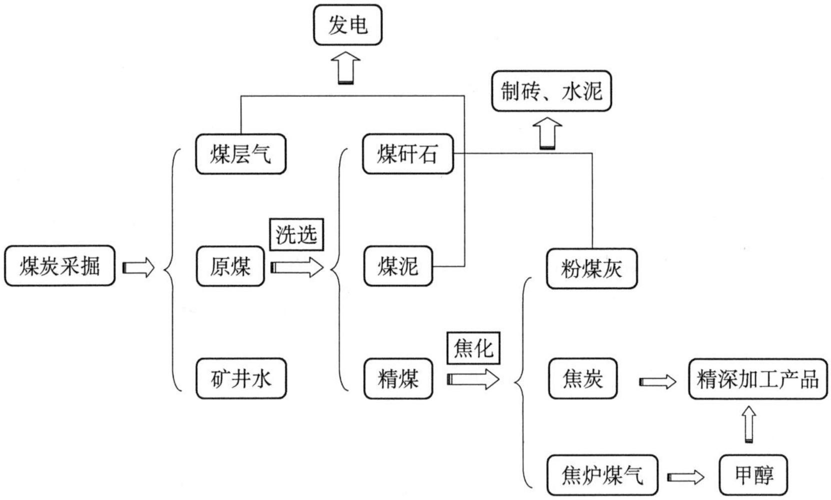

图8-6 煤化工循环经济产业链

3. 优化发展火电产业，推动煤电产业联营和煤焦化电一体化发展

（1）优化火电产业的发展，更新发电设备，实行“上大压小”的电力发展模式，重点发展单机容量在60万千瓦以上的超临界火电机组，在远期使全市的总装机容量达到500万千瓦。同时，加快变电站的综合自动化改造，完善输电网络建设，提高电网的输配电能力和供电可靠性，将淮北市打造为华东地区重要的能源基地。

（2）推动煤电产业联营，促进煤焦化电一体化发展。充分利用煤层气、煤泥、煤矸石等煤炭采掘及煤焦化过程中的伴生资源，建设坑口电厂和煤泥矸石电厂，分别形成2×30万千瓦和6×30万千瓦的产能，推动煤电产业联营和煤焦化电一体化发展。

4. 依托临涣、南坪两镇，建设淮北煤化工循环经济示范基地

通过延伸产业链条，促进煤化-盐化一体化发展，推动传统资源型产业由单一的煤炭采掘工业向煤化工等产业发展。同时，依照循环经济的产业发展模式，推动煤焦化电一体化、基地化发展，将临涣、南坪两镇建设成为淮北市的煤化工循环经济示范基地。

（1）以淮北矿业集团为主导，建设临涣煤化工基地。在年产1200万吨原煤的资源保障下，加快临涣煤化-盐化一体化基地的建设步伐。提高精煤的洗选能力，形成600万吨的精煤生产能力；同时，到2010年形成440万吨焦炭的产能，并利用炼焦产生的焦炉煤气制甲醇，到2010年实现甲醇年产量40万吨。通过技

术吸收和设备引进，延伸煤化工产业链条，提高煤炭资源的精深加工能力，到2010年形成年产30万吨焦油、8万吨初苯的生产规模。提高原有矿井的回采率，特别是加强对天然焦的开采力度，并着力解决天然焦的利用难题，提高资源的利用率。

（2）以皖北煤电公司为龙头，在南坪建设煤化工基地。在近期实现60万吨甲醇、60万吨尿素的年产量，同时推动聚丙烯、电石等下游产品的生产。

（3）建立循环经济的发展模式，提高煤炭资源及伴生资源的综合利用水平。通过对各种资源的综合利用，将临涣、南坪打造为淮北市的煤化工循环经济示范基地，增强淮北市作为煤炭资源型城市实现产业转型的示范意义。利用原煤洗选后的煤泥、煤矸石作为燃料，在临涣和南坪两镇分别建设4×30万千瓦和2×30万千瓦的煤泥矸石发电厂；利用电厂产生的粉煤灰及部分不能做燃料的煤矸石可作为制砖材料，形成4亿块的年生产能力。做好煤炭开采与煤层气抽取的衔接及坑口电厂的规划与建设，推动煤层气发电与综合利用项目的建设，形成4×30万千瓦的装机容量；大力推动矿井水的资源化利用，将矿井水分层面地应用于发电厂冷却、厂区绿化等生产与生活领域。

二、克拉玛依：有序高效利用资源，提高资源供应能力

（一）克拉玛依石油开发与利用基本情况

克拉玛依地区是西部重要的油气资源富集区，克拉玛依油田是新中国成立后发现的第一个大油田，是大庆油田发现前全国产量最大的石油生产基地。1981年以后，克拉玛依原油产量连续30年稳步增长，持续居全国陆上油田第四位。克拉玛依的油气田分布横向连片、纵向叠合，由多种油气层系和油气藏类型组成，其中白碱滩、红山嘴、风城等地区分布着我国比较缺乏的重油资源。克拉玛依油田勘探开发的主战场准噶尔盆地，是我国陆上油气资源总量超过100亿吨的三大盆地之一，石油总资源量为86亿吨，占新疆总资源量的41%；天然气总资源量为2.1万亿立方米，为新疆总资源量的19.3%。随着克拉玛依等大气田相继发现，克拉玛依正逐步从大油田向大油气田转变，现代化大油气田的格局基本形成。

（二）克拉玛依石油开发与利用的策略

克拉玛依的石油储备丰富，从发展国家石油战略储备基地的要求出发，按照有序开发、高效利用、科学调控、优化布局的原则，加大油气资源勘查力度，合理调控资源开采总量，提高资源综合利用水平，巩固资源的持续供应能力，

确保油气资源对克拉玛依市建设世界石油城市的支撑。

1. 加大资源勘查力度

(1) 引导后续油气勘探方向。扩大勘探区域，加大寻找油气资源接替区的力度。加强公益性地质调查工作，积极探索并合理评价油气资源远景调查工作，明确油气资源远景储量。提高勘探精细程度和资源探明率，加快推进准格尔盆地西北边缘地区及下方石炭系海相盆地油气资源的整体勘探工作。重点组织开展油气田勘探新技术的研究攻关，应用先进的物探、钻井、测井、试油等技术，力争在准噶尔盆地发现更多的整装大油气田，增加油气资源后备储量。开展重点油气田中深部隐伏油气资源的预测和评价，鼓励采用新技术和新方法，圈定一批找矿靶区，积极寻找后备接替油气田。以克拉玛依油田中拐—五、八区下乌尔禾组和风城组为未来天然气勘探的重要领域，加强准格尔盆地天然气勘探力度。加强油气资源远景区的整体评价，促进油气资源规模开发。进一步鼓励并支持以新疆油田公司“大北疆”油田勘探为主的开发战略（董文波等，2011）。

(2) 加强老油气区深度挖掘。加强油田深部勘察，扩大油田储量规模，深入挖掘评价克拉玛依油田、独山子油田、乌尔禾油田、白碱滩油田、百口泉油田等老油田的油气资源潜力，大力支持克拉美丽气田天然气资源的深入勘查工作。重视油气田周边地区探边摸底工作，开展油气田外围勘查工作，加强油气田生产过程中的补充勘察，扩大油气资源地质储量规模，延长油气田服务年限。加强对老油气田的环境地质调查、地质环境监测，对地质条件复杂的老油气田区，进行地质补充性勘查。加快大比例尺油气资源预测技术、大深度高精度地球物理勘查技术、精细地球化学定量探测技术和深部钻探技术等关键技术在油气田勘探工作中的推广应用，注重采用新理论和新技术综合评价老油气田，提高油气资源综合勘查水平。建立老油气田耗竭资源储量和剩余资源储量的动态跟踪和利用情况的监督管理体制，做好资源储量动态监测。

(3) 改善商业性勘查投资环境。鼓励发展多种所有制的商业性油气资源勘查公司和找矿企业，促进以准格尔盆地为重点地区的油气资源全面勘查工作。加强地质勘查行业管理，培育壮大商业性勘查市场主体，确立企业在商业性勘查中的主体地位，营造促进商业性油气资源勘查的环境。充分发挥产业政策和政府财政资金引导作用，引导社会勘查资金投入。做好重点油气区的预查和普查等前期勘察工作，通过提高油气资源勘查力度，降低商业勘察风险。提高基础性地质调查工作程度，充分发挥公益性地质工作对商业性矿产资源勘察的引导作用，促进公益性与商业性地质工作合理分工、相互促进，勘查开发紧密衔接，实现良性互动。

2. 合理调控开发强度与布局

(1) 提高油气资源持续供应能力。优化准格尔盆地油气资源开发，深入挖掘主要产油气区的资源潜力。加强克拉玛依油田等老油田稳产改造，扩大石油开采规模，确保石油产量稳产并保持稳步上升，大力提高克拉美丽气田天然气开采规模。推进油气资源基地化建设，提高资源储备能力。抓住国家增加石油战略储备、中国石油建设石油商业储备项目的机遇，积极争取石油储备库建设项目和资金，努力扩大石油储备基地规模，进一步巩固克拉玛依作为我国石油战略储备基地的重要地位。依托新疆油田公司、中哈石油管道工程建设油气生产基地，依托独山子石化公司，建设国际一流现代化石化基地。积极争取布局天然气、成品油储备项目。加快油气资源勘探开发一体化发展，实现 2012～2015 年油气产量规模增长，每年原油产量净增 100 万吨，天然气产量净增 10 亿立方米。到 2015 年，油气产能规模达到 1600 万吨以上和 100 亿立方米。到 2020 年，油气当量力争达到 3000 万吨。

（2）调整资源开发利用结构。促进油气资源开采规模化、集约化发展。根据克拉玛依市油气资源的现状及开发利用情况，统筹规划，对油气开采区实行统一规划、合理开发，采用先进的技术、工艺与设备，进一步推动油气资源的规模化、集约化、科学化开采。设立油气企业开采准入条件，严格执行油气田最低开采规模、开采技术及资源利用率等准入条件。加强监督管理，对不符合准入条件、资源破坏浪费严重的企业进行整改联合，依法清理关闭不具备安全开采条件的油气企业。继续实行油气并举的方针，充分发挥准格尔盆地天然气资源丰富的优势，进一步加快天然气开发步伐，全面建成绿色、数字和人文特征鲜明、充满生机与活力的现代化大油气田。

（3）优化资源开发利用布局。加强重点开采区内油气资源的规模开采和集约利用，规划和统筹安排重点开发区内油气资源勘查开采活动，引导和支持各类生产要素集聚，加快配套设施建设。进一步推进大中型油气田整体勘察和整装开发，形成油气资源稳定供给和创新资源开发模式的重要区域。适当提高重点开采区内的最低开采规模标准，优化布局，促进形成集约、高效、协调的开发格局。促进鼓励开采区内资源开发利用，鼓励在开采市场前景好，经济效益高，开采过程中能够有效控制对生态环境造成影响的地区开展资源开发活动，鼓励在具有资源潜力的落后地区进行符合资源与环境保护要求的资源开发活动。严格限制开采区的管理，坚持科学规划论证、严格控制开采规模促进资源和生态环境保护。加强油气资源保护，限制在当前技术经济条件下无法合理利用资源的区域开展油气资源开发活动。依法禁止在艾里克湖湿地区、白杨河流域天然胡杨林区、玛河古道下游区、乌尔禾胡杨林区以及无名湖湿地等自然保护区，魔鬼城、西郊戈壁及独山子泥火山地质公园等地质遗迹保护区，白杨河、奎屯河、玛纳斯河、克拉苏河、达尔布图河及艾里克湖等重要饮用水源保护区的生态环境保护区域内开展油气资源开发活动。

3. 加强资源节约与综合利用

(1) 提高矿产资源开发水平。采用先进技术提高石油采收率，减少储量消耗和废弃物排放。鼓励应用二次采油、三次采油技术和低渗透薄油层水平井开发技术，促进石油的高效开采。进一步开展稠油、超稠油油藏综合地质先导试验方案研究，进行蒸汽驱提高开发效果优化技术研究。油气田开发围绕准噶尔盆地火山岩油藏提高采收率技术及开发试验，重点开展火山岩油藏地质油藏工程、油藏精细描述等技术研究，形成西北缘及腹部火山岩油藏提高采收率主体技术。开展水平井及特殊结构井钻完井配套技术、深井超深井钻完井配套技术、复杂储层及特殊钻井工艺条件下地层有效识别评价的测录井配套技术等不同类型的油气资源开发配套技术研究，提高油气资源开发水平。加强油气采收率准入管理和监督检查，制定采收率和综合利用率的准入标准，未达到要求的不得颁发延续开采许可证。新建油气企业不得采用国家限制和淘汰的采选技术、工艺和设备，强化对采收率的监督检查，引导和强制油气企业切实提高资源开采水平。

(2) 鼓励矿产资源综合利用。加强共伴生矿产资源的综合勘查与利用，对具有工业价值的共伴生矿产统一规划，合理开采。提高油页岩、地表油砂等共伴生资源开发利用技术的研究与应用。加快油页岩干馏炼油技术的研发，按照炼油—化工—发电—多金属—建材一体化联合生产模式，实现油页岩的高效、节能、环保开发利用。采用先进开采方法和加工方法，有计划、有步骤地开发利用黑油山、白碱滩、湖湾区及乌尔禾等地的地表油砂岩。完善油气资源综合利用的激励引导机制。推动实施油气资源综合开发利用计划，提高技术创新能力。推进稠油、地表油苗资源调查工作，全面评价综合利用潜力。明确油气企业开发准入条件和技术要求等规定，鼓励和支持油气企业开展节能减排工作。对提高资源利用效率的技术改造项目和企业，制定相应的优惠政策，提供信贷金融支持。实行定期发布鼓励、限制和淘汰的技术、工艺、设备名录制度，建立技术咨询服务体系，有效引导油气资源节约与综合利用。

第九章　产业的转型与升级

资源型城市转型的核心问题是产业问题。由于资源型产业的特殊性，资源型城市经济结构一般脆弱性较高，经济运行波动性较大，经济不可持续发展的趋势明显。解决这一问题的根本途径是培植适合本地发展的接续替代产业。要通过科学的方法选择和培育接续替代产业，从延长产业链、促进就业、培养经济新增长点的方向出发，努力发展形成多元化的产业体系，促进城市产业功能向可持续的方向转变，最终完成产业转型的目标。

第一节　资源型城市经济发展的特征①

一、资源型经济的一般特征

资源型经济现象是资源型城市最主要的特征之一，也是导致资源型城市经济衰退、企业倒闭、失业增多等各类问题的主要因素（邱浩，2011）。处于不同发展阶段，实行不同制度的资源富余国家，资源型经济具有不同的特征和表现形式。经张复明（2007）初步归纳，资源型经济存在以下五方面的突出问题。

（1）贸易条件恶化，并引发反工业化现象。资源开发和资源繁荣，增加了资源部门对资金、技术、人才、土地等经济要素的需求，势必会提高要素的价格，引起经济要素比价的变化，以及要素在部门间的流动和重新配置，从而打破了原有的经济平衡。要素比价的变化，抬高了其他部门，尤其是制造业的生产成本，削弱了其他产业的竞争力，严重地妨碍了可贸易部门的国际竞争力，

① 本节内容主要参考：张复明（2007）。

导致了这些部门就业比重下降，在国民经济中的份额下降，继而出现了反工业化现象。

（2）资源收益分配不公问题。矿物资源是天赋资源财富，与其他产品的特征和属性存在着较大的差异。在资源富集的国家和地区，面对骤然繁荣的资源产业和滚滚而来的资源财富，往往缺乏相关的制度准备和调节机制，资源收益分配不公问题十分严重。尤其在资源价格高扬的时期，巨额的溢价收益大多直接流入采矿权所有者的手中，导致收入分配的严重不公平。

（3）资源性产品价格波动所引起的经济波动。在资源型经济体中，资源收益大都是财政收入的主体，资源产业往往是国民经济的支柱，经济发展对资源价格的波动十分敏感。世界资源价格波动直接导致资源经济体更大幅度的增长波动，乃至经济动荡和发展衰退。资源价格高企时，资源财富大幅度增加，财政预算倾向于铺摊子，财政资金效益往往不够理想。资源价格下跌时，资源收益明显减少，国家（地区）预算出现紊乱，经济机器难以正常运转，甚至引发更加严重的社会后果。

（4）投资外逃、消费外溢和非理性消费问题。在资源型经济体中，由于缺乏有效的监控和调节机制，巨额的资源收益无法得到合理使用。资本外逃问题最为突出，大量的资源财富被用于异地投资和异地置业。消费外溢问题也相当突出，主要表现为在外消费，特别是采矿权收益人的奢侈品消费、高档服务消费及旅行消费。这类超前性、畸形化和奢侈型消费倾向，诱发和扩大了非理性消费行为，并对当地商品和服务市场价格产生重大影响。资源型经济体的投资和消费特点，未能给经济发展提供必不可少的有效需求拉动和生产性投资支撑，不仅对当地经济的促进作用十分有限，还在较大程度上搅乱了正常的经济秩序。

（5）资源型产业体系的自循环发展及产业结构问题。凭借天赋资源所特有的比较优势，资源型经济体倾向于把大量的投资集中在资源领域，并在短期内出现资源繁荣现象。受市场需求的刺激，必然会相应地发展起与资源产业相关的配套产业、生产性服务产业及满足特定资源性消费的服务性产业，这些产业必然是与主导产业共命运、共兴衰的。不少资源型经济体还大力延长产业链，积极扶持具有高耗能、高耗材特点的后续加工业。这些产业所形成的庞大资源型产业体系，受资源性产品价格波动的影响很大，引发了经济发展的脆弱性问题。同时，资源产业的快速扩张吸纳了大量的经济要素和稀缺要素，降低了生产可能性曲线，妨碍了其他产业的健康发展，带来了产业结构的单一化和刚性化问题，严重削弱了产业综合竞争力。

二、资源型经济在我国资源型城市（地区）的特殊表现

资源型经济的产生有着一定的历史条件。在我国，“重工业优先”的发展战

略和“全国一盘棋”的区域分工体制等因素的综合作用，产生了“高地”经济、“飞地”经济、外部不经济、经济脆弱性和波动性问题等值得关注的经济现象，共同决定了资源型城市（地区）特殊的经济循环过程（图 9-1）。

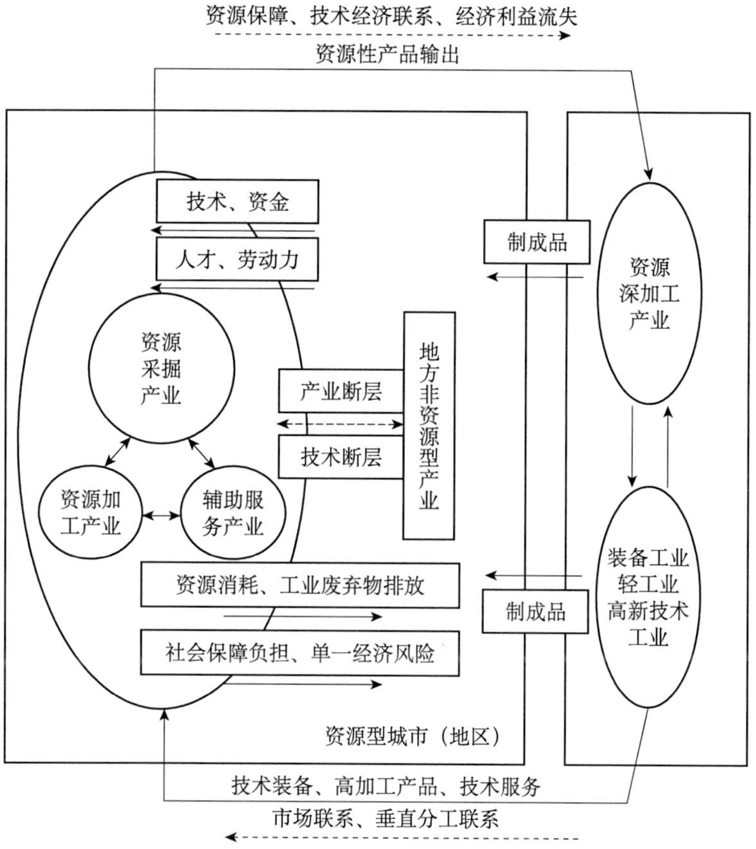

图 9-1　资源型经济体系

资料来源：张复明（2007）

（1）“高地”经济现象。在资源型地区，依托天然赋存的资源优势及由此派生的区域比较优势，资源性产业往往处于支柱和支配地位。通过规模开发或群体开发，由成本优势所带来的低层次竞争优势，导致资源性产业与当地其他产业之间效益工资的巨大差异，进而造成经济要素的单向性流动，使本地区较为稀缺的资金、技术、人才和劳动力等大量地流入资源性产业领域，形成了资源性产业内部刚性的经济循环，进而对资源优势进一步产生了“放大效应”。其结果，资源性产业成了区域经济的增长高地，成了经济要素的集聚之所。在其巨大的吸纳作用下，各种经济要素被固化在资源性产业领域，与资源开发的勘探、评价、人力资源资源培训和开发、技术开发、生产服务、辅助产业、资源运输、资源贸易得到了较快发展。与此相对比，而非资源性产业处于弱质和从属地位，难以形成产业吸引力。在资源性产业“高地”效应的影响下，其他产业（包括接续替代产业）的发展空间受到挤压，发展机会明显减小，发展潜力得不到发挥，迟迟形不成真正的市场竞争能力，导致要素配置条件的继续恶化。在传统的“高度集中、条条管理”的计划管理体制下，各类驻地单位的“企业办社会”问题相当突出，这种体制性问题使“高地经济”现象更为严重。事实上，在多数资源型地区，“高地”现象带来了明显的差异性效应，资源型产业往往与“高成长”“高效益”“高收入”联在一起，而非资源型产业则与“低成长”“低效益”“低收入”相伴。

（2）“飞地”经济现象。在“比较优势”原理的指导下，资源型地区大多把资源开发看作是“固定的、必然的”劳动地域分工任务，把资源性产业作为唯一的专门化发展方向。限于要素禀赋和其他不利因素，非资源性产业发育不足，技术水平偏低，竞争力较差，无法为资源性产业提供技术支撑和装备支持，而资源性产品的主导市场又在区外（主要是对资源性产品消耗量巨大的加工型区域）、相关的支撑性产业（如为资源开发服务的装备产业和生产服务产业）也在区外，导致产业发展的链条必然地甩在外边，各种产业联系必须付出巨额运输成本。这样，资源性产业便成了与当地经济缺乏有机联系的“经济飞地”。在传统的计划经济年代，不仅产业联系被割裂，企业利润、就业、社区文化也与当地完全分离。至今，这种问题依然有后续性影响。

（3）外部不经济问题。资源开发过程，不是一个单纯的企业内部行为，不是一个简单的投入-产出现象。资源产品的生产，意味着资源的大量耗费，资源综合开发水平越低，资源浪费越严重。多数情况下，资源开发将会对景观、土地、植被、生物多样性、水资源等产生不同程度的破坏或影响，将会造成环境污染，将会带来生态衰退或生态紊乱，进而将会对开发区域的经济社会发展和居民生活产生诸多不利影响，有时甚至是无法逆转的影响。可见，资源性产业的发展，必然伴随着各种各样、程度有别的外部不经济问题。外部损失超过资源企业内部收益的情况，成本外溢现象影响地方经济发展的问题屡见不鲜。

（4）经济脆弱性和波动性问题。在产业系统方面，资源型经济突出地表现为产业单一性和低层次特征，加之，资源性产业又属于典型的上游产业，因而往往受到市场价格变化的影响很大，主导产业发展、产业经济增长和产业结构成长随之出现剧烈的波动，给区域经济发展带来了难以避免的风险问题。在价格上扬时，资源开采和初加工产业成为高收益的“短平快”产业，资金等经济要素一拥而入，投资建设“无暇他顾”，其他产业难以得到有力的扶持和发展。在市场条件不利时，与资源开发相关的产业全线“溃退”，经济要素全面“紧缩”，资金短缺问题日益严重，经济建设“无力他顾”，接续替代产业培育同样难以得到应有的支持。

综上所述，由于经济体制、发展水平及其他国情特征的影响，我国资源型经济问题更为突出，转型所面临的问题更为棘手。尤其在资源价格高企和上扬时期，资源开发冲动难以阻挡，资源型经济问题更加难以解决。

第二节 资源型城市产业转型的目标取向

根据资源型城市的特点及其经济可持续发展所面临的障碍，我们认为在推进资源型城市产业转型及经济可持续发展过程中，应当实现以下战略目标。

一、多元化产业体系基本形成

产业结构单一、抗波动能力差是资源型城市的通病，产业结构的不合理发展最终导致城市出现严重的经济问题，危及城市可持续发展的根基。对资源型城市产业进行转型发展的重点就是要改变这种不合理的城市产业结构，让资源型城市产业走上健康、多元的可持续发展道路。通过建立接续替代产业或支柱企业集群，大幅度降低资源经济在城市经济中的比例，形成新的主导产业，取代资源型产业的主导地位，引导原来单一的资源型经济向复合型的多元经济转变，提升产业体系综合竞争力，使资源型城市最终形成可持续发展的多元化产业体系。

二、经济发展方式明显转变

在可持续发展的思想指导下，遵循循环经济理念，以“减量化、再利用、资源化”为原则，改变以牺牲资源和环境为代价的经济增长方式，充分考虑区域的资源环境承载能力，节约自然资源，提高资源利用效率和再利用水平，实现废物减量化、资源化和无害化，创造良性的社会财富。尤其在工业生产中，按照清洁生产的方式应尽可能地节约生产资料，充分利用科技的提升和投入，将资源进行循环再利用，减少废物产出，做到生产和环境的双重效益，达到人与自然的和谐统一。

三、城市劳动力基本实现就业

人员就业与产业发展是息息相关的两个方面，资源型城市单一产业结构的不合理波动会直接影响到城市人员就业-失业的动态结构。培育多元化的产业结构，建立稳定的产业发展体系，是消除城市人员大规模失业问题的核心。同时，在资源型城市启动经济转型、企业改造的初期或在就业岗位与待业人员数量严重不平衡的情况下，政府应当积极发挥主导作用，通过开发就业岗位、对劳动者开展就业技能培训、提供就业中介服务、规范就业市场秩序等手段，承担起促进就业的责任。通过多渠道共同努力，最终实现资源型城市劳动力的合理就业。

第三节　资源型城市接续替代产业选择的主要方法

资源型城市要发展接续替代产业，最根本的是要在资源产业之外选择能够支撑城市可持续发展的主导产业。而如何根据资源型城市的区域特点选择合适的分析方法，则是正确选择接续替代产业的关键。

一、接续替代产业选择原则和基准

资源型城市接续替代产业的培育和选择标准可以通过产业经济学中对主导产业的选择基准来体现。在产业经济理论史上，许多学者提出了界定和选择主导产业的基准，最著名的是罗斯托基准、筱原两基准、赫希曼的产业关联基准等。

罗斯托基准是指产业扩散效应理论中主导产业的选择基准，其含义是选择具有扩散效应（回顾、旁侧、前瞻）的部门作为主导产业部门，将主导产业的产业优势辐射传递到产业链的各个产业中，以带动和促进区域经济的全面发展（曹芳萍和朱满华，2007）。日本经济学家筱原三代平提出了选择主导产业的两条基准，即“收入弹性基准”和“生产率上升基准”。收入弹性基准是按照收入弹性大小来选择主导产业的；生产力上升基准是按照技术进步快慢、技术要素密集大小和经济效益好坏基准选择主导产业的。筱原两基准是日本20世纪60年代至70年代日本政府制定产业政策的依据。赫希曼的产业关联基准认为，发展政策的目标应挑选和集中力量发展那些在技术上相互依赖、产业关联效应强烈的“战略部门”，这种产业关联是前向联系和后向联系的有机结合（魏后凯，2008）。

总体来看，这些基准主要是从产业结构演化规律、主导产业的特点及本地区瓶颈因素等角度来考虑的，而且这些基准在不同的社会经济历史条件下有不同的侧重。有学者提出了比较优势原则、综合效益原则、市场需求原则、技术进步原则、产业关联原则、资源有效配置原则、外贸原则七个选择原则（吴殿廷，2004），根据这些原则选择区域主导产业。陆大道（1990）院士指出，一个部门要成为地区经济发展的主导产业，必须同时具备如下四个条件：①有较高专业化水平，一般要求区位熵值在2以上，该产业的生产主要为区外服务；②在地区生产中占有较大比重，一般要求该产业产值比重在15%以上，能对本地区经济发展产生重大影响；③与区内其他主要产业关联度高，产业之间的联系越广泛、越深刻，越能通过乘数效应带动整个地区经济的发展；④能够代表区域产业的发展方向，富有生命力的产业。

二、接续替代产业选择的分析方法

接续替代产业的选择可以通过计算本地各行业的比较优势指数、需求-收入弹性系数、产业联动指数、技术进步指数等，选取各项指数分值较高的行业作为接续替代产业发展重点进行培育。下面介绍这几项指数的计算方法。

（一）比较优势指数

接续替代产业的选择首先要具备比较优势，比较优势指数一般分为比较集中率系数（区位熵）和比较市场占有率系数。

比较集中率系数（区位熵）表达式为

$$CC=\frac{C_{ik}/C_i}{C_k/C} \tag{9-1}$$

式中，C_{ik} 为 i 地区 k 产业的产值（或从业人员）；C_i 为 i 地区所有产业的产值（或从业人员）；C_k 为全国 k 产业的产值（或从业人员）；C 为全国所有产业总产值（或总从业人员）。

比较市场占有率系数表达式为

$$CX=\frac{X_{ik}/X_i}{X_k/X} \tag{9-2}$$

式中，X_{ik} 为 i 地区 k 产业的产品销售收入；X_i 为 i 地区所有产业的产品销售收入；X_k 为全国 k 产业的产品销售收入；X 为全国所有产业的产品销售收入。

根据接续替代产业的特点和功能，接续替代产业应同时具备区内比较优势和区际比较优势，应用比较优势指数能够顺利地区分出各个产业的优势大小。比较优势指数用区位熵表示，区位熵是衡量区域专门化程度的基本指标，作为地区接续替代产业，区位熵应该大于1，而且越大越好。

（二）需求-收入弹性系数

产业的市场需求状况一般用需求-收入弹性系数表示。一个产业的需求弹性高，意味着其产品的市场潜力大，具有较大的市场发展机遇，是大批量生产和加速技术创新的先决条件。因此，只有那些需求弹性高的产业才有可能作为接续替代产业优先发展。某一个产业产品的需求弹性，用需求-收入弹性系数 E 表示，表达式为

$$E_i = \frac{\Delta Q_i / Q_i}{\Delta Y_I / Y_I} \tag{9-3}$$

式中，E_i 为产业 i 的产业需求-收入弹性，$\Delta Q_i/Q_i$ 为该产业产品的需求增长率，$\Delta Y_I/Y_I$ 为国民收入增长率。

需求-收入弹性系数实质是使产业结构同经济发展和国民收入增加所引起的需求结构相适应。E 的大小，反映了某个产业产品的潜在市场份额的大小，E 越大，该产品潜在市场容量越大，市场发展的机遇、效益越好，发展速度越快，在国民经济增长中所占的份额也越大。该系数曾在筱原三代平为日本规划产业结构时提出的接续替代产业选择的两个标准之一。

（三）产业联动指数

判断一个产业与其他产业技术经济联系的密切程度，通常用感应度系数和产业的影响力系数来表示。一般利用投入产出逆阵系数表定量计算产业之间的关联度。在各产业总产品与最终产品的矩阵关系式中，设

$$\boldsymbol{R} = (1 - A)^{-1} \tag{9-4}$$

式中，$\boldsymbol{R}$ 被称为投入系数矩阵（又称为列昂惕夫逆矩阵）。设 r_{ij} 是列昂惕夫逆矩阵 $\boldsymbol{R}$ 中第 i 行、第 j 列的元素，其经济学含义是：j 部门生产每单位最终产品时 i 部门的应有总产品量。产业关联包括产业感应度系数和产业影响力系数两个指标，它们都是投入产出表的重要系数，均是反映产业间经济技术联系的指标。

1. 产业感应度系数

产业感应度系数是其他产业对该产业的平均感应程度与各产业感应程度平均值的比值，表达公式为

$$B_i = \frac{\sum_{j=1}^{n} r_{ij} / n}{\sum_{i=1}^{n} \sum_{j=1}^{n} r_{ij} / n} \tag{9-5}$$

2. 产业影响力系数

产业影响力系数是指某一部门增加一个单位最终使用时，对国民经济各部门所产生的生产需求波及程度，其计算公式为

$$F_i = \frac{\sum_{i=1}^{n} r_{ij} / n}{\sum_{j=1}^{n} \sum_{i=1}^{n} r_{ij} / n} \tag{9-6}$$

某产业的上述两个系数 B_i 和 F_i 值越大，说明该产业在区域产业结构中的关联度越高，对区域经济发展和产业结构演变所起的作用也越大。根据这一个基准，要求所选择的接续替代产业部门具有较强的带动性和推动性。例如，当影

响力系数>1 时，表示第 j 部门的生产对其他部门所产生的波及影响程度超过各部门影响力的平均水平，反之亦然。影响力系数越大，该部门发展对其他部门的拉动作用也越大。

从产业结构分析来看，一般来讲，制造业和深加工工业具有较大的影响力系数，其中电子产业、交通运输设备制造业和金属制品的影响力系数最大。基础产业、上游产业具有较高的感应度系数，化学工业和冶金工业具有最高的感应度系数，说明其他产业的发展需要较多的消耗这些部门的产品。对于地区经济发展来说，影响力系数大的产业比较容易带动其他相关产业的发展。

（四）技术进步指数

技术进步指数包括产业技术水平指数和技术进步率两种（魏后凯，2007）。

1. 产业技术水平指数

产业技术水平指数表达式为

$$A_i(t)=Y_i(t)/(K_i^{\alpha_i}(t)L_i^{\beta_i}(t)) \tag{9-7}$$

式中，$Y_i(t)$ 为 i 产业第 t 年的总产值；$K_i(t)$ 为 i 产业第 t 年拥有的资金总额；$L_i(t)$ 为 i 产业第 t 年平均职工人数；α_i 为 i 产业资金产值弹性，β_i 为 i 产业劳动力产值弹性。

2. 技术进步率

技术进步率表达式为

$$v_i=(\ln A_i(t_n)-\ln A_i(t_0))/(t_n-t_0) \tag{9-8}$$

式中，$A_i(t_n)$ 为 i 产业第 t_n 年的技术水平；$A_i(t_0)$ 为 i 产业第 t_0 年的技术水平。

技术进步是区域经济增长的重要因素，是推动产业结构高级化和社会生产效率提高的主要动力。接续替代产业应该是拥有较高的技术水平、较快技术进步率、技术进步对产值增长速度贡献大的产业。因此，通过对产业的技术水平和技术进步率进行测算，能够为接续替代产业的选择基准提供依据（表 9-1）。

表 9-1　接续替代产业选择评价方法

接续替代产业选择基准	测算模型	备注
市场需求基准	需求收入弹性系数=某一产业产品的需求增加率/人均国民收入的增加率。实际测算以产业弹性 E_{it} 衡量 $E_{it}=\dfrac{Q_{t'}/Q_t}{\sum_{i-1}^{n}Q_{it'}/\sum_{i-1}^{n}Q_{it}}\quad(t'>t)$ Q_{it} 为在 t 时点第 i 个产业的产出量；n 为区域产业数量	$E_{it}>1$ 的产业将在总产值中占有更大的份额 $E_{it}<0$ 的产业绝对产出量呈减少的趋势 $0<E_{it}<1$ 的产业其产业比重呈萎缩的趋势

续表

<table>
<tr><th>接续替代产业选择基准</th><th colspan="2">测算模型</th><th>备注</th></tr>
<tr><td>技术进步基准</td><td colspan="2">1. 技术水平：$A_i(t)=Y_i(t)/K_i^{\alpha i}(t)L_i^{\beta i}(t)$
$Y_i(t)$ 为 i 产业第 t 年的总产值；$K_i(t)$ 为 i 产业第 t 年拥有的资金总额；$L_i(t)$ 为 i 产业第 t 年平均职工人数；α_i 为 i 产业资金产值弹性，β_i 为 i 产业劳动力产值弹性
2. 技术进步率：$\upsilon_i=(lnA_i(t_n)-lnA_i(t_0))/(t_n-t_0)$
$A_i(t_n)$ 为 i 产业第 t_n 年的技术水平；$A_i(t_0)$ 为 i 产业第 t_0 年的技术水平</td><td>技术进步率同时也是供给基准或效率基准</td></tr>
<tr><td rowspan="2">比较优势基准</td><td colspan="2">比较优势系数（CS）：$CS=CC\times CX$</td><td rowspan="2">区位熵是衡量区域产业专门化程度的基本指标，作为区域接续替代产业，区位熵应该至少大于1，而且越大越好</td></tr>
<tr><td>1. 比较集中率系数（区位熵）
$$CC=\frac{C_{ik}/C_i}{C_k/C}$$
C_{ik} 为 i 地区 k 产业的产值（从业人员）；C_i 为 i 地区所有产业的产值（从业人员）；C_k 为全国 k 产业的产值（从业人员）；C 为全国所有产业总产值（总从业人员）</td><td>2. 比较市场占有率系数
$$CX=\frac{X_{ik}/X_i}{X_k/X}$$
X_{ik} 为 i 地区 k 产业的产品销售收入；X_i 为 i 地区所有产业的产品销售收入；X_k 为全国 k 产业的产品销售收入；X 为全国所有产业的产品销售收入</td></tr>
<tr><td rowspan="3">产业关联基准</td><td colspan="2">产业关联系数（RS）：$RS=RC\times RX$</td><td rowspan="3">“两高”部门是接续替代产业的最佳选择，“一高一低”部门存在可能性，“两低”部门则不宜
逆阵指投入产业表中列昂惕夫逆矩阵</td></tr>
<tr><td colspan="2">产业影响力系数（RX）＝该产业纵列向逆阵的平均值/全部产业纵列逆阵系数的平均值的平均</td></tr>
<tr><td colspan="2">产业感应度系数（RC）＝该产业横行逆阵的平均值/全部产业横行逆阵系数的平均值的平均</td></tr>
</table>

资料来源：薛领等（2004）

第四节　资源型城市接续替代产业发展的主要方向

资源型城市接续替代产业发展有四个主要的方向：第一是基于原有的采掘业基础发展资源深加工产业、延长产业链条，提高原有资源型产业的发展深度；第二是发展劳动密集型产业，以充分吸纳因资源型产业衰退而出现的大量失业人员再就业；第三是培育旅游、现代物流等具备一定发展基础或资源禀赋的服务业，培育新的经济增长点；第四是鼓励高新技术产业的发展，提高当地产业发展层次（图 9-2）。

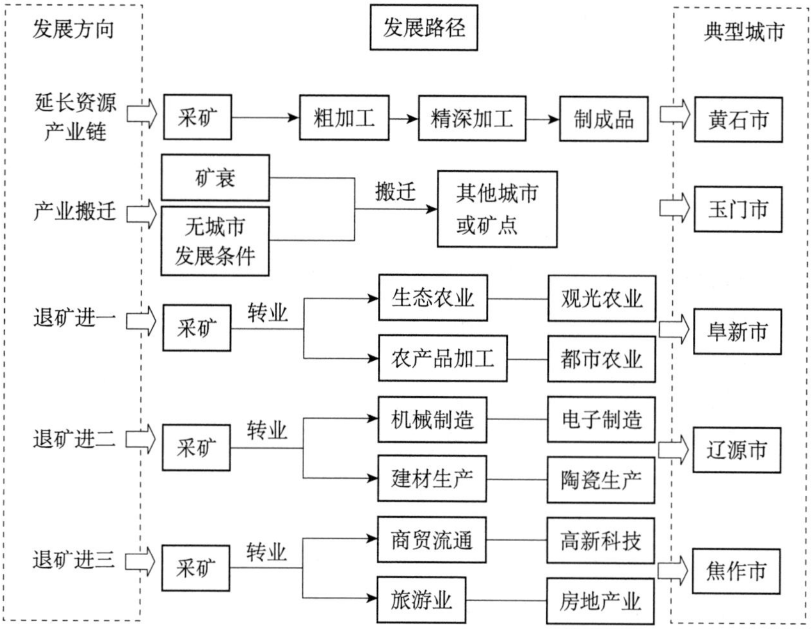

图 9-2　接续替代产业发展方向和路径

一、延长资源型产业链

（一）加大资源探测力度，提高资源供给能力

矿产资源为非可再生资源，在经历多年大规模开采后，许多资源型城市都面临着可采资源枯竭的问题（王惠慧，2012）。例如，大庆油田的可采储量只剩余 30%，到 2020 年预计只能维持到年产 2000 万吨左右；辽河油田开采已动用探明地质储量的 77.1%，油气产量也开始下降。即便是可再生的森林资源，由于多年来重采轻育，实际可采的成熟林比重已经大幅下降，东北地区绝大部分林区出现了无林可采的局面。另外，地质勘探工作滞后、接续资源严重不足及金属矿山矿权混乱，已经给接续资源的勘探造成严重障碍。

为解决这一问题，需要系统调查资源型城市危机矿山的生产状况、矿产资源现状调查、产销关系和矿山发展规划等相关资料，建立与完善主要固体矿产矿山基础数据库；建立健全矿山危机程度评价体系，开展主要固体矿产大中型矿山危机程度评价。以重点矿种和重点地区为主进行接替资源勘察，如在东北地区，煤炭资源勘察重点是黑龙江三江—穆棱河盆地，铀矿资源是辽西—冀北地区，铜和铅锌矿重点是辽吉地区，钼矿的重点是辽宁杨家杖子，金矿的重点是吉林省的夹皮沟。同时，需要重点勘探开发内蒙古东部地区的煤炭资源和金属矿产资源，对内蒙古东部地区新发现的矿产资源，优先支持老工业基地原有矿山企业参与开发建设，优先支持能够充分利用企业剩余资源开发能力的项目。另外，要积极寻求与俄罗斯、蒙古等接壤国家的资源开发合作。

（二）引进先进技术，大力拓展资源加工产业链

随着市场经济和经济全球化的不断发展，市场竞争战略已从企业发展战略向产业集群战略转变。产业链延伸具有协同效应和产业集聚的规模效应，显现出日益强大的竞争优势，产业链延伸已经成为区域参与国际国内竞争的发展方向。根据各个资源型城市产业形成和发展的条件，资源开发和资源加工仍然是其比较优势所在，由于它们所拥有的自然资源（石油天然气、木材、煤炭和金属矿产等）仍具有很大的市场需求，延伸产业链条、增加附加值可以有力地促进当地城市经济的发展。故而有条件的资源型城市要尽可能地围绕支柱产业，努力延伸优势资源产业链，进一步增强产业发展和产业竞争力。

其中，石油资源型城市要抓住机遇，做好石油化工产业，不断延伸加工链条，重点开发的产业链条是乙烯、丙烯——合成材料（合成树脂、合成纤维、合成橡胶）、有机原料、甲醇、二甲醚等、乙烯、丙烯——沥青、化肥等、乙烯、丙烯——塑料制品、轮胎等、乙烯、丙烯——化学原料药、医药中间体等。利用国外石油资源加工润滑油、天然气资源开发天然气化工（低碳烯烃、新材料等）或培育“精细化工园区”。煤炭城市一般可沿着开采—洗选—发电、开采—洗选—发电—高耗能产业或开采—洗选—发电和煤化工链条延伸。冶金城市一般可沿着采矿—粗炼—型材—制品链条延伸。发展资源工业下游产业的根本方向是与市场需求相结合，如东北地区石化产业发展下游建筑用沥青、其他建筑和工程材料，以及对石油化工材料产生需求的制造业部门，如电子、汽车、家具、服装、家用电器和玩具等。

二、以促进就业为目标培育劳动密集型产业

专栏 **9-1** 延长资源产业链案例城市

阜新市利用内蒙古东部地区丰富的煤炭资源，结合阜新当地的煤业基础，建设大型煤化工基地项目，加快推进煤化工产业，重点发展煤制天然气项目、煤制油项目、彰武电厂项目；利用玛瑙石资源，发展玛瑙石加工和建设玛瑙交易市场。

盘锦市以稠油、超稠油及其伴生资源发展石化深加工业、精细化工业和生产有机化工产品；重点生产沥青、环烷基润滑油、化肥和特色乙烯系列产品。

鞍山市依托其热轧、冷轧、钢材原料优势，重点发展有取向硅钢、不锈钢和轴承用钢等精特钢材深加工业，打造精品钢材基地；利用丰富的镁矿、滑石矿资源，重点发展以镁质材料为重点的菱镁深加工、以工业添加剂为重点的滑石和方解石深加工业。

抚顺市围绕石化资源、冶金资源、油母页岩资源发展精细化工、塑料、石蜡、油母页岩、钢、铝深加工产业，重点发展油田化学品及水处理品、表面活性剂、包装材料、助剂、精制钢材、铝合金、石蜡等产品。

本溪市利用本钢、北钢两大钢铁联合企业丰富的钢材资源，实现与沈阳中部城市群的汽车、装备制造等重点产业的对接，重点发展汽车及零部件、管材管件、五金制品、船用板加工配送和机电一体化系列机械器材与配件产业。

（一）着重发展农林牧渔加工业

农林牧渔加工业水平是衡量一个国家农业现代化程度的重要标志，是提升农业整体素质和效益的关键环节。实践证明，发展农林牧渔加工业，有利于优化农业和农村经济结构，推动农业产业升级，引领农业向着标准化、规模化、产业化发展；有利于农产品的深度开发，丰富农产品内容，满足消费者的多样化需求；有利于扩大农民就业，增加农民收入，提高农村购买力；有利于增强农业的综合素质，增强农业适应市场变化的能力，提高农产品的竞争力；有利于发挥农业资源优势，培育主导产业，丰富资源型城市产业发展路径。

当前，我国许多资源型城市拥有丰富的土地资源、全国知名的农产品品牌、充足的水资源和野生药用植物资源或发展设施农业和近郊农业的良好区位优势，这些成为资源型城市发展农产品加工业的有力保障。此类资源型城市在发展农林牧渔加工业时可以根据自身特点选择不同的路径。一般说来，农林牧渔加工业的发展壮大要重点突破以下几个方向。

一是增强资源型城市农业服务周边中心城市的能力，发展生态型都市农业。大力建设现代农业示范园区、绿色农产品基地，大力发展蔬菜、特色养殖、特色水果等优势主导产业，优化发展园艺花卉等新兴产业，积极发展观光休闲农业。加快创建和培育农业品牌，提高无公害农产品、绿色食品、有机食品、地理标志产品市场份额。

二是积极促进资源型城市的农业向现代农业的经营方式转变，鼓励农业产业化经营。积极稳妥推进农村土地流转，支持适度经营。大力培育发展农业龙头企业和农民专业合作组织，推进农业产业化经营，实现“龙头带基地、基地连农户”的现代农业产业化经营模式。抓好本地特色产业基地建设，建设优质农产品生产加工基地。

三是引导森工城市发展特色林业经营，扶持现代林业产业体系。大力发展商品林经营和林木深加工，引进、培育、推广效益好的经济林新品种，积极发展具有当地特色的如竹子、茶叶和优良乡土阔叶树等经济树种，延长林业产业链，大力发展林下经济，实现立体发展经营。鼓励发展森林生态旅游，促进林业经济的多元化发展。

四是积极发展现代畜牧业。大力推进牧区畜牧业转型升级，支持草原畜牧业提质增效工程和肉牛（羊）标准化养殖场（小区）项目，逐步实现以舍饲为主的现代化畜牧业饲养方式。提高产业化经营水平，整合资源要素，开展跨区域、跨行业、跨所有制的兼并、联合与合作，打造龙头企业“联合舰队”。积极推广“龙头企业＋基地＋农牧户”的组织模式，引导牧民以牲畜、草场、劳动力等生产要素入股，支持龙头企业和基地采取订单牧业、入股分红、利润返还等方式，间接与牧户建立自愿平等、利益共享、风险共担的利益机制，形成紧密型经济利益共同体。围绕建设生态型绿色畜产品加工体系，推进产业集群向高端化转变。

五是引导渔业快速健康发展。要以示范区建设为载体，加快发展水产健康养殖业，进一步扩大水产健康养殖示范区建设规模，提高创建质量，增强示范带动作用。按照“生态、健康、循环、集约”的要求，示范推广生态健康养殖方式，做大做强精品渔业。以水生生物增殖放流为主导，大力建设海洋牧场，引导海洋渔业结构调整，转变渔业经济增长方式。

专栏 9-2 发展农林牧渔加工业案例城市

阜新市依托丰富的土地资源，利用传统优势与发挥科技优势相结合，通过培育、引进生产型龙头企业，重点发展畜牧业、特色种植业、设施农业、林果业四大优势特色产业，主要生产瘦肉型猪、乳产品、肉驴、白鹅、杂粮、林木、肉兔、油脂加工、花卉、蔬菜、牧草、毛草制品等产品。

盘锦市依托沿海滩涂的开发利用，重点发展对虾、贝类、海参等精品水产养殖业，条件成熟后进一步发展海产品深加工业；依托“盘锦大米”中国名牌优势和大米市场建设，发展水稻种植和深加工产业；依托“盘锦河蟹”品牌、产量优势及河蟹市场建设，发展河蟹及水产品养殖加工业；依托畜牧养殖迅猛发展态势及农产品综合交易市场建设，发展畜牧养殖加工业和肉制品加工业；利用开发芦苇塘，走苇-浆-纸一体化道路，发展以芦苇（稻草）为主要原料的造纸业。

（二）发展纺织服装业

有条件的资源型城市要依托本地区化纤、麻、毛等资源的供应优势和生产设施条件，以吸纳就业为目标，大力发展中下游产品，积极引进各类纺织服装龙头企业，逐步建立纺织服装生产基地、加工基地和交易基地。要发挥自身品牌效应，提升产品结构，实现从“订单加工型”向“品牌经营型”的战略转变。重点发展高档面料和服装、产业用、家用、装饰用纺织品、鞋业等相关产业，通过扩大生产规模，带动上下游纺织、面料、印染后整理等生产能力的扩张，提升纺织服装产业的配套能力。

三、从服务业寻找突破口

（一）大力发展旅游业

旅游业发展起点低、速度快，是资源型城市服务业发展的热门产业，目前已经有部分城市，如焦作、白山等通过大力发展旅游业，带动了整个城市产业的转型发展。资源型城市旅游业的打造要重点发展冰雪旅游、工业旅游、生态农业旅游等特色旅游。以生态休闲、红色之旅、地方文化等特色旅游为主线，打造一批精品旅游项目和旅游区。旅游业发展要配套交通基础设施的建设，如漠河、白山等几个支线（旅游）机场的投入建设，对发展林区生态旅游的帮助很大。林业城市发展生态旅游的潜力非常大，伊春、白山和大兴安岭地区植被茂密，天然次生林发育良好，沟谷林、地质遗迹、湿地和草甸等旅游资源丰富，冬季用于滑雪的山地草场点多、面广，生态旅游应快速发展。

专栏 9-3　旅游业发展案例城市

阜新市依托区位优势发展工业旅游，利用海州露天煤矿破产后留下的丰富的工业旅游资源，通过对其修复整理和周围的一些工业项目进行整合，重点发展特色的工业旅游业作为接续替代产业。

鞍山市利用丰富的自身旅游资源，如世界第一玉佛、亚洲著名温泉、国家名胜千山、中华宝玉之都和祖国钢铁之都等五大旅游品牌。发展千山、玉佛苑、汤岗子温泉等特色旅游，另外其“鞍钢工业之旅”已成为省级工业旅游示范点。

（二）发展现代物流等服务业

物流业是融合运输、仓储、货代和信息等多种行业为一体的复合型服务产业，大力发展物流业，对于资源型城市转变发展方式、调整优化产业结构、扩大对外开放和提升区域竞争水平具有十分重要的促进作用。资源型城市通常具备大宗矿石等货物的转运物流能力，要在这一基础上发挥和拓展其物流水平，扩大物流规模，丰富物流种类，完善物流体系。重点要加强石油、煤炭、重要矿产品及相关产品物流设施建设，建立石油、煤炭、重要矿产品物流体系。要推广现代物流管理，努力扩大物流市场需求。运用供应链管理与现代物流理念、技术与方法，实施采购、生产、销售和物品回收物流的一体化运作。鼓励生产企业改造物流流程，提高对市场的响应速度，降低库存，加速周转。合理布局城乡商业设施，完善流通网络。同时，要推进物流服务的社会化和专业化。鼓励生产和商贸企业按照分工协作的原则，剥离或外包物流功能，整合物流资源，促进企业内部物流社会化。推动物流企业与生产、商贸企业互动发展，促进供应链各环节有机结合。鼓励现有运输、仓储、货代、联运、快递企业的功能整合和服务延伸，加快向现代物流企业转型。积极发展多式联运、集装箱、特种货物、厢式货车运输，以及重点物资的散装运输等现代运输方式，加强各种运输方式运输企业的相互协调，建立高效、安全、低成本的运输系统。加强运输与物流服务的融合，为物流一体化运作与管理提供条件。

专栏 **9-4** 物流业发展案例城市

鞍山市依托现代化的新技术、新业态和新的服务方式，提供高附加值、高层次、知识型的生产服务和生活服务，重点发展以下物流产业。一是商品流通服务业。建设千山西路和人民路之间四达批发市场集中区；建设胜利路、解放路精品商业带、鞍刘路钢铁物流产业带、千山西路、解放西路汽车贸易产业带、千山东路文化旅游产业带。县域加强基础设施建设和完善县城功能，发展现代服务业、房地产业和物流产业。二是发展以钢铁物流为重点的现代物流业。以东北（国际）钢铁物流贸易中心、鞍钢200万吨物流配送中心、中船重工200万吨钢材加工配送、鞍山宝马钢铁物流加工配送中心、鞍山市海量30万吨钢材加工配送中心、万顺昌-瑞尔盛中国有限公司大型钢材深加工及配送中心等为载体，建设东北地区最大的现代钢铁物流配送基地。三是发展生产性服务业。培育金融、劳动力、科技、信息等生产要素市场，提高为生产服务的功能，发展通信服务、电子商务、信息服务、中介服务、社区服务等新兴服务业。

本溪市重点发展现代物流业。提升流通业现代化水平。建设石桥子、高台子和北台3个物流园区，以及富佳、大河市场2个物流配送中心，发展现代物流产业。建设钢材、中草药和特色农产品等具有区域辐射能力的专业市场。

四、鼓励高新技术产业发展

（一）大力发展新材料产业

目前，资源型城市普遍发展水泥、建材等传统材料产业，需要引进先进生产技术和装备，按照轻量化、功能化、复合化方向，发挥特色原材料资源优势，提高企业生产技术和装备水平，丰富材料产业发展种类，壮大产业规模，推进集群发展。重点改造、提升水泥、制砖等传统产业，淘汰落后工艺设备，推进节能降耗，推广新型干法水泥生产工艺技术，发展以煤矸石、粉煤灰及钢铁的高炉水渣、转炉钢渣为主要原料的新型墙体材料生产技术。

同时，依托资源型城市原材料优势，大力发展特种金属功能材料、高端金属结构材料、新型无机非金属材料等新材料。在特种金属功能材料领域重点提高稀土新材料性能、扩大高端领域应用、增加产品附加值，充分发挥我国稀土资源优势，壮大稀土新材料产业规模；在高端金属结构材料领域重点以满足装备制造和重大工程需求为目标，发展高性能和专用特种优质钢材。在新型无机非金属材料领域重点发展先进陶瓷、特种玻璃等方面。前者重点突破粉体及先驱体制备、配方开发、烧制成型和精密加工等关键环节，扩大耐高温、耐磨和高稳定性结构功能一体化陶瓷生产规模；后者以满足建筑节能、平板显示和太阳能利用等领域需求为目标，加快特种玻璃产业化，增强产品自给能力。

（二）培育特色生物医药产业

许多资源型城市，如东北地区、两淮地区的资源型城市等，区域内有非常优异的药材资源，应当充分发挥本地的资源禀赋优势，结合当前国家大力发展战略性新兴产业的机遇，培育各具特色的生物医药产业。要利用现代生物技术改造传统医药产业，依托优势企业，结合新版《药品生产质量管理规范》（GMP），支持一批符合结构调整方向、对转型升级有引领带动作用的技术改造项目。加强与国家级研究中心和大学的科研合作，瞄准国际先进水平，加强清洁生产、节能降耗、新型制剂、生产过程质量控制等方面的新技术、新工艺、新装备的开发与应用。重点发展以中草药加工为主的生物制药产业，推进诸如石柱山参、北五味、辽细辛等道地中药材种植基地建设。

第五节　资源型城市产业转型的典型案例

一、黄石模式——以工业为主导，打造多元化的现代产业体系

黄石市是以铁矿为主的资源型城市，位于湖北省东南部，长江中游南岸，东北临长江，与浠水县、蕲春县、武穴市隔江相望，北接鄂州市，西靠武昌县，西南与咸宁市、通山县为邻，东南与江西省武宁县、瑞昌县接壤。全市现辖大冶市、阳新县和黄石港区、西塞山区、下陆区、铁山区四个城区及一个省级经济技术开发区，总面积4583平方公里，总人口243万。黄石是我国中部地区重要的原材料工业基地和国务院批准的沿江开放城市，被评为全国百强城市。

（一）产业发展的优劣势分析

黄石资源禀赋条件优越，经济发展基础较好，资源产业曾给全市经济带来过巨大的推动作用，但也因此逐渐形成了依靠资源、依靠传统产业的思维惯性，缺乏观念变更和创新的动力，缺乏主动承受市场风险、产业风险的能力，变革既存经济格局的动力明显不足。

1. 经济基础相对较好

黄石作为老工业城市，有着较大的存量资产、良好的产业基础、较为完备的基础设施条件，具有投入少、见效快、潜力大的特点，是极具发展优势的地区，也是以最低的成本建设新兴工业基地的最佳选择。

（1）在全国批准的资源型城市中位居前列。在全国批准的前两批资源枯竭城市17个地级市中，黄石市的经济发展具有较大优势。其GDP总量仅次于枣庄、焦作、盘锦、抚顺，名列第5位，人均GDP仅次于盘锦、铜陵，名列第3位（图9-3）。

（2）在湖北省经济发展位居前列。经济实力位于全省中游。2011年，黄石实现GDP 690亿元，综合实力居于湖北省13个州市中的第9位，经济发展水平和经济活动强度均居全省第4位。进口总值和外商直接投资仅次于武汉，出口总值居全省第3位。

（3）在鄂东发挥着领头羊的作用。黄石的经济实力在鄂东地区长期领先，2011年GDP总量占四市（黄冈、咸宁、黄石、鄂州）的28%，人均GDP、工业总产值等指标遥遥领先。与安徽安庆、江西九江相比也占有很大优势。加上黄石产业基础坚实，工业体系粗具规模，又占据港口交通的有利条件，能够在

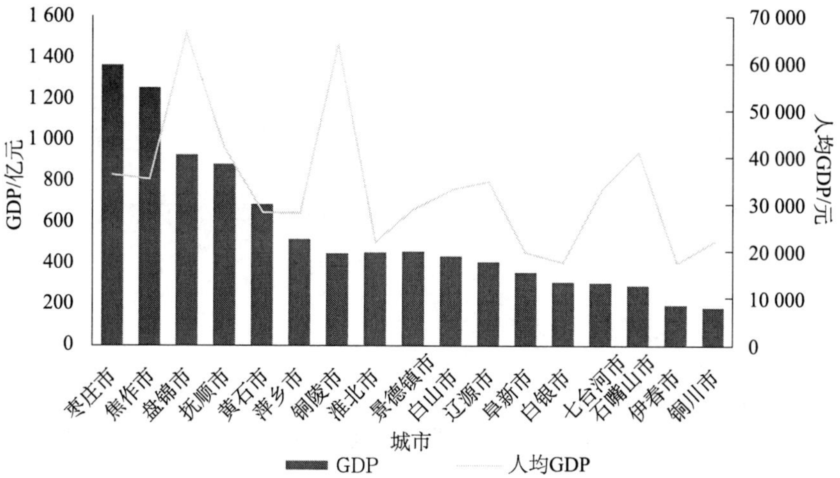

图 9-3 17 个地级资源型城市经济水平比较（2011 年）

鄂东、皖南及赣北区域内发挥领头羊的作用（表 9-2）。

表 9-2 黄石与鄂东、皖南、赣北城市经济发展水平比较（2011 年）

地区	生产总值/亿元	常住人口/万人	人均 GDP/元
鄂州市	395.29	104.87	37 694
黄石市	690.12	242.93	28 408
九江市	1032.06	472.88	21 825
咸宁市	520.33	246.26	21 129
安庆市	988.11	531.10	18 605
黄冈市	862.30	616.21	13 994

2. 产业结构相对单一

（1）经济发展过度依赖资源产业。

重工业在城市经济结构中占主导地位。黄石作为老牌重工业基地，经济结构先天不足，呈现第二产业独大的状况。而且在第二产业内部，重工业的比重仍然高达 80%以上，其中以冶金、建材、采矿为主的传统产业占经济总量的 70%以上。

产业发展受资源的影响大。黄石因矿建市，矿业在经济中占绝对优势。但是由于资源贮藏有限，铁矿石和铜矿石分别存在 55%和 60%的缺口。缺口部分主要依赖进口原材料，受国际市场波动的制约较大。随着资源的枯竭，矿业生产后劲严重不足。

（2）第三产业发展水平与城市地位不匹配

第三产业在经济中所占比重不高。2012 年，黄石第三产业增加值 310 亿元，占全市 GDP 的 30%，低于全省和全国的平均比例。第三产业总量在全省 17 个州市中排第 9 位，第三产业占全省的份额为 3.78%，处于全省较低水平。2012

年，黄石市 GDP 增幅为 12%，比全省高 0.7 个百分点，但第三产业发展相对缓慢，仅增长 8.2%，低于全省平均增幅 2.6 个百分点，导致第三产业占全省比重下滑。

现代服务业发展缓慢。全市批发、零售、住宿、餐饮业和交通、邮电、流通领域的传统行业对服务业的贡献超过 65%以上。而新兴服务业发展滞后，金融保险业和房地产业在服务业中所占比重很低。现代物流、计算机服务和软件业、电子商务、咨询和中介服务等行业发展不足。

（二）产业转型的两大战略

为了打破产业发展的瓶颈，形成多元化的产业体系，塑造可持续发展的经济动力，黄石市采取了两大产业发展战略，在工业方面完成由单一的资源型产业向综合发展型产业体系的转变，在服务业方面实现跨越式发展，从高、中、低三个层次发展各具特色的服务业体系。

1. 依托自身基础优势、借助大环境发展趋势的工业多元化发展战略

通过“延伸、整合、培植、承接”，加速工业由资源依赖型向综合发展型转变，建设全国特钢和铜产品加工基地，长江中下游地区先进制造业基地（图 9-4）。

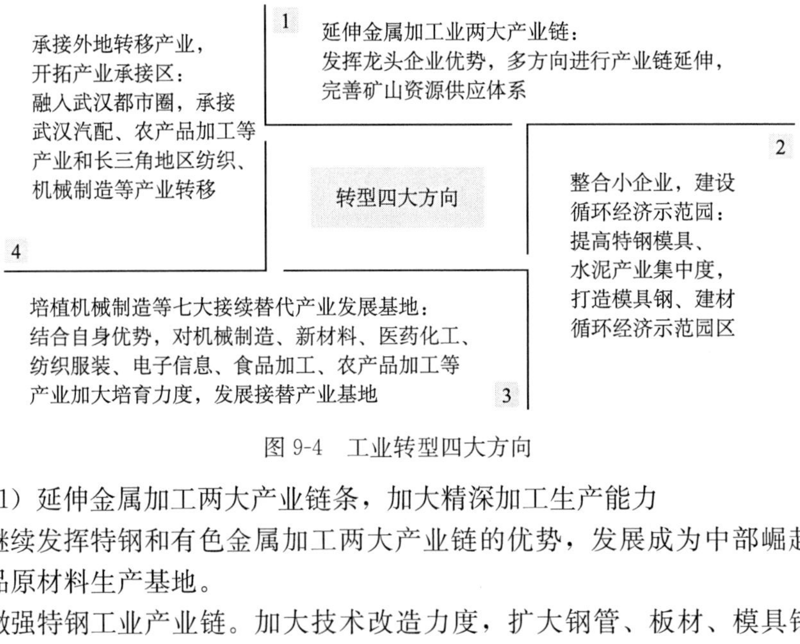

图 9-4　工业转型四大方向

（1）延伸金属加工两大产业链条，加大精深加工生产能力

继续发挥特钢和有色金属加工两大产业链的优势，发展成为中部崛起的重要精品原材料生产基地。

做强特钢工业产业链。加大技术改造力度，扩大钢管、板材、模具钢的生产能力，将黄石建成全国最大的特钢、钢管和模具钢产业基地。

做大有色工业产业链。有序延伸铜深加工产业链，推进电解铜箔、铜线材、铜管、铜板带等产品的延伸，建成中部地区最大的铜压延加工产业基地。

（2）整合冶炼、水泥等集中度低的行业，提高资源循环利用水平

重点加大行业内部整合，鼓励企业进园区，上大压小，形成特色产业加工基地，提高行业整体竞争能力。

整合小水泥企业，建立循环经济示范园。加快淘汰能耗高、产量低、环境污染严重的小水泥厂和湿法工艺，提高企业集中度，用循环经济理论进行行业改造，建设循环经济产业示范园区。

培育龙头企业，整合模具钢企业入园区。鼓励企业间合并整合，将模具钢产业做优做特，将分散的模具钢企业整合进入循环经济示范园区。

(3) 培植先进制造业、医药化工、新材料等产业，建立接续替代产业基地

重点培植在黄石具有潜力的机械制造、新材料、医药化工等行业，建设接续替代产业园区，形成针对解决资源枯竭城市产业结构优化和劳动力再就业两类问题的若干接续替代产业基地。

(4) 承接两个重点地区产业的转移

顺应国内外的经济形势，抓住当前长三角地区和武汉都市圈内产业转移机遇，专门开拓一片异地产业承接区。

承接武汉的产业转移。承接武汉制造业的转移，重点围绕汽配、纺织服装、农产品加工等行业，吸纳武汉都市圈产业转移。

承接长三角等先进地区产业转移。充分利用长三角等先进地区产业换代和升级所产生的机遇，承接纺织、机械制造等产业。

2. 高中低端梯度发展的服务业跨越式发展战略

通过“引领、突破、普及”，建立高中低端梯度发展的服务体系，打造长江中下游现代服务业基地、鄂东和赣北的大宗商品物流中心。

(1) 高端引领，建设现代服务业中心

依托经济开发区自然景观、客运站场和行政优势，建设现代高端商务中心。利用长江黄金水道和国家一类口岸，发挥水陆联运优势，建设棋盘洲大宗商品和生产资料中转物流中心。

(2) 中端突破，提升传统服务业

发展商贸流通业，完善黄石港区商业业态，形成现代复合商业体系，打造不同等级的商业区，改变有城无市和老城区空心化的状况。发展旅游休闲业，着力培育宗教文化游、康体运动游、工业体验游等，建设中国优秀旅游城市和武汉城市圈的休闲度假地。依托良好的师资队伍和硬件设施，积极发展技能培训和职业教育。

(3) 低端普及，完善社区服务业

发展社区商业，构筑利民流通新模式。发展社区公共服务业，完善便民服务网络。发展社区休闲业，提升人民生活品质。通过发展社区服务业，优先安排下岗失业人员，增加就业岗位，提高再就业率。

二、景德镇模式——以服务业为突破，实现跨越式发展

景德镇市位于江西东北部，西北与安徽省东至县交界，南与万年县为邻，西同鄱阳县接壤，东北倚安徽祁门县，东南和婺源县毗连。景德镇现辖一市一县两区，即乐平市、浮梁县、珠山区、昌江区，面积 5256 平方公里，总人口 156.51 万人，其中非农业人口 60.67 万人。景德镇是鄱阳湖生态经济区重要组成，也是国家重要的山水生态历史文化名城。

（一）丰富的资源禀赋支撑产业转型发展

1. 悠久而深厚的文化积淀

（1）城市发展历史悠久

早在战国时期，景德镇市就开始了制造陶瓷。唐代制瓷业已粗具规模，宋代景德镇制瓷业有很大发展，因造御瓷而改用皇帝年号，易名为景德镇。此后，历朝皇帝都在此地设“御窑”，制作皇宫专用瓷和外交礼品瓷。景德镇不仅是中国瓷都，自古以来也以产茶而著名，瓷茶并茂、工商辐辏，促进了城市的繁荣和经济的发展，使景德镇与汉口镇、佛山镇、朱仙镇齐名，成为我国古代四大名镇之一。

（2）陶瓷文化底蕴深厚

景德镇的瓷器具有“白如玉、薄如纸、明如镜、声如磬”的独特属性。以青花、玲珑、粉彩、颜色釉和雕塑等为代表的传统名瓷，造型典雅，装饰精美，极其丰富地表现了中华民族的文化内涵。城区留存有明清御窑遗址、湖田古窑遗址、三间庙文物保护区等众多物质文化遗产，同时，陶瓷艺术品生产、销售所需的坯房、窑房、商铺和运输所需的码头、弄巷街道、水路通道形成独特的城市空间形态，在世界城市空间形态中也极具代表性。在中外文化交流史上，景德镇陶瓷文化以输出为主，输入为辅，对世界瓷业发展起了推动作用。这些弥足珍贵的陶瓷遗迹、精湛奇妙的陶瓷技艺、流光溢彩的陶瓷精品、风格独特的陶瓷习俗，使景德镇成为中国独有的充满陶瓷文化艺术气息的城市，被国务院列入首批全国 24 个历史文化名城之一。

2. 人数众多的艺术家和产业工人

（1）灿若群星的艺术家

全市拥有中国工艺美术大师 23 人、中国陶瓷艺术大师 9 人、江西省工艺美术大师 49 人、专业陶瓷艺术类教授 26 人、副教授 39 人和一大批省市高级工艺美术师，以及街边巷尾的老艺人和民间艺术家。他们积累了丰富的驾驭陶瓷材料和工艺的本领，创造了具有浓郁东方艺术风范的艺术珍品。景德镇手工制瓷

技艺和景德镇传统瓷窑作坊营造技艺被列为首批中国非物质文化遗产。

（2）数量众多的专业产业工人

景德镇陶瓷产业发展时间长，拥有日用陶瓷、陈设艺术陶瓷、工业技术陶瓷、建筑卫生陶瓷、电子陶瓷和特种陶瓷等门类齐全的陶瓷生产企业，形成了较为完整的生产、设计、培训的配套体系，有一支总数高达 20 万～30 万人的高素质产业工人队伍，能够满足产业用工需求。

3. 丰富的人文自然景观

（1）优越的人文景观资源

首先，景德镇作为瓷都举世闻名，陶瓷文化底蕴深厚。至今全市仍拥有 30 多处陶瓷文化遗址，如至今还保留着古矿洞、古街、古码头、古碑和古亭，风景幽雅，独具一格。其中以世界制瓷黏土高岭土命名地高岭村；烧瓷历史最长、规模最大的国家重点文物保护单位湖田古窑遗址；集古制瓷作坊、窑场、明清典型世俗建筑于一体的陶瓷历史博览区最具特色。

其次，全市有 136 处古建筑，如明清时江南民间建筑的代表，至今仍较完整地保存着当时风貌的祥集弄民居、三间庙古街、遥里古镇等。

此外，有研究古代地方戏曲文化“活化石”之称的乐平古戏台群，保存完好有“江南第一县衙”之称的清浮梁五品县衙，结构别致的宋千年红塔等，都是不可多得的珍贵的人文资源。

（2）优美的自然生态景观

良好的生态本底。景德镇群山环抱，绿水环绕，碧水蓝天，四季分明，是一座具有山水、生态、文化特色的城市。2010 年，全市森林覆盖率达到 60.9%，城市绿化覆盖率、绿地率分别达到 42.89%和 40.13%。饮用水源水质良好，各监测因子均在二级标准内。城市空气综合整治工程获得住房和城乡建设部颁发的“中国人居环境范例奖”，空气质量共有 57 天达优，城市空气质量测评连续四年为江西省 11 个设区市第 1 名，是中国优秀旅游城市、国家园林城市，具有建设宜居城市的良好条件。

优美的自然风光。景德镇属丘陵地带，坐落于黄山、怀玉山余脉与鄱阳湖平原过渡地带，山清水秀，在良好的生态本地条件下，拥有较多的自然风景区，如洪源仙境、诸仙洞、瑶里风景区、翠屏湖、玉田水库等。各类自然保护区和森林公园星罗棋布，生态景观与人文景观和谐统一（表 9-3）。

表 9-3　景德镇旅游资源名单

旅游资源名称	特点	星级
景德镇陶瓷文化博览区	人文、自然	4A
景德镇御窑遗址博物馆	御窑厂、天下窑器之所聚	
景德镇民窑博物馆	湖田窑古瓷遗址	

续表

旅游资源名称	特点	星级
雕塑瓷厂明清园	国际陶艺中心	3A
锦绣昌南	高档会馆、古玩市场	4A
浮梁古县衙	古县衙、千年红塔	4A
三闾庙古街	古陶瓷货运码头	
祥集弄明代民居	二幢民宅	
龙珠阁	景德镇的标志性建筑、楼阁	
乐平古戏台	乐平腔古戏台	
高岭风景名胜区	历史文化、风景	4A
瑶里风景名胜区	陶瓷文明的源头、山水、红色教育	
得雨生态园	吕蒙军帐遗址、古典风格生态园	4A
洪岩仙境	石灰岩溶洞	4A
杨湾风景区	山、寺	
金竹山寨	小庐山、原始森林、瀑布	3A
月亮湖休闲中心	山田水库、水上运动、观赏鱼养殖场	

（二）产业转型的四大战略

1. 跨越式发展战略：抓机遇、超常规示范性增长

景德镇正面对国家资源型城市转型、老工业城市发展，珠三角、长三角产业转移，以及周边旅游区域发展机遇，而现阶段景德镇在江西省经济总量处于末端。缩小与相邻市县经济的差距，解决老工业城市问题，以及在资源型城市转型中的机制、体制转型过程中遇到的问题等现实要求景德镇必须采取跨越式发展战略，突破现有的发展思路和定位。

景德镇跨越式发展战略核心观点是，突破现有的发展思路和定位，以“大陶瓷战略、大旅游战略、打造活力经济”实现经济总量超常规示范性增长。通过跨越式发展战略，采取以政府为主导，市场为导向，加大投入整体打造景德镇，实现大陶瓷产业突破式发展，接续替代产业超常规式增长，提升优化景德镇产业结构，彰显景德镇品牌和城市影响力。

景德镇跨越式发展战略另一个核心是体制与市场观念的更新，通过城市转型、企业改制、扶持中小企业与民营经济发展，以创业带动就业，以中小企业的发展带动产业集聚，实现景德镇中小企业爆发式增长。

2. 大陶瓷战略：大陶瓷，统领整个行业

陶瓷是景德镇的传统优势，亦是景德镇上千年以来产业发展最为依赖的经济脉络。激活景德镇陶瓷发展，不能再拘泥于就陶瓷谈陶瓷，必须突破原有的陶瓷产业老思路，将陶瓷的发展谋划融入到景德镇整体产业框架，以景德镇陶瓷的发展作为引领，从全局相当高的基点上，将所有的产业提升到一个高度上思考其发展方向。因此，我们提出了“大陶瓷战略”。

大陶瓷战略的核心是：以“大陶瓷”的发展，统领景德镇第一、二、三产业的全面发展，做强景德镇陶瓷拉动下的经济增长点，迅速整合和提升景德镇经济转型与增长的品质。

“大陶瓷”的概念不仅限于单一的陶瓷产业概念，而是将景德镇的陶瓷发展作为产业转型的整体引领，将陶瓷与文化相结合、陶瓷与旅游相结合、陶瓷与工业相结合、陶瓷与城市发展相结合、陶瓷与生态环境相结合、陶瓷与品牌相结合等，统筹和构成景德镇“大陶瓷”的发展格局，以“大陶瓷”统领整个行业，将景德镇的陶瓷产业文脉延伸到第一、二、三产业优化转型。

3. 大旅游战略：大旅游，引领其他产业发展

树立大旅游概念，有力促进景德镇旅游跨越式发展。大旅游是对传统旅游理念的突破和创新。它不是单纯就旅游谈旅游，而是把旅游产业的经济效益放在整个旅游业的社会效益、生态效益、文化效益中进行衡量。以大旅游的发展理念，统筹陶瓷文化、交通、城市旅游、旅游核心竞争力产品开发，实现跨越式发展。

大旅游战略，首先是突破旅游产业链建设，带动第三产业发展。景德镇在旅游业发展，在接待服务设施、品牌发展等方面存在一定的不足。以“大旅游”概念为引导，在纵向产业链条上，实现“吃、住、行、游、购、娱”六大要素的产业链发展；在横向产业链上，推进景德镇“大旅游活动”除观光、休闲之外，度假、会展、商务会议、创意旅游等发展。

大旅游战略，重点是带动相关产业发展，促进产业结构优化。促进旅游业与第三产业的联动，带动景德镇产业结构的优化提升；促进景德镇旅游业与工业联动，带动工业旅游、陶瓷产业复兴；促进旅游业与交通运输业的联动，提升景德镇交通的通达性与便捷度；促进旅游与优势产业联动，形成旅游产业主导的接续替代产业模式，构建景德镇循环经济体系。

4. 活力经济战略：活力经济，支撑整个城市的可持续发展

陶瓷是景德镇的品牌，是景德镇的卖点，但不是景德镇经济转型唯一的支撑点，需要进一步寻找和打造景德镇的支撑产业，因此还需要发展其他产业，提升经济活力，增强景德镇经济发展的造血功能。

打造景德镇活力经济，结合景德镇产业基础与比较优势，重点突破高新技术产业和创意经济，促进传统产业技术改造与自主创新，发展低碳经济和循环经济。建立健全解决民生问题的机制保障，推动国有企业改制，重点扶持和发展中小企业和民营经济，使得中小企业、民营经济成为景德镇最具活力的经济增长点。

同时，凸显生态环境优势，创建一流的人居环境和投资软环境，增强景德镇活力经济的成长性，提升对外来资本和各个生产要素的吸引力，使之成为景

德镇保持城市活力经济发展的最大保障。

（三）产业转型四大重点

景德镇资源型城市转型，以经济转型为重点突破，带动城市建设、社会、文化、生态环境保护等方面的转型与发展，促进景德镇经济、社会与生态环境健康、协调、可持续的发展，成为全国资源型城市探索转型之路的典范之一。

1. 做精、做强陶瓷产业，实施高端引领的“大陶瓷产业”发展战略

做足陶瓷产业文章，实施高端引领、中端优化、低端退出的“大陶瓷产业”发展战略。优化利用好景德镇的瓷土矿产资源，做精、做强陶瓷产业，建设成为世界顶级的艺术陶瓷之都、陶瓷创意文化中心和全球重要的陶瓷产品加工基地。“大陶瓷产业”发展战略，重点是优化提升景德镇陶瓷产业，转变瓷土开发遍地开花、不合理配置地利用资源状况，针对艺术陶瓷、日用陶瓷、建筑陶瓷、工业陶瓷、高新技术陶瓷等陶瓷产业实施高端引领、中端优化、低端退出的陶瓷产品开发战略。

陶瓷产业需实现“四个结合”来激活陶瓷产业的生命力，形成前瞻性的产业可持续发展途径。一是与旅游业的结合，陶瓷产业的发展与景德镇旅游产业、旅游中心城市形成联动，将陶瓷产业开发融入到旅游业的发展中。二是与文化的结合，景德镇具有千年的陶瓷文化，形成了重要的物质文化遗产和非物质文化遗产，具有深厚的文化底蕴，将陶瓷产业融入到文化产业的开发，构筑陶瓷文化、产业、人才、品牌的创意文化产业开发链条。三是与科技的结合，将高新技术融入到陶瓷产业，再一次激活陶瓷产业新的增长点，开发出功能陶瓷、纳米陶瓷、新材料陶瓷等新产品系列。四是与生态环境保护的结合。陶瓷产业的开发必须确保生态环境的安全，实现循环经济的发展。

做大做强“景德镇”千年陶瓷品牌，整合陶瓷产业资源，建立资源产业退出机制，全面提升景德镇陶瓷的市场竞争力。陶瓷工业应发挥景德镇市陶瓷生产的整体优势，打好“景德镇”这个金字招牌，把品牌优势、科研优势和专业化协作配套优势相结合，整合陶瓷产业资源。依托龙头企业大力发展陈设瓷、仿古瓷等，建立企业、高校、研究机构为主体的产学研创新平台，壮大景德镇艺术陶瓷产业。日用陶瓷、建筑卫生瓷重点发展高端产品，构建资源产业退出机制，将占用景德镇瓷土资源的中低端日用陶瓷产业引导退出，使得瓷土资源配置更为合理。积极开发旅游瓷等景德镇旅游产品，完善旅游瓷开发链条。依托陶瓷产业基地建设，带动工业瓷、高技术陶瓷产业发展，加大工业瓷、高新技术瓷的研发力度。扶持和壮大陶瓷文化创意新兴产业，深度挖掘景德镇陶瓷文化，建设世界陶瓷文化创意中心。

加快景德镇陶瓷企业改制，从制度因素上激发景德镇陶瓷产业的活力。通

过有效资产进行融资的方式来解决改制所需要的资金，完善租赁经营实体建设，推进国有陶瓷企业在改制中进一步壮大发展，扩大职工就业范围。积极地从传统特色产业中谋求发展，实施产业转型，使传统的陶瓷产业从生产型逐步向陶瓷创意文化产业转变。重视改制过程中陶瓷产业无形资产的打造与保护，对原有的专利、老字号、商标、版权等进行有效的保护。

2. 重点突破景德陶瓷文化产业，打造世界级陶瓷文化创意产业中心

依托两个市场、两种资源，突破景德镇陶瓷文化产业发展，打造世界级陶瓷文化创意产业中心。到规划期末，将陶瓷文化创意产业不到100亿元的规模发展到500亿元的水平，使其成为景德镇陶瓷振兴新的增长点。发挥景德镇艺术陶瓷独特优势，以产业支撑为平台，让全中国、全世界的艺术家到景德镇建陶艺工作室，依托景德镇三宝国际陶艺村、景德镇市雕塑瓷厂陶瓷雕塑创意产业园等建设，近期发展1000个工作室，力争3～5年达到10 000个工作室，形成世界艺术陶瓷、日用陶瓷、工业陶瓷等创意、策划、品牌、工艺、学术交流的高端平台，并成为国际陶瓷产业最有影响力的风向标。

以陶瓷为母核，发展文化创意产业链条，形成以陶瓷创意文化为核心的多元文化创意产业体系。以陶瓷文化艺术创意产业基地等为依托，大力发展创意设计、文化旅游、文化会展、陶瓷古董与艺术品交易、广告、演艺、休闲娱乐等创意文化产业，推动景德镇陶瓷产业升级，提升核心竞争能力。构建世界级陶瓷设计创意产业、世界级古瓷和艺术品交易产业及平台，构建服务于世界范围的陶瓷会展与广告业，致力于具有中国特色的创意陶瓷特色演艺产业等产品开发。策划举行一年一度的国际陶艺论坛，使之形成全球品牌效应和较大产业规模。

发展文化创意产业以进一步增加就业，充分利用资源型城市转型中的工业遗存片区使其得到修缮、保护与升华。鼓励盘活现有产业园区和传统工业区存量房地资源，结合传统工业转型和产业结构提升，优化配置资源，用于文化创意产业经营。吸引陶艺艺术家入住，同时鼓励发展能将陶瓷行业技术工人的陶瓷工艺与自由发挥的创意相结合的创意文化工坊，解决就业问题。利用存量房地资源发展文化创意产业，工业厂房、仓储用房、可利用的传统住宅、传统商业街和历史文化保护街区等存量房地资源转型兴办文化创意产业。

与旅游业联动，营销景德镇陶瓷文化创意产业形象名片，进一步推进文化创意产业的发展。文化创意产业与旅游业联动，体现在四个方面：一是陶瓷创意旅游商品开发，有效推动了国有企业的产业转型，培育景德镇陶瓷旅游商品市场。二是创意文化展览及节庆活动等重大节事活动，各种古窑建设陶瓷文化主题乐园的建设等。三是陶瓷文化演出，打造知名创意文化演出节目等。四是陶瓷文化体验性创意旅游产品的开发，培育新型文化旅游集聚区（图9-5）。

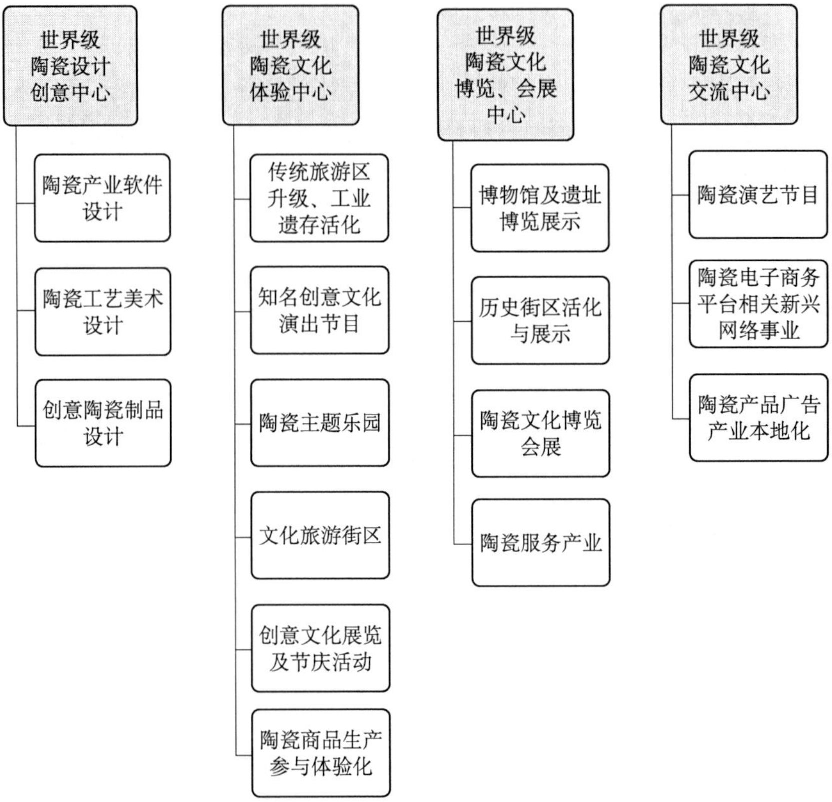

图 9-5 景德镇陶瓷文化创意产业发展重点

3. 构建“大旅游产业”战略，以现代化国际旅游城市为目标，建设“六山两湖”区域旅游中心城市

构建“大旅游产业”战略，做大做强旅游产业。健全和完善景德镇“吃、住、行、游、购、娱”旅游六要素的接待设施建设。增强旅游与城市联动、旅游与产业联动、旅游与文化联动、旅游与品牌联动等互动式发展，推进景德镇旅游中心城市的发展与壮大。

以现代化国际旅游城市为目标，建设“六山两湖”区域旅游中心城市。一是提升城市整体形象，抬升知名度及美誉度；二是建成通达性强，便捷性高的交通设施。积极发展与长三角地区及国内外知名旅游城市间的铁路、航空建设。提升景德镇区市县间的公路等级，建设市内道路景观带，改善市内公共交通工具，开通景区间的专用观光游览车，合理布局建设交通集散中心。三是住宿接待设施建设。重点开发建设连锁经济型酒店，围绕陶瓷工业区和工业园区建商务型和会议型酒店，在瑶里古镇等风景区建观光度假型酒店，为国际陶瓷文化体验游和商务游的游客市场建高档综合型酒店。四是餐饮产业发展。建餐馆一条街和小吃一条街。依托乐平蔬菜基地建设无公害蔬菜品牌餐馆连锁店。

实施品牌发展战略，建设景德镇国际知名旅游品牌。将景德镇旅游建构成以陶瓷艺术之旅为核心吸引力，以江南式田园度假、商务会展、节事旅游为辅助的国际知名旅游品牌。品牌形象定位为“千年御瓷古镇，艺术之旅新城”，积极申请世界非物质文化遗产等提高国际知名度，同时在国内市场利用旅行社、平面、视频媒体全面展开等营销行动。

以陶瓷艺术旅游产品为龙头，带动景德镇旅游产品的全面发展。发展“一拖四”五大旅游产品。重点壮大陶瓷艺术旅游产品。突破休闲度假旅游产品、自然风景观光游、商务旅游产品、会展节事旅游产品等。

实现区域旅游竞合发展，整合市域旅游空间结构。区域旅游空间结构表现为“国际旅游城市圈＋风景名胜聚集区的区域旅游空间格局”。景德镇市域旅游空间结构呈现“一核两翼”的空间结构（图 9-6）。

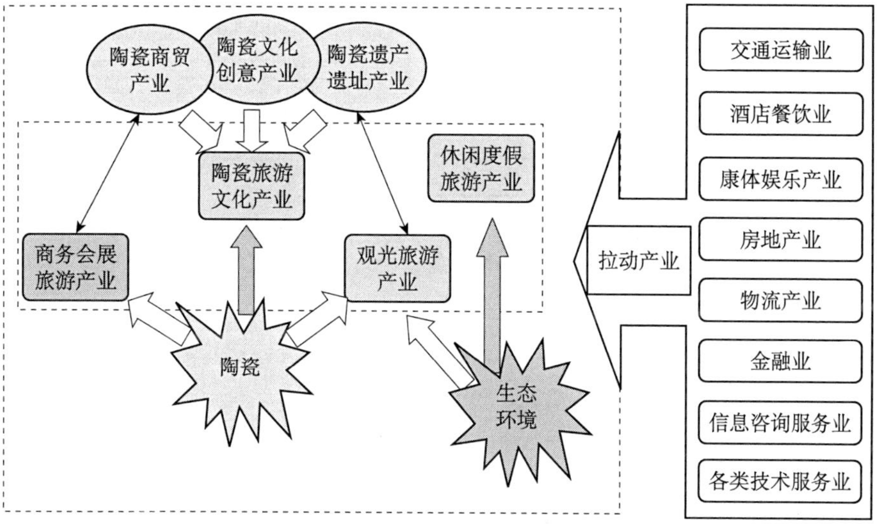

图 9-6　景德镇旅游产业链条及其相关产业

4. 打造活力经济，积极推动高新技术接续替代产业发展与承接产业转移

做大做强现有的航空汽车、机械家电、医药化工、电子信息、电力能源、特色食品等六大支柱产业。景德镇市拥有良好的航空汽车、机械家电、医药化工、电子信息、电力能源、食品加工等产业基础，通过不断优化产业结构、延伸产业链，突破核心产业的关键技术，确保现有的骨干产业稳定发展。扶持优势制造行业，打造航空汽车产业集群；发挥产业集聚效应，打造现代机械家电产业基地；依托优势产品，打造医药化工产业集群；优化产业结构，建设电子信息产业集群等。

培育和发展两大新兴产业。一是加快发展生物（纳米）制药新兴产业。以同联集团与东风药业重组生产国家一类新药为契机，争取引进美国纳米药品生产，建设生物（纳米）药物硅谷，形成产研一体化的生产制药产业园，迅速形成较大经济规模。

解决城市就业问题，积极发展三大劳动密集型接续替代产业基地：①依托龙头企业，建设特色食品加工基地；②引进优势品牌，建设纺织服装产业基地；③发挥自身农业优势，建设特色现代农牧业基地（图 9-7）。

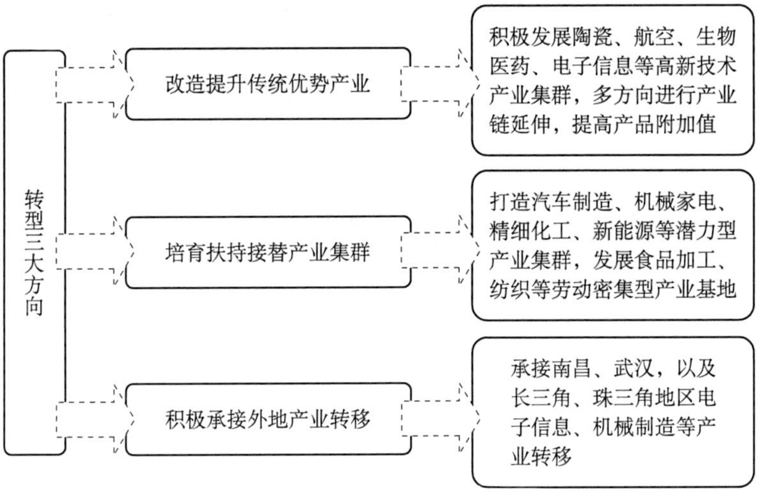

图 9-7　产业转型三大方向

第十章 城市功能的转换与提升

资源型城市的布局和空间结构在很大程度上受到资源分布的影响，具有独有的特征。并且资源的开采和利用过程伴随城市发展，很容易造成城市空间结构松散、交通联系不便、城市功能不完善等问题。本章首先总结了资源型城市功能的空间特征，并且对资源型城市空间结构的演进规律进行梳理；在此基础上提出资源型城市功能转换和提升的途径，包括城市功能的充实和提升、城市土地利用结构的优化、城市空间结构调整和城市景观规划等方面；最后以黄石、抚顺和景德镇三个典型资源型城市为例，总结了它们在城市功能转换与提升过程中采取的不同策略。

第一节 资源型城市功能的空间体现

一、城市功能空间特征

（一）城市功能在空间上“小集中，大分散”

多数资源型城市都拥有较为集中的工业区。早期的资源型城市大多是在大型国企的作用下，大规模开发矿山，并在矿山附近设置供企业的工人、家属居住生活的配套设施，形成“一矿一城”的现象。部分与采矿业共生的工业，如矿石加工、炼化等，也同时布局在这样的“矿城”范围内。对于资源枯竭城市而言，由采矿业向制造业转型是多数城市的首选路径，而制造业产业园区的投资建设又是各城市支持制造业发展的重要手段。目前的资源型城市多数城市规模不大，可供工业使用的土地相对充裕，而制造业一旦投入生产、形成规模，对城市经济的贡献是立竿见影的。于是大规模的产业园区建设在转型中的资源型城市中形成了风气，大量新增的工业企业和项目集中在少数园区当中，原有的工业企业在条件允许的情况下也被鼓励迁至园区，于是形成了集中的工业区。

但从城市整体上看来，资源型城市的功能空间又常常显得分散。由于矿产资源分布在局部范围内一般是分散的，这类地区往往又因矿设镇，连镇成市，城市形态缺少普通城市的中心—外围格局，因而显得分散不规则。隶属于城市的独立工矿区的存在使得整个城市总体上产业布局分散。此外，从自然地理上看，多数资源型城市位于山区或丘陵地带，地形地貌对城市空间和产业空间造成较大影响。受制于自然条件，部分资源枯竭城市常常拥有多个集中的工业区，但彼此之间距离较远，联系较少，也造成了资源枯竭城市产业空间“大分散”的格局。此外，资源型城市很少有服务业的集中区，服务业在城市中分散布局。

（二）城市产业空间与社会空间的分异

对于资源型城市，产业空间和城市社会空间的分异是指以采矿业和相关制造业功能为主的“矿区”，以及以其他产业功能和社会功能为主的“城区”之间的空间关系。这种关系主要存在三种情形：一是“城矿一体”，即城市建设完全跟随矿产资源的分布，哪里有矿就在哪里形成产业，进而就地建城，于是形成了分散的多中心城市格局。二是“城矿分离”，即城市的其他功能区与资源型产业功能区几乎完全分离，矿区远离城区，承担资源开采、资源依赖型工业，以及工作人员和家属的基本生活服务功能，形成所谓的“独立工矿区”，而城市主体部分则主要承担社会功能，以及诸如矿区产品的商务联系、交通物流等对资源型产业起到辅助作用的功能。“城矿分离”现象是“城矿一体”经过发展之后形成的，较为独立的城区有助于城市其他基本和非基本功能的发展，使城市功能更加完善。三是“城矿部分结合”是前两种情形之间的过渡（张以诚，1998)。此外，城区中大型矿业企业单位的独立地块形成了综合性的特殊地域单元，往往占地面积大，且内部各种服务设施较为完善，但与单位外面向全社会的基础设施不成系统，单位独立地块内部形成了与外界相对独立的小社会系统，这是空间分异的另一种表现形式（图 10-1)。

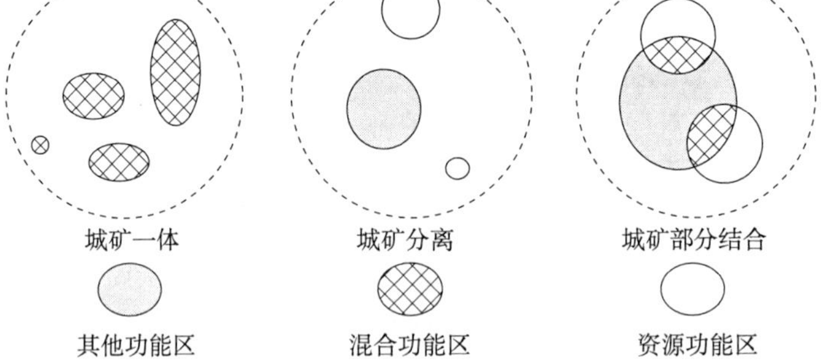

图 10-1 资源型产业空间和城市社会空间分异的三种情形

（三）工矿区、老城区、开发区并立的格局

在资源枯竭型城市转型发展过程当中，部分城市开发建设了城市新区，从而形成了工矿区、老城区、开发区并立的格局。新区分为两类：一是承担城市新的产业功能的经济开发区，原来的老城区仍然承担城市的政治中心和服务中心功能，老区和矿区的部分工业企业向新区迁移，新区作为单纯的产业功能中心存在。二是直接将政府迁往新区，目标是将新区作为新的政治经济中心建设，旧城区的各类功能渐渐被新区取代，最后被新区超越，成为城市的次中心。例如，黑龙江七台河市的金沙新区，面积达400余平方公里，由原来的牧场被规划改为七台河市农牧业、食品加工业、其他轻工业，以及观光旅游产业的中心，老城区仍然保留原有城市功能。再如，陕西铜川市，将原来的耀县由县变区更名为耀州区后，随着政府的搬迁，各种城市功能迁往耀州区（南城区），成为城市新的行政、金融、文化、信息、科技中心。老城区（北城区）成为城市副中心，承担一定的商贸服务居住功能。矿区仍然在适应资源逐渐枯竭的基础上继续保有其原来的功能。

二、空间特征演进实例和规律

（一）资源型城市空间结构的演变过程

对多数资源型城市而言，自然资源的分布相对分散。因而，资源开采过程多呈分散状，但加工过程却在一定程度上集中。早期资源型企业对外输出的产品多为原材料，随后逐渐过渡为初级加工品。从服务生产的目的出发，各类生产生活设施集中布局在工矿基地附近，从而使得在城市内部（资源加工基地）呈现出一种“工矿企业＋居民区”的空间结构。随后矿业经济进入稳定阶段，城市经济和城市的行政职能增强，往往形成“城区＋矿区”的双核空间格局。由于受矿业发展周期性的影响，城市空间结构的演变过程也呈现出明显的阶段性特征，可将资源经济时期城市空间结构的演化过程划分成以下几个阶段。

1. *形成期：建矿——矿区居民点形成*

这一时期是资源开发前期的准备阶段。某地区由于存在较为丰富的矿产资源，在资源储量、开采条件、交通状况及市场需求的共同作用下，开始初期的投资建矿。在建矿过程中，人口迁移以机械增长为主，人员不断增加。最初在矿区附近选择一块位置较好，避免压矿的地块作为工人居住区（实际上我国早期的矿区居民点选址并未充分注意这一点，压矿现象较为严重），这就成为资源型城市最初的建成区。设施简陋、住区分散成为这时空间景观的特点。这个阶

段的城市一般呈点状形态，范围较小，表现出向心集中的发展趋势，外部形态为集中团块状。最早的建成区有可能成为后来的城市中心区，也有可能随着最早建成矿业开采地的废弃和其他矿业开采地的繁荣而衰落。

2. 成长期：矿山发展——居民点范围扩张和数量增加

成长期是矿业经济大发展的时期。前期的勘探工作结束后，大规模工业化开采逐步兴起。在这种情况下，常常是几个矿区逐渐建成，形成生产能力，表现为矿业主导产业迅速成长，生产规模不断扩大，但非矿产业落后，工业结构单一，“单一企业，单一产业”是这一阶段经济发展的特点。随着早期矿山的建成投产，大规模的矿工聚集于此，人口增长体现为“机械增长”和“急剧增长”。职工人数的增加引起居民点建成区范围不断扩展。同时，新矿区的产生促使新居民点的建立。在矿区从建矿—投产—成长—成熟这一较长的时期内，多轮新居民点的建立到点状扩展的过程会一直持续到矿产资源趋于枯竭，城市发展进入新的阶段。与矿产资源相关的初级工业部门随之兴起，产生了对生产性服务业和生活性服务业的需求，并进一步吸引人口集聚，使原始矿业城市居民点的地域范围不断扩大。

3. 成熟期：矿产加工业集聚和城市行政职能增强——“城区＋矿区”双核格局形成

在这个阶段，矿区生产能力基本形成，企业生产规模保持相对稳定，进入资源开发的成熟期。人口以自然增长为主，且平稳增长。与此同时，早期居民点随着规模的扩大和相互联系的需要，不断沿交通干线相向发展，相互间不断靠近。其中规模较大、位置适中、发展条件好的居民点可能发展为整个城市的中心区。城市工业化发展水平和综合发展程度不断提高，城市规模进一步扩大。在矿业主导产业发展的同时，资源型企业的发展受聚集经济效益的影响作用更为明显，与矿业配套的工业发展较快，各类配套企业在空间上具有聚集的趋势，形成围绕主体企业的多种配套服务产业。矿业加工企业和配套企业进入点状集聚状态，形成“工矿企业＋居民区”的“单位大院”式格局。同时，非矿产业也有所发展，城市的行政职能和中心地职能加强，城市公共设施和市政设施也需要在空间上聚集才能高效运行，往往形成“矿区”和“城区”两个相互独立的城市空间。

4. 衰退期/转型期：城市职能转换——新型工业区跳跃和居民点填充扩展

这个时期，矿产资源逐步枯竭，开采难度加大，成本上升，矿业经济进入衰退期。此时城市的发展有两种可能：一种进入衰退期，随着资源的枯竭，城市也随之衰退，最终成为“采矿遗址”，如苏联的巴库。随着城市人口逐步迁出，地方服务业零散分布，社区衰落，景观破碎，城市建设衰落。另一种则进入转型期，利用原有城市的基础、设备、人才、资金等条件，大规模进行产业结构的调整，培植新的经济增长点，产业结构由单一型向综合型转化，由低级向高级转化，完成产业和城市职能的转型，使专业性工矿城市向新型制造业城市或综合性城市演化。承载转型的新型工业区在空间上跳跃式布局，其他居民点则呈现填充式扩张。

（二）资源型城市空间结构的主要类型

资源型城市的资源类型不同、所处的演化阶段不同、矿区分布不同，导致资源型城市在整体上表现出来的空间结构有所差异。总体而言，资源型城市的空间结构可以概括为以下三种类型。

1. 集中型

集中型结构城市的其中一种是由于资源储量大而且分布比较集中，所以城市用地布局紧凑，只有一个单一中心。典型的例子如抚顺，矿井分布非常集中，并且炼油厂、电厂、钢厂、铝厂等各种加工企业也都紧靠采掘区分布，因而形成了比较集中的城市形态。另外一种是小规模的县级市，人口规模大多不超过20万，这类城市的资源型产业的总体规模较小，而且采矿业多数分布在市域范围内的不同村镇，城区与矿区往往分离。部分分布在城区的资源型企业，因城市经济实力有限，难以脱离城区开发较远距离的矿产资源，也形成了城区的集中型空间结构。

2. 一城多镇型

这类城市主要由一个主城区（中心区）和多个工人镇（功能分区）组成，在空间上形成一城多镇的格局。主城区是城市行政、经济、文化的中心，资源开发主体企业的管理局及主要的加工企业一般都分布在主城区，规模比较大，基础设施和各种服务设施也都比较齐全。工人镇职能单一，主要是围绕一些资源采掘企业而形成的，规模一般都比较小，设施也比较简单。主城区和工人镇之间有一定的间隔。这类城市在国内已有资源型城市中数量最多，如大同、长治、阜新、鹤岗、淮北、枣庄等城市。

3. 多中心组团型

多中心组团型的城市结构是与一城多镇型相对而言的，这种类型的城市多数是从一城多镇型结构逐步演化而来的。原先分散的工人镇，因采矿业发展和区位优势，工业和服务业得到相应发展，人口数量增加，逐步具备了部分中心城区的功能，而成为中心城的分区，城市空间结构演化为多中心结构。这类城市的特点是由多个规模相近、职能类似的中心共同组成的。这些中心各自依托一个相对独立的矿区，拥有各自的设施系统，分别是所在区域的分中心，这些分区以城市组团（外围城区）的形式纳入城区范畴，整个城市通常呈联片或带状分布。多中心组团型结构的形成受到资源分布状况和地形条件的制约。鸡西、双鸭山、淮南、平顶山、焦作等城市的空间结构都为多中心组团型（图 10-2）。

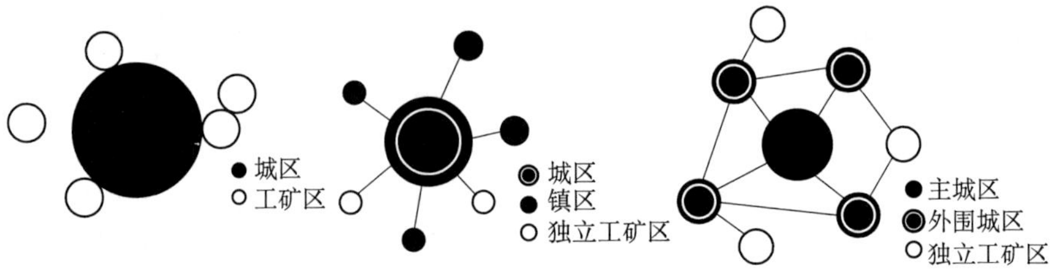

图 10-2 资源型城市空间结构类型图

（三）城市功能与城市空间演进的关系

依据生命周期理论，在以往的研究中对资源型城市的发展阶段有着多种不同的划分。借鉴以往的研究，结合前文的分析，可以将这些城市的发展历程划归为四个阶段：兴起期、发展期、瓶颈期、调整期。

城市空间形态演变的内在机制，实际上是城市空间对变化中的城市功能不断适应的一个过程。城市空间和功能之间的矛盾决定了其演进的方向和时序。具体到产业方面，产业空间的调整其内在过程实际上是对产业功能演进的不断适应。城市发展阶段、城市产业功能与城市产业空间三者之间存在密切的内部关联。总的来说，城市的发展阶段、产业功能和城市产业空间特征之间遵循着统一的时序，城市产业功能的发展引导了城市产业空间的演进，而城市产业空间的调整优化反过来又对城市产业功能的演进带来影响，二者相互作用，相互适应，总体上发展方向是一致的。但在实际的城市发展中，二者的发展次序并不一定同步。

从上述研究分析中可以看出，在资源型城市由兴起至资源枯竭不同发展阶段中，所对应的产业功能特征与城市产业空间特征均有各自的特点，发展阶段、产业功能、功能特征三者之间在时间序列上存在一定的耦合关系，这种耦合关系可以总结为表 10-1。这种耦合在不同城市中，所表现出来的时间点对应上并不一定完全一致，但在整个发展序列上大致反映了资源枯竭城市的发展历程。

表 10-1 不同发展阶段城市产业功能与空间特征的关系

发展阶段	资源开发状况	产业功能特征	空间特征
兴起期	单一资源开发，开采强度小	采矿业功能形成并发展，逐渐成为城市的首要产业功能，城市原有其他产业功能逐渐衰退	采矿点形成，采矿点周边形成居民区，城市建设以采矿点为中心，城市整体呈点状结构
发展期	资源综合开发，开采强度大	采矿业功能快速增强，同时与资源相关的制造业功能形成并发展，第三产业功能薄弱，城市服务功能落后	制造业在采矿点附近集聚，采矿点周边城镇规模扩大，逐渐连片向中心集聚

续表

发展阶段	资源开发状况	产业功能特征	空间特征
瓶颈期	资源综合开发，开采强度大	采矿业功能继续发展至顶峰但经济效益下降，制造业功能加速增强，其他产业开始发展，城市服务功能提升	功能意义上的城市中心逐渐显现，城市各分区间交通网络逐渐形成，城市空间蔓延
调整期	资源趋向枯竭，开采强度逐渐减小	采矿业功能开始下降，制造业进入转型发展，其他优势产业功能开始形成	城市产业空间优化，功能分区逐渐形成，城市空间格局形成体系

第二节　城市功能转换和提升的途径

一、城市功能的充实和提升

由于资源型城市大多因矿而设，各大厂矿的生活区是城市功能的主要载体，相对来说城市功能发育不完全，为整个城市服务的生活服务设施发展水平较低。城区功能呈现低质化和分散化的特征。因此，在城市发展过程中，首先应当完善资源型城市的服务功能体系，提升城市地位。

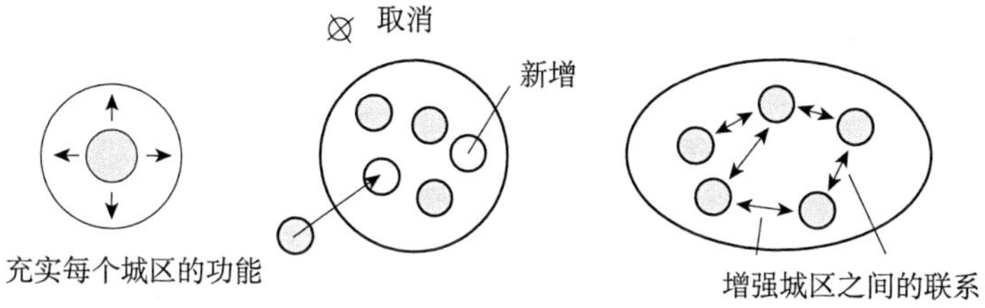

图 10-3　资源型城市功能的充实和提升

（一）建设城市功能服务体系

根据资源型城市自身条件，调整各城区规模、等级和结构，形成“区域级、市级、区级”的城市服务功能体系。

对于有一定基础的资源型城市，要优化区域级职能中心功能，大力发展外向型服务业。对中心城区进行调整优化和提高，重点进行城市环境整治、交通疏理、基础设施改善，合理控制建设强度，逐步疏解人口与产业，大力发展现代服务业，打造现代服务业集聚区，建设中心商务区，扩大服务范围，增强对周边区域的影响力。充实相应的培训、医疗、购物、餐饮及娱乐等配套设施，提升城市职能中心品质。

完善市级服务中心功能。完善主城区的居住、商贸、基础设施功能，重点发展服务范围广、附加值高的现代服务业，加快市政配套设施建设，打造市级的现代服务业集聚区，要满足市域范围内的服务需求。

此外，还应该建立起区级的服务中心体系。归并、转移和调整过于分散的功能，依托各区县的商贸服务基础，建立各自的商贸服务集聚区，加快发展商贸、餐饮、娱乐、休闲住宿等服务于本区范围内的城市服务功能。

（二）增强城区之间的网络联系，形成高等级的核心区

加大城区之间的快速路网建设，以快速干道串联，形成开敞的大城市发展框架。完善各区支路路网结构，提高支路网密度；加强道路建设，提高道路通行能力。大力发展公共交通，提高公交占居民出行的比例，科学布设公交线路，逐步建立以公共交通为主，出租车、私人小汽车为辅的综合客运交通体系。加快与内部组团的对接，做大城市规模，形成高等级的城市核心区。

（三）加强与周边地市的区域交通联系，提升区域性核心城市的地位

资源型城市为了向外输出矿产资源，一般具有紧密的对外联系通道，在此基础上应该构建多元化、现代化的综合运输体系，形成衔接紧密、布局合理、辐射周边的综合交通网络，培育资源型城市的交通枢纽地位。条件许可的地区推动和完善轨道交通建设，形成纵观城市南北、东西的快速轨道网络；加快与周边大城市的对接，增强自身辐射能力，提升城市在区域的地位。

二、城市土地利用结构的优化

资源型城市由矿而兴，从用地结构来看一般工业用地的地位突出，基础设施建设用地和第三产业用地发展相对滞后，并且由于矿区分布分散，城市建设区与矿山企业的土地利用犬牙交错，较为混杂。老城区人口密度较高，工人居住环境较差，如黄石矿工人均居住面积不足10平方米，环境恶劣。因此，需要疏散老城区人口，实行土地分区管理，逐步分离居住与工业用地，改造棚户区，整体改善居民的居住环境。

（一）逐步疏导老城区人口，提高公共绿地和开场空间比重

老城区的人口疏散主要途径包括：①旧城区改造工程。通过对旧城区的规划和破旧住房的拆迁，利用合理的住房政策引导老城区人口的迁移，实现人口的疏散。②城市基础设施在空间上的合理布局。通过资源在空间上合理地再分配及再兴建，势必会带动大量的人口迁移。③依靠新区新兴的工业、商贸和服务就业机会，吸引人口的转移。城市建设要着重治理城市中的生态环境问题，

建设居住社区中休闲广场和公共绿地等开敞空间，改善居住环境，完善城市景观，同时，也为城市提供了大量的安全避难场所。

（二）以资源转型为契机，积极推动棚户区的改造

针对各类棚户区和城中村的特点及改造难度，根据棚户区环境、市场原则及棚户区居民的社会经济条件开展棚户区改造的适应性评价和分类，确定适宜的分类指导原则。其中，自身条件（C）可分为：C1，影响居民的居住安全；C2，不影响居民的居住安全。市场原则（M）分为：M1，具有市场开发价值；M2，不具有市场开发价值。居民经济条件（R）分为：R1，居民有一定能力买房；R2，居民没有能力买房。按照以上三种因素的组合归纳棚户区的特征，将之分为A，B，C三个类型，适用不同的政策（表10-2）。

表10-2　棚户区分类

分类类别	第1类	第2类	第3类	第4类	第5类	第6类	第7类	第8类
棚户区环境	C1	C1	C1	C1	C2	C2	C2	C2
区位特点	M1	M1	M2	M2	M1	M2	M2	M2
居民社会经济条件	R1	R2	R1	R2	R2	R1	R2	R2
棚户区分类	A	A	B	B	C	C	C	C

1. 有一定开发价值同时严重影响居住安全的棚户区

充分利用市场力量推动商业和居住开发。鼓励和引导房地产开发企业的投资和参与开发，通过拆迁和货币补偿政策改善棚户区居民生活条件。政府在土地出让等方面给予政策扶持。对于没有能力支付差额房价的居民，提供住房补贴。

2. 城市边缘地带严重影响居民居住的棚户区

这类棚户区缺乏商业开发价值，拆迁面积大，导致开发难度大。政府对于这类棚户区应当给予重点扶持，加大公共投资的力度。特别是对于没有经济能力购买住房的用户，政府可考虑通过建设廉租房或贷款税收减免等方式扶持低收入居民的生活居住。

3. 暂时还不影响居住安全的棚户区

这类棚户区重点在于住房的检修，并充分利用国发〔2007〕38号文件中关于棚户区改造给予的政策支持，调动中央资金，加大力度进行景观的整治和配套基础设施的完善。

4. 严格实行土地分区管制，逐步使居住和工业分离

对于既定形成的工业和居住混合的城市格局，应该严格执行土地利用的分区管制，一方面严格按照土地用途管制，限制对不适宜工业项目的入驻。另一方面，对已有的工业项目逐步引导，以土地整理为依托，引导其逐步集聚与居

住分离。同时，完善居住区内景观和基础设施，通过土地利用结构的优化和调整，打造城市的宜居环境。

三、城市空间结构调整

资源型城市的形成和发展特点导致其空间结构先天不足，一般根据资源分布存在“点多、线长、面广”的特点，生产空间和生活空间交错，既无法为接续替代产业提供发展空间，难以实现其规模效益，又影响了居民生活空间，并造成景观破碎、空间联系松散等问题。因此，需要通过优化生活空间、调整生产空间、改善生态空间，加强片区之间联动，构筑有序的城市发展空间，提高资源的配置效率，进而增强城市活力，实现资源型城市成功转型和可持续发展（图 10-4）。

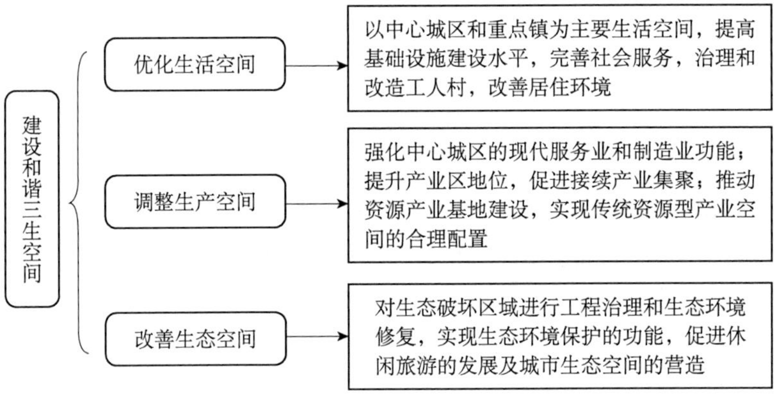

图 10-4　“三生空间”规划框架图

（一）优化生活空间，改善居民居住环境

以中心城区和重点镇为主要的生活空间，进一步解决困难群体居住条件，全面完成棚户区、危旧楼改造。有序推进旧城改造，结合城市自然特征和城市建设现状，建设具有极高的现代化水平的多层或高层住宅。完善居民社区配套设施，合理布置公共空间，引导营造融洽的邻里关系和和谐的社区文化。加快基础设施配套，加强城市核心区景观和商务中心的建设，改变城市形象和居民生活环境，提高居民居住环境质量。

（二）调整生产空间，引导产业集聚发展

调整生产空间，首先要对城市中心区的产业结构进行优化，通过发展优势工业和城市服务业，加强中心城区的综合服务职能，提高中心城区对全市实现

产业转型的带动力。同时，通过提升中心城区内经济技术开发区的建设水平，积极推动接续产业的发展，增强中心城区对接续产业的集聚能力。此外，加强原有资源产业基地建设，促进传统资源型产业实现合理的空间配置。

加快产业向园区集聚，引导人口向城镇和新区集中，提高城市区域综合竞争力和辐射带动力。完善城市功能组团和产业园区建设，为产业的集聚化和规模化发展搭建发展平台。积极实施承接产业转移和产业聚集发展的行动计划，加快产业转移园与产业集中区的基础设施建设，促进市区工业向产业园集聚，培育中心城区主导产业集群，增强城市产业集聚度。

（三）改善生态空间

综合治理并合理利用生态环境是改善资源型城市生态空间的重要方向。因此，一方面，要对生态破坏区域进行工程治理和生态环境修复，实现复垦、绿地、公共设施等经济发展及生态环境保护功能；另一方面，积极建设绿地、公园，促进生态环境的改善、休闲旅游的发展和城市生态空间的营造，推动资源型城市向生态良好、环境优美的山水城市转变。

（四）加强空间联动

对于过于分散的城市，要通过交通体系构筑网络型城市，强化城市各功能片区联动。发挥交通对城市空间结构调整的带动和引导作用，根据城市空间结构，打造快速路网结构，尤其加快产业区之间的运输通道。建设以大公交为主体，出租汽车等其他公共交通方式为补充的现代化城市公共交通体系。构建以水路、公路、铁路为主体的多元化综合运输体系，形成衔接紧密、布局合理、辐射周边的综合交通网络，实现外部沟通便捷，内部联系紧密的目标。

四、城市景观控制规划和旅游规划的制定

资源型城市一般具有丰富的山水资源，但长期以来以工业开发为主，缺乏景观设计，并且资源开采极易造成生态景观的破坏。资源型城市在恢复治理生态环境的同时，应该以转变城市形象为目的，结合自身的山水格局和城市形态，塑造城市景观体系，展现城市独特的工业文明遗迹，开展景观控制规划和旅游规划。

（一）“山、水、城”等各种景观元素的有机融合，美化城市景观

根据城市格局，融合各种景观元素，使用高地高建、疏密有间等规划设计手法，设置观景平台或小公园。注重城市制高点的控制，以及由制高点统领的

高低变换的建筑群，形成极富城市节奏感、韵律感的城市天际轮廓线。结合旧城区改造，加快城市绿化，形成“绿在城中”的城市景观。进一步提高道路绿化水平，实施绿道、绿网规划，建设公园、绿道等绿色、生态休闲场所。提高城市绿化率，优化城市人居环境。引导各个组团城市建设风格的统一协调，丰富城市色彩，美化城市夜景。

（二）建立城市景观廊道，提升城市生活品质

对于山水本底条件突出的资源型城市，可以从建设景观廊道着手，打造“明星工程”，提升城市形象和居民生活品质。建设和完善城区大型自然公园、亲水景观广场等生态休闲设施，塑造山地城市或滨水城市意象；延续城市周边区域的外部生态环境，引入城市绿地和景观系统中，适当展开城区绿化工程，形成外向、开放型的城市景观体系。有河流、湖泊的城市利用水域景观，建设滨河道路，使城市和水面将相映成趣，更好地提升城市景观品质。同时，应增设一些城市夜景设计元素，丰富居民的夜间活动空间。例如，湖北黄石利用城市中心的磁湖景观，加强周边广场、绿化的建设，形成城市中心的景观廊道——杭州路，成为体现城市市政、人文、自然的交通要道。

（三）打造生态旅游休闲城市，促进城市转型

完善生态型、观赏型、游憩型等多种类型的生态景观，建设城市生态文明，塑造优美和谐的城市新形象。加快生态旅游休闲重点地区开发，依托文化体验和生态休闲旅游目的地开发完善区域中心城市功能。例如，韶关市充分发挥“自然奇观、人文源泉”的特色，着重围绕丹霞山和南华寺的旅游资源，建设旅游服务基地，完善旅游配套设施，提高旅游服务质量。大力开发市域内山水、温泉、古文化、奇石等资源，重点建设新丰生态休闲旅游示范区、曲江禅宗文化旅游示范区、仁化山水旅游示范区、始兴民俗休闲旅游示范区、帽子峰生态休闲旅游示范区等一批各具特色的休闲旅游示范区，全面提高休闲旅游服务质量，打造韶关生态休闲旅游重点地区品牌。

第三节　典型案例

一、黄石：理顺矿城关系，提升中心城市功能

黄石是我国中部地区重要的原材料工业基地，全市现辖大冶市、阳新县和黄石港区、西塞山区、下陆区、铁山区四个城区及一个省级经济技术开发区，

总面积4583平方公里，总人口255万，其中市区面积233平方公里，人口67万。黄石以矿而兴，历史悠久，城市空间发展以散点状开发为主，各城区定位不明晰，未形成分工合作的互动机制。长期以来，主城区发展没有跳出老城区黄石港区有限的发展空间，西塞山区、铜绿区、铁山区基本是以某一种资源为主体发展起来的，城市基本功能尚不完善。而黄石港区位于黄石市最北部，距离其他区县的距离都较长，对于其他城区发挥的服务功能和辐射带动作用较弱。尤其是四个城区，再加上大冶、阳新之间缺乏快速交通体系的高效连接，彼此之间相对独立发展，没有形成一个区域中心城市的强大内核（图10-5）。城市功能不完善，基础设施建设欠账较多。老城区人均建设用地75平方米，与全国和长江中游的各大地级城市相比，人口密度偏高。建成区内生产区和生活区用地相互交叉，缺乏有效隔离。

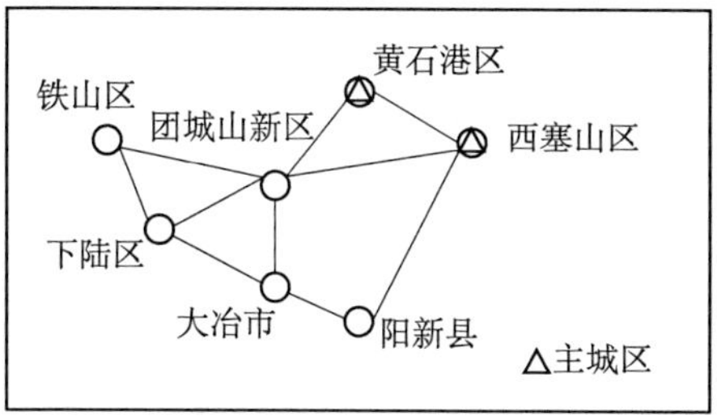

地区	连接度
黄石港区	2
西塞山区	3
下陆区	3
铁山区	2
开发区	5
大冶市	3
阳新县	2

图10-5　黄石各城区相互联系示意图

黄石的城市空间发展策略首先应从调整空间结构入手。根据黄石市特定的地形条件和经济条件，确定城市发展为双核网络状空间结构，其中双核是指以“团城山区—大冶城区”为城市发展的双中心。其中，团城山为北部核心区，辐射和带动城市北部的黄石港区、西塞山区、下陆区、铁山区及山南新区。大冶市为城市南部的核心区，辐射带动阳新县和山南新区的发展。南北双核之间，应通过建立城市大容量快速公交系统（BRT）加强联系，充分发挥BRT高效率、低成本、运量大的优势，建立城市内部的快速交通廊道，紧密连接城市的双核，从而加强城市的南北向融合。通过双核的带动作用，实现五区联动（图10-6）。

在此基础上，完善交通基础设施网络，实现五区融合。构建以水路、公路、铁路为主体的多元化综合运输体系，形成衔接紧密、布局合理、辐射周边的综合交通网络，使黄石成为外部沟通便捷，内部联系紧密的交通枢纽城市。水路发挥长江的黄金水道优势，改造老港区建设新港区，提升航道等级；依托棋盘洲保税物流中心，联系花湖物流园区、富池等沿江产业基地的水运廊道。公路则形成以沪蓉高速、大广高速、咸黄高速，以及鄂东长江公路大桥、棋盘洲长江公路大桥共同构成的环黄石—大冶及大冶湖的大城市高速公路外环，成为连接城市各区的快速环路，并形成与区域交通基础设施网络的有机联系。由高速

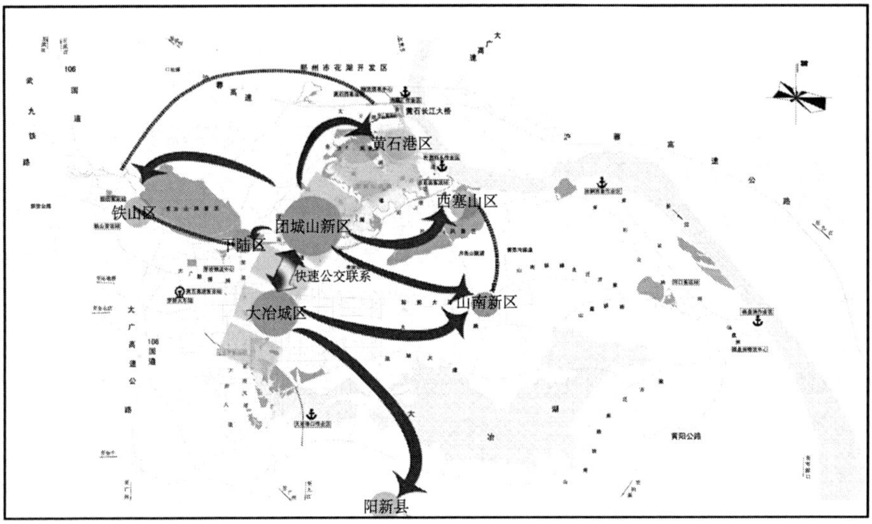

图 10-6　双核网络状城市空间结构示意图

公路外环和大棋高等级公路构成连同花湖物流中心、罗桥物流中心和棋盘州物流中心的主要物流通道。铁路发展主要是完善由武九铁路、山南铁路等构成的铁路格局；以山南铁路改造为契机加强罗桥和棋盘洲两大物流中心的联系，成为城市内部东西向的货运通道；借助武九铁路及其支线，形成贯穿城市南北的快速货运通道。推动和完善黄石市的轨道交通建设，形成纵观城市南北、东西的快速轨道网络；此外，建设黄石—武汉的城际快轨，加强武汉都市圈主中心与副中心的城际联系。同时，还要加大区域内部组团的交通连接线建设，促进五区融合发展。建设团成山—大冶的快速公交走廊，形成南北双核心之间的快速公交通道。完善西塞山—大冶的快速道路建设，缩短二者之间的距离，加强二者的联系。依托规划的富池长江公路大桥，新建武穴至阳新的交通要道，增加阳新与沿江物流的交通联系，打开阳新通往鄂东的通道（图 10-7）。

就生产、生活空间而言，要逐步引导城市的生产和生活空间分离。产业发展轴沿长江下游调整，逐步引导生产和生活空间分离。加快西塞山工业园、罗桥工业园、黄金山工业园等工业园区的建设，以及棋盘洲、罗桥、花湖等物流园区的建设。园区之间通过山南铁路等加强工业园区内部之间的联系，利用武九铁路、大广高速、沪蓉高速、106 国道及长江黄金水道等建立黄石市与鄂东、赣北、皖南其他城市之间的区域物流通道。在城区外围，形成便捷的生产运输通道，并与主城区的居住空间之间设置绿化隔离带，避免生产对城市内部居住功能和城市景观产生不利影响。

与此同时，根据双核网络式城市的空间结构调整的要求，对各城区的规模、等级和结构进行调整，从土地利用的角度对原有分散的城市功能进行整合。首先要突现双核中心的城市级和区域级服务功能的地位。双中心的团城山新区和

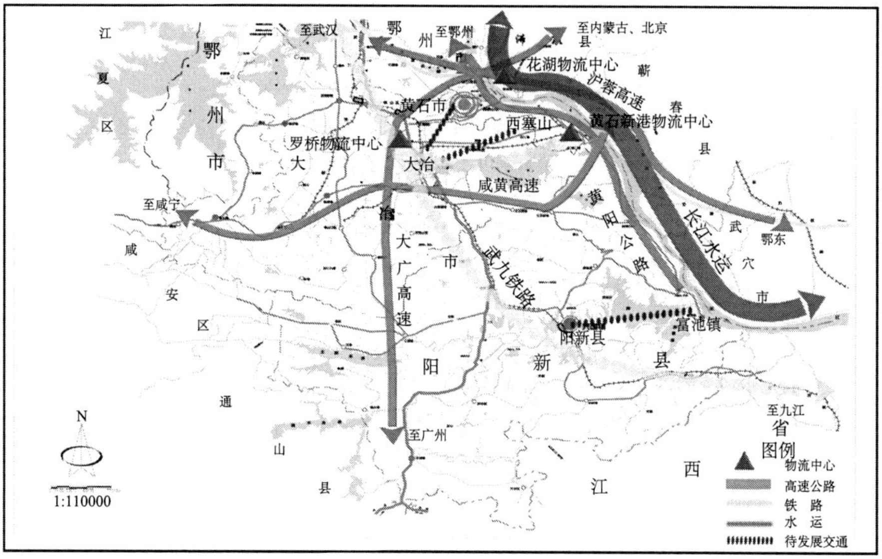

图 10-7　城市交通和物流组织

大冶城区应实行高密度的土地利用开发方式，完善主城区的居住、商贸、基础设施功能，重点发展外向程度高、服务范围广、附加值高的现代服务业，加快市政、商贸、文化、体育、卫生等配套设施建设。一方面，打造市级的现代服务业集聚区，形成黄石市的中心商务区，服务于整个黄石市及整个鄂东区域；另一方面，通过新区完善的城市服务功能，积极承接老城区人口迁移和功能外移，配合老城区实现城市功能转型。

黄石港区为现在的中心城区，服务业基础较好，已经具有较大规模的商贸休闲功能，且和鄂州、黄冈、浠水等周边城市联系便捷，具有辐射周边城市的地理优势。由于黄石港区建成密度较大，商业密集，又拥有临江的独特景观优势，适于发展高等级的服务业设施，但是同时受用地空间的限制较大。因此，可以考虑在杭州路和沿长江一带发展具有传统文化特色的步行商业服务区。

同时，各城区依托原有的商贸服务基础，规划建立各自的商贸服务集聚区，加快发展商贸、餐饮、娱乐、休闲住宿等服务于本城区的城市服务功能。

二、抚顺：优化发展空间格局，增强对外联系

抚顺是一个因煤而兴的资源型城市，开采历史已有百年，市域范围包括新抚区、望花区、东洲区、顺城区四个城区和清原县、新宾县、抚顺县，土地总面积 11 272 平方公里，2009 年年末全市户籍总人口 222.6 万人。抚顺的交通区位优势非常突出，它向西距离省会沈阳市 45 公里，是沈阳市重要的腹地城市，受到沈阳经济发展的辐射带动。2009 年沈抚城际轨道交通建成通车，大大缩短

了沈阳与抚顺之间的距离。抚顺距沈阳桃仙国际机场40公里，距营口海港200公里，距大连海港400公里，均有高速公路和铁路相连，还有沈吉、沈抚两条铁路干线与全国铁路网相连，货运、客运通达便利。

沈阳经济区的建设赋予了抚顺副中心城市的地位。沈阳经济区是以沈阳为中心，以鞍山、抚顺、本溪、阜新、营口、辽阳和铁岭为支撑的重点区域，抚顺作为沈阳经济区的副中心城市。沈抚同城化进一步增强了沈阳对抚顺的辐射带动作用。2007年，李克强同志明确提出推进沈阳与抚顺同城化发展。实施沈抚同城化，不仅能够使沈阳与抚顺最大限度地实现资源共享、优势互补，也必将有效降低抚顺发展成本、优化经济结构、改善城市环境、提升城市的整体价值和竞争力，加速抚顺资源型城市转型和老工业基地振兴。

抚顺市利用建设沈阳经济区的战略机遇，以沈抚同城化为抓手，调整优化城市空间格局，以沈抚新城和石化新城建设为重点，推动人口向浑河两岸聚集、工业向外围园区集中。促进各城区与主城区的优势互补和良性互动，对外共同利用各种资源，统筹全局经济，实现一体化发展的格局；对内各功能区分工合作，形成的功能联系紧密和产业相符配套，差异化发展的内部竞争格局。

空间格局优化的重点有以下五个方面。

第一，依托沈抚新城紧邻沈阳的区位优势和区域生态环境优势，紧抓沈抚同城化的大好机遇，以新型工业化综合配套改革为动力，积极融入沈阳经济区，建设面向沈阳的产业集聚区、生态旅游区和生态宜居区。加快交通、市政等基础设施一体化建设步伐，改善投资创业环境，促进产业集群发展，加快工业化和城镇化，承接优化发展区域的产业转移和适度发展区及生态控制区的人口转移，使沈抚新城成为支撑抚顺市域经济发展和人口集聚的重要载体。

第二，把石化新城作为抚顺优化和提升工业结构的重点，以“千万吨炼油，百万吨乙烯”为龙头，以基础原料、新型材料及特种化学品为特色，建设石油化工、精细化工产业集聚区和碳纤维生产基地，使之成为具有世界规模的炼油化工一体化基地。以石油化工产品深加工及精细化工产业为龙头，实现机加工、纺织、特色农业、商住、物流、旅游等各行业协调发展，建设成产业突出、技术先进、具有循环经济特色的上下游一体化及资源配置生态化的工业园区。

第三，进一步发掘沈抚母亲河——浑河的文化内涵和生态价值，运用现代的城市设计和景观设计理念，扩大湿地地域，恢复沿岸原生态，建设滨河景观路，根据岸线空间形态和景观特点，形成丰富多变、错落有致、生态突出、特色鲜明的沿河景观，在保障生态安全的同时，为市民提供清新自然的休闲场所和游憩空间，形成展示抚顺新形象的靓丽风景线。

第四，加快制定南部循环经济产业带发展规划，积极筹建南环铁路，打造新的经济增长带，城区市区产业转移。重点建设演武造纸产业园、海新化工产业园、塔裕工业园、胜利开发区、千金页岩深加工产业园等，全力推进抚矿集团总投资270亿元的200万吨再生造纸、2×30万千瓦煤矸石热电机组、页岩油深加工示范等重点项目建设。

第五，以强核优化提升主城区，营建现代城市宜居环境。进一步解决困难群体居住条件，全面完成棚户区、危旧楼改造。有序推进旧城改造，结合山水城市的自然特征和城市建设现状，建设具有极高的现代化水平的多层或高层住宅。完善居民社区配套设施，合理布置公共空间，引导营造融洽的邻里关系和和谐的社区文化，提高居民居住环境质量。完善主城区的商贸服务功能，利用现有资源，采取存量利用、二次改造、土地置换等措施，对新抚商业区的资源和要素进行有效整合、合理布局和优化配置，建设金融、商贸、信息、中介服务、商务办公、酒店、公寓、会展中心、文化娱乐等配套设施，构建便捷的交通、丰富的信息、迅捷的通信、优质的办公设施和良好的运营环境，成为能够大幅降低企业的管理和交易成本，吸引各金融、商务公司入驻的现代商务活动的功能集聚区。重点建设站前和裕民两个商业圈，增强辐射力和吸引力，塑造中央商务区崭新形象。加快建设各级商场、超市、农贸市场，形成市-街道-社区层次化的商业服务网络。突出抚顺城市自身的山水格局和城市形态，展现抚顺独特的工业文明遗迹，塑造自然、生态、和谐、宜居的现代化城市景观。加强主城区公用服务设施和生活型服务业的建设和改造工作，完善城市服务功能(图10-8)。

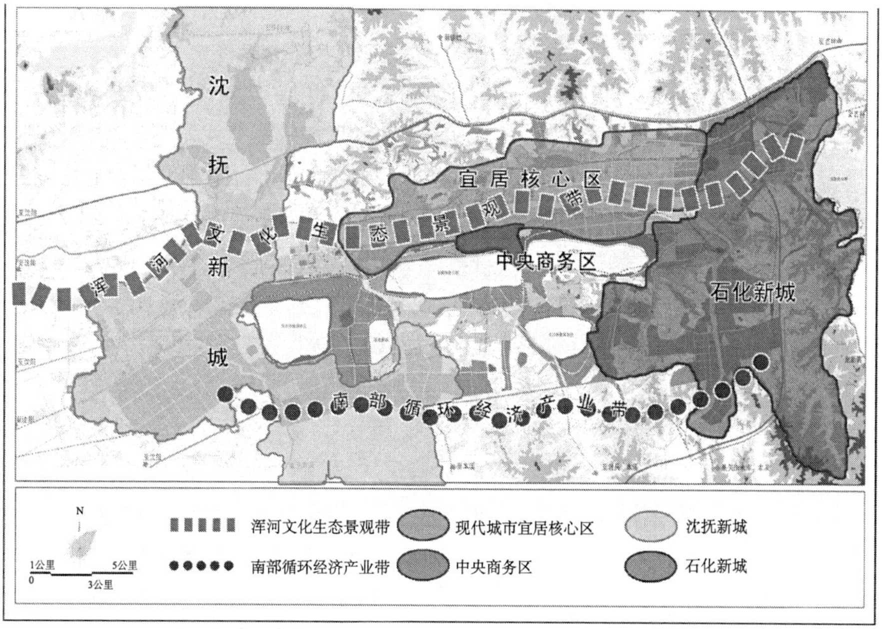

图10-8 抚顺市空间结构的调整与优化

在空间结构调整的基础上加强交通设施的支撑作用。首先，整合城市的对外交通资源，构筑多方式的对外交通网络体系。强化抚顺与国家级交通廊道的衔接，突出抚顺与沈阳、铁岭、本溪及辽宁沈阳经济区内各城市的交通联系，扩展抚顺的经济腹地，提升抚顺的区域竞争力。促进大型交通设施的区域共享，为进一步推动区域合作与发展提供交通支持，提升抚顺作为沈阳经济区东部重要“节点”的战略地位。其次，加强沈抚交通对接，促进沈抚同城化。构筑以公共交通为主体，包括轨道交通、高速公路和快速小汽车交通等多种交通方式相协调的沈抚城际综合交通体系，积极推动沈抚同城化进程。拓宽沈抚高速公路，取消高速公路收费口，形成沈抚城际间快速通道；建设抚顺西南部公路主骨架，加快抚顺南部产业带与沈阳的客货流动，形成沈抚南部大通道；改造抚顺沈环北线、方乱线、高望线至世博园公路，形成沈抚北部旅游大通道；新建改造高湾至葛布北沟段起至顺城区与高湾开发区交界处一级公路，总体形成“一高”“四快”“两城铁”的“1＋4＋2”交通格局。最后，构建城市快速通道，强化城市各功能片区联动。发挥交通对城市空间结构调整的带动和引导作用，根据“两城两带”的城市空间结构，构筑以轨道交通、常规公共交通及 BRT 为主体的交通支撑体系。加快经济技术开发区大桥、古城子大桥、月牙岛大桥和天湖大桥公交停车场等主体工程，整体改造丹东路和浑河通航建设，形成中心城区“三横六纵”的快速路网结构；改造矿区电铁，形成连接东西两个新城并与沈阳地铁相连的城市轨道交通；大力发展大容量快速公交，科学布设公交线路，提高公交占居民出行的比例。

三、景德镇：保护与恢复历史文化名城，带动城市复兴

景德镇市位于江西东北部，是中国瓷都、中国古老的工业发祥地之一和江西重要的工业基地，也是典型的资源枯竭型城市。市域总面积 5256 平方公里，2009 年人口 156.51 万。长期以来，景德镇城市发展面临三大问题：第一，城市形象不突出。景德镇历史文化悠久深厚，市区拥有众多高品质的人文景观资源，母亲河昌河穿城而过。但是，景德镇的城市建设却没能充分体现出景德镇的文化魅力，缺乏系统的景观设计和规划，没有将文化元素充分地调动整合起来，致使景德镇的深厚文化难以和城市建设取得相得益彰的效果，不能形成统一鲜明的城市形象。第二，城市中心功能较为薄弱。景德镇中心城区经济规模相对偏低，缺乏强有力的对外辐射能力。2008 年，全市人均工业增加值仅 10 298 元，低于同省的新余、南昌、鹰潭和萍乡。经济外向度也较低，外商及港澳台投资企业完成工业总产值仅占全市规模以上工业总产值的 6.19%，居全省第 9 位，社会消费品零售总额也仅位列全省第 9 位，说明景德镇经济的辐射能力较很小、集聚能力较弱，没有形成具有一定启动能力的经济中心作用。第三，内部交通不畅通。景德镇市城区道路网走向基本上呈东西向和南北向，城市的主

要交通流向东西向交通，基本依靠城市中心的珠山路和珠山大桥来完成，该道路仅有四车道，皖赣铁路又从中截断，交通瓶颈极易形成，而南北向干道没有真正起到分流的作用。加之，景德镇与周边乐平、浮梁县城的连接道路等级较低，尚未形成高效的联系通道，各旅游景点之间距离较远，交通不便。

景德镇具有悠久的城市发展历史和深厚的陶瓷文化底蕴。宋代景德镇因造“御瓷”而改用皇帝年号，易名为景德镇。此后，历朝皇帝都在此地设“御窑”，制作皇宫专用瓷和外交礼品瓷。景德镇也以产茶而著名，瓷茶并茂、工商辐辏，促进了城市的繁荣和经济的发展，使景德镇与汉口镇、佛山镇、朱仙镇齐名，成为我国古代四大名镇之一。城市留存有弥足珍贵的陶瓷遗迹、精湛奇妙的陶瓷技艺、流光溢彩的陶瓷精品、风格独特的陶瓷习俗，是中国独有的充满陶瓷文化艺术气息的城市，对世界瓷业发展起到推动作用，被国务院列入首批全国24个历史文化名城之一。因此，在城市转型过程中选择从城市形象入手，突出景德镇的地位、彰显特级资源的唯一性与稀缺性、增强景德镇国际影响力和号召力，进一步从长远角度挖掘景德镇潜力和紧扣景德镇特色。

保护与恢复历史文化名城的发展方向包括以下三个方面：第一，保护传统物质空间，通过城区景观规划实现文化品位的提升。善待历史文脉，实施小规模、渐进式的有机更新，最大限度地保护传统物质空间。恢复文物古迹和部分历史街区的古建筑风貌，通过统一的景观规划和设计，将陶瓷文化元素融入整个城区的城市建设，使历史街区和整个城市相得益彰，增强城市文化可识别性，形成统一鲜明的城市形象，提升文化品位。第二，积极发展具有地方文化特色的业态，营造陶瓷之都的文化氛围。依托产业发展的历史脉络和丰富积淀，发展与历史文化相结合的陶瓷创意产业，推进传统文化的深度旅游业，扩大传统文化的影响力。第三，尽量维持原有社会网络和生活方式，保持城市文化的生命力。尽量减少原住居民的流失，控制外来居民进入的数量。从空间上对居住功能和旅游及商业功能的区域进行区分，控制旅游业及商业渗入的程度，尽量降低外来文化对居民生活方式的破坏。充分考虑原住居民的意愿，提倡居民参与。

同时，在空间上根据文化特色的保留程度划分不同类型区域，并分别确定不同的发展措施。第一，严格保护历史风貌核心区。在以珠山明清御窑遗址保护区为中心的核心区内，完整保留能够体现景德镇市特有历史风貌的建筑、巷弄、街区，拆迁和整体风貌相冲突的新建筑，在原基地上铺设大面积绿地，增大城市核心区的绿化率，降低城市核心区的建筑密度，改善人居环境。建设和完善相应的旅游服务设施，对核心区保护同时，适度开发，形成城市经济新的增长点。第二，适当控制内环保护区。内环保护区域大致是以珠山明清御窑遗址保护区为中心，湖田古窑遗址保护区、枫树山陶瓷文化博览区、三间庙文物保护区构成的三角形。在此区域内严格保护重点文保单位的原有格局、风貌和面貌，未经批准，不得任意新建、扩建或拆除。内环所包含的区域内，以不影响保护对象的对外景观和环境为原则，严格控制用地类型和建筑高度、密度，要求建筑保留城市特色，有价值的地方恢复历史原貌，整体与历史风貌相协调；增加铺设绿地，改善环境；引导高品质和生态友好的旅游休闲产业、文化创意产业及相关配套服务行业发展；土地利用以优化、整合、完善现有的发展空间为主。第三，打造昌江一线南北向历史走廊。控制昌江滨河两岸各 50 米的景观，协调 50 米以外的视野，与古码头景点相结合，把昌江建设成为一条环境优美、内容丰富的水上风光游览线。打造北路前街—中山南路及中华北路—中华南路这两条历史特色商业街，重点发展景德镇民俗特色美食街、休闲酒吧一条街、陶瓷文化一条街、陶瓷创意一条街（图 10-9）。

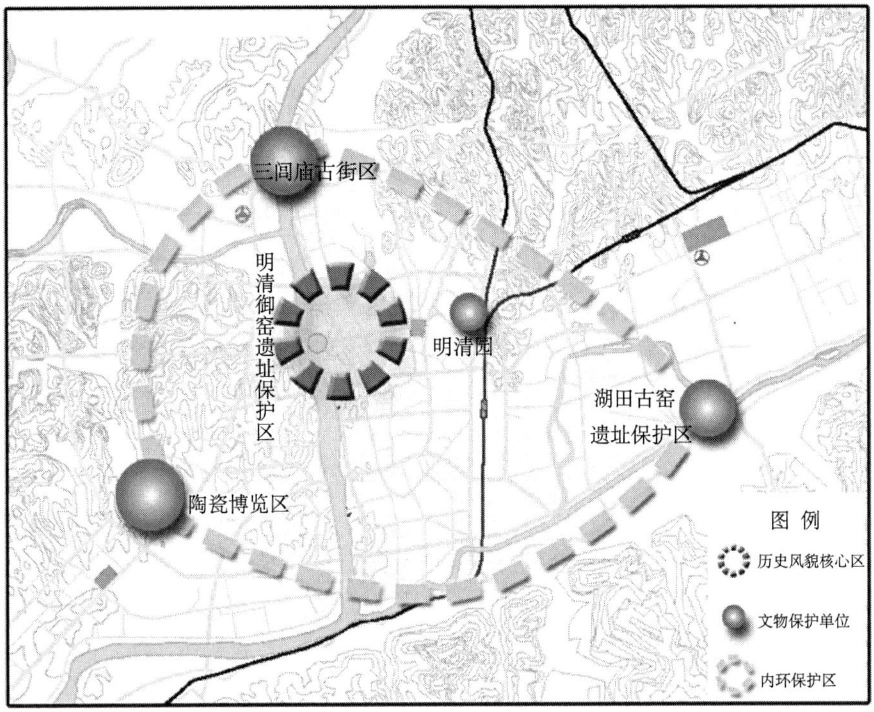

图 10-9　景德镇历史文化名城分区保护

为了以上发展方向能够顺利实施，需要加快旧城改造与城市更新步伐，促进城市功能转型，具体措施如下：首先，调整人口分布，疏解中心地区人口。通过调整部分职能和实施旧城的有机更新，积极引导人口向边缘组团转移，加大力度建设休闲广场和公共绿地等开敞空间，降低核心区建筑密度和容积率。其次，进行土地置换，搬迁改造传统工业。加快实施城区老陶瓷企业退城进郊，向陶瓷工业园区迁移、老机械工业向高新技术产业园区迁移，通过工业南迁、城区重心西移，合理改造和利用现有设施，积极发展特色商业街、旅游业和文化创意产业，改善地区整体环境。再次，调整改造与城市整体发展不协调的地区。采取多种措施，在规划期内全面完成旧城区、“棚户区”的改造，提升城市品质和提高城市整体环境水平。最后，优化文化产业发展环境，增强文化中心功能。以景德镇丰富的历史文化资源为基础，发挥景德镇在国际交流、交通区位、人文等方面的突出优势，充分利用市场机制，积极推动文化产业的发展，进一步增强文化中心的功能。

第十一章　生态环境的治理与保护

资源型城市的生态环境问题伴随资源开采和利用过程产生。长期以来，由于缺乏正确的生产观念，加之不重视生态环境的修复治理，资源型城市的生态环境受到极大破坏，资源开采与生态环境之间的矛盾日益突出，成为制约城市经济社会可持续发展的一大瓶颈。有效推进资源型城市生态环境的治理与保护，不仅可以保障居民的生活安全，显著改善城市的生活生产环境，而且对区域性生态功能的修复和完善也具有重要意义。

第一节　生态保护与环境治理的意义

一、保护地区生态屏障的需要

资源型城市作为我国的重工业基地，不仅为国家提供能源和资源，由于其地理位置的重要性，很多资源型城市更要发挥地区生态保护屏障的作用，对水源涵养、生物保护、抵御洪涝和风沙等自然灾害发挥着无法替代的作用，在地区生态发展战略格局中具有长远、关键和不可或缺的意义（武强和陈奇，2010）。因此，保护地区生态平衡、维护区域生态屏障需要加强对资源型城市的生态保护和环境修复。

二、维持社会稳定的重要途径

采矿活动因采空或抽排岩溶水、矿井突水等带来一系列地质灾害，诸如崩塌、滑坡、岩溶塌陷、采空塌陷、瓦斯爆炸、矿坑突水、水土流失等。这些地质灾害造成大量的农田基本设施毁坏和建筑物墙体开裂，居民区地陷事件屡见不鲜，严重影响居民生产生活。据渭南市2005～2015年地质灾害防治规划，渭南市所辖的韩城、合阳、澄城、白水、蒲城等县煤矿区地面塌陷、地裂缝导致受灾严重的村庄有47个，受灾群众2847户，12 197人，受灾较严重区域达11.2平方公里（徐友宁，2006）。受灾群众得不到合理赔偿，加剧了与矿山企业的矛盾，以致冲突升级激化，开始大规模集体上访。矿山与矿山之间，矿山与村民之间，矿山与当地政府之间的矛盾和纠纷日益增多，形成了新的社会不安定因素。因此，加大对资源型城市生态环境的保护和治理，减少地质灾害，不仅是保障居民生活安全的重要手段，也是维护社会稳定的重要途径和保持国民经济持续健康协调发展的重要举措。

三、实施可持续发展的必经之路

矿产资源具有不可再生性，通过对资源持续不断的开采和消耗来实现经济数量的增长，最终会导致经济出现衰退的现象。传统的粗放型经济发展模式已经造成了资源消耗和污染物排放总量的剧增，引起了严重的环境问题。资源型城市的社会经济基本特征和资源环境约束状况表明，如果不重视环境安全，不把合理开发利用资源、保护生态环境纳入经济发展之中，统筹兼顾综合决策，经济增长就难以持续，也难以为后代创造可持续发展的条件（郭新瑜和李爱江，2002）。推进矿山生态环境保护与治理，走技术进步、生态保护的新型矿业经济发展之路，不仅有利于促进矿产资源的持续利用，减少目前矿产资源利用率低、环境容量小对经济发展的制约作用，而且可以从根本上优化矿产资源的产业布局，调整矿业产业结构，从而实现矿业经济的可持续发展（图11-1）。

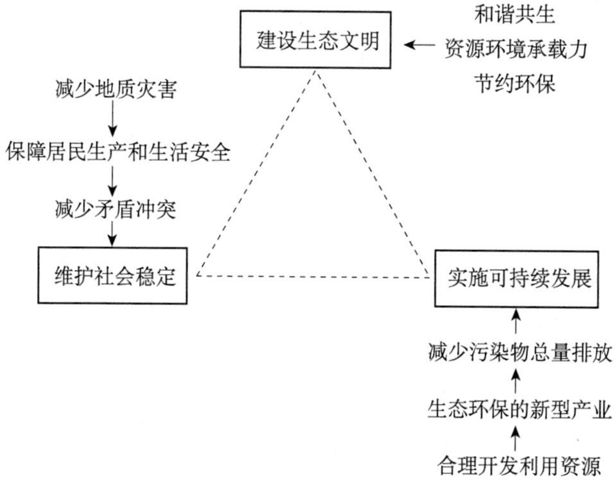

图11-1　生态环境治理与保护的意义

第二节 生态环境保护和治理的主要途径

一、加快矿山环境恢复

（一）推进矿山地质环境恢复治理

当前，我国矿山地质环境形势严峻，治理难度越来越大，矿山地质环境污染和生态破坏造成了巨大的经济损失，危害群众健康，影响社会稳定和环境安全。未来10年乃至更长时间内我国人口将继续增加，经济总量将再翻两番，资源、能源消耗持续增长，矿山地质环境保护面临的压力越来越大，矿山地质环境问题将成为全面建设小康社会的约束瓶颈。为此，要充分认识保护矿山地质环境和恢复治理的重要性，重点开展采煤沉陷区治理，抓紧组织治理废弃的露天矿坑、矸石山等重大地质灾害隐患，有效预防矸石山自燃和坍塌等事件发生。继续加大对石油开采造成的水位沉降漏斗、土地盐碱化等问题的治理力度，加强矿山地质环境恢复治理技术研究与推广应用，使矿山地质环境得到有效恢复。

（二）实施矿区土地复垦

土地是人类赖以生存的根本，切实保护耕地是我国的基本国策之一，然而在矿产开发过程中，因挖损、占压、工程实施等造成了土地资源的破坏及生态环境的恶化。因此，加强恢复利用矿山开采破坏的土地，搞好矿山生态建设已成为我国矿业可持续发展的重要课题。要解决矿区土地问题，必须严格实施土地复垦方案，在开采的同时实现保护和复垦，采取有效措施，最大限度地减少破坏土地面积和降低破坏程度。划定土地复垦重点治理区，优先复垦基本农田保护区内被破坏废弃的土地，大力推动国家重点煤炭基地土地复垦。建立土地复垦监管制度，将矿区土地复垦任务完成情况纳入矿山企业年检内容。

（三）建立矿山地质灾害监测预警体系

中国是世界上地质灾害最严重、受威胁人口最多的国家之一，地质条件复杂，构造活动频繁，地质灾害隐患多、分布广，且隐蔽性、突发性和破坏性强，防范难度大，而矿山的开采使地质灾害变得更加频繁。特别是近年来受极端天气、地震、工程建设等因素影响，地质灾害多发频发，给人民群众生命财产造成严重损失。资源型城市应该根据地质灾害防治地的实际需要，按照“政府负责、站点预警、以点带面、群测群防”及“早发现、快治理”的原则，加强企业对矿山开发过程中可能诱发灾害的调查监测及预报预警，加快实施搬迁避让和重点治理，着力提高矿山地质灾害应急处置能力和防治技术水平。在地质灾害隐患区划定红线，严禁企业在危险区段随意开山炸石、弃土堆放等行为。重点加强东北老工业基地、西部生态脆弱区、长江中下游等地区的资源型城市矿山地质环境监测，推进灾害监测预警预报和信息发布系统建设。

（四）实施矿山环境恢复治理保证金制度

我国矿山环境治理需要大量的资金投入，因此建立矿山环境恢复治理保证金制度是十分必要的。保证金的责任人是采矿权人，因此要明确采矿权人的责任，依法履行矿山环境恢复治理的义务。可以借鉴发达国家的做法，制定严格和详尽的复垦标准和程序，规定保证金交纳的时间。对于不能按照法律规定按时足额交纳保证金的采矿权人，应予以罚款或刑事处罚。如果采矿权人按规定履行了矿地恢复义务，政府应退还其保证金，否则政府可以使用保证金进行矿地恢复。同时，还要按照国家对建设项目的规定建立评估制度和报告制度（王国良，2010）。

实行差别化的资金筹措政策，对于资源枯竭城市遗留的矿山地质环境问题，逐步建立以政府资金为引导的多元化投融资渠道，确保不欠新账，快还旧账。对于成长型和成熟型资源型城市，按照“谁开采，谁治理”的原则，加强矿山开采和选矿过程中的生态环境问题整治，实现同步恢复治理（图11-2）。

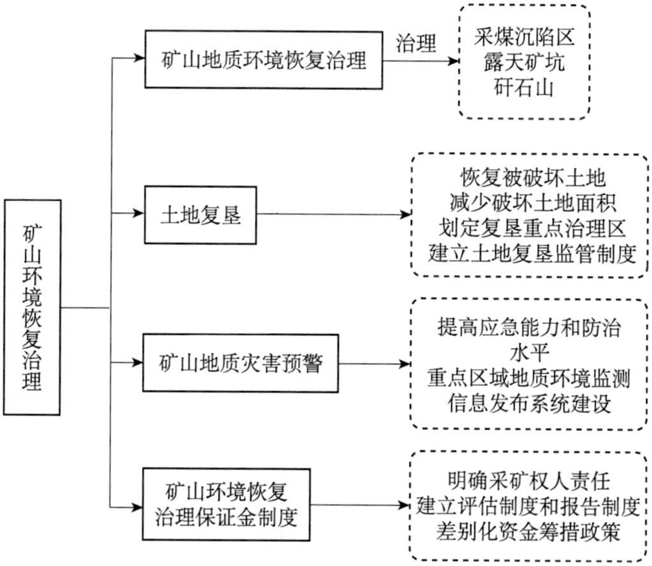

图 11-2　矿山环境恢复途径

二、强化环境污染综合整治

（一）全面控制大气污染

资源型城市矿区所产生的大气污染主要来源于煤炭和石油的开采和利用。在某些城市，大气污染已经成为非常紧迫的环境问题，严重制约该城市的良性发展，因此对大气污染的控制显得十分重要。对大气污染物排放超标的矿区，应严格限制其排放总量，依法关闭低于最低规模标准的小型矿山，整治高能耗、高污染企业，在达标排放的基础上削减排污总量。重点推进火电、钢铁、有色、化工、建材等行业二氧化硫和氮氧化物治理，确保脱硫脱硝设施稳定运行，逐步削减颗粒物排放，降低酸雨危害，不断提高资源型城市空气质量。

（二）重点推进水污染防治

矿山废水大部分都没有经过处理就直接外排，造成附近水体严重污染，土壤和植被遭到严重损害，人畜健康也受到威胁。要解决矿山废水造成的危害，必须采取各种措施和方法，提高矿业用水复用率和污水治理率，降低污水排放总量，削减化学需氧量和氨氮减排量。重点强化造纸、化工、冶炼等行业的水污染治理，加强取、用、排水全过程的管理。同时，加大资源开采引发的地下水污染防治力度。

（三）切实加强固体废弃物治理

矿区因采矿行为形成的大规模固体废弃物中，碳、氮含量及锌、铅、铜、铁等重金属均严重超标，从垃圾场渗出的污水中，各种元素的含量比正常河水和地下水高几十倍甚至几百倍。随着矿山的开发、城市经济的发展和空间的扩张，如何治理矿区固体废弃物的污染已成为城市发展必须解决的问题。因此，在矿区应推广科学的开采方法、选矿工艺和综合利用技术，减少尾矿、矸石、废石等固体废物，对于已形成的固体废弃物，应遵循循环发展的原则，尽量进行废弃物资源化利用。矿业固体废物储存设施停止使用后，矿山企业应当按照国家有关环境保护规定进行封场，防止环境污染。

（四）有针对性地进行重金属污染综合整治

重金属污染主要由采矿、冶炼、铅蓄电池、化学原料及其制品等行业引发，不仅破坏土壤的肥力，毒害植物的生长，污染周围的环境，甚至对人体也会产生极大的伤害，如何控制和减轻重金属对环境的污染和危害已成为一个日益突出的问题。必须从源头上控制各行业和行为所产生的重金属，严格限制汞、铬、镉、铅和类金属砷等重金属的排放总量。对容易产生重金属污染的矿区或企业进行严格监管，采用生物、物理、化学等方法改变重金属在土壤中的存在形态或减少土壤中重金属的迁移率（孙光闻，2007），在锡矿山、郴州、衡阳等重点污染城市开展重金属污染治理与修复试点示范。

三、发展循环经济

（一）支持矿山企业提高资源循环利用水平

矿区在生产加工和消费过程中要产生大量的废弃物，例如，煤矿开采产生的煤矸石、矿井水、煤泥、劣质煤等，以及电厂产生的粉煤灰等，这些废弃物大量地排放到水体、空气和土壤中，造成了严重的环境污染，一些煤矿区还酿成了灾难性的环境污染后果。在21世纪，如何有效地综合利用矿区开采所产生的废弃物，使之资源化，保护好矿区生态环境，值得每一个矿区采矿人认真思考。随着可持续发展战略逐渐深入到工业发展过程中，实行循环经济不失为一个很好解决废弃物处理问题，并促进煤矿区环境保护的重要途径。从实施上来讲，应该坚持“减量化、再利用、再循环”的原则，加大对矿山企业循环经济发展的支持力度，推进煤层气、油页岩、煤矸石、难选冶黑色金属、共伴生有色多金属、矿山固体废弃物和多金属尾矿资源等综合开发利用，引导和带动矿产资源领域循环经济发展。促进资源型城市产业结构和产品结构优化和升级，加快用高新技术和先进适用技术改造和提升传统产业，提升煤炭、焦化、冶金、油气等行业的节能降耗和资源综合利用水平。推进清洁生产，从源头和全过程控制污染物产生和排放，淘汰高耗能、高耗水、高耗材、高污染的落后生产能力，逐步建立起产业结构协调、布局合理、生产高效的循环型产业体系。

（二）大力推广低碳技术

改变传统的高碳经济发展模式，寻求低碳发展路径，发展以低能耗、低排放、低污染为主要特征的低碳经济正成为全球的战略行动。与发达国家相比，当前我国经济由“高碳”向“低碳”转变的最大制约是低碳技术整体水平落后，自主创新与技术储备不足，关键设备制造能力差，低碳产业体系薄弱。因此，转变经济模式的关键是在科学发展观的统领下，以自主创新为核心，以提升产业低碳化水平和减少温室气体排放为目标，逐步建立节能减排、清洁能源、自然碳汇等低碳技术研发、推广和应用体系。集合政府、社会和企业的力量，建立低碳技术开发利用的激励与约束机制，为产业低碳转型提供强有力的科技支撑。在区域层面，培育壮大低碳技术集中区，根据不同区域特点，加快形成分工合理、优势互补的低碳技术区域发展体系。在产业层面，可以选择部分高耗能产业和新兴产业加速推广一批重点低碳技术。在企业层面，充分发挥大型企业和高新技术企业的产业技术优势，加强低碳技术开发与储备，进一步推进低碳技术产业化发展，形成技术研发与产业进步互动发展的良好态势，增强企业的核心竞争力。鼓励中小企业加快低碳技术应用与推广，完善资金资助与激励机制，加快实现相关领域低碳技术的产业化和市场化。积极引进国外先进技术，减少研发成本、缩短研发周期，加快培育一批具有自主知识产权的低碳技术成果。推进以企业为主体的产学研合作，促进技术成果、转化主体、市场需求有机结合，建立长效、稳定、互动的产学研合作机制。加强企业之间技术交流与合作，缩短科技成果转化周期，加快一流成果转化和应用，建设一批拥有自主知识产权、知名品牌和持续创新能力的低碳技术企业。

（三）建设循环经济园区

建设循环经济产业园区有利于经济发展方式转变，实现高碳能源低碳利用，促进矿区的可持续发展。以科学发展观为指导，坚持走新型工业化道路，按照循环经济要求规划、建设、改造产业园，实现土地集约利用、废物交换利用、能量梯级利用、废水循环利用和污染物集中处理，以企业间、产业间的循环链为主要途径，塑造老矿区新产业集群，以实现资源在不同企业和不同产业之间的充分利用为主要目的，建立起以资源再利用和再循环为主要组成部分的循环经济链条，使企业逐步进入资源综合利用、经济快速增长、效益稳步提升的良性发展轨道。

四、加强环境法制建设

（一）强化法制建设，加大执法力度

环境保护是我国的一项基本国策和事关全民的公益事业，关系到经济社会的可持续发展和百姓的切身利益，既是精神文明的组成部分，又是物质文明的重要内容。环保部门作为政府的行政执法机关，必须着眼于环保事业的发展，从实施可持续发展战略的高度，认真研究和解决好环境法制中出现的新情况、新问题，进一步加强环境法制建设。对于国家明令禁止的“十五土（小）”“新五小”和不符合国家产业政策的不法排污企业，严格按照国家规定，一律关停，

绝不允许“土小”企业污染环境，危害人体健康。环保部门必须切实解决人民群众反映强烈的环境问题，加大执法力度，确保让人民喝上干净的水，呼吸上清新的空气，在优美的环境中生活。

（二）规范执法程序，强化执法观念

执法规范化机制建设是规范执法的前提和基础，只有建立健全执法制度规范和执法环节的各项工作机制，才能确保规范执法。认真解决好“执法不严、监督不力”“执法刚性不足、处罚弹性有余、执法主体形象不佳、行政处罚、责任追究不到位”等问题。第一，要完善执法程序，着力解决好环境程序法规范不完善、执法不到位，特别是执法难的问题，加强环境程序立法，从制度上保证环保部门依法行使职权，规范环保的执法行为。第二，运用法律、经济、行政等综合手段，既要抓好环境污染违法违纪行为的查处，又要追究当事人和有关领导者的行政责任，同时，还要协同有关部门联合执法，提高环境执法的力度和效能。

（三）探索环境管理市场化机制

我国鼓励企业、社会团体或个人投资，对已关闭或者废弃矿山的地质环境进行治理恢复。但在实际推行过程中还存在着不少矛盾，其直接结果是，资源原产地因资源开发得到的实惠有限，但却承担了资源开发带来生态破坏和环境污染的后果，加重了地方政府治理的难度和负担，严重影响了开展地质环境保护与治理恢复的积极性。为此，在环境治理领域引入市场化运营机制，实现多元化的投资格局非常必要，即实行“谁污染、谁交费、谁治理、谁收费”的运营机制。此外从发展形势来说，随着市场经济机制逐步建立，市场经济规律将在社会经济活动中发挥越来越大的作用。因此，引入环境管理市场化机制，运用经济手段调整环境行为也是大势所趋（张凯，2002）。

（四）建立健全公众参与制度

环境质量的好坏，关系到所有人的生活和健康。保护环境是公民基本权利的一部分，也是人人应尽的义务。要搞好环境保护工作，光靠政府和政府的环保部门的人力和精力是远远不够的，必须广泛发动群众，将保护环境变成人民自觉的行动，大家齐关心、共爱护我们的生存环境，坚决与形形色色的环境违法行为作斗争，环境保护工作才大有前途、大有希望。在我国，公众参与环境保护的意识不强，参与途径不多不畅，制约了资源型城市环保事业的健康发展，完善公众参与环境保护制度，提高公众的环境保护意识，有利于进一步推动环境保护事业的发展，这就要求将公众参与制度落到实处，政府应依法将有关环

境信息公开，为公众参与环境保护提供必要的条件。加强对政府落实公众参与制度的监督，依法追究怠于履行职责的人员责任。大力发展民间环保，推进社会力量积极参与环保，环保团体最有广泛的群众基础，可以为公众参与环保提供有效的渠道。通过多种渠道对公民进行环保法律宣传，提高公众环保意识和法律意识，使公民充分了解环境保护的意义并认识到环境问题不仅是政府和社会的责任，更是与每个公民的生活及其切身利益息息相关的，环境保护人人有责（图 11-3）。

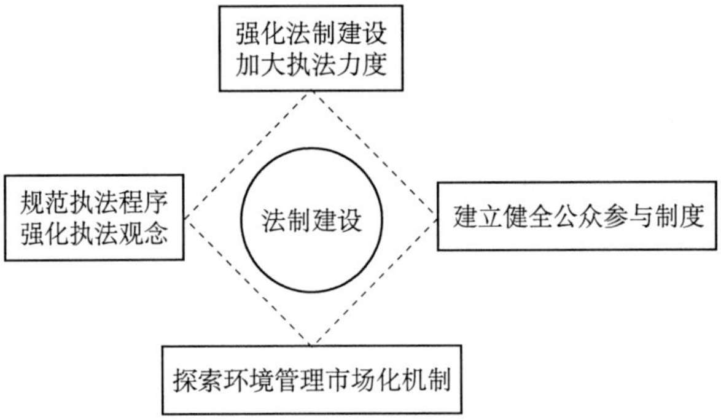

图 11-3　加强环境法制建设

第三节　生态环境修复的典型案例

一、韶关——建立绿色生态屏障

韶关市地处粤北，位于粤湘赣三省交汇处，是粤北政治、经济、文化中心。韶关矿产资源开采历史悠久，先后累计向国家提供煤炭 1.4 亿吨，铁矿石 6500 万吨，十种有色金属合计超过 400 万吨。煤炭、铁矿产量曾分别占广东省的 68%、80.4%，矿业采选和原料加工业对韶关工业总产值的贡献率曾高达 61.5%。韶关市矿山开采历史悠久，局部矿山开发以剥采方式为主，导致水土流失严重，重金属元素随泥石流冲入河流，造成严重的重金属污染。北江韶关段曾受韶关冶炼厂镉、铊污染，大宝山矿区周边受镉、铅污染。仁化县董塘镇因企业排污和自然环境特殊性等因素，引发儿童血铅超标。韶关市大部分地区属于全国主体功能规划中的限制开发区，国土空间以山地森林为主，是广东省南岭生态屏障的重要组成部分，也是全国和广东省重要的生物多样性和水源保护地，开发强度受到了严格的控制。已有开发空间主要集中于中心城镇，由于经济发展水平相对较低，土地资源开发和利用效益不高。

（一）生态治理主要措施

1. 落实主体功能区生态保护要求

实施主体功能区分区调控的配套政策，严格控制乐昌、南雄等生态发展区开发强度，加强武江水源地保护，推进南水水库功能调整，维护丹霞山、南岭国家森林公园等自然区的生物多样性，提高翁源、南雄、始兴等主要农产品的生产能力，建设成为人与自然和谐相处的生态经济示范区。维护车八岭自然保护区、华南虎自然保护区等禁止开发区的生态安全，保护瑶山鳄蜥、华南虎、穿山甲、野茶树等珍稀动植物，维护其生存环境，促进人与自然和谐发展。争取国家将地处北江主要支流——翁江源头的翁源县、东江重要支流——新丰江源头的新丰县列入南岭生态区。

专栏 11-1　主体功能区划范围

国家南岭生态发展区：乐昌市、南雄市、仁化县、始兴县、乳源县（其中，始兴县、乳源县为省级生态发展试点县）。

省级生态发展区：新丰县、翁源县。

禁止开发区：南岭国家森林公园、车八岭自然保护区、南山自然保护区、丹霞山、华南虎自然保护区、南华寺、孔江国家湿地公园、凡口铅锌矿香蒲湿地等依法设立的国家级、省级自然保护区、风景名胜区、森林公园、地质公园、世界自然文化遗产、湿地公园及国际重要湿地等区域。

2. 构建生态综合保护格局

提高南岭西北部山地水源涵养与生物多样性保护生态亚区、韶关河谷农业与水土保持生态亚区等生态控制区内生态公益林的比例，控制林木开发，在空间上形成粤北生态屏障。以北江一级生态廊道和主要交通干线为轴线，构成“一江、二横、三纵”的绿色网络体系，建设涵洞等生物通道，加强各生态控制区间的生态联系。建立多样化的生境系统，确保山水格局的连续性。保护和完善多样化的乡土生境系统，逐步恢复孔江国家湿地公园、凡口铅锌矿香蒲等湿地系统，形成点、线、面相结合的综合生态保护格局。

专栏 11-2 生态控制区与绿色通道网络

生态控制区：南岭西北部山地水源涵养与生物多样性保护生态亚区，韶关河谷农业与水土保持生态亚区，北江中游山地丘陵水土保持生态亚区，南岭东部山地水源涵养与生物多样性保护生态亚区。

绿色通道：“一江”指北江干流及其二级支流的天然生态廊道，“二横”指沿 323 国道、105 国道绿化廊道，“三纵”指沿京珠高速公路、京广铁路和 106 国道的绿化廊道。

3. 推进生态重点工程建设

以保持广东省生态屏障地位为总体目标，强化重要生态功能区、自然保护区、饮用水源地的环境保护。重点抓好北江水源涵养林、珠江防护林及生态公益林体系工程建设，推进始兴县、乳源瑶族自治县南岭山地森林生态及生物多样性功能区生态发展试点县工程，建立起以国家级自然保护区为核心、以省级自然保护区为重点、以市（县）级自然保护区为支点、以生境廊道为通道的自然保护区体系。抓好重点流域（区域）环境整治工程、城镇污水处理工程、工业园区污水处理工程、矿山整治及矿山生态恢复工程等工程建设。落实南水水库饮用水源保护、丹霞山景区治污保洁工程、始兴县全国生态示范县创建工程、新丰县生态示范区创建工程的建设工作。

4. 强化水土流失生态治理

大力推进防护林体系、水土保持等生态工程建设，保护好粤北地区的生态环境和饮用水源水质。治理南雄盆地、大宝山矿区等重点水土流失区，建设一批水土保持开发建设区示范工程，将南雄市、始兴县列为重点治理区。实现水土流失的动态监测，水土保持管理走上规范化和科学化管理轨道。采取生物措施与工程措施相结合进行综合治理，在水土流失、有沟浊和崩岗的地区规划建设水土保持林。

5. 防治矿山开采引发的地质灾害

组织开展由地质灾害引发事故灾难的隐患排查工作，对乐昌、乳源等地区的重点灾害隐患点进行综合治理。排查和治理煤矿采空区、矸石山和尾矿库引发的地质灾害问题。做好地质灾害应急准备与避险，加强对已发灾害点、危害点、隐患点及重点地区、地段的监控分析，加强预报预警体系建设，建立科学的应急预案。

6. 治理重金属水土污染

采用引进先进技术，修复土壤重金属污染，推进粤北地区重金属典型区域生态修复示范工程、武江流域乐昌段及支流重金属防治等工程。降低采、选矿过程中污染物的产生量，实现污水全面、稳定达标排放。加强尾矿库的管理，避免尾矿库塌陷，开展矿尾砂综合利用工程。降低在采、选、冶过程中的粉尘和废渣污染。搬迁居民区域附近或饮用水源地区重金属污染企业，实施韶关冶炼厂、马坝冶炼厂整改搬迁项目，开展仁化县董塘镇、大宝山矿区、乐昌铅锌矿等重金属污染整治。支持受重金属污染地有序退出农地。

7. 实施矿山地质环境综合治理

重点解决土地复垦、水体污染、植被恢复、地质环境等突出问题。推进凡口铅锌矿等矿山地质环境治理等项目，积极解决矿山生态环境建设问题。加大对乐昌铅锌矿、凡口铅锌矿等矿区开采产生的风尘等治理，避免造成二次扬尘污染。回收利用处理后的矿井水、生活污水，减少向外排放。废气、废渣、废水等污染物处理要严格执行环境影响评价文件的规定。鼓励有条件的矿山争创国家矿山地质公园。

8. 严格管理妥善处理危险废物

支持粤北危险废物处理处置中心等项目的建设。督促企业自建处置场地处置放射性尾矿及属于危险废物的尾矿。因势利导地规划园区建设各类冶炼厂和提炼稀有、稀散元素的小型加工厂，集中收集、处理含有放射性物质的废渣、废水等。完善尾矿库的管理及其污染防治措施。

（二）取得成效

通过贯彻落实《综合整治浈江河水污染问题议案实施方案》，分期分段对整个浈江流域进行综合整治，浈江河水质实现了根本性的好转，提前变清。在各级政府的努力下，通过采取加强农村环境保护、加大对工业污染源的整治力度、治理生活污染、关闭饮用水源保护区内违法排污企业等有效措施，全市饮用水源水质稳定达到功能区标准。市区武江河饮用水源监测断面水质达标率为100%。

2010年完成灭荒造林11.74万亩，封山育林17.9万亩；珍贵树种造林示范点16个，面积10 238亩；生态公益林面积从2009年年底的663.1万亩增加到787.38万亩，全市生态公益林面积占全市林业用地面积的比例由31.1%提高到36.9%；累计治理水土流失面积30平方公里。全市森林覆盖率达到71.5%。活立木蓄积量6200多万立方米，森立资源数量和质量均占全省首位。始兴、乳源被省委、省政府授予南岭山地森林生态及生物多样性功能区生态发展试点县称号，乳源南水湖获批建设国家湿地公园。全市共有2个乡镇被命名为“国家级生态镇”；4个镇、1个行政村、7个自然村、4个生态园被命名为“省级生态示范镇（村、园)”；43个自然村被命名为“市级生态示范村”；建立了中小学生态文明建设教育基地；创建了市级以上

“绿色学校（幼儿园）”84 间。

二、淮北——大力推进塌陷区生态修复

淮北是典型的煤炭资源型城市，煤炭产业在历史上极大地带动城市经济和社会的发展。长期的资源开采也给淮北生态环境带来严重的破坏和损毁，引起了采煤区塌陷、环境污染和生态破坏等严重问题，阻碍了淮北的可持续发展。长期的煤炭资源采掘活动导致淮北市煤炭矿区及周边出现较为严重的采煤沉陷现象。截至 2007 年底，淮北市已累计塌陷土地约 19.3 万亩。由于淮北地表水浅，塌陷地区积水率高达 40%，地下水位持续下降，形成 200 公顷的漏斗区，潜伏严重塌陷隐患。

（一）生态修复主要措施

1. 实施国家土地复垦示范项目

进行田、水、路、林、村综合整治，做到沟路定向、田块成方、林带成网、能排能灌、种养配套，五业并举。并在矿山生态环境综合治理的过程中，逐步形成了具有淮北特色的三大类型和 6 种模式。三大类型即塌陷地复垦种植类型、塌陷地复垦基建类型和塌陷区深水面养殖类型；将全矿区划分为“报废型矿井区、衰竭型矿井区和兴盛型矿井区”，采用不同方式进行建设。对报废型矿井区和衰竭型矿井区进行包括土地复垦、生态重建及废物综合处理利用的全面的生态修复和建设。根据塌陷区的深浅等具体情况，实施煤矸石、粉煤灰等工业废物充填复垦和土地修整法、挖深垫浅法、大面积水域直接资源化利用法等非充填复垦工程方法。对兴盛期的矿井区，把采煤沉陷地生态修复与矿区总体资源开发融为一体。6 种模式：一是深层采煤塌陷区水产养殖模式。二是浅层塌陷区挖塘造地发展种植和水产养殖模式。烈山区洪庄村在浅层塌陷区实施造地工程，利用温室大棚发展种植业。目前，全村已有 60 户家庭拥有日光节能温室或钢架大棚。在挖深的鱼塘区发展水产养殖，使当地不少的养殖户一年增收 20 多万元。三是以煤矸石等填充塌陷坑造地用作城镇建设治理模式。四是粉煤灰充填塌陷区覆土营造人工林复垦模式。任圩林场在粉煤灰上覆盖了一层 30～40 厘米厚的土层，然后植树造林，获得成功，不仅改善了生态环境，而且取得了良好的经济效益。五是鱼鸭混养、果蔬（菜）间作治理模式。六是利用大水面塌陷区兴建公园重建矿区生态环境的治理模式，烈山南湖湿地公园就是一个鲜明的例子（陈莹莹和白海星，2009）。

2. 推进矿产资源综合开发利用

坚持矿山生态环境恢复治理与土地开发利用相结合的机制，努力实现矿产

资源开发利用合理化，矿山废弃物排放减量化、管理利用资源化、处理存放无害化，采矿与矿山环境恢复治理同步化和矿山生产文明化。大力实施“五个一”工程计划，即一个绿化带工程，一个无尘碎石工程，一个矿产资源开发与环境保护示范工程，一个废渣尾矿治理工程，一个资源综合利用产业园区建设工程。以此来发展矿山生态环境保护整治产业，实现资源开发与环境保护的协调发展。采用行政和法律手段，通过关、停、并、转等措施，调整矿产资源开发利用结构，重点压缩调整砖瓦黏土、石灰岩小矿山的数量，走集约化、规模化经营之路。对露天采石场，采用科学的采矿和加工工艺降低粉尘，并利用剥离表土治理，实行植树造林复绿，还把部分废弃采石场整治为建设用地。对砖瓦黏土矿山以土地复垦为主要方向，将其挖损地治理为耕地或开挖成鱼塘。

3. 实施“淮北市采煤沉降区综合治理项目”

总投资达到4.2亿元，其中国家无偿投资1.8亿元，主要用于采煤沉降区的综合治理，解决沉降区人民的生产生活问题。当前，市国土资源部门正在积极探索采煤沉降区综合治理的新模式。其中重要的一环是减少对资源的消耗，努力实现两个良性循环：一是耕地资源利用的循环，即从耕地—煤矿采煤沉陷—综合治理—形成新的耕地—综合利用的耕地占补平衡循环。二是煤炭资源开发的循环，即从原煤开采—煤炭洗选—精煤炼焦—煤化工—煤矸石与粉煤灰建材—煤矸石与瓦斯发电—矿井水废水综合利用的工业循环，以大幅度提高沉陷地的综合治理效益。

（二）取得成效

综合复垦治理后的采煤塌陷区土地已成为淮北市独特的资源优势。经过治理后，已复垦利用塌陷区面积10.7万亩，占塌陷总面积的51%，兴办各类养殖场35个，各类加工厂14个，安置无地农民就业4.1万人，复垦区形成固定资产原值3.9亿元，工农业总产值9.8亿元，年产鲜鱼、家禽、水果、蔬菜4000多万公斤。已被国土资源部列为全国煤矿塌陷区土地复垦示范区，已连续几年获得“全国生态矿区示范区”和“全国园林先进城市”的殊荣，实现了淮北市由传统的煤炭资源型城市向生态良好、环境优美的山水城市转型。

三、黄石——矿坑、开山塘口实验性植被修复

黄石是我国的老工业基地、中部地区重要的原材料工业基地和沿江港口城市，也是典型的资源枯竭型城市。黄石矿山开采导致城区有各类开山塘口140多处，塘口顶部时常发生的坠石、滑坡等险情，威胁着居民的生命财产安全。有320多处山体被破坏，需要恢复治理的矿山植被破坏面积约7平方公里，地面

塌陷面积8.4平方公里。

（一）植被修复的主要措施

1. 实施开山塘口专项治理

从2000年开始，黄石市陆续关停了黄荆山北麓23家小型私营采石场，破坏山体行为得到有效控制。2004年，根据黄石市政府指示，市国土、环保、建设等部门分别对黄荆山北麓的4个开山塘口进行实验性治理，但治理措施局限于坡底挡土墙绿化、坡面小凹槽播种绿化和坡脚坡顶下爬上垂技术，治理效果不佳。2009年，市政府将治理开山塘口列为全市推进资源型城市转型的重点工作项目之一，确定30多家单位为塘口治理和生态复绿的责任主体，全面启动了黄荆山生态复绿工程。成立黄荆山“开山塘口”生态修复工作指挥部，成员单位由市建委、财政、林业、国土、环保、规划、水利水产、人防、城投公司、大桥局等单位组成。通过引进客土施肥、藤灌结合等先进技术，对坡面进行绿化，建立乔、灌、草、藤立体配置的自然植被，使坡面植被与周边环境协调一致。

2. 闭坑矿山生态环境恢复治理

矿山闭坑时，矿山企业应对遗留坑井、硐进行填实和封闭；对矿山开采引发的次生地质灾害进行治理，使其达到安全状态；对挖损和压占的土地、废弃尾渣场等，本着宜农则耕，宜林则果，宜鱼则水，宜游则景的原则，进行复垦、绿化处理，使其恢复生态功能，实现地下水系统平衡，防止水土流失。鼓励开发利用由矿山开采形成的空间及景观资源。加强闭坑矿山的申报、监督和管理，及时编写闭坑报告，经有关部门审查矿山生态环境恢复与治理，符合标准要求后，方可批准闭坑。

3. 完善矿山生态环境监管制度

实行环境成本核算制度，将矿山生态环境保护及恢复治理工作纳入矿山企业成本核算，实现生态成本内部化，实行生态环境全过程管理制度。使生态环境的保护贯穿矿产资源勘查-矿山设计-建设-生产-闭坑全过程。矿产资源勘查期间，对生态环境保护及变化趋势进行预测分区，提出发生生态环境问题治理与恢复对策；矿山设计、建设、生产阶段，进行生态环境保护、治理与恢复规划。

4. 矿山生态环境状况动态监测

调查矿区从勘查开始到矿山闭坑为止，各个时期发生的各类生态环境问题、环境保护情况和环境恢复治理程度，其范围包括大气环境、地表水和地下水环境、地面和地下环境。掌握矿山各个阶段的各类环境情况，并建立完善地质环境监测预报网络和群测群防体系，落实工作目标责任制，把防治工作落到实处。

（二）取得成效

目前，黄荆山北麓15个塘口的生态修复治理工程已全部动工，有14个塘口完成工程措施90%以上，完成生物措施60%以上，工程总投资近6000万元，几十年裸露的岩石上长出了绿芽、绿叶（周立新和毛光勇，2010），建成面积达3.66万平方公里的亚洲最大硬岩复垦生态林。并获得我国环保领域最高社会性奖项“中华宝钢环境奖”（图11-4）。

治理前　　治理后

图11-4　黄石市开山塘口环境治理前后对比图

图片来源：周长征和周琼（2010）

第十二章　社会转型与民生保障

良好的社会环境是实现资源型城市稳定、持续、快速、健康发展的重要保障。滞后的社会福祉将影响社会安定，制约生产力发展。推进资源型城市的社会建设，民生问题任重而道远。本章首先讨论了进行社会转型和民生保障的三个主要的着力点，然后从这三个重点出发讨论了不同重点的发展战略和主要方式，最后以抚顺和泸州两地为典型案例，介绍了不同城市各自在民生改善方面所取得的成绩及经验。

第一节　社会转型与民生保障的着力点

一、社会保障体系

资源型城市的民生问题之所以成为关注的重点，是因为在企业改制、关井压产、资源枯竭等诸多原因的影响下大量的职工下岗、失业，同时由于企业和地方财政困难，拖欠职工工资、社会保障不到位，加剧了下岗失业职工乃至在岗职工的生活困难。此外，在矿地关系、工农关系不够和谐的体制下，贫困人口增加和外来人员流入加剧了社会稳定压力。产业工人和农民是资源型城市的民生问题的主体，实现学有所教、劳有所得、病有所医、老有所养、住有所居就是基本社会保障。完善的社会保障体系可以促进社会稳定，创造良好的城市社会环境。同时，为企业实现结构调整创造宽松的环境，从而加速资源型城市的转型发展。

二、基本公共服务

消除区域、城乡发展差别是我国构建社会主义和谐社会的重要步骤。在由计划经济向社会主义市场经济体制转变的过程中，资源型城市的内部差异和内部矛盾大量显露，其中基本公共服务的非均等化是最明显的体现。住房、就业、教育、医疗卫生、公共基础设施等方面的差异导致居民生活机会、发展机会的不平等，拉大了城乡发展水平的差距，对社会的长期稳定和发展形成了威胁。因此，应该在今后中期内需要通过对资源型城市政府职能、政府财政体制和一些制度方面的大力改革来促成基础公共服务的均等化，以使城乡居民在享受政府提供义务教育、社会保障等公共服务时有同等的福利。在此基础上获得同等的发展条件，实现社会的公平正义，逐步实现社会主义和谐社会。

三、公共安全体系

随着城市化的加速推进和资源开发规模的扩大，资源型城市随时面临灾害与公共危机侵袭的可能。城市内各种重大危险源与城市生活区紧密相连，由于城市的敏感性与脆弱性，灾害的产生往往伴随着多种灾害的次生或耦合，加剧灾害的损失。同时，由于与周边地区持续着巨大的物质和能源交换，资源型城市的公共安全问题很容易影响到广域的经济发展和居民生活，使灾害应对难度增加。在种类繁杂的事故和灾害面前，如何在传统公共安全与应急管理体系的基础上结合资源型城市特点，改变被动的管理状况，从更深层次探讨提升公共安全保障水平和应急管理能力，关系到资源型城市社会经济的可持续发展和社会的长治久安。

第二节　社会转型与民生保障的发展战略

推进社会福祉可持续改善是实现资源型城市可持续发展的基本条件之一。必须在注重经济转型发展的同时，着力保障和改善民生，推进社会体制改革，扩大公共服务，完善社会管理，促进社会公平正义，努力使全体居民学有所教、劳有所得、病有所医、老有所养、住有所居。为达到这些社会发展目标，需要采取以下发展战略来切实改善社会民生发展状况。

一、社会保障强化规范战略

资源型城市的转型发展伴随着社会追求市场效率的风险和代价。强化规范社会保障作为一种规避风险的有效途径，已成为资源型城市转型发展中不可分割的组成部分。逐步推进资源型城市建立健全覆盖城乡居民的社会保障体系，关键是推进保障服务的社会化、保障资金的多元化及保障制度的规范化，它们构成了资源型城市社会保障强化战略的基本框架。

1. 保障服务的社会化管理

管理服务社会化是社会保障独立于企事业单位之外的重要体现和完善社会保障体系的内在要求。按照政事分开的原则，在政府的指导下，把从企业事业单位分离出来的一系列社会保障事物，交由有关社会服务机构承担，充分体现保障制度的社会化。其主要内容是用人单位和个人的社会保障事务由社会保险经办机构进行管理，提供服务养老保险、失业保险、工伤保险、生育保险等社会保险待遇由社会保险经办机构及银行、邮政等社会服务机构发放，医疗保险费用由社保经办机构与重点医疗机构进行结算；退休人员逐步由社区组织进行日常管理和服务，下岗失业人员由就业服务机构或社区组织参加职业培训，提供就业服务。实现管理服务社会化，应重点做好以下工作：一是转变职能，切实减轻企业事业单位负担。按照政事分开的原则，一切社会保障事务均由政府委托的社会保险经办机构及其他社会服务机构管理。在转变职能过程中，要提高有关社会服务机构的管理服务水平，通过加强基础管理，提高服务效率和质量，实现管理服务的公开化，增加管理服务的透明度。二是坚持养老金社会化发放的方向。全额征缴是实现养老保险待遇社会化发放的必要前提，对于减轻企业负担、促进按时足额发放基本养老金、维护离退休人员合法权益，推进改革都具有积极的作用，必须坚持做好。三是进行社区管理试点。社区管理是社会保障管理服务社会化的一项重要内容。要通过积极探索、积累经验，加强社区组织建设和基础设施建设，强化社会服务功能，提高社区管理和服务水平，实现退休人员，失业人员与企业事业单位脱钩，在城市社区因地制宜开展社会保障对象的统一管理，为退休人员提供生活和其他服务，帮助下岗失业人员再就业，落实城市居民最低生活保障以及社会救助责任等。四是推进社会保障信息社会化。社会保障是公众的事业，实现社会保障信息社会化，将社会保障信息公之于众，有利于社会监督。运用现代信息技术，不仅是进行日常管理服务的客观需要，也能方便、快捷地向公众和社会保障对象公布有关信息，提供及时、准确的查询服务。

2. 保障资金的多元化筹集

资金是社会保障运行的物质基础，是完善资源型城市社会保障体系的关键所在。一方面，资源型城市的下岗失业人员多，青壮年人口的外流加快了老龄化的进程，这对社会保障提出了更高的要求；另一方面，由于资源型城市的地方财政紧张，保障资金缺乏积累，难以满足日益增长的需求。在这种情况下，社会保障对象的逐步增加与保障资金的相对不足，形成了制约资源型城市社会保障事业的主要矛盾。因此，必须采取多渠道筹资的方式，解决社会保障资金的来源问题。一是做好社会保险扩大覆盖面和基金征缴工作。企业事业单位和职工个人缴纳的社会保险费，是社会保障基金的主要来源。大多数资源型城市扩大覆盖范围还有较大空间，有相当一部分非公有制经济组织没有参加社会保险，要依法把他们纳入覆盖范围，使城镇所有用人单位及职工都积极参加社会保险。同时，加强社会保险基金征缴，参保单位和职工都应按时足额缴纳社会保险费，做到应收尽收。对少数故意拖欠，能缴不缴的，要加大执法力度，督促按时缴费。二是要调整财政支出结构。在资源型城市的转型发展中，政府职能转变的一个重要内容，就是从过去的上项目、投资办企业等转到维护市场秩序、创造公平环境、发展公共事业上来。各级政府要积极调整财政支出结构，逐步将社会保障支出占财政支出的比重提高到15%～20%。压缩部分行政事业性经费支出，增加社会保障资金。预算超收的财力，除了保证法定的支出外，主要用于补充社会保障资金。三是变现部分国有资产。资源型城市内大规模的国有资产属于全体人民，但更多是当地人民的劳动积累。变现部分国有资产，用于弥补社会保障基金的不足，是取之于民，用之于民。四是积极探索社会保障基金的投资运营。过去积累的基金一律买国债，不允许进行其他投资。但随着资本市场的不断完善，社会保障基金进入资本市场的条件逐渐形成，应积极探索基金的市场化投资运营，严格进行投资监管，以实现基金的保值增值。

3. 保障制度的规范化建设

保障制度规范化，是完善资源型城市社会保障体系、深化社会保障制度改革的基本内容。在资源型城市长期发展过程中，不同单位之间、行业之间、地区之间，甚至不同劳动者之间，在社会保障标准、管理制度和运行规范实行了不尽相同的办法，用人单位的社会保障费用负担不均衡，劳动者保障待遇有差别，不同的保障办法之间难以衔接，制约了劳动力的流动，不利于统一劳动力市场的形成，也影响了部分职工群众的生活。因此，推进资源型城市建立健全社会保障体系，促进经济转型和社会建设，必须改变过去的做法，加快社会保障制度的规范化。在这一过程中，一是要通过完善制度，在社会保障对象的界定、资金来源、缴费费率、待遇水平、发放办法等方面，确立一个基本统一的标准。鉴于各资源型城市之间社会经济发展不平衡，应允许各城市在基本统一的标准之内有一定的灵活性。二是要规范运作。在登记申报费用征缴、待遇发放等方面，严格执行统一的规定，杜绝擅自改变管理体制和运作方法的做法。要创造条件，实现管理手段的现代化，建立一个功能齐全的社会保障信息网络，规范业务流程、办事程序和管理权限，既提高管理运行的效率，又制约不规范行为，实施有效管理和监督。

二、公共服务统筹协调战略

推进基本公共服务的均等化是缩小资源型城市城乡差距和贫富差距，构建和谐社会的重要途径。以推进生活性基本公共服务的均等化为突破口，通过政府财力均等和供给均等使得处于社会竞争劣势当中的群体的生活条件、发展潜力与先天条件较优越的群体大体相当，保障居民发展机会和基本消费的均等。

1. 改革管理体制建设服务型政府

按照深化行政管理体制改革总目标的要求，加快推进资源型城市建立起比较完善的社会主义行政管理体制。通过改革，实现政府职能向创造良好发展环境、提供优质公共服务、维护社会公平正义的根本转变，实现政府组织机构及人员编制向科学化、规范化、法制化的根本转变，实现行政运行机制和政府管理方式向规范有序、公开透明、便民高效的根本转变，建设服务政府、责任政府、法治政府和廉洁政府，建设人民满意的政府。政府职能转变是深化行政管理体制改革的核心，要求全面履行政府职能，在改善经济调节、严格市场监管的同时，更加注重社会管理和公共服务；资源型城市的地方政府要按照职能转变的要求，突出各自的管理和服务重点；进一步理顺部门职责关系，合理界定政府部门的职责，做到权力与责任对等，避免职能交叉重叠。深化资源型城市的行政管理体制改革，建设服务型政府，为实现基本公共服务均等化确立体制基础。

2. 调整财税体制明晰事权主体

许多资源型城市的地方政府基本公共服务没有到位，一方面是由于政府没有树立公共服务的行政管理理念，另一方面是由中央政府和地方政府在财权与事权上不匹配造成的，地方政府要负责办的事过多，再加上部分城市经济趋于衰落，财力严重不足。所以，推行资源型城市的基本公共服务均等化必须依法规范中央和地方的职能和权限，科学界定各级政府的基本公共服务支出责任。要分清中央和地方的事权范围，确实属于中央财政应该负担的，一定要落实到位，确实属于地方财政应该负担的绝不能减少。事权分清必然要求税权分清，要按照财力和事权相匹配的原则，适当调整和规范中央和地方的收入划分。合理界定中央和地方的税收管理权限，扩大政府间收入划分的覆盖面，保证资源型城市地方政府有行使职责的财力。

3. 财政转移支付调整发展差异

转移支付制度是实现地区间基本公共服务均等化的重要手段。资源型城市由于地理、历史、体制政策等方面的原因，城乡经济发展不平衡、各群体间收入差距明显。这种不平衡不是市场造成的，因此也不能完全依靠市场来解决。例如，资源型城市的部分地区山清水秀，从生态环境保护的角度不宜深度开发，制约了这些地区的经济发展；大部分矿区地理环境弱，交通不便，生态环境破坏严重，居民生活困窘。有鉴于此，中央政府应该进一步细化财政支持的区域，加大对地方政府财政支出的监管力度，使地方财政支出向相对落后地区和弱势群体倾斜；同时，地方政府也应该以优先推进生活性基本公共服务的均等化和缩小城乡差距为重点，积极承担起协调统筹区域内基本公共服务发展的职责。

三、危机管理能力提升战略

资源型城市所特有的生产要素的空间集聚性和流动性，使其公共安全问题具有多样性、复杂性、突发性等特征。提高资源型城市政府危机管理能力是建立健全公共安全体系的迫切需要和有效途径。

1. 培养政府责任意识

由于深受计划经济的影响，资源型城市政府的执政意识相对僵化，管理观念相对陈腐。责任意识先于管理能力，是管理能力的支柱。提升资源型城市政府的危机管理能力，必须首先强化政府在公共危机管理中的责任意识。一是要提高行政人员为公众服务的意识，要求树立起高度的社会责任感，将进行公共管理与提供公共服务当作不可推卸的责任。二是要强化公共利益至上的责任信念，使负责任成为行政人员的一种道德习惯，自觉选择向公众负责的道德行为。

2. 构建绩效评估体系

政府绩效评估在一定程度上引导着政府的行为，政府绩效评估体系的客观与否，完善与否，直接影响着政府责任落实的情况。当前一些资源型城市的政府行为缺乏整体性、协调性，容易出现顾此失彼的现象，如他们在十分关注资源开发利用和经济发展的同时，缺少对公共安全和公共卫生的关注。可以说，对社会公共管理和社会公共服务的重视远远不够。这可能与政府官员的政绩考核存在的偏弱有关。正是在长期的政绩考核中，注重经济方面的指标，而忽视社会公共安全和公共卫生方面的指标，导致政府一味追求经济利益指标，忽视了在社会公共安全和公共卫生方面的政府责任。因此，应该进一步将政府在社会公共安全和公共卫生方面的责任细化，划分为具体的、可量化的考核指标，纳入政府绩效评估体系，不断完善政府绩效评估体系。

3. 完善官员问责制度

权责对等是官员问责制的一个基本原则，它强调官员在接受权力的同时，必须承担相应的责任。不肯或未能承担起应有责任，则没有资格或没有能力持有权力。资源型城市在官员问责制建立及责任追究过程中，需要注意的是，无论是自然灾害、事故灾难，还是公共卫生和社会安全突发事件，这些公共危机有一个发展过程，对危机的公共管理是一个发展过程。因此，资源型城市应该针对自身特点不断丰富与完善官员问责制，并对危机发展的各个阶段进行责任追究，防止责任追究不到位，使责任政府的责任追究规范化、制度化。

4. 建立紧急应警机制

危机预防规划的实施能在很大程度上降低危机的发生率和危机造成的损失，但是有了危机预防规划并不意味着危机就不会发生。高危行业集中、生态功能退化、社会矛盾突出等现实问题的解决非一朝一夕，因此资源型城市除了需要有一套完善的公共危机预警机制以外，还必须建立一套完善的社会紧急应警机制，用以应对可能出现的公共安全事件。政府应该在制定公共危机预防规划的同时，加强社会危机应急预案的制定和管理。首先，根据辖区内灾害危机特征，建立一套切实可行的危机应急预案。一套完善的危机应急预案包括应急指挥系统、灾害情报体系、救灾抢险体系、医疗急救体系、应急避难体系、交通管理体系等六大系统。必要时还应与周边地区或与可能出现的危机相关的地区共同制定危机应急预案，便于一旦危机发生后，可以与周边地区共同应对危机，减少危机应对过程中的阻碍。

第三节　社会转型与民生保障的主要方式

一、完善社会公共就业服务体系，积极拓展就业渠道

建立完善的城乡一体化劳动用工管理体系、职业培训体系、公共就业服务体系、就业援助制度和失业保险制度。积极贯彻落实党中央、国务院关于加强就业再就业工作的一系列部署，认真执行职业介绍、职业培训、社会保险补贴、小额担保贷款等就业再就业扶持政策，支持下岗失业人员再就业。加大对资源型城市职业教育的支持力度，职业教育实训基地建设专项资金要向资源型城市适当倾斜，中央和地方设立的中等职业教育助学金要对资源枯竭城市的家庭经济困难学生给予必要的倾斜支持。大力开发公益性工作岗位，健全就业服务体系，优先解决“零就业家庭”就业问题。鼓励自主创业和企业吸纳就业，对下岗失业人员从事个体经营及吸纳下岗失业人员符合条件的企业，按规定享受有关优惠政策。支持大中型资源开采企业通过主辅分离、辅业改制等渠道，妥善

分流安置职工。鼓励资源已经或濒临枯竭的企业整体或部分搬迁到其他地区开发新资源，带动本企业职工异地就业。鼓励承载现有人口确实困难的资源枯竭城市的居民易地就业或迁移到其他地区，迁出、迁入地人民政府要积极为移民的搬迁、生活和就业等提供便利条件。在资源型城市转型试点和示范地区如阜新市、大冶市、黄石市、铜陵市、盘锦市、萍乡市、唐山市等建立资源型城市再就业示范基地。

二、建立健全覆盖城乡的社会保障体系，着力保障和改善民生

进一步完善基本养老、失业、基本医疗、工伤、生育等社会保险制度，扩大覆盖面，保证各项社会保险金按时足额支付。完善社会救助制度，全面实施城乡低保制度，对符合条件的贫困人群按规定及时给予救助。防止在企业破产、改制过程中有侵害人民群众合法权益的事件发生，维护社会稳定。加快救灾物资储备库建设，建立健全经常性社会捐助、慈善救助、结对帮扶、优抚安置、老龄工作、减灾防灾等补充救助体系。采取有效措施，努力消除资源枯竭城市的贫困代际传递现象。对资源枯竭城市中享受城市居民最低生活保障政策的家庭义务教育阶段学生，实行“两免一补”政策。

三、推进基本公共服务均等化，加快城乡统筹发展

以建立均等化的公共服务体系为目标，按照以人为本的要求，以卫生、教育、文化、基础设施建设等为突破口，加快城乡统筹发展，构建和谐社会。建立健全农村卫生服务体系，重点建立新型合作医疗制度，以大病统筹为主，采取政府补助、集体扶持、社会捐助、农民自筹的办法，建立农民医疗互助共济制度；农村九年义务教育要由县以上财政拿钱，农村中小学的教学设施和设备要按城市的中小学的标准配备；创办农民书屋、广播电视、科技下乡、巡放电影等形式把城市文化传播到农村；以路、电、水、讯、气为突破口，统筹城乡基础设施建设，实现村村通公路，村村通电力，村村通自来水，村村通电话和有线电视，绝大多数的农户都要用上清洁燃气；统筹城乡生产力布局，以劳动力就业政策为突破口。彻底打破对农村劳动力进城就业的限制性政策，大力发展农村职业教育，提高农村劳动力的就业能力。建立和完善城乡统一的劳动力市场，为农村劳动力进城就业打开方便的大门。就业政策要一视同仁，进城就业农民在子女上学、社会保障、同工同酬等方面要与城市工人一致。

四、着力抓好棚户区治理改造，推进和谐社会建设

抓紧改造棚户区。继续支持东北地区资源型城市加快完成棚户区改造，同时研究解决其他地区资源型城市棚户区改造问题。棚户区改造项目的确定和安置补偿方案的制订，要充分尊重群众意愿，采取多种方式征询群众意见，在得到绝大多数群众支持的基础上组织实施；棚户区的拆迁安置要严格执行有关法律法规的规定，维护群众合法权益，考虑低收入居民的实际困难，地方人民政府及企业给予适当补助。切实加强改造后住宅区的管理和服务工作，巩固改造成果；对难以实现商业开发的棚户区改造，中央政府给予适当支持，主要用于新建小区内部和连接市政公共设施的供排水、供暖、供气、供电、道路的外部基础设施，以及配套学校、医院的建设；要根据当地经济社会发展水平和政府财政能力，结合城市规划、土地利用规划和保障性住房建设规划，合理确定棚户区改造的目标任务，区分轻重缓急，优先安排连片规模较大、住房条件困难、安全隐患严重、群众要求迫切的项目，有计划有步骤地组织实施；要重视维护城市传统风貌特色，切实保护历史文化街区和历史建筑，严禁大拆大建。

第四节　社会转型与民生保障的典型案例

一、抚顺——集中力量推进棚户区改造[①]

抚顺市位于辽宁省东部，距省会沈阳市 45 公里，与吉林省接壤，为中国北方重要的工业基地。辖顺城区、新抚区、望花区、东洲区四个市辖区，抚顺县及新宾、清原两个满族自治县，总面积 11 271 平方公里，人口 238 万。抚顺市曾是全国 31 个特大城市之一，全国十大工业城市之一，中国重要的工业基地，素有“煤都”之称。

（一）基本情况

截止到 2004 年年底，抚顺共有各类棚户区 55 片，房屋建筑面积 229.56 万平方米，居住 7.04 万户、23.78 万人，占城市人口的 16.98%。抚顺棚户区有以下明显特征：一是矿区棚户区所占比重大，全市 55 片棚户区中有 32 片是矿区棚

---

① 本案例内容摘自《住宅产业》，2006 年 3 月刊，由建设部住宅与房地产业司拆迁管理处供稿。

户区，占全市棚户区总量的72%。二是抚顺棚户区全都位于城市边缘，土地附加值极低，大多不具备市场化运作条件。三是房屋破损严重，多数房屋的建筑年限大都超过50年。四是住房拥挤不堪，搭建现象普遍，居民人均居住面积仅为3.6平方米，远低于全市人均居住面积9.5平方米的水平。五是基础设施缺乏，几乎没有道路、照明、自来水、排水、供暖等基础设施。六是生态环境恶劣，特别是矸石形成的矸石山产生的有害气体严重危害居民健康甚至危及生命。目前，全市有4片棚户区建在10～30米厚的煤矸石山上。七是形成了较为庞大的城市赤贫人群。主要表现为“三多三少”：下岗职工多，能就业的少，平均每10户家庭中仅有1.34人在岗工作，月均收入188元，平均每10户家庭中仅有1.34人相对稳定就业；低保户多，有独立生存能力的少，低保户3.36万户、11.34万人，占居民总户数的47.65%；因生活困难离婚的多，家庭稳定的少。抚顺为新中国的建设和发展开采、供应了大量的煤炭资源，由此衍生发展出大片的棚户区。棚户区改造成为建设和谐抚顺迫在眉睫的重要任务。

（二）主要改造措施和过程

1. 把棚改列为一号工程

2005年，抚顺市紧紧抓住全省对集中连片棚户区实施大规模改造的有利机遇，坚持把棚户区改造作为建设和谐抚顺的一号工程，按照最危险、最困难的棚户区优先改造的原则，采取以政府为主导的运作模式，动员全市各方面力量，对以煤矿棚户区为重点的集中连片棚户区进行了大规模的改造。2005年3月，按照省委、省政府的统一部署与要求，抚顺市由市委书记、市长亲自挂帅，掀开了实施大规模棚户区改造的帷幕。他们提出棚户区改造必须树立科学发展观，促进可持续发展，坚持“五个结合”的原则：一是棚户区改造要与推进城市发展和经济转型相结合；二是要与土地资源整合相结合；三是要与促进就业和再就业相结合；四是要与增强城市功能、提高城市核心竞争能力相结合；五是要与完善城市基础设施、提高人民群众生活质量相结合。

2005年，市委书记周忠轩亲自主持召开4次棚户区改造工作专题会议，研究和部署棚户区改造工作，为推进棚户区改造做出了一系列重要决策。市长刘强就棚户区改造规模和资金需求问题，组织有关部门进行反复测算论证，及时协调解决各种疑难问题，有力地推动了棚户区改造的顺利进行，取得了十分显著的成效。全年共拆迁棚户区房屋125.13万平方米，动迁居民3.71万户，占列入省棚户区改造计划总量150.4万平方米的83.2%。全年房屋拆迁量为前18年该市棚户区改造房屋拆迁总量的1.69倍，实现了前所未有的历史性突破。全年开工建设安置用房188.48万平方米，其中一期60万平方米的安置用房当年竣工，1万多户居民喜迁新居，实现了当年拆迁、当年回迁的目标；二期128.48

万平方米安置用房全部进入工程建设阶段，有 8 万平方米安置用房已建起 3～6 层。

2. 政府主导，凸显优势

抚顺市从棚户区改造工作的实际情况出发，采取了以政府为主导的运作模式，即市、区两级政府分级负责，市政府作为投资主体，负责筹措资金、制定政策、编制规划、指挥协调和培训人员；各区政府和抚顺矿业集团作为责任主体，承担拆迁组织、工程建设和回迁安置任务。

他们采取以政府为主导的运作模式，有效地发挥了三个方面的优势：一是发挥了政治优势。棚户区改造绝不是一般意义上的房地产开发行为，而是一项惠民、利民的德政工程。2005 年 4 月，市政府与棚户区改造各责任主体签订了责任状，要求各区党政“一把手”亲自挂帅，调动一切积极因素，确保既定目标的全面完成。二是发挥了组织优势。各区政府充分发挥棚户区改造的主力军作用，集中抽调了大批人员，采取干部包片、党员包户的办法，层层落实包保责任，逐户签订拆迁安里协议，快速组织房屋拆除工作。同时，聘用有组织能力和工程建设管理经验的专业人员，全力抓好工程建设的质量、进度和安全工作。据不完全统计，各区政府相继抽调了近 2000 人做拆迁动员工作，仅就动用人力资源的能力来说，是任何开发商都无法比拟的。三是发挥了政策优势。在广泛听取各方面意见的基础上，制定了符合绝大多数棚户区居民经济承受能力的拆迁补偿政策，即拆迁原房偿还原面积不收款，增加的面积按 600 元/平方米收款，产权归个人所有。此外，坚持以人为本、让利于民的方针，对自建公助、新中国成立前所建的“双无”住房、有地照无房照房屋等特殊情况，实事求是地给予了确认补偿，避免了因棚户区拆迁改造而使特困群众流离失所，有效地消除了社会不稳定因素，加快了棚户区房屋拆迁工作进程。

3. 指挥得力，工作高效

抚顺市建立健全了市委、市政府统一领导，近 30 个相关部门和单位参加的棚户区改造工作组织指挥体系，确保各种问题及时得到妥善解决、各项工作高效顺畅运转。一是建立了责权统一的运作机制。明确由市房产管理局承担市棚户区改造领导小组办公室的职能，直接负责对涉及棚户区改造的人、财、物进行统一调度。二是建立了经常性的协调机制。棚户区改造领导小组办公室每周召开 2～3 次调度会，及时议定各种错综复杂的具体问题 1720 个。三是建立了快速决策机制。凡是棚户区改造领导小组办公室提请议定的重大问题，市委、市政府领导都打破定期例会议事的惯例，相继召开 22 次专题会议，议定 229 个重大事项。

在强有力的组织指挥体系下，涉及棚户区改造工作的各部门、各单位，自觉树立全局观念，各尽其职，通力协作，形成了“谁也不甘落后，谁也不敢落后，共同积极推进棚户区改造”的良好氛围。凡是棚户区改造涉及的审批部门，如计划、规划、国土、建委、房产、财政、消防、电力等部门，都打破常规，一路“绿灯”，采取集中办理、登门服务、现场办公等办法，以往一些需要几十天甚至几个月才能办完的工程前期手续，现在几天就能办完，极大地提高了办理各种事项的效率。

4. 以人为本，破解难题

抚顺市在棚户区改造工作中，始终坚持把维护广大人民群众的利益作为拆迁工作的出发点和落脚点，设身处地替棚户区居民着想，千方百计地为他们排忧解难，努力争取他们的理解、支持和配合。

一是实行梯次拆迁，缓解动迁户租房难问题。2005 年，全市共组织拆迁棚户区房屋 125.13 万平方米，涉及动迁居民 3.71 万户，在较短的拆迁期限内，居民集中大批量搬迁，会出现租房难、搬家难、支付住房费用难等问题。为此，他们因地制宜地调整了安置用房建设规划，科学安排房屋拆迁工作计划，仅仅拆除棚户区内需要建设安置用房土地上的房屋，其他房屋则予以保留，待安置用房建好后，再组织居民一次性搬迁上楼。这样，不仅有效地缓解了居民租房难问题，减少了居民多次搬家之苦，而且节省了政府在过渡期的补助费用 4000 多万元。

二是实行阳光拆迁，把拆迁安置的各个重要环节置于全方位监督之下。他们通过报纸、电台、电视台等新闻媒体，并印刷和散发了大量的宣传材料，广泛宣传棚户区拆迁安置政策。在开展拆迁工作时，把搬家顺序、交款顺序向居民进行公示，并作为其回迁安置的依据。在组织回迁安置时，由拆迁工作的主管部门牵头，纪检、监察、检察院、公证处和群众代表共同对全过程进行监督，有效地杜绝了各种不正之风，最大限度地实现了公平、公开、公正，维护了居民的合法权益。在全市 1 万多户回迁住户中，没有一户反映回迁安置不公平的。

三是实行和谐拆迁，切实体现以人为本的理念。在棚户区改造拆迁工作中，由于政策优惠，老百姓不吃亏，绝大多数住户都能够积极支持和配合拆迁工作，但也有少数住户因自身的特殊情况，消极对待拆迁工作，甚至个别住户出现漫天要价的现象。对此，坚持“能不强迁则不强迁”的原则，充分运用和发挥政策导向作用，对支持拆迁工作的住户，郑重承诺优先选房，并在回迁时通过严格监督予以兑现；对少数特殊情况的住户，积极开展深入细致的拆迁动员工作，同时努力为他们解决一些具体的困难，赢得了他们对拆迁工作的配合。

5. 严格管理，确保质量

为加强工程建设的招投标管理，有关部门在《辽宁日报》《抚顺日报》、中国建设网上发布了公开招标的通告，按照严格的招标程序，聘请了一些外埠施工队伍，引进了域外的资金、设备和管理经验，营造了施工建设的公平竞争氛围。除主体工程之外，还将土石方、挡土墙、环境建设、燃气、供热、给排水等基础设施建设工程和建筑材料的采购纳入到招投标范围。2005年，通过实施严格的招投标和工程预算审核，全市棚户区改造节省工程建设资金1.27亿元。例如，自来水表市场价格为148元/块，实际中标价格为31元/块，每块节省117元，仅此一项就节约投资120万元。

为确保棚户区改造工程的顺利实施，正确处理质量和速度的关系，狠抓了工程质量、安全和进度“三个到位”和“三项制度”的落实，使棚户区改造工程达到了速度快、质量优的预期目标。“三个到位”是指建设、监理、施工单位实行质量、安全三级管理，督促施工单位自检自查到位，监理单位旁站巡视到位，建设单位督促检查到位。“三项制度”是指坚持巡查、情况通报、质量安全互检制度。在日常监督管理的基础上，专门成立了巡查小组，对全市棚户区改造工程进行巡回检查，每轮巡检后及时向各有关单位通报工程进度、安全生产和文明施工情况，对检查中发现的突出问题及时督促责任单位进行整改。2005年，抚顺市棚户区改造工程从5月20日开始施工，到11月中旬竣工，前后大体上用了近6个月的时间。尽管建设周期较短，但经省质检监督部门检查，工程质量好于同期商品房的工程质量。

6. 政策倾斜，平稳入住

尽管制定了向棚户区居民倾斜的各项政策，但仍有一些特困户缴不起扩大房屋面积款，回迁安置工作比较困难。针对这一群体的特殊状况，抚顺市采取“一看二问三查”的形式，逐一查清每户的具体情况，并根据不同困难程度，通过借贷的方式进行救助。救助的标准是低保户1500元/户，“三无”户、优抚户、困难劳模住户2500元/户。共筹措救助资金761万元，已支付187万元，对1110户特困户和低保户进行了救助，较好地解决了这些困难群体回迁难的问题。截止到2005年年末，全市98%的棚户区住户都得以回迁进户。

在确保棚户区居民顺利入住的同时，还着力解决他们住得稳的问题。一是切实搞好棚户区居民的就业和再就业工作。解决棚户区居民住得稳问题，最根本的途径是搞好棚户区居民的就业和再就业工作。在抓好棚户区改造的同时，抚顺市把促进棚户区居民就业与再就业纳入到重要议事日程。到2006年年初，新建小区中6361名下岗失业人员已有4599人实现了再就业，再就业比例达到了72.3%。到2006年6月，棚户区改造新建小区内有就业愿望和就业能力的人员基本全部就业。期间的具体措施主要包括：通过扶持发展劳动密集型企业、社区服务业、家庭手工业，开发就业岗位，目前建设5个大型创业市场的工作正在运作之中，建成后预计可提供13 000个就业岗位；开展有针对性的就业培训，提高棚户区居民的就业技能；开展便捷、高效的就业服务，提供及时、准确的就业信息；对就业人员提供小额贷款扶持。二是建立物业管理机构。采取街道与社区成立小区管理所、物业公司等方式，对棚户区改造新建成的4个住宅小区进行了有序管理，积极引导棚户区居民形成良好的生活习惯，防止居民把不文明行为带到新建小区。三是建设维修服务站点。在各个新建小区建立了维修服务站点，及时受理和处置居民报修问题，努力为居民安居乐业创造良好的条件。抚顺棚户区改造不仅改善了广大棚户区居民的生活环境，而且更重要的是赢得了民心。干部队伍在棚户区改造的过程中，与棚户区居民同呼吸、共命运，经受了锻炼和洗礼，形成了催人奋进的“棚改精神”。

经过连续5年的努力，全市累计拆迁318万平方米，建设安置用房463.5万平方米，已完成大规模集中连片棚户区改造。共有9.56万户、31.82万棚户区居民搬入新居，使城市1/5人口的居住条件得到了彻底改善。棚户区改造不仅有效改善了弱势群体的生活，而且切实加强了城市基础设施和生态环境建设，使城市形象明显提升，更为重要的是为城市经济发展转型提供了有利契机，使抚顺这座资源枯竭型城市重新焕发了青春活力。

二、泸州——整合各方力量解决民众就业再就业

泸州市位于中国四川省东南部，长江和沱江交汇处，2011年年底全市户籍总人口503万人，行政区总面积12 243平方公里。化学工业是泸州重要的支柱产业，其中尤以天然气化工闻名遐迩，曾是全国最大的天然气产地。泸州是原化工部确定的全国16个大化工基地之一，也是该部规划发展的全国大中小城市14个精细化工基地之一，是国家重要的天然气化工基地、尿素生产基地。但经过多年开采，天然气资源已经几近枯竭，剩余可采储量不足5%，预计剩余探明可采天然气资源将于2015年全面枯竭。

（一）面临主要问题

1. 就业机会少，失业现象严重

随着全市资源枯竭问题的进一步恶化，资源型企业出现经济困难，甚至濒临破产，企业做出的直接反应是减少就业岗位和裁减职工人数。由此带来就业机会明显减少，失业现象加剧。以煤矿资源为例，随着泸县和叙永县的煤矿资源的日益枯竭，届时将会造成泸天化、川天华等天然气化工企业1.6万人，煤炭行业2.4万人，波及相关行业失业人员1万人以上，合计将造成5万人失业。

2. 就业培训需求人数多，再就业工作难度大

按照以往企业破产改制的经验，其中50%的人员要通过职业培训、职业介绍等就业服务重新实现就业，针对泸县、叙永县煤矿资源的枯竭，大批企业面临破产倒闭，届时就要对5万人进行职业培训。同时，由于天然气化工和煤炭采掘业一直都是纳溪区、泸县和叙永县的支柱产业，为所在区县提供了大量的

就业机会。由于产业结构调整滞后，新兴的产业还不具备吸纳资源枯竭造成的失业问题，随着天然气、煤炭资源枯竭带来的失业人员的增多，存在年龄结构偏大、知识结构老化、技能水平低下、收入水平明显下降的巨大心理落差等特点，要通过对他们进行职业培训，提高职业能力，重新、就近实现再就业，工作难度大，培训成本高。

（二）主要解决措施

为确保就业再就业工作顺利进行，泸州市政府将解决就业的“民生工程”作为头号政府工程来抓，每年都将就业再就业培训目标逐项分配到各区县。各区县党委、政府积极发展职业培训和劳务产业，长期投入了巨大的精力、人力和财力，想方设法地尝试种种举措促进就业。

1. 未雨绸缪，及早规划

早在2003年，泸州市就颁发了《关于加快职业教育改革和发展的实施意见》。市委、市政府为此还建立了全市职业教育联席会议制度，专门成立了泸州市职业教育改革与发展领导小组，加强对职业教育发展的统筹协调。与此同时，还出台了一系列扶持职业教育发展的政策措施。

2. 创新培训模式，开展实效培训

全市按照“就业带培训，培训促就业”的原则，整合培训资源，按市场需求，创新培训模式，增强培训的实效性。一是开展订单培训。全市采取到输入地培训、与高校联合培训、与企业联合培训等。二是围绕泸州工农业主导产业开展培训。全市围绕酒业、机械制造业、矿山开采业、港口运输业等主导产业发展，按企业需求组织培训，开展一条龙服务。

3. 突出培训特色，打造劳务品牌

在实施技能培训过程中，全市坚持突出重点，努力打造建筑、缝纫、电子电工、酒店服务、家政服务五大劳务品牌。各区县按照本区县特色，因地制宜地突出发展优势劳务品牌。江阳区重点打造电子、机械等劳务品牌，龙马潭区重点打造缝纫、家政等劳务品牌，纳溪区重点打造化工、缝纫等劳务品牌，泸县重点打造建工、电子等劳务品牌，合江县重点打造家政、少岷技工、酒店服务等劳务品牌，叙永县重点打造电子、缝纫等劳务品牌，古蔺县重点打造缝纫、煤矿工等劳务品牌，都取得了不错的成绩，有效提高了培训工人素质和技能水平。例如，古蔺职业高中近年来每年培训人员都在3000人以上，经培训的“郎乡织女”和“蔺州矿工”，曾获得全国优秀劳务品牌。

4. 整合培训资源，打造培训龙头

针对各项技能培训标准、培训时间、培训补助不一的问题，根据省、市对培训资金使用要求，按照“渠道不乱、用途不变、统筹安排”的原则，泸州市加大对各项培训资金和培训项目的整合力度。对项目资金、培训任务进行整合，制定相应的培训政策措施，对培训任务进行招投标，确定有实力的学校作为龙头进行培训，确保培训质量，提高了培训资金的使用效益，同时，也培养了大批具有雄厚的办学实力、高质量办学水平的龙头职业学校。例如，合江少岷职业技术学校办学理念优异、发展潜力大，经过市政府几年着力培养，现已成为一所融大专、中专、普高、初中为一体的综合型学校，在校学生 40 000 多人，教职工 2000 多人，2010 年创建成为国家级重点中等职业学校，被教育部部长周济评价为“代表中等职业教育的发展方向”。

目前，泸州市现有高等职业院校 2 所，中等职业学校 31 所，中职在校生由 2001 年的 2.5 万人增加到目前的 7.13 万人。全市已形成了以职业技术学院为龙头，中职学校为主力和骨干，乡镇成人文化技术学校为培训点的职业教育培训网络和公、民办协调发展的职业教育新格局，并已经确立了打造“川滇黔渝结合部教育培训中心”的目标。

第十三章 资源枯竭城市转型分析

由于面临严峻的可持续发展问题，资源枯竭城市是我国当前资源型城市转型的核心。为此，国家出台专门的政策对资源枯竭城市转型工作进行扶持。在经过了多年的转型之后，资源枯竭城市的转型绩效如何？哪些因素对转型发展起到了重要作用？本章试图借助第一手调研资料，通过系统的模型分析来衡量资源枯竭城市转型的成效，并解析驱动转型获得成效的重要因素及其作用机理。

第一节 资源枯竭城市转型绩效研究的背景

根据国务院《关于促进资源型城市可持续发展的若干意见》，资源型城市中当累计采出储量已达当初测定总量之70%以上或以当前技术水平及开采能力仅能维持开采时间五年的城市为资源枯竭城市。资源枯竭城市曾作为基础能源和重要原材料的供应地，在一定时期内为我国的经济社会发展做出了突出贡献(周一星和孙则昕，1997)，但随着资源的逐步枯竭，城市内出现严重的经济衰退、贫困人口增多、生态环境恶化等问题（樊杰，2005)，城市运行呈现不可持续发展趋势，是资源型城市中急需转型发展的一类城市。

自21世纪以来，国家开始大规模地进行资源枯竭城市转型扶持工作，数年间先后设立了资源枯竭城市财力性转移支付、资源型城市充分吸纳就业、资源综合利用和发展接续替代产业中央预算专项、资源型城市可持续发展专项贷款；实施了重点针对资源枯竭城市的矿山地质环境治理重点工程；启动了中西部地区中央下放地方煤矿和林业棚户区，以及工矿棚户区改造；部分省市率先实施了资源税改革；并初步建立起国家有关部门共同推动，省级人民政府负总责，资源型城市为主体的上下联动、协调配合的工作机制。国家的资金政策援助、失业人员再就业促进、居住环境改善、生态治理等方面的转型措施成为各城市主要的转型驱动力量，在城市发展中发挥着重要的作用。然而，由于资源枯竭城市数量众多，每个城市面临的困难和发展基础各不相同，同样的，经过数年的转型发展取得的成效也千差万别。在国家扶持资源枯竭城市转型达到一定规模和限度后，对过去转型工作的效果进行评估成为了随之而来的必然要求。本章即在这样的背景下，试图通过运用科学测度手法，来刻画数年间资源枯竭城市转型的效果，并找出影响城市转型的因素和作用机制。

第二节　资源枯竭城市转型绩效评估测度方法

一、测度的层次

从前文可以了解到，城市的可持续发展涉及产业、社会、生态、科技、人才、政策等多方面的问题，而当前资源枯竭城市转型问题主要涉及三个方面：产业、民生、生态环境。其中，资源枯竭城市的产业问题主要表现为资源采掘业一业独大，资源枯竭后接替产业发展乏力；民生问题主要表现为原资源企业职工大量失业，且失业人员缺乏足够技能另谋职业，生活贫苦；生态环境问题主要表现为矿区土地破坏严重，环境污染干扰城市正常运行。因此，对资源枯竭城市转型成效的测度应当主要从这三个方面入手，以达到有针对性的测度目的。但从对城市转型的影响程度来看，这三个方面的问题分为两个层次，其中产业问题和民生问题对资源枯竭城市转型成效有着明显而快速的影响，属于第一层次，而生态环境问题对城市转型的影响是长远和间接的，属于第二层次。因此，选择两个层次三个方面的指标，即选择产业、民生和生态环境三方面的指标作为测算资源枯竭城市转型成效的数据指标（图 13-1）。

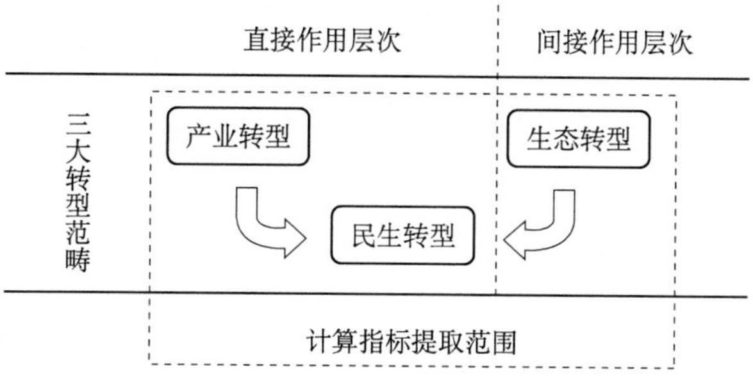

图 13-1　资源枯竭城市转型成效测度框架及指标提取范围

由于资源枯竭城市转型工作不是在短时间内就可以完全完成的，国外的同类城市经历了几十年的时间进行转型才基本达到目标，所以对国内资源枯竭城市转型的测度只是针对当前国家援助工作的阶段性测度。所以，阶段性的资源枯竭城市转型评估要区别于针对城市发展最终目标的可持续发展能力评估，测度指标体系需要充分体现其转型过程中对“资源”依赖的转变意义。

二、测度的方向

资源枯竭城市转型既是对其历史转变过程的评价，又是对其现有发展状态的测算，要求充分体现资源型城市“转型”的概念，故测算指标需要有过程和现状两方面的内容。国家对资源枯竭城市进行大规模政策性扶持始于2007年，故而为了更好地测算在国家扶持下资源枯竭城市转型所取得的效果，测算数据年份限定为2006～2010年。资源枯竭城市的转型属于问题导向型，旨在通过有针对性地解决当前城市积累的主要问题来实现城市向正常的发展道路转向，从而达到恢复城市功能的目的。故而资源枯竭城市的转型是保守的，主要目的是恢复性的，而不是建设性的，其目标仅在于使这些“问题城市”恢复到普通城市的发展水平，至于进一步把资源枯竭城市建设成一个相对周边而言发展较好的城市，则是下一步需要考虑的问题，不属此类评估范围。因此，资源枯竭城市的转型标准是高于城市所在区域的平均发展水平。

综上所述，资源枯竭城市转型效果测算以城市所在区域的平均发展水平为转型标准，考虑指标的动态和静态代表意义，选择以下六个具体数据指标用以测算资源枯竭城市转型成效：接替产业经济支持能力指标、接替产业竞争力优势指标、城市反贫困水平指标、就业结构变动速度指标、矿区土地整治进度指标和废物再利用能力指标。由此得到资源枯竭城市转型成效评估的指标数据体系（图13-2）。

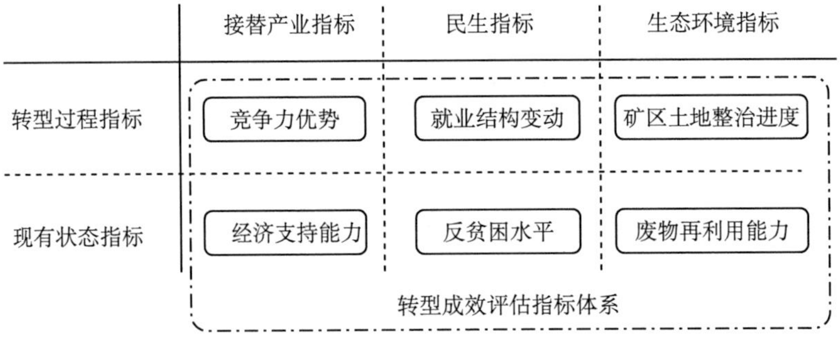

图13-2 资源枯竭城市转型成效测度指标体系

三、测度模型构建

在转型成效评估体系选择的四个具体数据指标中，接替产业经济支持能力指非资源人均 GDP 占相应省区人均 GDP 的比例，属于产业方面的静态指标；接替产业竞争力优势指接续替代产业的区域优势份额，属于产业方面的动态指标；城市反贫困水平指城市人口中就业人口占劳动人口比例，属于民生方面的静态指标；就业结构变动速度指就业结构变化的快慢，属于民生方面的动态指标；矿区土地整治进度指城市矿区土地破坏的整理进度，属于生态环境方面的动态指标；废物再利用能力指表示城市环境整治和恢复水平的指标，属于生态环境方面的静态指标。其具体意义和计算方法如下。

（一）接替产业经济支持能力指标

本指标旨在计算剔除资源产业经济贡献条件下的人均 GDP 占所在省区人均 GDP 的比例，用于测算城市接续替代产业总增加值对城市经济运行规模的支持情况，非资源产业的人均 GDP 达到一定水平，对于城市经济脱离对资源型产业的依赖有重大意义，而这一水平与省区平均水平越接近，说明转型达标的程度越好。其具体计算方法如下

$$ES_i = \frac{\dfrac{CG_i - ZG_i}{P_i}}{RG_i} \tag{13-1}$$

式中，ES_i为 i 城市接替产业经济支持能力指数，CG_i为 i 城市 2009 年的 GDP，ZG_i为 i 城市 2009 年的资源采掘业增加值，P_i为 i 城市 2009 年总人口数，RG_i为 i 城市所在省区的城市人均 GDP。

（二）接替产业竞争力优势指标

本指标用于测算城市内接续替代产业在剔除区域平均增长水平之后的产业增长情况。运用偏离-份额分析方法（SSM），计算城市内除资源采掘产业之外的其他产业的竞争力份额，以份额占其产值比例的大小表示接替产业竞争力优势的大小。具体计算方式为：

设定一个城市的经济增长（G）可以分为三个部分：地区增长份额（RS）、产业结构偏离份额（PS）和竞争力份额（竞争力份额）（DS）。则可得：

区域经济增长（G）＝地区增长份额（RS）＋产业结构偏离份额（PS）＋竞争力份额（DS）。

其中各分量的计算方法如文所示，其中的数据基期为 2006 年，末期为 2010 年。

1. 地区增长份额

$$RS = \sum Y_i^0 R \tag{13-2}$$

式中：RS 代表假定该地区接替产业部门按整个研究区域 GDP 增长率增长所应实现的增长份额；Y_i^0 代表该地区接替产业 i 的基期产值；R 代表整个区域 GDP 增长率。显然，把这种假定的增长水平同实际的增长水平相比较，如果高于实际增长水平，则地区总偏离值为正；反之，则为负。

2. 产业结构偏离份额

$$PS = \sum Y_i^0 R_i - \sum Y_i^0 R = \sum Y_i^0 (R_i - R) \tag{13-3}$$

式中，PS 代表该地区按照整个研究区域接替产业增长率计算的增长额与按照整个研究区域 GDP 增长率所实现的增长额之差，反映了该地区接替产业随整个研究区域接替产业增长（或下降）而增长（或下降）的情况；Y_i^0 代表该地区接替产业 i 的基期产值；R_i 代表整个研究区域接替产业 i 的增长率。若某个地区以快速增长型产业为主，则 $PS>0$；反之，$PS<0$。

3. 竞争力份额

$$DS = \sum Y_i^0 r_i - \sum Y_i^0 R_i = \sum Y_i^0 (r_i - R_i) \tag{13-4}$$

式中，DS 代表该地区接替产业按实际增长率所实现的增长额与按整个研究区域同一产业所实现的增长额之差，反映了与整个研究区域相比，该地区在发展接替产业 i 方面具有的区位（竞争）优势或劣势；Y_i^0 代表该地区接替产业 i 的基期产值；R_i 代表整个研究区域接替产业 i 的增长率；r_i 代表该区域接替产业 i 的实际增长率。

三者之间的关系是

$$G = RS + PS + DS = \sum Y_i^0 R + \sum Y_i^0 (R_i - R) + \sum Y_i^0 (r_i - R_i) \tag{13-5}$$

将各城市接替产业竞争力份额如下式进行计算，即可得接替产业竞争力优势

$$SS_i = \frac{DS_i}{RS_i + PS_i + DS_i} \tag{13-6}$$

式中，SS_i表示 i 城市的接替产业竞争力优势，RS_i表示 i 城市的区域增长份额，PS_i表示 i 城市的产业结构偏离份额，DS_i表示 i 城市的竞争力份额。

（三）城市反贫困水平指标

本指标计算城市内就业人口占劳动人口的比例，以衡量城市内居民的生活水平，具体计算方法如下

$$LS_i = \frac{CP_i}{CP_i + LP_i} \tag{13-7}$$

式中，LS_i为i城市反贫困水平指标，CP_i为i城市就业人口数，LP_i为i城市内城市失业人口数。

（四）就业结构变动速度指标

本指标通过计算城市内各行业就业人口的相对增长速度差异，来衡量各个行业间就业偏向的变动速度，从而得知城市转型中民众就业岗位的转型速度。具体计算方法如下

$$V_j = \sqrt{\sum_{i=0}^{n} \frac{(A_{ij} - \mathrm{GDP})^2 K_{ij}}{\mathrm{GDP}}} \tag{13-8}$$

式中，V_j为j城市就业结构变动速度，A_{ij}是j城市i产业年均增速，GDP是j城市区域生产总值的年均增速，K_{ij}是j城市i产业占城市区域生产总值的比重，n为产业类别数。

（五）矿区土地整治进度指标

本指标通过计算矿区土地复垦面积和土地塌陷区治理面积分别占所有矿区被破坏土地面积的比重，来衡量城市生态恢复的整体水平。具体计算方法如下

$$K_j = \frac{\sum_{t=0}^{n} (D_{tj} + T_{tj})}{P_j + \sum_{t=0}^{n} (\Delta D_{tj} + \Delta T_{tj})} \tag{13-9}$$

式中，K_j为j城市的矿区土地整治进度，D_{tj}为j城市t时间段内的矿区土地复垦面积，T_{tj}为j城市t时间段内的土地塌陷治理面积，P_j为j城市测算初期的矿区被破坏土地总面积，ΔD_{tj}为j城市t时间段内的矿区土地破坏面积，ΔT_{tj}为j城市t时间段内的土地塌陷面积。

（六）废物再利用能力指标

本指标通过计算城市三废综合利用产品产值占工业总产值比重，衡量城市工业在固液气三类废物排放污染环境的过程中的恢复治理能力，具体计算方法如下

$$F_j = \frac{S_j}{G_j} \tag{13-10}$$

式中，F_j为j城市的废物再利用能力，S_j为j城市的三废综合利用产品产值，G_j为j城市的工业总产值。

以上六个数据中，接替产业经济支持能力指标和接替产业竞争力优势指标数据越大，表示城市转型情况越好；而在一般城市的测度中，城市反贫困水平指标和就业结构变动速度指标并不是数值越大表示城市发展情况越好，但由于

资源枯竭城市存在严重的失业问题，失业人员规模巨大，大量失业人员为矿工，且在政府促进失业人员再就业过程中矿工再就业的从业行业变动较大，故而对于资源枯竭城市而言，这两个指标的测度数据越大越好；矿区土地整治进度和废物再利用能力指标的数据越大越好。

（七）综合测度值

在得到城市产业、民生和生态的六个运算值之后，将全国平均水平数值与各城市数值混合起来进行无量纲化处理，然后将所有数值进行如下计算，得到资源枯竭城市转型的综合测度值。

$$Z_i = \frac{SS_i + ES_i + LS_i + V_i + K_i + F_i}{n} \tag{13-11}$$

式中，Z_i为i城市综合测度值，SS_i为i城市接替产业竞争力优势，ES_i为i城市接替产业经济支持能力，V_i为i城市就业结构变动速度，LS_i为i城市反贫困水平，K_i为矿区土地整治进度，F_i为废物再利用能力，n为指标数目，此处$n=6$。综合测度值即是资源枯竭城市转型成效的综合表现。

本小节内容中所需数据均取自《中国城市统计年鉴2007》《中国城市统计年鉴2011》，以及各地市统计年鉴和各地市发展和改革委员会调研数据。

第三节　资源枯竭城市转型绩效评估测度结果

一、两成城市初具转型效果

从测度结果可以看出，经过多年的国家转型援助，18个地级资源枯竭城市中有4个城市具有明显的转型成效，其评估数值超过了国家平均水平，即达到或超过了一般城市的发展标准，而白银、阜新、伊春三个城市转型成效较差，评测分值最低。大部分城市都处在转型成效一般的区域内，而只有少部分城市转型效果较好。从区域来看，转型较好的城市中部较多，排名最前的四个城市里的两个属于中部地区，这是因为中部地区总体发展水平较优，不但其城市周边的经济环境能够较好地带动城市的发展，城市所在区域的生态环境也有一定的承载基础，能够承受较大规模的人口和经济活动。同时，西部的城市转型成效也相对较好，除白银外，其他城市的转型成效排名均较靠前，说明在各自的区域发展条件下，西部地区的区域发展水平门槛相对较低，达到区域平均水平相对较容易。另外，这些城市都是人口较少、城市规模较小的城市，其城市的人口规模排名基本处于各自省份的垫底水平，有“船小好调头”的优势（图13-3，表13-1）。

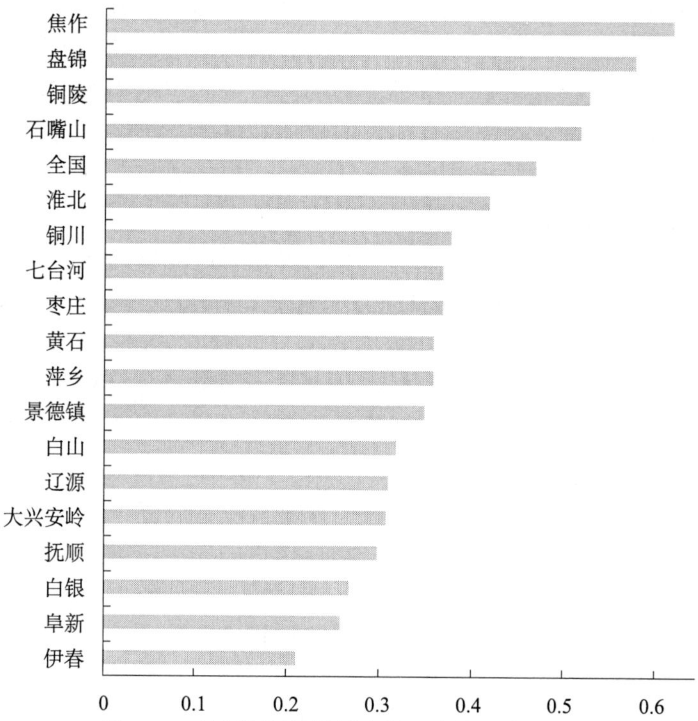

图 13-3　地级资源枯竭城市转型成效综合测度值

表 13-1　我国东中西部地级资源枯竭城市转型成效占各区域比例

（单位：%）

转型阶段	东部	中部	西部
转型较好	25.0	18.2	33.3
转型一般	50.0	72.7	33.3
转型困难	25.0	9.1	33.3
合计	100	100	100

当前转型成效较好的四个城市，其人均 GDP 在全省排名均位列前三甲，综合经济效益较高。自 2006 年以来，这四个城市的经济规模出现了不同程度的缩小，经济规模在省内排名有所下滑，但是人均 GDP 指标排名上却基本处于保持或上升状态，在城市内部资源枯竭的不利形势下，保持人均 GDP 水平的稳步提高，一定程度上说明了其城市转型的步伐坚实。从分项指标来看，当前转型成效较好的四个城市的接替产业经济支持能力均高于所在省区的平均水平，铜陵市甚至达到了其所在省区水平的 2.8 倍，接续替代产业发展强劲，足以支撑城市的整体经济运行。同时，铜陵市地处长江沿线，生态环境本地较优，其他资源枯竭城市常见的生态环境恶化造成的压力较小，为经济和社会的转型发展解决了后顾之忧。焦作市的 GDP 规模已经超过了 1000 亿元，在所有资源枯竭城市中经济总量最大的城市之一，并且其接替产业中的旅游业已经发展到成熟阶

段，其中作为支柱的云台山旅游收入超过了之前位列河南省第一的少林寺，成为河南省收入最高的旅游目的地，其转型发展的做法已经成为了资源枯竭城市转型发展的一大成功模式。盘锦市资源枯竭所带来的包袱相对较轻，由于其资源开采和经济发展特征，盘锦没有较大的土地破坏等严重制约城市发展的生态问题，亦没有大量的棚户区等城市贫困集中地，加之人口较少，其转型的压力相对较小。目前，盘锦石油及天然气开采业增加值仅有95.57亿元，占全市经济总量的22.4%，盘锦发展的石油装备制造等接替产业增加值已经达到了全市GDP的50%以上，接替产业人均增加值水平高于全省，且其经济增长速度位列全省第一，发展状态较好。盘锦在辽河入海口建设的滨海新城业已接近完成，为将来城市的进一步发展奠定了良好的基础。石嘴山市是宁夏回族自治区的经济规模第二大市，其培育的接续替代产业发展和投资规模，均高于区内其他周边城市。石嘴山市重型矿山机械、稀有金属、能源化工、汽车装备制造等优势特色产业集群，蔬菜、枸杞、水产、制种和清真牛羊肉等优势特色现代农业已经粗具规模，其接续替代产业已经能够支撑该市的经济活动，并在宁夏回族自治区的经济实力排行上占据前列。综上所述，转型发展较好的城市，一般存在城市规模较小、生态环境破坏压力较小或治理程度较好等特征，可见虽然生态环境指标在本书的定量测度体系中没有体现，但仍然从侧面影响着城市的转型发展结果，生态环境、民生和经济转型的过程有紧密的关联关系（表13-2）。

表13-2　四个城市的基本指标省内排名变化

城市	经济规模省内排名		人均GDP省内排名		人口规模省内排名	
	2006年	2009年	2006年	2009年	2006年	2009年
焦作	5	7	3	2	14	14
盘锦	4	6	2	3	14	14
铜陵	14	15	2	2	17	17
石嘴山	2	2	2	1	5	5

从区域来看，除盘锦外，东北地区的城市发展较差，得分较低。这与其前期积累的困难程度有直接的关系。东北地区是我国传统的资源大区，其资源开采早、规模大，因此对资源枯竭城市造成的历史包袱相对较重。资源枯竭城市在国家扶助下进行转型是同时期开始的，但其资源枯竭后所面临的困难却深浅不一，可以说不是在同一“起跑线”上开始进行转型“赛跑”的，故而其转型效果不如其他城市。例如，阜新市，虽然在2001年国家就指定阜新进行转型试点工作，至今10年多时间，但效果仍不明显，足见其困难之大，积累矛盾之深。阜新市的海州露天矿当时为全亚洲第二大露天煤矿，产量大、用工多，同样，在煤炭枯竭以后对城市经济的打击也最大，造成大量失业人员的包袱也最重，废弃大矿坑造成的环境破坏程度也最严重。同时，在调研中作者也感受到，东北地区政府和民众在国家计划经济体制下所形成的“等靠要”思想要比其地区浓重得多，在城市转型的过程中缺乏积极主动性，凡事都依靠国家和政府解

决，这种思想在很大程度上阻碍了该区的转型进程。

从资源类型来看，森工类城市转型成效较差，而石油类城市转型成效较好。这两类城市都分布在东北地区，但其所面临的困难程度有着明显的区别。森工类城市由于天保工程的限制，其森林采伐受到严格限制，资源枯竭程度更深，并且其地处偏远，气候条件恶劣，生产环境差，经济再生能力弱，故而转型效果较差。石油类城市盘锦资源枯竭程度较轻，且石油资源的经济拉动能力强，使得城市所积累的经济实力要强于其他类别城市，且其在土地生态治理等方面有着天然的优势，没有太严重的生态问题产生，包袱轻，故而转型效果好。另外，盘锦市积极进行的接替产业培育效果显著，对整个城市转型起到了关键性作用。

二、近30%的城市经济支持能力强

近30%的城市经济支持能力能够较大程度上胜任支撑整个城市经济运行的重担。其中以铜陵的接续替代产业支撑能力最强，接替产业的强势发展使得其人均GDP已达到安徽省区平均水平的2.9倍左右。9个城市的接替产业经济支持能力能够使城市的经济运行在省区平均水平以上，而阜新、伊春、大兴安岭等地区的接替产业发展能力堪忧，其经济支持能力仅到省区平均水平的一半左右，尚有很大的进取空间（表13-3）。

表13-3 接续替代产业经济支持能力的分类分布

类别	分类标准	城市个数	占总数比
支持能力强	>110%	5	27.8%
支持能力较强	100%～110%	4	22.2%
支持能力一般	80%～100%	4	22.2%
支持能力弱	<80%	5	27.8%

一半城市的接续替代产业竞争力高于全国平均水平，其中西部城市高于全国水平的相对较多，中部相对较少。在高于全国平均水平的城市中，竞争力优势大的城市占5个，优势较大的城市有4个，而在低于全国平均水平的城市中，竞争力优势一般的城市有5个，较弱的有4个。盘锦和石嘴山的接替产业最具有竞争能力。其中，盘锦的石油化工及精细化工、化工新材料、石油装备制造、海洋工程装备和船舶制造、农产品加工及现代服务业等接续产业集群发展迅猛，非油气采掘业增加值达到331亿元，比2006年同期增加了230亿元，占全市经济比重由2006年同期的47.1%提高到了77.6%。其中，石化及精细化工产业实现增加值114.7亿元，取代油气采掘业成为全市第一大支柱产业。石嘴山的机械装备制造、新材料、能源化工三大主力接替产业和汽车制造、光伏产业两大新兴产业发展迅速，非煤产业比重占全部工业的比重呈现上升态势，由2007年的15%、2008年的26%、2009年的31%上升到2010年上半年的36%，三年间翻了一倍多（表13-4）。

表 13-4 各区域接替产业竞争力优势与全国平均水平相比的城市分布比例

（单位：%）

标准	东部地区	中部地区	西部地区
高于全国水平	50.0	45.5	66.7
低于全国平均水平	50.0	54.5	33.3

三、所有城市解决贫困的情况均不容乐观

全部城市的反贫困水平均低于全国平均水平。这从根本上显示出资源枯竭城市的失业问题仍然是困扰城市转型的主要问题之一，且解决问题的难度很大，各城市均没有实践出较好的解决办法。相对来说，只有 17%的城市反贫困水平处于较好的位置。焦作、枣庄、盘锦等城市的反贫困水平情况较好，这与其转型发展较好、注重经济转型与生态治理、民生改善同步发展有很大关系，而白山、铜川、白银、辽源等城市反贫困水平较差，且与全国平均水平相比差距较大。一般来看，反贫困水平情况较好的城市多存在于东部地区，中西部地区城市的反贫困水平情况相对较差，反贫困水平较好的城市其工业化程度较高，而反贫困水平较差的城市则经济规模较小，工业化水平低。可见经济能力的大小是解决失业问题的主要动力（表 13-5）。

表 13-5 不同反贫困水平的地级资源枯竭城市基本情况

类别	各地域城市分布比例			国民经济和社会发展主要指标				
	东部/%	中部/%	西部/%	GDP/亿元	人口/万人	一产比重/%	二产比重/%	三产比重/%
水平较高	50.0	9.1	0.0	933	291	9.0	67.4	23.6
水平一般	0.0	36.4	33.3	356	156	7.1	62.1	30.8
较差	25.0	36.4	0.0	299	136	10.2	43.0	26.9
差	25.0	18.2	66.7	236	142	13.3	53.2	33.5

四、所有城市解决贫困的情况均不容乐观

大多数城市的就业结构转型速度要高于全国平均水平，也就是说多数城市的就业结构变动较为剧烈，这体现了转型的过程。但比较而言，变化速度快的城市数目较少，仅占大约 10%的比例，而速度较慢的城市占据了 44%的比例，可见较多的城市虽然转型速度高于全国平均水平，但总体情况并不容乐观。其中，铜川、焦作两城市的就业结构变动速度较快，远高于其他城市，而抚顺、白银、淮北三城市的变动速度低于全国平均水平。抚顺、白银和淮北所采取的产业发展都是以延长资源产业链条为主，抚顺发展石化产业、白银发展有色金属加工产业、淮北发展煤化工产业，产业的发展上处于起步期，故而就业结构

变化不大。其中，淮北进行的以生态为主导发展的种植养殖产业，吸纳了大量当地的失地农民，同时对土地塌陷区进行了大规模的复垦治理，但没有在人员就业结构变化中得到体现。总体而言，变动速度较快的城市一般工业化水平较高，这也是其就业结构变动的主要动力（表 13-6）。

表 13-6　各类就业结构变动速度城市的区域分布和基本情况

类别	各地域城市分布比例			国民经济和社会发展主要指标				
	东部/%	中部/%	西部/%	GDP/亿元	人口/万人	一产比重/%	二产比重/%	三产比重/%
转变速度快	0.0	9.1	33.3	580	223	7.8	63.4	28.8
速度较快	0.0	36.4	33.3	313	124	7.7	63.2	29.2
速度较慢	75.0	45.5	0.0	410	170	12.1	47.2	28.2
速度慢	25.0	9.1	33.3	419	206	9.7	57.7	32.6

五、大部分城市的矿区土地整治进度较慢

大部分城市的矿区土地整治任务繁重。由于土地整治方面没有全国统一数据，无法将其与全国平均水平进行比较。但就资源枯竭试点城市而言，平均矿区土地整治比重仅为 5.4%，大片沉陷、损毁土地未得到有效治理。而各城市废物再利用能力较强，所有城市三废综合利用产品产值占工业总产值比重平均为 0.4%，高出全国平均水平 0.15 个百分点。其中，伊春、黄石等城市能力相对较强，三废综合利用产品产值占工业总产值比重高于 1%，而辽源、盘锦等城市较弱，三废综合利用产品产值占工业总产值比重低于 0.1%。

第四节　资源枯竭城市转型驱动因素的整体分析

2006～2010 年，资源枯竭城市转型取得了一定成效，但各个城市转型效果呈现显著差异。在国家统一的城市转型措施实施下，哪些驱动因素促使资源枯竭城市转型获得成效？驱动力的大小如何？这些因素的驱动机制乃至阻滞点是怎样的？这些是本节需要讨论的内容。

依据由实地调研获取的第一手统计数据，本章试图构建面板模型对资源枯竭城市转型的驱动因素进行分析。结果表明，“再就业促进”因素对资源枯竭城市转型成效的取得贡献最大；“国家援助”因素次之；“居住环境改善”因素和“生态治理”因素是资源枯竭城市转型取得成效的重要保障，但“生态治理”因素对城市转型成效的影响不明显。研究发现，通过再就业培训、发展劳动密集型产业等再就业促进措施能够直接解决资源枯竭企业衰败带来的严重的人员失业问题，提高资源枯竭城市的经济活力，国家援助资金和政策能够帮助城市产业培育、生态治理等几乎所有转型方面，是城市转型具有的主要外部动力。

自2007年国家开始下达用于转型的财力性转移支付资金以来，各城市有针对性地做了一系列努力工作，主要表现为对民众失业再就业的促进、利用国家援助资金进行城市建设、通过棚户区治理等措施改善民生、进行生态环境治理等。这些措施的作用效果需要用科学的手段去测算，在此我们采用了面板数据模型（panel-data model）进行分析。

一、分析方法

本书采用面板数据模型，具体计算方法如下

$$Y_{it}=\alpha_i+\beta X_{i(t-1)}+\varepsilon_{it} \tag{13-12}$$

式中，$i=1$，2，…，N，代表各资源枯竭城市，在本书中 $N=12$；下标 $t=1$，2，…，T，代表年份，在本书中，$T=5$；$X_{i(t-1)}$ 为滞后一期的解释变量向量，β 则为其系数向量；α_i 是在时间上恒定的影响转移支付的非观测因素，代表了各资源枯竭城市的特殊性；ε_{it} 为随机误差项。根据 α_i 与解释变量的相关性，可以决定本模型是固定效应模型还是随机效应模型。依据 Hausman 检验的结果，本书将使用固定效应模型进行估计。

二、分析数据处理

考虑到转型效果的体现需要一个过程，而资源枯竭城市转型的国家主导行动分三批进行，不同批次城市的转型工作启动时间不一，故本书采用首批，也是转型时间最长的资源枯竭城市作为本次面板分析的目标城市。

根据转型措施类型的不同，笔者将主要驱动因素分为再就业促进因素、国家援助资金和政策因素、居住环境改善因素、生态治理因素，并通过各因素最具代表性的数据来反映其发展状况。其中，再就业促进因素用再就业培训人数代表、国家援助资金和政策因素用国家转移支付资金数代表、居住环境改善因素用棚户区改造面积代表、生态治理因素用土地治理面积代表。如此，我们搜集了2006～2010年5年间第一批12个资源枯竭城市的面板数据，运用面板数据模型，对资源枯竭城市的主要转型数据，结合各城市各时间点的转型评估数值，进行分析运算，测算其各种驱动因素对转型成效影响的弹性。面板数据模型能够同时反映研究对象在时间和截面单元两个方向上的变化规律及其在不同时间和不同单元上的特性，并充分利用了样本所提供的信息，因而能得到更加可信的系数估计值。其中，各数据来源采用国家发改委东北振兴司提供数据及各地市调研数据。国家发改委东北振兴司提供数据的主要来源为资源枯竭城市前期界定及后期评估中各城市的上报数据，各地市调研数据主要为当地做规划研究工作时所采集的数据。

首先，笔者设立四个模型假设，来判断假设是否成立，用以为进一步分析提供标靶。

H1：国家援助资金和政策对城市转型成效有显著影响。

H2：生态治理对城市转型成效有显著影响。

H3：居住环境改善对城市转型成效有显著影响。

H4：再就业促进对城市转型成效有显著影响。

三、分析结果

运用 Stata10.0 软件输入运算数据，最后得出运算结果如下：

H1：假设成立。

H2：假设不成立。

H3：假设成立。

H4：假设成立。

从表 13-7 可知，模型整体拟合效果良好，调整后的 R^2 达到了 0.644，F 值为 14.6，说明各项指标之间的相异度较高，多数指标在 5%的水平上高度显著，其中援助资金指标在 1%的水平上高度显著。

表 13-7　资源枯竭城市主要转型措施效果的面板分析值

项目	系数	标准误	t	$P>t$	95%置信区间	
国家援助资金和政策	0.213	0.047	4.530	0.000	0.118	0.309
生态治理	−0.075	0.119	−0.630	0.535	−0.317	0.168
居住环境改善	0.150	0.058	2.590	0.014	0.032	0.268
再就业促进	0.308	0.120	2.570	0.015	0.065	0.551
常数	0.401	0.079	5.090	0.000	0.241	0.561
	F（9，34）=14.6		Prob（F）=0.0000		R^2=0.6435	

从结果可以看出，除生态治理与城市转型成效没有显著的回归关系以外，其他因素都显著地影响着城市的转型成效。其中，再就业促进和国家援助资金和政策因素与城市转型成效的关系最为密切。按照弹性系数的大小，可知资源枯竭城市转型主要因素对转型成效的影响效果从大到小排列顺序是：再就业促进>国家援助资金和政策>居住环境改善>生态治理。

第五节　资源枯竭城市转型驱动因素的微观解释

一、再就业促进因素的解释

矿业工人下岗失业问题是资源枯竭城市面临解决的主要困难之一。目前，再就业促进问题的主要应对措施有对失业人员进行再就业培训、建立创业孵化器鼓励失业人员自主创业、政府开发公益岗位再就业促进、发展劳动密集型企业鼓励其吸纳原有失业人员、进行劳务输出等。这些再就业促进措施提高了失业人员的就业能力，增加了其就业途径，能够较为直接地解决资源枯竭企业衰退带来的严重失业问题，从而提高城市经济活力，保障社会的稳定。

再就业促进最根本的内容是对失业人员的就业培训，只有培养失业人员的就业技能，提高其就业能力，才能从根本上解决矿业职工的失业问题。从图 13-4可以看出，在进行人员再就业培训方面，阜新、石嘴山、白山等城市培训人数较多，而焦作、个旧、辽源等城市培训人数较少。城市的再就业培训规模是和其失业人口规模成正比的，阜新、白山等城市由于自身失业人口较多，故而需要大量的失业人口再就业培训，而焦作、个旧、辽源等城市失业人口规模相对较少，其再就业培训人数则较少。但是，诸如阜新、白山等历史问题积累较多的城市，由于经济活力不足，就业岗位缺乏，尽管在职业培训方面做得较好，但其城市反贫困水平仍然较低。可见，由于各城市历史问题积累程度不同，一些城市即便做出了相当的转型努力，仍然会有较多的问题面临解决，城市发展困难重重。

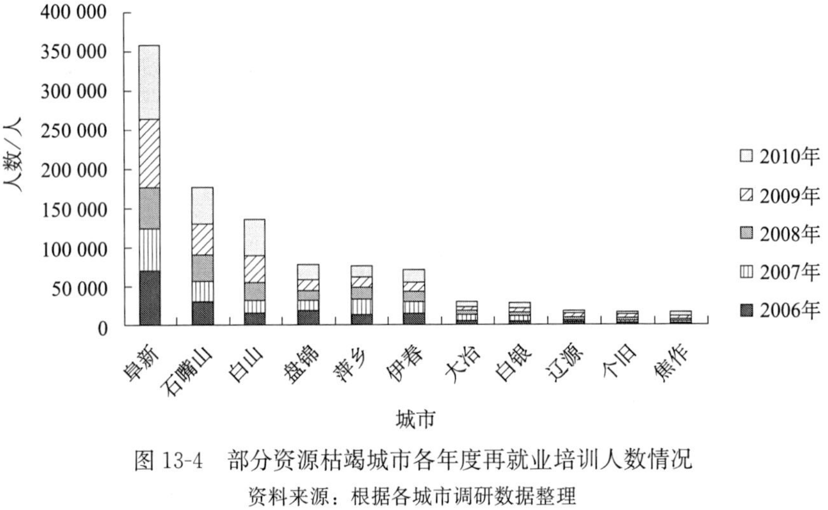

图 13-4　部分资源枯竭城市各年度再就业培训人数情况

资料来源：根据各城市调研数据整理

注：大兴安岭地区缺乏分年度数据

资源枯竭城市人员的再就业困难是长期而复杂的过程导致的，造成目前人员再就业困难的因素有很多。在进行再就业促进的工作中，存在不少阻碍城市再就业促进机制正常发挥的阻滞点，其可以分为外部和内部两个方面。从外部来看主要有：资源枯竭城市产业单一，非资源产业再就业促进能力弱，资源型产业衰退以后没有更多的就业选择；失业保障体系不完善，不能给予失业人员全面的失业救济；劳动力市场发育不成熟，不能较好地优化调配本地劳动力供给；再就业培训针对性不足，不能有效地培养合格的本地产业就业人员等。从内部来看主要有：矿业职工再就业素质偏低，职工除了采掘业劳动技术以外没有其他的谋生手段；"4050"人员[①]较多，这批失业人员由于自身的原因再培训效果差，不容易使其掌握其他就业技能；失业的矿业职工原计划经济国有企业"等靠要"的老旧思想浓重，没有就业主动性等。这些都不同程度地造成了资源枯竭城市的人员再就业困难，阻碍了城市再就业措施的有效实施。要想解决这些再就业过程中的"阻滞点"，只有从产业、教育体系等多方面进行配合，才能系统解决失业再就业问题（图 13-5）。

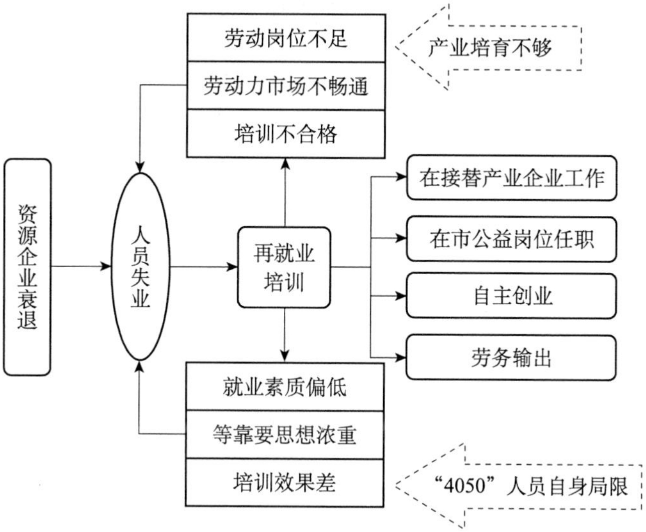

图 13-5　失业人员再就业培训作用机制及其阻滞点

二、国家援助因素的解释

自 2007 年开始，国家对首批 12 个资源枯竭城市进行转移支付资金援助，要求各城市将援助资金集中用于完善社会保障、教育卫生、环境保护、公共基础设施建设和专项贴息贷款等方面，并推动资源型城市加快发展接续替代产业。各年度财力性转移支付资金下达后，资源枯竭城市按照国发〔2007〕38 号文件有关要求使用资金，取得了良好效果。国家的转型资金可以用于几乎转型的各个方面，灵活性相当高，很好地填补了不同城市的转型薄弱方面，提高了政府财政能力，是资源型城市所有转型驱动因素中最为灵活的一项。

① "4050"人员指处于劳动年龄段中女性 40 岁以上，男性 50 岁以上的，本人就业愿望迫切，但因自身就业条件较差、技能单一等原因，难以在劳动力市场竞争就业的劳动者。

从中央转移支付资金的拨付情况来看，中央采取逐年增加的拨付方式，2007 年各城市平均拨付资金占全部拨付资金的 16%，2008 年为 22%，2009 年为 28%，2010 年达到 34%。根据各城市失业人口、经济发展能力等的困难程度的大小给付资金规模。其中，中央财力性转移支付资金的下拨，目的有两方面：一方面是为城市的转型工作注入一定资金，缓解城市普遍存在的政府财力不足问题；另一方面是为起到“四两拨千斤”的作用，引导省级政府、各资源枯竭城市及社会对城市转型进行资金支持（表 13-8）。

表 13-8 各城市中央财力性转移支付资金的逐年拨付情况 （单位：万元）

城市	中央财力性转移支付资金				
	2007 年	2008 年	2009 年	2010 年	总计
个旧	5 700	7 200	7 800	9 300	30 000
大冶	2 800	5 400	11 000	12 000	31 200
阜新	6 000	8 500	9 000	11 700	35 200
大兴安岭	3 800	8 800	12 300	14 800	39 700
盘锦	7 800	8 900	9 400	15 300	41 400
白银	7 600	9 300	12 200	13 200	42 300
萍乡	6 900	8 700	13 600	16 300	45 500
辽源	8 700	11 100	12 000	14 500	46 300
石嘴山	8 300	8 900	13 400	16 100	46 700
白山	9 000	11 600	15 600	18 700	54 900
焦作	11 900	15 100	16 300	19 700	63 000
伊春	11 300	13 600	18 800	22 600	66 300

资料来源：根据各城市调研数据整理

从资金使用方向上来看，中央转移支付资金拨付的第一个目的实现得较好，各城市根据自身特点使用国家援助资金。其中较多的城市将产业园区基础设施建设作为资金使用的主要方向，如白银、大冶、萍乡，一部分城市亦将多数资金投入在完善社会保障方面上，如白山。但亦有少量的资金使用不当，部分城市将少数资金直接用于支持企业发展，部分资金注入无担保的私人企业，资金使用存在不易监管等问题，这违背了财政拨付款项的使用初衷，效益风险较大。萍乡市的宣传、推介及项目前期工作经费使用比例过高，占到了本市全部拨付资金的 3%（表 13-9）。

表 13-9 首批 12 个资源枯竭城市国家援助资金使用方向及比例 （单位：%）

产业园区基础设施建设	完善社会保障	环境治理	企业支持	教育卫生	专项贷款贴息	棚户区改造	再就业培训	工作经费
32.6	17.5	13.7	12.8	8.9	7.7	4.5	2.0	0.4

资料来源：根据各城市调研数据整理

从资金的引导作用来看，引导资金配套的效果不明显。当前，在中央鼓励省级配套援助资金的情况下，截止到 2009 年 7 月下达了省级配套资金的省份仅有 5 个，18 个涉及省（自治区、直辖市）中 11 个省（自治区）制定了专门的资源型城市转型规划，10 个省（自治区、直辖市）设立了专门工作指导机构，省级支持力度严重不足（表 13-10）。

表 13-10　18 个省（自治区、直辖市）对资源枯竭城市转型工作的指导支持比较

所属省（自治区、直辖市）	辖内资源枯竭城市	省级专门规划、指导意见	省级专门工作指导机构	省级专项支持资金
辽宁	7（3 地级市、1 县级市、3 市辖区）	√	√	√
黑龙江	4（3 地级市、1 县级市）	√		
吉林	5（2 地级市、4 县级市）	√	√	
内蒙古	1（1 县级市）	√	√	√
河北	2（2 市辖区）	√	√	
山西	1（1 县级市）	√		
山东	1（1 地级市）	√	√	
河南	2（1 地级市、1 县级市）	√		
安徽	2（2 地级市）			
江西	2（2 地级市）		√	√
湖北	4（1 地级市、3 县级市）			
湖南	3（3 县级市）			
重庆	1（1 地级市）		√	
四川	1（1 县级市）			
贵州	1（1 县级市）			
云南	2（1 县级市、1 市辖区）			
陕西	1（1 地级市）	√	√	
甘肃	1（1 地级市、1 县级市）	√	√	√
宁夏	1（1 地级市）	√	√	√
广西	1（1 县级市）			

资料来源：国家发改委．全国资源型城市可持续发展工作会议大会交流资料汇编．2009 年 7 月

注：到 2009 年 7 月为止。√表示有此项内容

从各地市的政策配合上来看，国务院专门针对资源型城市转型的 2007〔38〕号文件中明确了各城市转型需要跟进的政策措施，但从各地的执行情况来看，执行率并不高，各地有针对性地出台相关政府文件贯彻国家政策的比例为 43.7%，而国家政策在约 85.9%的方面得到了地方的具体行动反映（包括未出台地方执行文件却有具体执行行动的项目）。

从国家角度来看，国家援助资金的使用，应当以社会福利的充实和转型公益平台的建立为出发点，通过利用这些资金建立能够长久支持城市转型发展的体系。但从地方政府出发点来看，政府为了自身的业绩，要求所做措施具有较快的短期效益，故而多图见效快而直接支持企业发展，而不是发展营造企业培育平台、生态环境改善等长远项目。这一原动力的冲突直接导致了国家援助资金的使用和国家意图不相符合的情况发生。

三、居住环境改善因素的解释

资源枯竭城市居住环境问题最明显的表现是大量棚户区的存在。棚户区一般是指城市建成区范围内、平房密度大、使用年限久、房屋质量差的居住区域，或者说是城中村。资源枯竭城市的棚户区大都是由当年资源企业进行矿产开采时建立的工人居住区，至今由于房屋年久失修，区内居住条件差，而住户所属企业由于关停破产等原因，没有能力将棚户区居民迁出现有居住地所造成的。棚户区居民大多为资源开采企业工人。由于矿业企业开采时期规划的原因，资源枯竭城市的棚户区多呈集中连片的分布特点。资源枯竭城市棚户区的规模大小和特征随着城市历史矿产开采规模、资源类型的差异而不同。通过棚户区改造，能改善居民的居住条件，使得居民最基本的居住权利能得到更好的保障，提高居民的生活质量。2005 年开始，我国在东北三省实施振兴战略中相继开展了大规模的棚户区改造工程。这是新中国成立以来东北最为庞大的安居工程，计划利用 3～5 年的时间，让 200 多万的居民全部迁入新居。

从棚户区改造的资金筹措方面来看，民众的资金压力较大。当前，棚户区改造的资金来源一般有四个：国家资金支持、省政府资金支持、市本级资金筹措和搬迁户自筹资金。国家、省区、地方、个人四方的资金筹措比例大致为 20∶15∶5∶60（表 13-11）。棚户区居民中有相当部分为矿业企业下岗职工，当前处于失业状态，每月的收入仅有城镇最低生活保障补助，生活十分拮据，在政府政策性的改造搬迁过程中，没有能力支付搬迁费用，而导致在搬迁入新居的过程中居民因超出支付能力的搬迁费而破产，缺乏后续的生活资金。另外，搬迁后基本采取现代化楼房小区的生活方式，其入住后的物业费、水电暖费用相比之前的棚户房屋而言费用太高，导致居民生活条件恶化。阜新市棚户区改造后的太平小区共 3700 户搬迁居民，因为经济困难，按时交纳物业管理费的不足 1700 户，仅占太平小区总户数的 46%。

表 13-11 部分城市棚户区改造中的资金筹集比例情况

城市	中央/%	省区/%	地方/%	个人/%	平均个人每户出资/元	本地低保水平/元/（月·人）
阜新	24	16	5	55	22 000	255
焦作	26	10	5	59	31 000	190
大兴安岭	23	13	5	58	32 000	225

资料来源：根据各城市调研数据整理

从搬迁选择措施方面来看，当时的政策是采用整体搬迁和分级搬迁两种搬迁方式。整体搬迁是将棚户区内居民全部整体搬迁入新的小区，如此政府的搬迁压力较大，但实施后效果较好，问题得到了一次性解决。分级搬迁是将棚户区中房屋损坏情况进行分等定级，按照破坏程度的逐渐加重，分为 A、B、C、D 四个级别，其中 C、D 级搬迁，A、B 级加固，根据房屋破损情况采取“间苗式”搬迁方式。这样随着受损较重的居民搬迁后，剩下的居民生活环境出现进一步恶化现象，商饮服修随搬迁转移，居民出行、子女入学入托、就医及购物诸多不便，供水、供电和通信等市政设施故障多、维修难，居民生活水平逐渐下降（图 13-6）。

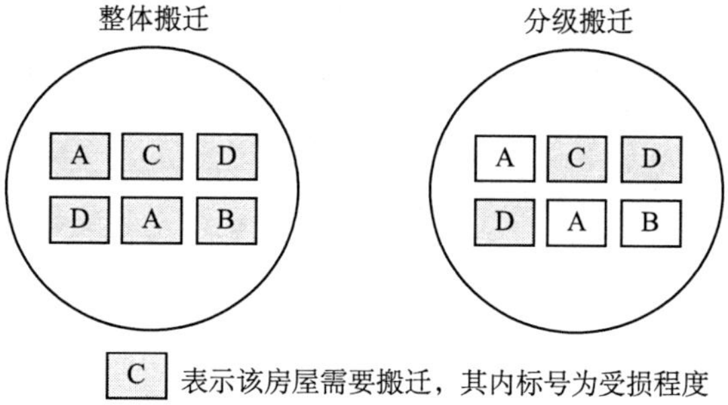

图 13-6　采空区内棚户区搬迁模式

另外，情况最为复杂的棚户区存在于煤炭城市的采空区范围内，由于棚户区地下被挖空，有下沉和塌陷的危险，如果采取分级搬迁的方式，则地上居民不能马上搬离居住房屋，故而危险性最高，处理难度最大。

棚户区改造只是改善居民生活条件众多措施的其中之一，民众生活水准的提高，最根本的是提高其收入水平，没有相应收入水平的提高，一味地以政府的力量提高其生活条件，就会不可避免地带来加重居民经济附带的弊病。故而，棚户区改造等措施需要和社会保障措施、促进再就业措施等配合施行，才能发挥其最好的效用（图 13-7）。

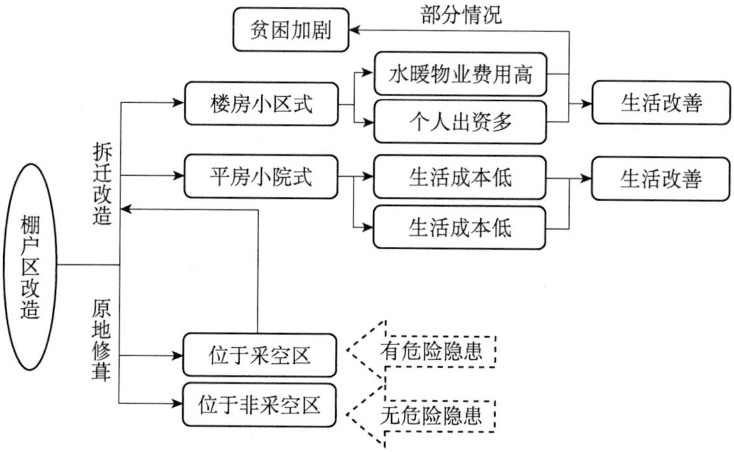

图 13-7　棚户区改造作用机制及其阻滞点

四、生态治理因素的解释

生态治理的主要方向是土地治理，这是资源枯竭城市生态破坏的最主要问题。土地治理亦指土地复垦，是指对矿业生产建设过程造成的挖损、塌陷、压占等土地破坏采取的生态工程措施，使其生态功能部分或全部恢复或修复，或恢复其经济价值，达到可供利用的状态的行动或过程。如对已开采矿区的尾矿库、塌陷地进行生态修复等。土地复垦是国土整治和环境保护工作的重要组成部分，也是解决采掘、建材等工矿企业与农、林、牧、渔业争地的矛盾，防止环境污染、恢复生态平衡的有效途径。

资源枯竭城市土地复垦的范围大体包括以下五种情况：①由于露天采矿、取土、挖砂、采石等生产建设活动直接对地表造成破坏的土地；②由于地下开采等生产活动中引起地表下沉塌陷的土地；③工矿企业的排土场、尾矿场、电厂储灰场、钢厂灰渣、城市垃圾等压占的土地；④工业排污造成对土壤的污染池；⑤其他荒芜废弃地。恢复利用的具体用途需根据《土地复垦规定》，按照经济合理的原则和自然条件、土地破坏状态来确定，宜农则农、宜林则林、宜渔则渔、宜建则建，尽量将破坏的土地恢复利用。其中第 2 种，塌陷土地的复垦是资源枯竭城市生态治理的重点。

从利用效益来看，资源枯竭城市的土地复垦有两个层次：第一层次是将造成的土地破坏修复，使其恢复地表生态的自然状态，如对采空矿坑进行绿化、对采空矿道进行回填等；第二层次是在恢复土地自然生态功能的同时挖掘其进一步的经济社会利用价值，包括粮、果、林、菜、花卉等经济作物种植、水产与畜禽综合养殖，建筑利用（工业广场和村庄搬迁），休闲娱乐所建设等，应尽可能多地复垦为耕地，复垦中充分考虑改善矿区居民生产和生活环境，体现社会、经济与生态环境效益的统一。

不同资源类型的土地破坏程度不一样，煤炭类城市土地破坏最为严重，面积较大，石油、森工类城市土地破坏情况最轻。在首批资源枯竭城市中，资源开采时间较长的煤炭类城市萍乡、焦作土地治理面积较大，而白银的土地治理措施于 2009 年刚开始实施（表 13-12）。

表 13-12 部分城市 2006～2010 年土地治理面积 （单位：公顷）

城市	2006 年	2007 年	2008 年	2009 年	2010 年	合计
萍乡	420	560	680	880	450	2990
焦作	339	311	288	262	157	1357
白山	150	200	240	350	231	1171
个旧	—	100	300	100	1	501
石嘴山	—	—	—	140	261	401

续表

城市	2006年	2007年	2008年	2009年	2010年	合计
辽源	—	64	18	24	44	149
阜新	—	30	40	30	32	132
白银	—	—	—	11	67	77

资料来源：根据各城市调研数据整理
注："—"表示当年未启动治理活动

淮北市的土地治理措施施行的效果最好，已经形成了多种有效的土地治理模式[①]，分别为：①多层采煤的深层塌陷区水产养殖复垦模式：多层采煤形成的深层塌陷区范围较广，深度大，适于建立机械化网箱、围网和拦网渔场。②浅层塌陷区挖塘造地模式这种复垦模式：主要采用"挖浅垫深"的方法，将造地与挖塘相结合，进行经济的人工水塘建造，利用水塘进行生态观光、垂钓、养殖等活动。③煤矸石填充塌陷区营造基建用地模式：将煤矸石的堆放与塌陷区的治理进行统筹安排，利用发热量较低的煤矸石作填料，直接填充塌陷区造地，以用作煤矿基建用地和压煤村庄搬迁的新村址。淮北市区范围内，煤层遍布，村庄搬迁选址困难，因此该模式具有重要的现实意义。④粉煤灰填充覆土造林模式：煤矿区一般都配套建有大型坑口电厂，电厂产生大量的粉煤灰等固体废弃物。粉煤灰的堆放占用大量耕地，而且粉煤灰经风吹扬，形成粉尘污染。利用废弃物，在粉煤灰上覆盖一层黄土，然后植树造林，不仅可改善生态环境，而且可取得良好的经济效益。⑤深浅交错尚未稳定的塌陷区的鱼、鸭混养模式：对于地下正在采煤的塌陷区，由于塌陷仍在进行，深浅不一，宜采取鱼、鸭混养短期粗放式的复垦模式。⑥利用大水面、深水体、优水质的塌陷区发展旅游业模式：利用面积大、水体深、水质好的水域，兴建游乐设施，发展旅游业不仅可以改善煤矿区的生态环境质量，改变煤矿区脏、乱、黑的形象，而且可以为职工提供良好的休闲场所（图13-8）。

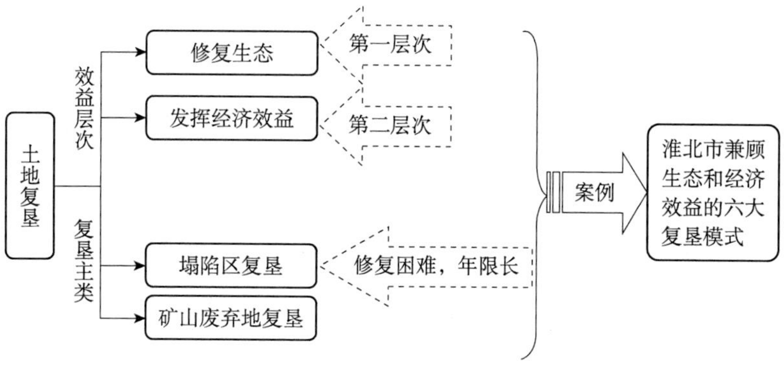

图13-8 资源枯竭城市土地治理的概念层次

① 参考：马洪康．淮北市采煤塌陷区复垦研究主要模式．能源环境保护．2007，21（1）：48-50。

第十四章　可持续发展的政策措施

资源型城市可持续发展政策是实施可持续发展战略的重要保障措施，是我国资源型城市环境政策向经济和社会发展政策扩展并与之相互融合的综合性政策。本章首先梳理了改革开放以来国家对资源型城市推行的主要政策措施，尤其是进入21世纪以来针对发展困难的资源枯竭城市的扶助政策；然后从机制体制、分类指导、转型援助及特殊类型地区等几方面提出了推进资源型城市可持续发展应当采取的主要政策措施建议。

第一节　资源型城市的政策发展历程

在世界各国为实现工业化而进行资本积累的时期，依托矿业而发展起来的资源型城市对各国经济起到了举足轻重的作用。我国资源型城市的形成与发展大多是国家计划经济体制下的产物。20世纪50～60年代，由于国外经济封锁与变化多端的国际形势，我国提出了率先发展重工业的发展战略。在重工业发展对能源、原材料巨大的需求下，各资源开发基地开始大规模建设，资源型区域成为国家直接投资控制和扶持的主要对象，一些规模较大的资源基地逐渐扩大而形成资源型城市。

随着对外开放，国家计划资金开始更多地投向沿海地区，经济体制的改革使地区逐渐成为经济发展的主体单元，非国有经济、外资和地方资本逐渐成为推动地区经济发展的主导力量。资源型城市大部分发端于苏联“一厂一市”的建设模式，兴起于计划经济体制，大都是“大企业、小政府”“大国有、小民营”“大工业、小市政”，从20世纪80年代至今，资源型城市随着资源的日益枯竭显现出愈发严重的发展问题，“三危现象”（经济危机、资源危机、环境危机）和“四矿问题”（矿山、矿业、矿产、矿工）受到政府和学界的普遍关注。

进入21世纪以后，随着国家发展的重心开始向民生方面倾斜，加之资源型城市不断暴露出严重问题，国家开始采取措施大力解决资源型城市，尤其是资源枯竭城市转型发展困难的问题。2001年12月，阜新被国务院确定为全国第一个资源枯竭型城市经济转型试点市，开始了国家进行资源型城市转型的实验。2005年，国家又扩大试点范围，选取了大庆、伊春、白山、辽源和盘锦等6个资源类型和开采程度不同的城市进行转型试点工作。根据这些试点城市的转型经验，2007年12月24日，国务院制定出台《国务院关于促进资源型城市可持续发展的若干意见》（国发〔2007〕38号），成为新中国成立以来第一次专门针对资源型城市可持续发展问题制定出台的综合性政策文件。2008年，国务院机构改革，原国务院振兴东北地区等老工业基地领导小组办公室的职责划入国家发改委，成立了东北振兴司，并设立了资源型城市发展处，专门推动全国的资源型城市可持续发展工作，这在国家机关机构设置中是第一次，体现了国家对此项工作的重视。2008～2010年，国家发改委分三批确定了国家资源枯竭城市和地区共69个，给予这些城市一定的财力性转移支付，并在国家发改委设立了资源型城市吸纳就业、资源综合利用和发展接续替代产业专项，在国家开发银行设立了资源型城市可持续发展专项贷款。2009年7月23日，国家发改委在吉林省辽源市召开全国资源型城市可持续发展工作会议，这是第一次全国层面上举行的资源型城市会议。

此外，国家"十五"计划纲要、"十一五"规划纲要、中共十七大报告、《中共中央国务院关于实施东北地区等老工业基地振兴战略的若干意见》（中发〔2003〕11号）、国务院2008年工作要点、《关于进一步实施东北地区等老工业基地振兴战略的若干意见》（国发〔2009〕33号）、国家"十二五"规划纲要等文件中都有明确地促进资源型城市转型的意见。2012年9月25日，国务院召开"全国资源型城市与独立工矿区可持续发展及棚户区改造工作座谈会"，李克强总理出席会议并做重要讲话。贯彻落实李克强总理的重要指示，国家相关部委和地方政府以改善资源型城市和独立工矿区的基本发展条件和人民群众的基本生活条件为重点，积极推动资源枯竭城市转型，以及地处偏远、资源枯竭、不适人居的独立工矿区的改造搬迁试点，国家发改委为此编制了《全国独立工矿区搬迁改造规划》（2013～2023年），开启了国家对资源型城市中特殊重点地区进行大规模帮扶的新篇章（表14-1）。

表14-1　21世纪以来国家关于资源型城市发展的主要政策措施

年份	发起单位	出台文件或措施	备注
2001	国务院	阜新被确定为资源枯竭型城市经济转型试点市	第一次针对资源型城市的转型试点
2003	中共中央、国务院	发布《中共中央国务院关于实施东北地区等老工业基地振兴战略的若干意见》（中发〔2003〕11号）	

续表

年份	发起单位	出台文件或措施	备注
2005	国务院	选取大庆、伊春、白山、辽源和盘锦6个城市进行转型试点工作	
2007	国务院	出台《国务院关于促进资源型城市可持续发展的若干意见》（国发〔2007〕38号）	第一次针对资源型城市出台的综合性政策文件
2007	国务院	《国务院关于解决城市低收入家庭住房困难的若干意见》（国发〔2007〕24号）	涉及大量资源型城市棚户区改造问题
2008	国务院	在国家发改委内成立东北振兴司，设立资源型城市发展处	第一次在国家机关机构中设置相关专业部门
2008	国家发改委	确定第一批12个资源枯竭城市，给予转型支持	第一次针对资源型城市进行财政转移支付
2008	财政部	《关于独立工矿区和林区职工住房整体搬迁有关财务问题的通知》（财企〔2008〕33号）	涉及部分资源型城市棚户区改造问题
2009	国家发改委	确定第二批32个资源枯竭城市，给予转型支持	
2009	住建部、国家发改委、财政部、国土资源部、中国人民银行	《关于推进城市和国有工矿棚户区改造工作的指导意见》（建保〔2009〕295号）	涉及部分资源型城市棚户区改造问题
2009	国家发改委	在辽源召开资源型城市可持续发展工作会议	第一次关于资源型城市的国家会议
2009	国务院	发布《关于进一步实施东北地区等老工业基地振兴战略的若干意见》（国发〔2009〕33号）	涉及大量资源型城市问题
2010	财政部、国税总局	《关于城市和国有工矿棚户区改造项目有关税收优惠政策的通知》（财税〔2010〕42号）	
2012	国务院	召开“全国资源型城市与独立工矿区可持续发展及棚户区改造工作座谈会”	李克强总理出席并发表讲话

在政府的大规模援助下，资源型城市，尤其是受国家援助最多的资源枯竭城市，在产业培育、生态治理、民生改善等方面开始有了较为统一的转型举措，各地不断投入资金施行接续替代产业园区的建设、塌陷区和矿山废弃地土地治理、失业人员再就业培训等转型措施，使得这些资源枯竭城市的发展状况有了改善，呈现出新的发展局面。

第二节　资源型城市可持续发展的主要政策建议

一、建立可持续发展的长效机制

1. 建立资源开发补偿机制

以企业为资源补偿、生态环境保护与修复的责任主体，按照“谁开发，谁保护；谁受益，谁补偿；谁污染，谁治理；谁破坏，谁修复”的原则，进一步完善资源开发与生态补偿机制。提高企业准入门槛，限制资源利用率低、环境污染大的企业进入，优先扶持资源综合开发利用和生态环保型企业发展。设立资源开发补偿和资源型城市可持续发展准备资金，对资源枯竭城市和原中央所属、现省属矿业企业，给予优先开发的政策性支持与资金补助，帮助解决社会保障、生态、人居环境和基础设施建设等方面的问题。建立林、矿开采企业环境治理恢复保证金机制，采取定向资金和激励等方式，补偿利用自有资金、积极参与污染防治与生态恢复的企业；资源开采过程中形成的生态环境破坏和资源损失等问题，由资源开发企业承担恢复治理生态环境责任。

2. 完善资源性产品价格形成机制

科学制定资源性产品成本的财务核算办法，把矿业权取得、资源开采、环境治理、生态修复、安全设施投入、基础设施建设、企业退出和转产等费用列入资源性产品的成本构成。加快资源价格改革步伐，逐步形成能够反映资源稀缺程度、市场供求关系、环境治理与生态修复成本的资源性产品价格形成机制。通过价格调节，引导各类相关利益主体的法人强化节约资源，严格保护城乡生态环境。

二、建立综合性分类指导的政策体系

我国资源枯竭城市分布广、种类多，各城市之间的转型情况有较大差异，需要国家采用区别指导的方针政策给予扶持。而传统上资源型城市大多按照资源类型、资源开采生命周期等进行分类，这种分类方法有一定的进步意义，特别是细化了研究对象，避免了政策上的“一刀切”。但由于这种分类方法没有与资源型城市本身的问题和问题解决的难易程度相结合，在一定程度上降低了政策的针对性和实施效果。因此，如何从资源型城市主管部门的政府职能和资源型城市本身的问题出发，综合性地合理确定城市的分类标准和体系，就显得尤为重要和迫切。本书提出综合资源保障能力和可持续发展能力两方面来对资源型城市的发展进行分类总结，可以从一个新的角度更有效地研判资源型城市当前的发展态势，以此为基础进行分类政策指导，对各类资源型城市采用差别化、有针对性地扶持和调控政策，不失为一个有效的尝试途径。

三、完善资源枯竭城市帮扶体系

1. 构建一整套资源枯竭城市援助与引导机制

国家应统一目前各部委对资源枯竭城市转型试点的遴选、援助、评估等工作，推进援助制度的标准化和科学化，通过整合资源枯竭城市转型试点和资源枯竭城市搬迁改造试点区域选择、国家援助力度和援助导向判别、搬迁改造专项规划编制与审查、搬迁改造成效测度、国家援助退出甄别等工作，建立标准化的工作系统，完成一整套针对资源枯竭城市转型的国家援助机制。

2. 建立衰退产业援助机制

资源型城市要超前规划，统筹兼顾，以发展接续替代产业为核心，加快推进产业结构战略性调整和资源利用方式的根本转变，以产业转型带动剩余劳动力转移，同时完善社会保障体系，加强各种职业培训，促进下岗失业人员实现再就业，解决资源型企业历史遗留问题，保障资源枯竭企业平稳退出和社会安定。建立健全国家、省、市三级配套联动的转型资金与政策扶持长效机制、资源型城市新的发展资源战略替代机制、衰退产业平稳退出与新产业有效接续机制，帮助解决资源型城市经济衰退、城市功能下滑、职工失业等突出矛盾和问题，保障资源枯竭企业平稳退出和社会安定。

3. 建立完善产业发展预警与调控机制

面对全国不少资源枯竭城市在产业转型过程中出现的接续替代产业发展方向趋同，接续产业发展过多，产业体系依然过“重”的问题，国家有关部门应采取措施，立足当前资源环境承载能力，适应市场需求变化和科技进步趋势，正确处理接续产业与替代产业的发展关系，培育合理、健康的产业结构，避免各资源枯竭城市打着“产业转型”的大旗借机大量上马重化工业，出现“二次转型”危机，将资源枯竭的发展隐患沿袭到未来。

4. 完善可考量的民生投入-反馈机制

民生改善是资源枯竭城市转型发展的核心目标，也是解决城市“二元结构”矛盾的重要环节。针对当前民生工作中的一系列问题，国家应采取措施重点建立完善特困居民扶贫帮困救助机制、棚户区居民下岗失业预警机制、产业培育-

再就业培训联动机制、基础设施改造-使用-维护责任机制。将资源枯竭城市转型规划与当地经济社会发展总体规划、城市规划、土地利用规划、矿区发展规划统筹考虑，探索棚户区居民改善生活所需的小额融资途径，扶助特困家庭经济进入良性循环轨道，改变“就矿建城”模式，使城区与矿区适度分离，避免改造措施流于形式，居民因迁返贫，改造后仍然“与世隔绝”，乃至“穷二代、穷三代”大量产生。

5. 建立完善企业和地方协调合作机制

剥离办社会职能是国有企业改革的重要环节，也是通过自身提升带动资源枯竭城市发展的重要途径。但是必须要正视资源枯竭城市政府职能缺位的问题，以和谐稳定的大局为重，引导和鼓励企业在转型期积极履行社会责任。加强企业和地方政府在维护稳定工作上的沟通与合作，积极协助地方政府解决好下岗职工再就业、伤残贫困职工帮扶、原企业职工集中棚户区改造等工作，促进企业与地方资源共享、优势互补，尽快形成矿企带动地方、地方支持矿企、矿地一体化发展的新格局。

四、加大其他特殊类型地区政策指导力度

1. 加快实施独立工矿区改造搬迁工程

独立工矿区是因矿产资源开发而兴起，以资源开采加工为主导产业，矿业职工及其家属为居民主体，远离中心城区，经济社会功能相对独立的生产生活区，当前普遍面临经济动力衰退、可持续发展困难的局面。目前，应当以切实改善独立工矿区经济社会基本发展条件和人民群众基本生活条件为首要任务，以加快培育特色接续替代产业为主攻方向，以加强基础设施和公共服务设施建设为重点支撑，结合新型城镇化建设，大力推进就地改造，有序实施异地搬迁工作，集中力量突破制约独立工矿区可持续发展的瓶颈。改造搬迁应重点支持独立工矿区内基本公共服务完善、基础设施建设、地质灾害隐患集中区内居民避险安置、接续替代产业发展及生态环境恢复整治。

2. 建立资源富集地区发展规划与预警机制

针对资源富集地区缺乏统筹规划、发展方向杂乱、不可持续发展倾向严重的问题，国家应加快建立资源枯竭城市可持续发展预警与调控机制，重点通过科学甄别地区可持续发展状态，设立资源枯竭城市可持续发展监测体系，建立可持续发展预警系统，同时对地区可持续发展规划和城市总体规划进行有效指导，帮助城市走上良性发展的道路，避免新兴资源型城市重蹈矿竭城衰的覆辙。

主要参考文献

白紫熙，宋阳．2009. 中国城市化进程中能源安全相关问题探讨．交通标准化，(20)：74-77.

蔡国田，张雷．2006. 中国能源保障基本形势分析．地理科学进展，(25)：57-66.

曹芳萍，朱满华．2007. 区域主导产业选择的基准研究．煤炭经济研究，7：44-47.

曹瑄玮，席酉民．2008. 路径依赖研究综述．经济社会体制比较（双月刊），(3)：185-191.

曹瑄玮，席西民，陈雪莲．2008. 路径依赖研究综述．经济社会体制比较，(3)：186-191.

车晓翠．2005. 成熟期资源型城市持续产业发展研究——以大庆市为例．东北师范大学硕士学位论文．

陈闻君，胡序勇．2011. 论资源富集区资源开发的“挤出效应”：以新疆为例．山东经济，(1)：143-149.

陈莹莹，白海星．2009-6-17. 采煤塌陷地上走出复垦新路．经济日报，第 11 版．

邓顶宇．2004. 资源型城市转型问题及对策．国土与自然资源研究，3：13，14.

邓光君．2006. 国家矿产资源安全理论与评价体系研究．中国地质大学（北京）博士学位论文．

董文波，吴雨韩，吴采西，等．2011. 应用地震解释技术识别湖底扇——以克拉玛依油田为例．新疆石油地质，32 (2)：183，184.

杜勇，许力飞．2012. 石油城市经济可持续发展问题研究——以克拉玛依为例．理论月刊，4：126-129.

樊杰．1993. 我国煤矿城市产业结构转换问题研究．地理学报．48 (3)：218-226.

樊杰．2005. 我国矿业城市可持续发展的问题、成因与策略．自然资源学报，20 (1)：68-77.

樊杰，曹忠祥，张文忠，等．2001. 中国西部开发战略创新的经济地理学理论基础．地理学报，56 (6)：711-719.

费洪平．1992. 地域生产综合体理论研究综述．地理学与国土研究，8 (1)：40-44.

古尔德．1999. 熊猫的拇指：自然史沉思录．北京：北京三联书店．

顾朝林．1999. 中国城市地理．北京：商务印书馆．

顾朝林．1992. 中国城镇体系：历史、现状、展望．北京：商务印书馆．

郭文秀，张艺露．2009. 济源市矿山环境现状与趋势分析．河南地球科学通报，下册：373-377.

郭新瑜，李爱江．2002. 环境安全的重要性及对策．洛阳农业高等专科学校学报，22 (4)：273-290.

国土资源部．2009. 全国矿产资源规划（2008-2015）．http：//www. mlr. gov. cn/xwdt/zytz/200901/t20090107 _ 113776. htm［2013-12-26］．

国土资源部 . 2003. 中国主要矿产资源可供性论证总报告 . 北京：中国大地出版社 .
国务院发展研究中心课题组 . 2010. 榆林百年发展战略研究报告 .
国务院 . 2003. 中国中央国务院关于实施东北地区等老工业基地振兴战略的若干意见 .
黑龙江省地质调查研究总院，黑龙江省嘉荫县国土资源局 . 2005. 黑龙江嘉荫乌拉嘎国家矿山公园建设可行性研究报告 .
黑龙江省水温地质工程地质勘察院 . 2006. 黑龙江省嘉荫县砂金过采区矿山地质环境综合治理方案 .
洪月 . 2010. 国内外资源型城市经济转型的比较研究——以德国鲁尔区和我国阜新市为例 . 沈阳师范大学硕士学位论文 .
胡健，焦兵 . 2010. “资源诅咒”理论的兴起与演进 . 西安交通大学学报（社会科学版），30（1）：33-39.
胡魁 . 2001. 中国矿业城市基本问题 . 资源·产业，(5)：1-7.
贾敬敦，黄黔，徐铭，等 . 2004. 中国资源（矿业）枯竭型城市经济转型科技战略研究 . 北京：中国农业科学技术出版社 .
贾文龙，范继涛 . 2009. 基于主成分分析法的铁矿山资源保障能力研究 . 金属矿山，(8)：10-17.
雷汉发 . 2011-3-28. 唐山：在治理废矿过程中：“因地造景” . 经济日报，第 9 版 .
李孟颖 . 2010. 资源枯竭型城市人居环境转型契机探讨 . 华中建筑，(10)：101-103
李文彦 . 1978. 煤矿城市的工业发展与城市规划问题 . 地理学报，(33)：63-79.
李贤功，李新春 . 2007. 煤炭资源型城市资源优势陷阱效应分析及对策研究 . 科技进步与对策，(6)：57-59.
李秀云 . 2012. 基于 RS 与 GIS 技术的城市扩展变化研究——以内蒙古鄂尔多斯市东胜区为例 . 内蒙古师范大学学报（自然科学汉文版），41（1）：91-95.
李裕伟 . 2006. 我国矿业城市的可持续发展战略 . http：//www.hangzhou.com.cn/20060801/ca1228401.htm [2013-12-26] .
刘汉民 . 2010. 路径依赖理论及其应用研究：一个文献综述 . 浙江工商大学学报，(2)：59-72.
刘吕红，阙敏 . 2010. 三线建设与四川攀枝花城市的形成 . 唐都学报，26（6）：58-62.
刘吕红，阙敏 . 2009. 形成·发展与转型——清代社会变迁中的资源型城市 . 成都：西南财经大学出版社 .
刘明 . 2008. 区域海洋经济可持续发展能力评价指标体系构建研究 . 海洋开发与管理，103-109.
刘随臣，袁国华，胡小平 . 1996. 矿业城市发展问题研究 . 中国地质矿产经济，(5)：45-50.
刘湘粤 . 2001. 中国矿业城市发展的障碍与对策 . 资源·产业，(11)：15-17.
刘玉宝 . 2006. 我国资源型城市的现状特点及其历史贡献评述 . 湖北社会科学，(4)：83-86.
刘云刚 . 2006. 中国资源型城市界定方法的再考察 . 经济地理，(26)：940-944.
卢现祥 . 2004. 新制度经济学 . 武汉：武汉大学出版社 .
鲁金萍 . 2009. 广义“资源诅咒”的理论内涵和实证检验 . 中国人口·资源与环境，19

(1)：133-138.

陆大道．2002. 关于“点一轴”空间结构系统的形成机理分析．地理科学，22（1）：1-6.

陆大道．2001. 论区域的最佳结构与最佳发展．地理学报，56（2）：127-135.

陆大道．1986. 2000 年我国工业生产力布局总图的科学基础．地理科学，6（2）：110-118.

陆大道．1988. 区位论与区域研究方法．北京：科学出版社．

陆大道．1990. 中国工业布局的理论与实践．北京：科学出版社．

罗兰．2002-7-31. 垃圾是放错地方的资源——我国废弃物回收利用问题综述．人民日报，第 2 版．

马清裕．1986. 论工矿城市的发展与布局．城市与工业布局的区域研究．北京：科学出版社．

涅克拉索夫 H · H · 1987. 区域经济学——理论，问题，方法．北京：东方出版社．

牛建英，王子甫．2006. 铁矿石进口价格态势分析．资源与产业，(8)：51-54.

青木昌彦．2001. 比较制度分析．上海：上海远东出版社：36-56.

邱浩．2011. 资源型城市经济转型的金融支持政策研究——以大庆市为例．黑龙江大学学士学位论文．

渠爱雪．2010. 矿业城市土地利用与生态演化．南京：东南大学出版社．

饶会林．1999. 城市经济学．大连：东北财经大学出版社．

任忠宝，余良晖．2011. 稀土资源储备刻不容缓．地球学报，32（4）：507-512.

沈镭，程静．1999. 矿业城市可持续发展的机理初探．资源科学，(21)：44-50.

宋飏，王士君．2011. 矿业城市空间格局、过程、机理．北京：科学出版社．

孙光闻．2007. 重金属污染及治理研究进展．南方农业，1（2）：41-52.

孙毅．2012. 资源型区域科技创新的挤出效应：基于山西的实证．统计与决策，(21)：142-145.

唐贤衡．2007. 矿业城镇可持续发展中的政府作用研究——以湖南常宁松柏镇为例．湖南师范大学硕士学位论文．

田红娜．2009. 浅谈资源型城市创新网络模型研究．科技与管理，11（2）：23-25.

田文祝，周一星．1991. 中国城市体系的工业职能结构．地理研究．10（1）：12-23.

王国栋，申守勤．2008. 资源枯竭型城市转型规划理论与实践．吉林：吉林摄影出版社．

王国良．2010. 鄂尔多斯市煤炭矿区环境管理研究．内蒙古大学硕士学位论文．

王惠慧．2012. 东北地区资源型城市产业转型的问题与对策初探．生态经济（学术版），(2)：313-315.

王敬平．2000. 英商福公司与焦作近代煤炭工业城市的形成．焦作工学院学报，1（2）：62-64.

王楠．2013. 矿产资源在国民经济中的地位．http：//www. cbskc. com/kj/xk/kj _ 5415. html [2013-12-26]．

王青云．2003. 资源型城市经济转型研究．北京：中国经济出版社．

王雪峰，张敏，张远索．2009. 加强矿山环境保护，从根本上解决矿山环境问题．国土资源，1（15）：373-377.

王育宝，李国平．2006. 狭义梯度推移理论的局限及其创新．西安交通大学学报（社会科学版），(9)：25-30.

王元．2000-01-11. 重视单一产业性城市可持续发展．人民日报．

王云 . 2008. “资源劫难”假说的实证检验及政策启示 . 当代经济管理，(1)：40-45.
魏后凯 . 2008. 中国产业集聚与集群发展战略 . 北京：经济管理出版社 .
魏铁军 . 2005. 世界主要矿产资源对中国可供性分析报告 . 北京：地质出版社 .
吴殿廷 . 2004. 区域分析与规划高级教程 . 北京：高等教育出版社 .
吴良镛 . 2003. 城市地区地理论与中国沿海城市密集地区发展 . 城市规划，(2)：12-16.
吴奇修，陈晓红 . 2005-05-17. 资源型城市竞争力重塑与提升模式探究 . 中国经济时报 .
吴奇修 . 2008. 资源型城市竞争力的重塑与提升 . 北京：北京大学出版社 .
武春友，叶瑛 . 2000. 资源型城市产业转型问题初探 . 大连理工大学学报（社会科学版），(3)：6-9.
武强，陈奇 . 2010. 矿山环境治理模式及其适用性分析 . 水文地质工程地质，37 (6)：91-96.
夏湘蓉，李仲均，王根元 . 1980. 中国古代矿业开发史 . 北京：地质出版社 .
小笠原義勝 . 1954. 日本の都市地域—文化地域の指標として. 駿台史学，(4)：20-25.
徐君，王育红 . 2009. 资源型城市转型研究 . 北京：中国轻工业出版社 .
徐友宁 . 2006. 解决煤矿塌陷区社会矛盾的对策建议 . 中国矿业，15 (8)：14-16.
许文平 . 2010. 资源型城市循环经济发展研究——以鹤壁市为例 . 武汉大学硕士学位论文 .
许学强，周一星，宁越敏，等 . 1997. 城市地理学 . 北京：高等教育出版社 .
薛领，李国平，孙铁山 . 2004. 天津主导产业选择与空间布局研究 . 科学技术与工程，(10)：854-860.
杨斌清，张贤平 . 2012. 我国稀土资源战略储备机制的构建 . 江西社会科学，2：50-54
杨海燕 . 2009. 淮南田集采煤沉陷地生态环境修复模式研究 . 安徽理工大学硕士学位论文 .
杨子健 . 2008. 加快建立我国优势矿产资源储备 . 宏观经济管理，(1)：28-30.
余际从，刘粤湘 . 2009. 矿业城市界定及可持续发展能力研究 . 北京：地质出版社 .
余建辉 . 2011. 资源枯竭城市转型成效评估与转型模式研究 . 中国科学院大学博士学位论文 .
俞滨洋，赵景海 . 1999. 资源型城市可持续发展战略初探 . 城市规划，(6)：16-20.
元晶晶 . 2010. 煤炭资源型城市产业发展路径依赖与经济转型 . 山西财经大学硕士学位论文 .
曾勇，吴财芳，陈伟 . 2003. 矿产资源在西部大开发中的战略地位 . 中国矿业，12 (12)：1-4.
张复明 . 2007. 资源型经济：理论解释、内在机制与应用研究 . 山西大学博士学位论文 .
张建华，王高尚 . 2003. 矿业依存度与中国矿业城市定量分类 . 资源·产业，(5)：85-89.
张晶，韩丽红 . 2007. 资源型城市环境保护问题初探 . 资源与产业，9 (3)：1-5.
张凯 . 2002. 全力提高环保工作效能 深化改革 与时俱进 . 山东政报 . (8)：15-19.
张文驹 . 2007. 中国矿产资源与可持续发展 . 北京：科学出版社 .
张耀军 . 2005. 资源型城市可持续发展评价与预警实证研究 . 北京：知识产权出版社 .
张以诚 . 1998. 矿业城市与可持续发展 . 北京：石油工业出版社 .
张以诚 . 1999. 我国矿业城市现状和可持续发展对策 . 中国矿业大学学报（社会科学版），

(10)：75-78.

赵宇空．1995. 中国矿业城市：结构调整与持续发展．长春：吉林科学技术出版社．

郑秀兰．2012. 基于路径依赖理论的区域主导产业评价研究．合肥工业大学硕士学位论文．

中国科学院办公厅．2007. 我国资源环境问题及其控制对策与措施．中国科学院院刊，(4)：17-21.

中国科学院可持续发展战略研究组．2010. 2010 中国可持续发展战略报告．北京：科学出版社．

周长庆．1994. 浅论资源型城市属性、结构及成长中的协调发展．经济体制改革，(5)：23-30.

周长征．周琼．2010. 黄石巨资修复 60 万平方米开上塘口生态．湖北水利网．http：//www. hubeiwater. gov. cn/inews/index/catalog11/28935. aspx.

周德群，汤建影．2001. 能源工业可持续发展的概念、指标体系与测度．煤炭学报，26 (5)：449-454.

周立新，毛光勇．2010-8-12. 黄荆山：复绿何其难．湖北日报，第 15 版．

周起业，刘再兴．1992. 区域经济学．北京：中国人民大学出版社．

周生贤．2013. 推进生态文明 建设美丽中国．中国矿业大学形势与政策专题教育网．http：//xcb. cumt. edu. cn/xszc/read-article. aspx? id＝637.

周一星，R. 布雷得肖．1988. 中国城市（包括辖县）的工业职能分类——理论、方法和结果．地理学报．43 (4)：287-298.

周一星，孙则昕．1997. 再论中国城市的职能分类．地理研究，16 (1)：11-22.

朱娟．2008. 基于循环经济的中部地区资源型城市产业结构优化研究．南昌大学硕士学位论文．

朱训．2009. 新中国成立前的中国矿业．中国国土资源网．http：//www. mlr. gov. cn/zt/rd/gtzyhh60/kckf/200908/t20090814 _ 124152. htm.

朱荫贵．2007-8-17. 从帝国主义手中夺回矿权的见证物．经济参考报．第 3 版．

Arthur W B. 1989. Competing technologies, increasing returns and lock-in by historical events. The Economic Journal, (99)：116-131.

Baldwin R E. 2001. The core-periphery model with forward-looking expectations. Regional Science and Urban Economics, 31 (1)：21-49.

Beyer J. 2010. The same or not the same：On the variety of mechanisms of path dependence. International Journal of Social Sciences, 5 (1)：1-11.

Bielecki J. 2002. Energy security：is the wolf at the door? The quarterly review of economics and finance, (42)：235-250.

Castells M. 1999. Grassrooting the space of flows. Urban Geography, 20 (4)：294-302.

Chark A L, Jeon G J. 1990. Metal consumption trends in the Asia-Pacific region：1960～2015. Pacific economic Cooperation Conference. Manila, Philippines.

Corden W M. 1984. Booming sector and Dutch disease economics：survey and consolidation. Oxford Economic Papers, (36)：359-380.

Engerman S L, Sokoloff K L. 1994. Factor endowments, institutions and differential paths of growth among new world economies: a view from economic historians of the United States. U. S. A. : National Bureau of Economic Research Historical Paper No. 66, 20-24.

Garud R, Karnoe P. 2001. Path creation as a process of mindful deviation//Garud, Karnoe. 2001. Path Dependence and Creation. Mahwah: Lawrence Erlbaum Publishers.

Gylfason T. 2001. Natural resources, education and economic development. European Economic Review, (45): 847-859.

Harris C D. 1943. A functional classification of cities in the United States. Geographical Review, (33): 86-99.

Harvey S P, Lowdon W Jr. 1961. Natural resources endowment and regional economic growth// Spengler J J. Natural resources and economic growth. Resources of the Future Inc, 191～211.

Higgins E B, Savioie D J. 1988. Regional Economic Development. London: Unwin Hyman Ltd Press.

Hodler R. 2006. The curse of natural resources in fractionalized countries. European Economic Review, (50): 1367-1386.

Kemp RPM, Rip A, Schot J W. 2001. Constructing transition paths through the management of niches. In: Garud Karnoe. 2001. Path dependence and creation. Lawrence Erlbaum Publishers.

Krugman P R, Venables A J. 1995. Globalization and the inequality of nations. Quarterly Journal of Economics, 110 (4): 857-880.

Larsen E R. 2006. Escaping the resource curse and the Dutch disease. American Journal of Economics and Sociology, (65): 605-640.

Malenbaum W. 1975. Laws of demand for minerals. Proceedings of the Council of Economics, 105th Annual Meeting of the AIME, 147-155.

Malenbaum W. 1978. World demand for raw materials in 1985 and 2000. McGraw -Hill Inc.

Matsuyama K. 1992. Agricultural productivity, comparativeadvantage and economic growth. Journal of Economic Theory, (58): 856-872.

Nalaspa L F, Pueyo F, Sanz F. 2001. The public sector and core-periphery models. Urban Studies, 38 (10): 1639-1649.

Nelson H J. 1955. A service classification of American cities. Economic Geography, (31): 189-210.

Pham X. 2006. Five principles of path creation. Oeconomicus, 8 (1): 5-17.

Sachs J. D, Warner A M. 1995. Natural resource abundance and economic growth. The American Economic Review, (15): 984-1001.

Schienstock G. 2004. From path dependency to path creation. In Schienstock. Embracing the Knowledge Society. Edward Elgar.

Schienstock G. 2011. From path dependency to path creation. Journal of Futures Studies, 15 (4): 63-76.

Simmonds R, Hack G. 2000. Global city region: their emerging forms. London: Spon Press.

Sydow J, Windeler A, Mollering G, et al. 2005. Path-Creating Networks: The Role of

Consortia in Processes of Path Extension and Creation. 21st EGOS Colloquium, Berlin, Germany.

Torvik R. 2002. Natural resources, rent seeking and welfare. Journal of Development Economics, 67: (2): 455-470.

US Geological Survey. 2011. Mineral Commodity Summaries. Reston, Virginia: Government Printing Office.